本书由江西财经大学社会学文库资助出版

本书由笔者主持的国家社会科学基金项目结题成果转化而成。该结题成果被全国哲学社会科学规划办公室鉴定为"良好"等级

（结项证书号为 20191222）

新生代农民工的
教育培训

人力资本发展与政策体系建构

The Development of
Human Capital and the Construction of
Policy System

NEW GENERATION MIGRANT WORKERS' EDUCATION AND TRAINING

银平均　著

社会科学文献出版社
SOCIAL SCIENCES ACADEMIC PRESS (CHINA)

序　为了国家和个人未来的持续发展

　　此书所研究的新生代农民工教育培训问题是处在我国当前国家发展与个人发展的交汇点上的一个重要现实问题。从国家发展的角度来看，在经历了长达几十年的高速增长以后，我国经济进入了"新常态"，经济运行遇到与过去不一样的困难，很难再靠传统的劳动密集型经济增长方式来保持过去那么高的经济增长率。要摆脱当前的困境，唯有转变经济发展方式，选择技术密集型主导的发展路径。这个道理谁都知道，但是放眼世界各国，没有几个能够通过转变经济发展方式而快速超越这一阶段，进入富裕国家行列，其他众多的发展中国家在经历了高速经济增长阶段之后陷入了"中等收入陷阱"。理论和实践都表明，转变经济发展方式需要复杂的条件，其中最关键的是国家要有雄厚的人力资本和很强的创新能力。而农民工作为我国新兴产业工人的主体，其人力资本情况对我国能否快速超越当前的"新常态"，避免掉入"中等收入陷阱"和快速进入富裕国家行列，实现我国"两步走"的目标具有相当重要的意义。也就是说，农民工为我国改革开放以来的经济发展做出了巨大的贡献，但过去所做的贡献主要是基于其低成本优势。随着经济的发展，农民工过去所具有的这种优势正在逐渐弱化甚至消失，未来中国发展所需要的是更高质量的劳动力。在较短的时间里帮助农民工实现从"低成本"向"高质量"的华丽转身，是我国未来劳动力可持续发展的重要基础。

　　从农民工个人的角度来看，职业培训也是他们实现个人发展的重要条件。自20世纪80年代中期以来，大量的农民工从农村进入城市，他们在为城市经济发展和居民生活便捷做出重大贡献的同时，也获得了就业机会。但是，他们在收入水平、就业质量和保险福利等方面长期处于偏低的水平，在职业发展和社会融入方面也遇到很多的不利条件。农民工的这些不利境遇是改革开放后我国社会不公平问题的重要表现之一，遭到了社会诟病。出现农民工问题的原因很多，但主要可以归纳为两个方面，一是户籍制度等方面的问题导致农民工权利不平等和遭遇社会歧视，二是农民工自身职业技能的相对低下导致他们在劳动力市场中处于不利地位。在过去十多年里，在中央及地方各级政府和全社会的努力下，农民工权利不平等和遭遇社会歧视的情况有了较大的改善，而职业技能相对低下仍是他们目前经济与社会地位相对低下的重要原因。换言之，在目前和未来的社会中，农民工必须大力提升自身的文化技术素质和职业能力，才能更好地获得平等的发展机会和经济社会地位。尤其是新生代农民工，他们还有较长的职业生涯，教育培训对他们未来发展的意义更加重大。

为此，过去十多年来，中央和地方各级政府相当重视对农民工的职业培训，将其写入了多个重要的文件中，制定了相应的行动方案，并投入了资金。然而，对农民工的职业培训是一套相当复杂的行动体系，涉及培训的主体与对象、培训的内容与方式、培训的付费和实际收效等众多方面。要让各方主体积极参与和有效配合，既需要正规教育部门发挥重要作用，也需要各类职业培训机构积极参与；要针对不同的对象设计不同的培训内容和采取不同的培训方法；要通过各种方式投入足够的资金和其他资源；还要特别关注培训的实际收效，让参与培训的农民工的职业能力有真正的提升，并且能够将职业能力转变为在劳动力市场中就业机会和就业质量的实际提升。因此，做好农民工培训不能仅靠政府一般性的要求和资源投入，还需要优化相应的法规和出台相关的政策，科学地设计培训内容及方案，采用最新的科学技术手段，同时需要有合理的激励机制。要将众多的要素集成在一套行动体系中绝非易事，一方面需要政府和社会的高度重视，另一方面也需要相关领域专家的精心研究。在专家研究方面，既需要系统地总结以往的经验教训，也需要科学地分析当前的复杂情况；既需要立足本国和本地区的实际，也需要广泛借鉴国内外成功的经验。

因此，这是一个需要大量研究，值得有才华的研究者投入大量精力的研究领域。我很高兴看到银平均博士在此领域中拿出了这样一项内容丰富的研究成果。相隔多年，我再次看到本书作者的研究成果，感觉他的研究功力确实有了新的提升。在本书中，作者通过大量的文献资料和实际调查资料，向读者展示了农民工职业培训这一领域中宽广而复杂的行动内容、已取得的成绩和经验，以及还存在的问题，帮助读者更好地理解这一行动领域的复杂性和挑战性。从方法上看，此书立足于较大规模的实际调查，通过经验数据发现问题和分析问题，将对问题的理解与分析建立在事实的基础上，从而使主要的研究发现以及政策建议都建立在较为可靠的经验事实基础上，也使其理论更加贴近实际，政策建议更加具有实际参考价值。

这项成果的学术价值和实际应用价值应该等到其出版后让读者去评判。面对这样一个宏大而复杂的行动领域，我们不能指望一项研究或一本书能够穷尽所有的内容，也不能要求其做到十全十美。但我相信，通过研究者们的持续努力，我们会不断完善在这一领域行动所需要的知识，为这一领域的实践发展提供丰富的知识、充分的信息和合理的建议。我也希望多年以后我们回过头来看这本书的时候，能够发现它在研究者们共同努力的智力行动体系中所具有的独特的闪光之处。

关信平

2019 年 6 月 4 日于南开大学津南校区

摘　要

改革开放 40 多年来，伴随着工业化和城市化进程加快，农民工逐渐成为我国新兴产业工人的重要组成部分。截止到 2017 年，出生于 1980 年及之后的新生代农民工成为农民工群体的主力军和制造业劳动力的主体。中央出台了许多有关农民工就业、权益保护以及培训的政策和法规，取得了巨大的成就。学界对此开展了大量的研究，积累了丰硕的成果，为解决农民工问题提供了诸多具有重要参考价值的对策建议。但是，目前新生代农民工的边缘化境地并没有得到根本性改变。已有政策实践以及研究多侧重于农民工权益保护和技能培训等方面。但对于新生代农民工而言，人力资本不足已经成为其发展的最大制约因素。这种人力资本缺失状况无论是对农民工个人就业和市民化，还是对促进社会公平正义，都非常不利，更对我国产业结构升级和制造业强国战略实施形成掣肘。从人力资本理论、发展型社会政策理论以及社会治理理论视角，探讨如何构建新生代农民工教育培训政策体系，对于全面提升新生代农民工人力资本，强化他们的综合能力，促进农业转移人口市民化发展和产业升级与制造业强国战略的实施，都是很有必要的。

在对研究背景、相关概念和文献以及相关理论进行分析的基础上，本书重点研究了新生代农民工的教育培训现状、问题和成因，具体研究了影响新生代农民工教育培训意愿的因素，对相关变量做了卡方检验与双变量统计分析，并对相关变量做了因子分析、单因素方差分析、Logistic 回归分析和线性回归分析。通过分析发现，我国新生代农民工教育培训面临的问题包括教育问题、培训问题与教育培训问题引发的问题等三个方面。教育问题表现为：（1）受教育程度低，新生代农民工的教育福利权益没有得到充分的保护；（2）受教育机会缺失，新生代农民工的人力资本存量不足。培训问题主要包括：（1）没有接受培训的新生代农民工比例高，培训严重不足；（2）培训目标定位有偏差，局限于单一的就业技能培训，新生代农民工综合素质难以提高；（3）政府作为培训责任主体的责任错位和缺位，难以保障农民工的教育培训权益；（4）教育培训费用个人负担太重，新生代农民工的实际培训率低；（5）培训市场不规范，效果不佳，难以满足新生代农民工的教育培训需要；（6）培训效果不尽如人意，影响新生代农民工的培训参与度和积极性；（7）新生代农民工参加培训的积极性低，实际培训率低，影响人力资本的提升。教育培训问题引发的问题表现在：（1）签订劳动合同的比例偏低，缺少法律保护；（2）工作稳定性差，工作更换频繁；（3）普遍受教育水平低，对工作状况不满意；（4）收入偏低，对收入状况普遍不满意；（5）新生代农民工身心健康问题突出，农民工人力资本缺失状况进一步恶化。

产生上述问题的原因概括起来主要有：（1）缺乏具有可操作性的基础教育立法，难以确保新生代农民工在基础教育阶段的教育福利；（2）各教育福利主体的法律责任不明晰，新生代农民工教育福利权益无法实现；（3）教育投入不足以及城市偏好和向高等教育倾斜的投入机制，直接导致新生代农民工受教育水平低下；（4）新生代农民工职业教育培训体系不健全，侵害了他们接受继续教育的权益。培训体系不健全具体表现为：一是负责农民工培训的专门国家实体机构缺失，缺乏统一的职业培训质量标准体系；二是未建立科学合理的经费投入分担机制，缺乏有效的经费保障机制；三是未健全跨部门、跨领域的合作机制，缺乏农民工培训工作的协同机制；四是未建立普通教育和职业训练的有效衔接机制，缺乏终身学习的社会氛围；五是教育培训政策和政策实践的目标定位存在偏差，缺乏全面提升农民工综合素质的意识。

我们必须认识到建构新生代农民工教育培训政策体系的必要性。这种必要性在于：第一，建构新生代农民工教育培训政策体系是提升新生代农民工人力资本的需要；第二，建构新生代农民工教育培训政策体系是推进我国社会政策转型、实施发展型政策的内在要求；第三，建构新生代农民工教育培训政策体系是加强和创新社会治理，推进国家治理体系和治理能力现代化的迫切需要。为此，我国可以借鉴国际先进经验，从六个方面建构新生代农民工教育培训政策体系：（1）完善新生代农民工教育培训立法，从法定责任、资金保障、监督管理等方面为新生代农民工教育培训提供法律保障；（2）建立专门的国家机构或部门，强制实施国家职业培训标准和职业准入制度；（3）建立跨部门、跨机构的合作机制，形成多元主体参与、多方协作共治的新生代农民工教育培训政策体系，并强化新生代农民工的专业服务体系，发挥社会工作者等专业服务人员和团体机构的专业作用，强化图书馆系统在新生代农民工教育培训中的作用；（4）进一步完善普通教育和职业教育培训的衔接机制，打通专业理论学习和从业资格的通道；（5）从农民工市民化和"中国制造2025"的战略高度科学定位新生代农民工教育培训政策目标，实现从培训内容到培训手段的创新，并将各级政府、企业员工、城市居民、社会组织从业人员以及新生代农民工都作为教育培训对象，运用新媒体技术，创新培训的形式和手段；（6）加快城乡一体化社会保障体系的建设步伐，为新生代农民工的人力资本提升提供法律保障。

　　总之，通过完善立法，重建政府、企业与各个主体的责任，健全保障机制，强化监督管理，创新培训形式和内容，建立、健全新生代农民工教育培训的政策体系，构建由政府、企业、高校、社区、家庭和个人组成的责任共担、协同共治的全方位、多层次的新生代农民工教育福利治理体系，打造以政府和企业为主体、市场组织为补充、社区为依托、民间社会为辅助、家庭为归宿、专业团体为服务主力的多主体参与、相互补充的农民工教育培训服务网络，是提升我国新生代农民工人力资本、加快农业转移人口市民化进程、加速我国产业结构转型升级、实现"中国制造2025"战略目标和实现中华民族伟大复兴中国梦的重要战略举措之一，也是当下和未来亟须开展的重点工程之一。唯有如此，才能为我国实现由制造业大国向制造业强国的转变提供高素质的劳动力和技能型人才，才能实现我国城乡一体化和城市化的长远、健康、可持续发展。

目　录

第一章 导言

1.1 研究缘起

改革开放 40 多年来，我国经济社会获得快速发展，各项事业的发展日新月异，取得了令世界瞩目的巨大成就。与此同时，我国社会结构也发生了新的变化，由原来的二元社会结构演变成三元社会结构（李强，1996，2004；甘满堂，2001；接栋正，2013）。农民工这一特殊群体，成为三元社会结构中的一元。正是由于他们的存在，我国以低成本的劳动力为基础的制造业才能在相当长的一段时期内在国际竞争中保持比较优势。改革开放的 40 多年，见证了农民工作为一个阶层的兴起和壮大。农民工为中国经济社会发展做出了巨大贡献，为中国经济的崛起创造了奇迹。他们在我国工业化、城镇化的发展中功不可没。目前，农民工已经成为我国新兴产业工人的重要组成部分，是我国制造业、建筑业和第三产业的主力军，是我国经济社会发展不可或缺的重要力量。研究表明，制造业中约 70% 的劳动力、建筑业中约 80% 的劳动力、第三产业中 50% 以上的劳动力均为农民工（金维刚、石秀印，2016）。虽然农民工为我国经济社会发展做出了突出贡献，但由于户籍制度等的影响，农民工没有充分地享受到经济社会发展的成果，在就业、医疗、住房、社会保障、子女教育、市民化、权益保护等方面面临着一系列问题。农民工问题由来已久，我国党和政府一直高度关注农民工问题。中央政府开启了调整农民工政策的进程，经历了由原来的"严格控制"到"管理限制"、"积极引导"和"全面推进"（金维刚、石秀印，2016）等阶段，先后出台了一系列政策措施。学界也开展了大量的研究，取得了丰硕的成果，为解决农民工问题发挥了相应的作用。进入 21 世纪，农民工市民化和城市社会融入等社会问题成为学界研究的焦点和探讨的热点。然而，时至今日，农民工的"经济接纳、社会排斥"的境况没有得到有效解决。尤其是对处于"留不下的城市"和"回不去的乡村"之间的新生代农民工而言，从长远来看，城镇化和市民化是他们未来的出路，更是各级政府、全社会需要认真思考和解决的重大社会问题。以往，各级政府采取了一系列政策措施来落实农民工的平等就业权，破除就业歧视，提高他们的就业技能，促进他们就业，但是对农民工教育福利和人力资本投资的关注略显不足。事实上，不管是实现就地城镇化或市民化，还是在输入地实现城镇化或市民化，对于新生代农民工而言，他们目前遭遇的主要困境已经从权利不平等逐渐转变为人力资本不足和教育福利缺失等问题。新生代农民工受教育水平低下和人力资本缺失，既影响他们自身在城市的发展和市民化进程，同时业已或即将成为阻碍我国产业结构转型升级、经济社会可持续发展、实施"中国制造 2025"战略与提升综合国力的掣肘因素。本书选择"新生代农民工的人力资本发展和教育培训政策体系建构"作为主题加以分析和探讨，主要基于以下几个方面的考虑。

（1）农民工总量不断增加，且新生代农民工规模日益庞大，已经成为农民工群体的主体

国家统计局最新数据显示，2018 年农民工总量增长 0.6%，达到 28836 万人，比 2017 年（28652 万人）增加 184 万人，约 2.9 亿人，超过总人口（14.0 亿人[①]）的 1/5。其中，1980 年及以后出生的新生代农民工占全国农民工总量的 51.5%，比 2017 年提高了 1 个百分点（国家统计局，2019）。新生代农民工占全国总人口的 1/10 还多（10.7%）。2008 年底，国家统计局建立农民工统计监测的调查制度；2009 年，首次公布《农民工监测调查报告》。截止到 2018 年底，农民工总量从 2008 年的 22542 万人[②]增加到 2018 年的 28836 万人，增长了 6294 万人，增长率为 27.9%。其中，2009 年到 2017 年

---

① 国家统计局《2018 年国民经济与社会发展统计公报》数据显示，2018 年末，我国大陆总人口为 139538 万人，比 2017 年末增加 530 万人。

② 国家统计局公布的《2009 年农民工监测调查报告》显示，2009 年农民工总量为 22978 万人，比上年增加 436 万人，由此可知 2008 年农民工总量为 22542 万人。

每年的增长率分别为 1.9%、5.4%、4.4%、3.9%、2.4%、1.9%、1.3%、1.5%、1.7%。尽管农民工数量每年增速总体呈下降趋势，但农民工总体数量在不断上升。这一点从图 1-1 可以看出。从 2010 年开始，农民工数量的增长率从 5.4% 一度回落到 2015 年的 1.3%，2016 年农民工增速又开始出现反弹，增长到 1.5%，增长率比 2015 年提高 0.2 个百分点。2017 年农民工数量增长 1.7%，增长率比 2016 年提高 0.2 个百分点（国家统计局，2018）。一方面，农民工群体总体规模在不断扩大；另一方面，新生代农民工的规模日益庞大。新生代农民工数量从 2013 年开始以年均 0.8 个百分点增加，从 2013 年占农民工总体的 46.6% 增长到 2018 年的 51.5%。新生代农民工已经成为我国农民工群体的主体。相较于老生代农民工而言，我国新生代农民工问题的解决更具特殊性、复杂性和紧迫性[①]。

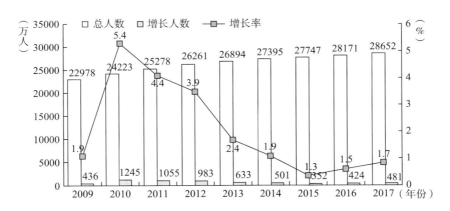

图 1-1　2009～2017 年农民工数量变化情况

资料来源：根据国家统计局 2009 年至 2017 年《农民工监测调查报告》中的数据整理。

（2）新生代农民工"常住化"趋势明显，已成为制造业劳动力主体

随着政府出台越来越多解决农民工问题的政策，农民工就业权益保障已经有了很大的改观甚至是突破性进展。自 2008 年金融风暴以来，受严峻

---

① 由于年龄、身体状况等的变化，加上国家农村政策的向好，老生代农民工逐渐返乡。即便原有政策体制性问题不能被彻底解决，但随着老生代农民工逐渐返乡，这些问题也会随之消失。新生代农民工则更倾向于在城市发展甚至成为市民，他们需求的特殊性决定了他们问题的解决更具有特殊性、复杂性和紧迫性。

的就业形势影响，加上年龄大、体力衰弱和农村政策向好等因素的影响，老生代农民工逐渐返乡，新生代农民工已经发展为新兴产业工人的主力军和城市建设的生力军，并且已经成为制造业所需要的劳动力主体（王志华、董存田，2012）。和老生代农民工相比，新生代农民工进城追求的是在城市长远发展，他们更倾向于全家人一起外出，事实上他们更多地选择举家搬迁到城市居住、务工经商与生活。相当一部分新生代农民工已经成为城市社会"常住化、家庭化"（钟涨宝、陶琴，2010）的"事实移民"。但是，他们"半城市化"（王春光，2010）、城市"边缘人"（郑杭生、洪大用，1994）的状况并未得到根本性改变。究其原因，除了原有的一些政策体制性障碍以外，受教育程度偏低和人力资本严重不足也是阻碍他们在城市发展和实现实质性城市融入①的重要因素。

（3）新生代农民工的人力资本不足与未来经济社会发展对劳动力的需求之间存在张力

与老生代农民工相比较而言，新生代农民工的受教育水平有了大幅度的提高。但是，他们的人力资本状况难以满足未来资本密集型和技术密集型产业发展的需要。农民工的人力资本不足与产业结构不适应的矛盾在多年前蔓延的"用工荒"问题中已经暴露无遗。"'民工荒'说到底，本质上是个伪问题"（陆学艺，2005），并非农民工数量的不足，而是一种劳动力的结构性短缺（童星等，2006）。这种"民工荒""技工荒"等"用工荒"问题，是新生代农民工的受教育水平严重滞后于城市劳动力市场需求的表现，实质上是新生代农民工人力资本严重短缺的反映。新生代农民工"弱势群体"地位难以改变的根源之一是其欠缺文化资本（钱民辉等，2011）。如今，新生代农民工已然成为我国制造业所需的劳动力主体。积极探索、构建新生代农民工教育培训政策体系，对于提升他们的人力资本，促进他们的市民化进程，促进我国经济社会的长远发展，都具有十分重要的现实意义。

---

① 实质性城市融入，即指新生代农民工在经济、政治、文化（心理）、社会等方面全面实现与城市接轨，他们的经济权、政治权、社会权与市民同权，他们的习惯、行为方式和价值观念等彻底市民化，像市民一样在城市工作、学习和生活。研究和实践都表明，新生代农民工由于成年之前长期生活在农村，农村人的思维方式、行为习惯和生活方式以及价值观等，使得他们与城市居民很难展开深入互动和沟通，他们往往成片聚居在城市的某个片区，这会影响到他们的市民化进程，使他们很难实质性地融入城市社会。

（4）已有的研究和农民工政策更多关注平等就业权的落实和其他权益的保护，就业培训实践存在过于侧重就业技能培训的局限

已有研究多侧重于关注农民工就业、政策体制性障碍的影响以及农民工就业技能的提升，对于如何从人力资本角度摆脱新生代农民工市民化掣肘的研究略显单薄。尽管中央在制定农民工权益保护政策的同时，也出台了有关农民工培训的政策。"十二五"规划也曾明确提出要"建立农民工基本培训补贴制度"，"加快发展面向农村的职业教育"。党中央也在2010年一号文件中专门指出，"采取有针对性的措施，着力解决新生代农民工问题"。但是，到目前为止，我国还缺乏一部统一的新生代农民工教育培训法律法规。已有的农民工培训政策和各地培训实践，多是应付上级任务的单一"就业技能导向型"培训，忽视了政策对象的"培训需求"，农民工的主体性没有得到充分的尊重。农民工培训"雷声大、雨点小"，有的地方投入资源虽多，但由于部门分割、多头管理，出现了资源的分散与浪费，以及培训的"碎片化"现象，培训效果不佳，而且大量农民工并没有得到自身所需要的培训。有研究表明，农民工培训政策名号响、效果差的原因在于，一方面是出台政策的部门投入的培训资源不足，另一方面是培训市场混乱，培训机制存在严重缺陷。主要表现为：培训资源垄断，具体执行培训任务的机构与管理部门存在某种利益瓜葛，社会培训机构参与不足，培训质量难以保证；培训既脱离市场需求，也不符合农民工需要。尤其是农民工流出地政府因不了解流入地市场对技能的需求，流于完成培训任务的形式，甚至演变成套取国家培训资金的行为。流入地政府要么对农民工培训毫无兴趣，要么只为辖区内农民工提供就业培训服务，不愿意为提升农民工整体素质而投入，担心对农民工培训的投入变成"为他人作嫁衣"的不划算买卖（金维刚、石秀印，2016）。如何构建新生代农民工教育培训政策体系成为社会建设和社会治理中亟待解决的重大现实问题。教育培训是提升新生代农民工人力资本的根本有效途径，也是唯一途径。人力资本不足和缺失的状况最终会影响到"农民工市民化"（郑杭生，2005）。新生代农民工人力资本不足的状况已经或将成为影响我国经济转型、城镇化与社会转型的巨大瓶颈。

（5）有关新生代农民工教育培训的研究很单薄，未成为国内研究的主流

一方面，相比对农民工的研究而言，有关"新生代农民工"的研究还不够，关于"新生代农民工教育培训"的研究更是少之又少。以"农民工""新生代农民工"为篇名和主题分别在中国知网进行检索发现，截止到2018年9月5日，以"农民工"为篇名搜到的期刊论文有37715篇（含硕士、博士研究生学位论文4776篇），而以"农民工教育"为篇名搜索到的期刊论文只有309篇（含硕士、博士研究生学位论文29篇），只占"农民工"研究论文总数的0.819%；以"新生代农民工教育培训"为篇名搜索到的期刊论文只有67篇（含硕士、博士研究生学位论文8篇），仅仅占"农民工"研究论文总数的0.178%；如果以核心期刊论文计算，以"新生代农民工教育培训"为篇名搜索到的核心期刊论文只有32篇（含硕士、博士研究生学位论文8篇），仅仅占"农民工"研究论文总数的0.085%。剔除硕士、博士学位论文的话，篇名含"新生代农民工教育培训"的核心期刊论文成果仅占"农民工"研究论文总数的0.064%。以"农民工"为主题搜索到的期刊论文有64630篇（含硕士、博士研究生学位论文8776篇），而以"农民工教育"为主题搜索到的期刊论文只有1126篇（含硕士、博士研究生学位论文431篇），只占"农民工"研究论文总数的1.742%；以"新生代农民工教育培训"为主题搜索到的期刊论文只有832篇（含硕士、博士研究生学位论文431篇），仅仅占"农民工"研究论文总数的1.287%；如果以核心期刊论文计算，以"新生代农民工教育培训"为主题搜索到的核心期刊论文只有597篇（含431篇硕士、博士研究生学位论文），仅仅占以"农民工"为主题的研究论文总数的0.924%，不到1%，剔除硕士、博士学位论文后，仅占0.257%。如果把与新生代农民工教育培训相关的"新生代农民工人力资本"成果计算在内，篇名含"新生代农民工人力资本"的论文有41篇（含6篇硕士学位论文），只占"农民工"研究论文总数的0.109%；19篇核心期刊论文只占"农民工"研究论文总数的0.050%。以"新生代农民工人力资本"为主题搜索到相关论文491篇（含硕士、博士学位论文287篇），只占"农民工"研究论文总数的0.760%；109篇核心期刊论文只占"农民工"研究论文总数的0.169%。

　　另一方面，新生代农民工教育培训未成为国内研究的主流。国内学者对农民工和新生代农民工的研究大多集中在以下几个大的方面。一是围绕市民化、城市迁移、城镇落户意愿与永久迁移意愿的研究（蔡禾、王进，2007；郭维家、蒋晓平、雷洪，2008；王兴周、张文宏，2008；张翼，2011；李强，2013；陆益龙，2014；张翼、汪建华、吕鹏，2014；熊景维、钟涨宝，2014；陆益龙，2014；毛丹，2015；潘泽泉、邹大宽，2016；李飞、钟涨宝，2017）；二是关于农民工社会融入和城市融入的分析和探讨（关信平、刘建娥，2009；王春光，2010；王春光，2011；江立华、谷良玉，2013；潘泽泉、林婷婷，2015；潘泽泉，2008；孙立平，2007；彭华民、唐慧慧，2012；张文宏、周思伽，2013）；三是针对农民工社会融入的影响因素分析，这些研究主要围绕经济因素（包括劳动就业、经济收入水平、住房等）、制度因素（包括户籍制度、公共政策、社会保障等）、社会因素（包括人际交往、人际适应、社会资本、社会参与等）、文化心理因素（包括教育、文化价值观、社会认同等）等方面展开（陆林，2007；张文宏、雷开春，2008；杨菊华，2009；梁波、王海英，2010；孟颖颖、邓大松，2011；潘泽泉，2011；陈靖，2013；韩俊强，2013；秦立建、王震，2014；杨春江、李雯、逯野，2014；殷俊、李晓鹤，2014；汪华、孙中伟，2015；肖云、邓睿，2015）；四是有关就业、收入、经济状况和社会地位的研究（李培林，1996；李强、唐壮，2002；王春光，2003；唐钧，2004；陈成文、王修晓，2004；李培林、李炜，2007；王春光，2009；李培林、李炜，2010；李培林、田丰，2011；张昱、杨彩云，2011；张翼、周小刚，2013；田北海等，2013；程诚、边燕杰，2014）；五是从阶层、阶层分化、社会不平等与集体抗争等方面展开的农民工研究（王春光，2004；汪建华、孟泉，2013；黄斌欢，2014）；六是关于农民工权利意识、权益保护与社会保障等方面的研究（郑杭生、洪大用，1995；陆学艺，2003；李迎生、刘艳霞，2006；徐小霞、钟涨宝，2006；江立华，2006；关信平，2008；田北海、徐燕，2011；史柏年，2013；李迎生、袁小平，2013；秦阿琳、徐永祥，2014）。此外，还有研究探讨了农民工或新生代农民工子女教育（陈成文、曾永强，2009；唐钧，2010；赵蔚蔚、刘轶俊，2011；雷万鹏，2013；孙彬，2014）、农民工管理（刘世定等，1995）与农民工"污名化"

等问题（文军、田珺，2017）。

　　教育是民生的根基。"教育是国民立足社会的基础，也是国家发展的根本所系。"（郑功成，2004）无论是受教育程度，还是受教育水准，都既从根本上决定着每个公民的发展机会，又直接决定着一个国家的未来。2017 年 10 月，党的十九大报告就曾指出，我国最大的民生是就业。我们要坚持积极就业政策，实施就业优先的战略，以实现更充分和更高质量的就业。要为民众提供全方位的公共就业服务，以促进农民工多渠道就业、创业（习近平，2017）。实现更充分和更高质量就业、促进农民工多渠道就业的前提条件和基础，是劳动者必须具备就业岗位所需的技能和素质。教育和培训是提升劳动者技能和素质的重要渠道，加大对新生代农民工的人力资本投资力度是关键。但是，从目前的研究以及政策实施来看，我们对教育，尤其是对新生代农民工教育培训的重视是远远不够的，对新生代农民工的人力资本投资是极其有限甚至非常欠缺的。

　　改革开放 40 多年，劳动力以及资源环境的低成本优势成为我国经济高速增长的主要原因。进入新时期与新发展阶段以后，我们的低成本国际竞争优势逐渐消失，党的十八大适时提出实施创新驱动发展战略，强调未来发展要靠科技创新驱动，不再以传统的劳动力和资源能源驱动，加快实现从低成本优势到创新优势的转换，提升产业竞争力，实现我国从"制造业大国"到"制造业强国"的转型，全面实现我国经济和社会发展的提质增效。为此，2015 年，中央政府发布了"中国制造 2025"发展战略。十九大报告也提出创新是引领发展的第一动力，是建设现代经济体系的战略支撑。"中国制造 2025"战略明确了我国要实施制造业创新中心建设工程、强化基础工程、智能制造工程、绿色制造工程和高端装备创新工程等五大工程，要在节能与新能源汽车、新材料、电力装备、高档数控机床和机器人、海洋工程装备及高技术船舶、航空航天装备、先进轨道交通装备、农机装备、生物医药及高性能医疗器械、新一代信息技术产业等技术含量高的十大先进制造领域取得一系列重大突破，使我国进入制造强国的行列，为我国到 2045 年成为引领全球的制造强国奠定坚实基础。这一切的基础和前提，在于我们有高度发达的教育和培训，在于我们要切实高度重视对教育和培训的投入，在于进一步推进教育体制改革，培育具有创新意识和创新能力的人才，实现产品研发和核心技术研发等领域的完全自主。此外，新兴的、高技术含量的制造业对工人也提出了更高的要求，需要大量能满足先进制造业需要的技能型高素质蓝领工人。为此，十九大报告强调，要加快一流学科与一流大学建设，推进高等教育的内涵式发展。要健全对学生的资助制度和政策体系，使绝大多数城乡新增劳动力能够接受高中教育，更多地接受高等教育（习近平，2017）。要完善职业教育培训政策体系，深化产教融合与校企合作。要注重解决结构性的就业矛盾，开展大规模的职业技能培训（习近平，2017）。

在中央号召实施创新驱动发展战略之际，全国各地制造业企业纷纷开始转型升级的历程。资本密集型和知识密集型成为未来企业发展的趋势。作为农民工主体和制造业所需的劳动力主体，新生代农民工的总体受教育水平虽然比老生代农民工有所提高，但是，目前他们的人力资本状况难以满足产业升级的岗位需求。如果不重视新生代农民工的教育培训，不切实提升他们的人力资本，那么符合企业升级所需的技能型人才，尤其是高技能人才短缺的局面会进一步加剧，结构性失业问题会更加严峻。我国新生代农民工占全国总人口的 1/10 还多，他们业已成为我国制造业劳动力群体的主体，他们的人力资本和教育福利的缺失状况，不但会影响到"中国制造 2025"战略的实施与综合国力的提升，还会直接妨碍我国社会公平与正义的实现，将成为全面建成小康社会、实现"中国梦"的巨大瓶颈。通过教育培训提升农民工的人力资本、综合能力和城市适应能力，是确保他们增能和实现在城市顺利发展的关键。基于这样的理解，本书选取"新生代农民工的人力资本发展和教育培训政策体系建构"作为主题，通过调查分析探讨新生代农民工教育培训的状况、问题及成因，探讨如何构建和完善由政府、高校、市场、社会组织、家庭与个人构成的责任共担、多元协同共治的全方位、多层次的新生代农民工教育培训政策体系和保障机制，打造以政府和企业为主体、市场营利组织为补充、社区为依托、民间非营利组织为辅助、社工等专业机构为服务主力的多元参与、相互补充的新生代农民工教育福利服务网络，助力新生代农民工在城市的发展和市民化进程，并为新兴制造业提供高素质的劳动力。

1.2　研究目的和意义

本书的研究目的是通过研究新生代农民工教育培训的状况、问题及成因，从人力资本理论、社会治理理论和发展型社会政策理论等不同的理论视角，分析探索如何建立新生代农民工的资金投入多元化、参与主体多样化、运行方式市场化、政策实施社区化、监督管理法制化、绩效评估社会化、社区服务专业化的教育培训服务运作模式，确保他们获得教育福利政策提供的各种支持和社会保护，提升其人力资本和综合素质，加速农业转移人口的市民化进程，为我国产业结构转型升级与制造业强国战略的实施提供技能型高素质的劳动力。

下文从两个方面阐述本书研究的意义。

（1）理论意义

第一，本书有利于扩展农民工问题的研究领域，深化对新生代农民工教育培训与教育福利的研究。从上文的分析中可以看出，我国对"新生代农民工教育培训"的研究还十分薄弱。本书既能扩展有关农民工的研究领域，又能系统检视建立、健全我国新生代农民工教育培训福利政策体系的重要性与紧迫性。

第二，本书立足于人力资本、发展型社会政策等理论视角研究新生代农民工教育培训，一方面能在理论上扩展人力资本理论和发展型社会政策理论的研究外延，并检视这些理论在我国新生代农民工教育培训领域的适用性，丰富对相关理论的研究；另一方面能突破"单一就业技能培训"的取向，弥补新生代农民工教育培训研究的不足。

第三，本书尝试把社会治理理论运用于新生代农民工教育培训研究，既能拓展社会治理的研究领域，推进我国新生代农民工教育福利治理的理论进路，又有利于提升新生代农民工教育福利治理绩效。运用社会治理理论探讨构建新生代农民工教育培训的多主体协同共治机制，从中提炼有益经验，有助于从多主体参与、协同共治的理论视角分析如何构建新生代农民工教育福利体系，推动社会治理理论在该领域中的运用。

（2）政策实践意义和应用价值

第一，本书有助于人们更好地认识新生代农民工教育培训中的问题与挑战、建立和完善新生代农民工教育培训政策体系的紧迫性及其对我国经济社会发展的重要意义。

第二，运用人力资本理论和发展型社会政策理论分析构建新生代农民工教育培训政策体系的意义，有助于在政策实践层面突破"单一就业技能培训"的取向，有助于拓展和丰富教育培训内容，提升新生代农民工的身体素质和文化技能素质等，促进他们的全方位发展。

第三，本书能为政府决策提供实证参考资料，有助于制定更科学、合理的新生代农民工教育培训政策，推进新生代农民工教育培训全面升级，实现他们的增能，还有助于他们推进市民化进程和实质性地融入城市社会。

总之，当前以及未来相当长的一段时期内，我们要实现产业结构升级和经济发展模式转型，关键是提升我国科技实力，大力培养各类人才。新生代农民工已经是我国城市劳动力中的主体，他们人力资本的不足不仅会导致他们难以适应技术密集型产业发展的需要，而且将严重影响我国经济社会的健康可持续发展。研究如何建立和完善新生代农民工教育培训政策体系，不但有利于提升农民工的人力资本，满足新兴制造业对高素质劳动力的需要，为我国产业结构转型升级、由制造业大国向制造业强国转型扫清障碍，而且有利于加速新生代农民工的"市民化"进程，促进社会公平正义和社会安全，最终有利于我国全面建成小康社会，促进我国经济社会的可持续发展。

1.3　研究思路和研究方法

1.3.1　研究思路

本书拟通过文献梳理，分析总结已有研究成果以及新生代农民工培训的相关文献与法律文本。在此基础上，运用问卷调查、结构式访谈等方法搜集有关新生代农民工的人力资本状况、教育需求情况、教育培训中存在的问题等的资料，从人力资本理论、社会治理理论和发展型社会政策理论等理论视角，分析构建新生代农民工教育培训的政策保障机制、管理机制、评估机制、服务机制等，进而构建多元、协作、共治的新生代农民工教育培训治理体系，为提升新生代农民工人力资本提供机制保障。

1.3.2　研究方法

本书遵循实证主义方法论原则，将定量研究和定性研究相结合，运用调查研究、文献研究方法，系统探讨新生代农民工的人力资本状况、教育需求情况以及教育培训中的问题，从构建教育培训政策体系的必要性、教育培训立法、经费投入保障、监督管理、评估体系、职业培训标准与职业准入、跨部门合作、教育培训衔接、教育培训创新、社会保障与服务网络等方面，分析完善新生代农民工教育培训政策体系。本书运用的资料搜集方法和分析方法具体如下。

（1）文献法

在本书中，文献法主要用于搜集相关理论成果以及与该选题有关的政策文本等。课题负责人及课题组成员利用图书馆数据库、官方权威网站，同时利用出国访学、外出开会、学术交流的机会广泛收集与研究相关的资料。运用文献法搜集的文献资料主要包括三类：第一，与农民工教育培训相关的法律文本、政策文件和有关的规定；第二，人力资本理论、社会治理理论以及发展型社会政策理论等相关国内外文献及研究成果；第三，学界已有的关于新生代农民工教育培训的研究成果。通过对上述文献的梳理，总结现有政策的不足以及前期研究的经验与局限，为本书夯实文献基础。

（2）问卷法

课题组在北京、上海、重庆、广东、湖南、江西、贵州等9个省份或其省会城市开展问卷调查，搜集、了解农民工的人力资本状况、教育培训状况、培训需求以及教育培训中存在的问题等，以便进一步探讨我国新生代农民工教育培训政策体系构建和完善的路径与保障机制。

（3）结构式访谈法

运用结构式访谈法，对政府部门、企业、农民工开展访谈，了解新生代农民工就业培训政策实施情况、效果等，为强化培训动力机制提供实证资料。

（4）资料分析法

运用SPSS软件对问卷调查数据展开定量分析，同时对访谈收集到的

30 份访谈资料进行定性分析。

1.4　研究创新

本书具有一定的新意。创新之处主要体现在以下两个方面。

一是视角新。第一，本书从发展型社会政策理论和人力资本理论视角研究新生代农民工教育培训，对弥补新生代农民工教育培训研究的不足有所裨益，还有利于突破"单一就业技能培训"的取向，促进新生代农民工全面发展，有利于提升新生代农民工劳动的国际价值，同时带动我国各生产要素和资产整体国际价值的提升。第二，本书从社会治理理论视角探讨新生代农民工教育培训，旨在突破单一主体责任格局，构建多元主体协同共治的新生代农民工教育福利体系。既能拓展社会治理的研究领域，推进我国新生代农民工教育福利治理的理论进路，又有利于提升新生代农民工教育福利治理绩效，并总结归纳出新的治理机制。在现有的新生代农民工教育福利体系中，政府、企业、社会组织以及社区等各自存在某种形式的"缺位"，经济社会发展的现实对新生代农民工教育福利模式创新提出了迫切要求，必须协调好经济发展与社会发展之间的关系，切实加强新生代农民工教育福利中各主体的责任，进而提升新生代农民工的人力资本。

二是观点新。第一，新生代农民工应当成为我国当下人力资本投资的最重要的群体之一。对新生代农民工人力资本的投资，既有利于提升新型制造业劳动力的素质，促进我国资产整体国际价值的提升，又能激发他们自身的活力，并减少未来城市的社会福利成本，还能提供更多的就业机会。第二，"互联网＋新生代农民工教育培训"是创新新生代农民工教育培训模式的必由之路。原有新生代农民工培训的内容、手段、方式等不符合新生代农民工的实际和互联网、新媒体迅猛发展的形势需要，创新新生代农民工教育培训的内容、形式和手段非常迫切。第三，拓展新生代农民工教育培训的内容和对象，是未来新生代农民工教育培训关注的焦点。一方面，原有培训内容过于侧重单一就业技能，不利于新生代农民工市民化进程的推进和综合素质的提升；另一方面，各级政府官员、用人单位管理者、员工以及城市居民都应被纳入新生代农民工教育培训对象范围，让他们认识到新生代农民工的人力资本状况与城市发展息息相关，这对促进我国经济社会的发展和国际竞争力的提升都具有十分重大的意义。第四，建立和健全新生代农民工教育培训评估指标体系，是新生代农民工教育培训提质增效的保证。第五，建立资金投入多元化、参与主体多样化、运行方式市场化、政策实施社区化、监督管理法制化、绩效评估社会化、社区服务专业化的教育培训服务运作模式，是新生代农民工教育培训政策体系建构的必由之路。

第二章 理论回顾与文献综述

2.1 基本概念界定

2.1.1 新生代农民工

新生代农民工，又名第二代农民工。关于新生代农民工定义的讨论，起始于王春光对 20 世纪 90 年代农民工队伍构成新变化的关注。王春光于 2001 年首次分析新生代农村流动人口的城市融入和社会认同问题，引起学界和社会对新生代农村流动人口的广泛关注。学界对"新生代农民工"的定义概括起来有三种。第一种是以初次外出务工时间为界限来定义新生代农民工。如首次研究该群体的王春光，虽然他没有直接运用"新生代农民工"概念，但他界定的新生代农村流动人口相当于对新生代农民工的初次定义。他指出，20 世纪 80 年代第一次进城从事非农产业、外出打工的农村流动人口是第一代，20 世纪 90 年代首次外出务工的是新生代（王春光，2001）。另有研究把 20 世纪 80 年代以及 90 年代初次外出打工的农民称为"新生代农民工"，把在此时间以前初次外出打工的农民叫作"旧生代农民工"（何瑞鑫、傅慧芳，2005）。这类定义仅仅以初次外出务工时间为界限，在对那些 20 世纪 90 年代之后或者更晚时间外出务工的老生代农民工进行归类时会面临巨大挑战。第二种是按照出生年份进行界定的概念。有研究认为，20 世纪 80 年代之后出生的第二代农民工是新生代农民工（王宗萍、段成荣，2010）；还有研究认为，新生代农民工或第二代农民工是指 20 世纪 80 年代和 90 年代出生的农民工（刘传江，2010）。这类定义把 20 世纪 90 年代以后出生的农民工排除在外。从根本上说，除第一代农民工以外，不管是第二代、第三代或者第四代农民工，只要户籍制度以及与此相关联的社会福利制度和社会政策体系没有被彻底改革，就几乎会面临与第二代农民工市民化和在城市中发展所遭遇的同样的制度性障碍等各种问题。如果再把他们细分为第三代、第四代或者第几代，就没有多少实质性意义了。他们都可以归为新生代农民工。第三种是结合出生时间、年龄、外出从业性质和户籍属性等界定"新生代农民工"。这种观点认为，"新生代农民工"是20世纪80年代之后出生、年龄在十六岁以上、到外地专门从事非农产业且拥有农业户口的农村青年劳动力（全国总工会新生代农民工问题课题组，2010）。笔者2011年的研究认为，新生代农民工是指出生于20世纪80年代之后、在非户籍所在地的城镇长期从事非农产业的农村人口（银平均，2011）。这个定义亦有不足之处，即把本地农民工排除在外了。事实上，目前我国的农民工既包括本地农民工，又包括外出农民工，而不专指外出、到非户籍所在地城镇务工经商的农民工。

根据上述分析，本书从外出务工时间、户籍、工作地点以及从事产业性质等角度定义"新生代农民工"，把出生于20世纪80年代之后、在本地或异地城镇从事非农产业至少半年以上的农业户籍人口称为"新生代农民工"。

本书主要探讨新生代农民工教育培训问题，为了与老生代农民工做比较，调查收集的资料既包括新生代农民工，也包括老生代农民工。由于老生代农民工逐渐退出城市劳动力市场回归乡村，因此，本书中的农民工教育培训主要是指新生代农民工教育培训。为叙述方便，本书有的地方直接用"农民工教育培训"代替"新生代农民工教育培训"。如果有特别所指，会做出特别说明。

2.1.2 新生代农民工教育培训

目前学界对新生代农民工教育培训定义的研究不是很多。有研究提出这样一种观点，即新生代农民工培训是指为进城务工者开展的职业技能培训，目的在于协助他们实现转移就业（刘芷廷，2014）。另一种观点认为，新生代农民工培训是指为提高20世纪80年代后期出生的农民工的知识、技能及综合素质等，在政府引导下由培训机构或企业对他们进行的培训

（赵芩妃，2011）。

新生代农民工教育培训，从本质上说，包含新生代农民工教育和培训两个方面。新生代农民工教育是指新生代农民工在初等、中等或高等教育阶段所接受的正规教育，包括职业院校的教育、成人教育和继续教育。新生代农民工培训指的是为非大学生新生代农民工离校毕业后在步入工作岗位之前、在工作岗位和失业时提供的各种职业培训。笔者将它们统称为新生代农民工教育培训。由于国情不一致，国外没有农民工这一专门术语和社会现象，但他们有对农业工人、农村转移人口［又称乡城移民（rural-urban migrants），我国称为农民工（migrant workers）］、国际移民、中学离校毕业生、失业者等弱势群体开展的教育和培训。他们没有专门细分的针对乡城移民的教育和培训制度，而是为包括这些人在内的所有国民构建了一套比较完整的职业教育和培训体系。因此，本书在谈到国外职业教育和培训的时候，意指为这些群体开展的职业教育和培训。本书提到的新生代农民工教育培训，既包括初、中等教育，也包括普通高等教育，还包括成人教育和继续教育等，同时又包括岗前培训、岗位培训、失业培训等各个层面的内容，在后续论述和行文中不再赘述。

2.1.3 社会治理

对于社会治理概念，学界的说法不一。综合来看，社会治理是指政府、营利部门、社会组织、社区及个人等各利益相关者基于平等合作伙伴关系，本着民主、公开、参与、责任以及效力与协调的原则，遵循正式的制度规则或者彼此同意或认为符合各方利益的各种非正式制度规则与安排，为调和彼此有差异甚至有冲突的利益采取联合行动，共同对社会公共事务进行规范和管理的持续活动和过程。社会治理，说到底是彼此共同分享和共同行使公共权力，共同对社会公共事务进行规范管理，以满足公众需要、实现公共利益最大化的一种机制（Foucault，1975；Deleuze，1992；Rose，1999；Holmes & O'Byrne，2006；O'Byrne，2012；俞可平，1999，2001；范铁中，2007；肖文涛，2007；秦继伟、陈成文，2013；蔡雅洁，2013；姜晓萍，2014；郑杭生、邵占鹏，2014）。在社会治理过程中，要充分发挥被治理事务在促进经济社会的民主、公平、健康和可持续发展方面的作用。所有行为主体通过共同参与对被治理事务的管理来提升组织功能、社会凝聚力和所有行动者的责任感。社会治理的基本功能和最终目标是通过大家的共同参与和对被治理事务的管理，营造出健康的社会和环境（Bem，2010）。

2.1.4　人力资本

关于人力资本，西方最权威的传统解释是 1960 年舒尔茨所给出的，即人力资本是凝结在人身上的知识、技能、能力和健康。人力资本是现代经济增长的关键性因素，需要通过对医疗保健、在职训练、正规教育、成人教育和转移就业中的迁移等方面的不断投入来获得（舒尔茨，1990）。也有西方学者认为，"人力资本是个人具有的知识、才干、技能和资历，以及健康、时间和寿命"，可以通过"正规学校教育、在职培训、医疗保健、迁移以及收集价格与收入的信息等多种形式"（加里·S. 贝克尔，1987）获得。明塞尔则认为，人力资本是蕴藏在人身上的各种生产知识和技能的存量总和（明塞尔，2001）。

西方学者在研究人力资本的过程中，提出了基于能力的"新人力资本"（Hanushek，2011）的研究议题。新人力资本的具体内容包括认知能力和非认知能力、教育和在职培训形成的技能以及身体健康和心理健康等要素。其核心是人的认知能力和非认知能力。这种观点认为，能力具有自我生产和动态补偿的功能。也就是说，一项技能形成可以增强下一阶段获取技能的能力，而且一个时期的技能形成后可以提升后期投资的生产率。能力的获得需要通过家庭人力资本投资和公共人力资本投资来实现（Cunha & Heckman，2010；Carneiro，Cunha and Heckman，2003；Cunha et al.，2006；李晓曼、曾湘泉，2012）。

国内关于人力资本定义的研究大致有三种。一种观点认为，人力资本是以每个公民为载体，富有经济意义和价值的科学文化知识、各种技术、各项能力、身心健康等各要素与素质的总和（李建民，1999）。另一种观点认为，人力资本是通过人力投资形成的由知识、技能和健康等组成的一种资本，人力资本投资途径主要包括教育培训支出、医疗保健支出、流动迁移支出以及国际流动支出等。这些常常用受教育年限、学历、国家教育投资、劳动量（货币工资）等来衡量（任国强，2004）。还有学者持这样一种观点，即人力资本是体现在人身上的"一种资本的类型"，是劳动者知识水平、技术水平和工作能力等方面的价值总和，包括年龄、健康、受教育程度、技能培训以及工作经历与为适应工作的最远迁移距离等（程名望等，2016）。

综合上述定义，人力资本是一种有别于物力资本的资本形式，是指通过对人力的投资，凝聚在人身上的知识、技能、能力、资历、体能与健康等综合价值的总和。人力资本的投资包括在正规教育和成人教育方面的教育投入与开支、在职培训学习方面的开销、用于维护身心健康的医疗卫生保健支出以及为了实现转移就业所花费的支出（含脑力、体力、时间、金钱和物质等各种支出）等（银平均，2011）。换言之，人力资本是以劳动者为载体，经过投资形成的凝聚在劳动者身上的体力、智力和能力等各种综合价值的总称。它体现的是劳动力的价值，能获得远比物力资本多的效益，能更大程度地提高生产力，创造出更多的利润收益、剩余价值以及更多的社会效益（银平均，2011）。人力资本的积累和人力资本价值的实现，必须有一系列科学、合理的制度安排和组织安排作为前提和保障。

2.1.5 新生代农民工教育福利

教育成为一项政府应当加以保障的社会福利权利，是民主国家和现代民族的一种制度创新（尹力，2009；刘新民、江赛蓉，2011）。教育实际上被认为是一种兼具私人物品属性和公共物品属性，又介于私人物品和公共物品间的准公共产品。它不是纯粹的商品。教育福利的基本属性恰恰体现在去商品化（de-commodification）方面。发展到现在，教育福利是衡量一国人权状况的重要内容，也是受教育者人权特性的必然要求。教育福利业已成为国际社会用来衡量一国公民受教育权的保障及实现程度的一种非常重要的标准。"获得教育福利，是新生代农民工的一项社会权利。"（黄文琳，2018）

新生代农民工教育福利是指我国为确保新生代农民工享受到社会公认的、可接受的、令人满意的、好的教育与培训所制定的一系列政策措施和做出的一系列制度安排以及所采取的一系列行动的总称。这种教育福利的宗旨在于确保新生代农民工能获取就业所必需的技能和能力，掌握生存、发展所需的知识技能，进而摆脱贫困，过上有尊严的生活。教育福利并非局限于免费义务教育，也包括在非义务教育阶段（含高等教育阶段）国家向他们提供的同等受教育机会与充分的政策支持。新生代农民工教育应当是一项由国家向新生代农民工免费或低价提供的教育培训福利事业。

2.2　相关理论回顾与梳理

2.2.1　发展型社会政策理论

英国于 1948 年建成福利国家之后，西方各国纷纷效仿。在随后几十年的发展过程中，各种原因造成福利病以及随后出现的福利危机，在新自由主义思潮的影响及其对福利政策的猛烈抨击下，各国不断调整社会福利政策，学界也在探讨社会政策如何在保持福利性的同时促进经济的发展。从 20世纪 60 年代蒂特马斯关注经济发展和社会福利关系研究开始，学者们纷纷提出关于发展型社会政策或积极福利政策的主张和看法。1968 年，联合国第一届国际社会福利部长会议第一次采用"发展型社会福利"这一新型概念。联合国经济及社会理事会于 1979 年再次详细阐述了"发展性社会福利"的政策理念。OECD 国家在 20 世纪 90 年代中期之后的社会政策实践改革中贯彻了"发展型社会政策"理念。此后 20 多年来，发展型社会政策成了国际社会政策和社会工作学界的一个重要观点和研究取向（王思斌，2007）。这种新的社会政策学科理念既影响和改变了欧美国家的社会政策理论和政策实践，也对各个发展中国家的社会工作和社会政策理论与实践产生了极其重大的影响。发展型社会政策理论的西方代表性学者主要有安东尼·吉登斯（Anthony Giddens）、詹姆斯·梅志里（James Midgley）、彼得·泰勒－顾柏（Peter Taylor-Gooby）、阿玛蒂亚·森（Amartya Sen）、迈克尔·谢诺登（Michael Sherraden）等。下文将介绍他们的理论观点和政策主张。

（1）安东尼·吉登斯的社会投资型国家与积极福利政策

吉登斯在阐述"第三条道路"的思想观点时，强调用"社会投资国家"替代"福利国家"，推行积极福利政策。这种政策的基本原则是不直接提供经济资助，而是尽量在人力资本上投资，将对传统福利支出的投资转变为对人力资源的投资。政府应当重视终身教育，应当实施一些配套的教育政策和项目，使人们从儿童到老年整个一生都能够一直不断地接受教育，同时开展一些必要的特殊技能培训，尤其是着眼于人们的认知能力与情感能力开展培养工作。实施积极福利政策的目的不是让人对福利产生依赖，而是利用教育资源与其他个人投资的机会鼓励人们进行储蓄。与此同时，政府鼓励实施家庭般亲密的工作环境政策，帮助人们在工作和家庭生活间达成平衡与和谐。开展人力资本投资，也是企业拥有的最主要的用以缩小社会差距的资源。企业越重视对员工的人力资本投资，就越能为员工营造非常温馨的、具有家庭般亲密关系的、最佳的工作环境，从而获得更强的竞争力。政府通过实施积极福利政策支持和协助企业实现这一目标，能够激发企业用更大的热情展开对企业内部员工的人力资本投资。积极福利政策支出不再由政府全部负责和承担，而是由包括企业、社会组织等在内的各种组织机构与政府通力合作来提供。人力资本投资是机会再分配的重要基础，因此，教育投资已经成为政府的一项势在必行的任务（安东尼·吉登斯，2000）。积极福利政策是一种既针对弱势群体，又面向全体公民的包容性社会政策。它以人的发展为导向，通过教育培训提升人们的抗风险能力，增强人们应对风险挑战的信心和能动性，重在为人们的自我发展和自我实现创造条件、提供可能与机会，促进人的全面发展。积极福利政策主张把资源投入教育和培训中、投入为公民创造就业机会之中、投入实施弹性工作制度中，以及用于鼓励风险投资等方面。政策重点是全面提升人的素质，培养个人的自我负责精神与独立意识，调动各级政府、社会组织、企业和个人等主体共同承担社会福利责任的积极性，将传统的反贫困治理与提升整体经济竞争力和国际竞争力紧密结合起来。

（2）詹姆斯·梅志里的发展型社会政策

首次明确、系统性地提出"发展型社会政策"的学者是美国社会政策学者梅志里。他对发展型社会政策与社区发展和经济发展的关系做了框架性说明（王思斌，2007）。社会政策不仅要满足弱者的需求，更要惠及全体民众。发展型社会政策要投资人力资本、社会资本和资产发展，要重视人力资本积累、社会资本积累和社区建设，动员市场、社区、国家等方面的各种制度设置，以提高民众的福利水平。这样既可以提高包括贫弱者、需要社会援助的人以及传统的社会福利救助对象在内的所有社会成员参与经济竞争的能力，消除他们参与经济活动的障碍，又可以改善全体社会成员的福利，进而促进经济与社会的协调发展。这种福利政策是一种强调把福利政策和经济发展结合起来，消除经济发展与社会福利之间的裂痕，把经济发展与社会福利充分整合起来的新的思想和新的方法。梅志里强调，发展不是单一的经济增长，还应包含社会发展。成功发展的先决条件是将社会发展的维度纳入发展中，而福利提供方式也应该是积极的和动态的。梅志里还指出，传统社会福利中的三种组织化、制度化路径包括了社会慈善、社会工作和社会行政。社会慈善是由非营利组织为穷人提供物品与服务、依靠个人和组织自愿捐助的一种福利形式。社会工作是由专业社会工作人员依靠专业知识和方法，协助服务对象处理社会问题，提升个体、家庭以及社区福利的制度化措施。社会行政是政府制定、实施社会福利政策与执行行动计划，通过社会服务项目提升公众福利水平的制度设置。所有这些传统的福利手段没有将社会福利与经济发展贯通起来（安东尼·哈尔、詹姆斯·梅志里，2006）。发展型社会政策突破了传统福利政策以收入维持和消费为导向的服务，转向人力资本投资、提高个人能力、扩大人们的经济参与和促进经济发展的积极干预（梅志里，2007；钱宁、陈立周，2011）。

（3）彼得·泰勒-顾柏的新福利主义思想

彼得·泰勒-顾柏认为，经济全球化与日益激烈的国际竞争、资本与劳动力等生产要素的流动性增加、家庭生活的复杂化与家庭结构的变化、人口老龄化与社会结构的变化等，使传统的社会福利制度面临巨大挑战，迫切要求建立新的社会福利制度以适应全球化时代经济社会发展的需要。技术变迁强化了教育和就业的联系，加剧了受教育程度低的人群被社会排斥的风险。国家需要改变福利开支投入方向，一是福利开支要集中于给国家项目提供资金以促进对各类人群的教育和培训，使他们适应工业的变化，进入和再进入劳动力市场，以增加个人参与经济的机会；二是通过强化家庭福利政策、扩大公共的社会服务来平衡工作和家庭，通过提供公办的儿童照顾、实施体弱老人的长期保险计划等，使照顾儿童和老人的成本"社会化"，以帮助人们协调和平衡有薪酬的工作与家庭照顾责任之间的关系（彼得·泰勒-顾柏，2010）。相较于传统的注重收入维持和消费的福利政策，这种注重人力资本投资以增加就业机会、协助人们平衡就业与生活以促进就业的政策是一种新型福利政策。这种福利政策观被彼得·泰勒－顾柏称为"新福利主义"（钱宁、陈立周，2011）。

（4）阿玛蒂亚·森的社会发展理论

阿玛蒂亚·森的社会发展理论是基于自由这一核心概念来阐述的。他认为，自由是人们选择过他们有理由珍视的那种生活的可行能力。自由是发展的首要目的，更是发展不可缺少的重要手段。自由分两个层面，一方面是政治自由、透明性保障、防护性保障、充足的经济条件和开放的社会机会等工具性自由；另一方面是指人们可以选择有理由珍视的生活的实质性自由，包括免于饥荒、营养不良、疾病与过早性死亡等困苦的基本可行能力，具备识字算数能力、享受政治参与等。可行能力本身是一种实质性自由，是人们可以自行实现的各种可能的功能性活动的组合。工具性自由能够间接或直接帮助人们按照自己想要的方式生活，是实现实质性自由的前提条件。贫困是人们基本可行能力的被剥夺，是人力资本不足、社会歧视等造成的。发展的本意和宗旨在于通过制度性手段和设置来清除使人们基本可行能力受限制的因素，包括压迫性政权的不宽容、权力的过度干预、经济机会匮乏、处境贫困、系统化的社会剥夺和暴政以及公共设施建设的被忽视等诸多制度性限制因素（阿玛蒂亚·森，2013）。

森认为，发展并非只是经济的增长，还是促进人们拥有实质性自由的过程。实质性自由要通过教育、医疗等社会政策构建社会安全网，为人们提供防护性保障来实现。提高人们的实质性自由，前提是必须扩展工具性自由。森的这种"把自由看作发展的首要目的、重要手段和重要条件，以及把社会政策的发展作为工具性自由的有机组成部分并视之为实现实质性自由的条件"的观点，超越了传统狭隘的发展观。他强调，发展是经济增长与社会发展同步，是经济与社会的共同进步。实现实质性自由的一个先决条件是，社会政策必须着眼于增强人们的可行能力。必须大力推进基本教育和医疗保健等社会安排，实现大规模的教育普及，并大规模地建设医疗保健设施。这种工具性自由能直接增强人们的可行能力。森的这种新的价值理念是对传统发展观和传统社会政策的超越。

（5）迈克尔·谢诺登的资产社会政策

1990 年，迈克尔·谢诺登在《资产与穷人》一书中首次提出"资产为本"的社会政策观点。他强调，传统的收入再分配不应再是以资产为本的社会政策的重点，而应该强调授权于个人，国家应当通过公共干预的手段努力推动人们，尤其是穷人拥有和积累个人资产，还应通过激励和资助人们长期积累个人资产的方式，促进个人、家庭以及社区的发展。这种发展构成社会整体的长期发展（迈克尔·谢诺登，2005）。人们拥有资产后能产生为未来考虑的更远取向，会延迟消费，进而产生使家庭更稳定、更重视投资自己的人力资本、进行更多的社区参与等各种积极效果。现有的政策没有鼓励穷人进行资产积累，而是形成了对穷人积累资产的制度化排斥，导致穷人陷入贫困陷阱不能自拔。穷人没有资产或无法进行资产积累，就会缺乏对长期消费的预期和打算，容易陷入低收入、低消费的低水平均衡的循环中。一个家庭必须考虑从教育、住房等各个方面积极开展相应的积累和投资，才能改变家境和生活状况。当今社会贫富分化加剧和贫富差距不断扩大的重要原因在于富人和穷人先天不公的资产配置以及不公平的持续与加速扩大。因此，需要政府从政策层面进行制度化设计，通过转移支付，协助穷人进行储蓄。这些是激励和帮助穷人积累和拥有资产的起点，能够引导穷人建立和优化资产积累结构。在协助穷人进行资产积累之后，资产的管理和使用就能使他们自动养成从长远考虑和计划的习惯，就能够从金融角度把他们的现在和未来联系起来，而资产就成为联系他们现在和未来的桥梁。资产社会政策不是只停留在考虑投资于传统的福利领域，还将关注点从社会领域的政策转移并延伸到经济领域中，使之有别于以收入维持为基础的传统福利政策，成为具有生产性特征的新型社会政策（迈克尔·谢诺登，2005；杨团，2007）。政府支持的个人发展账户是这种新型政策的主要工具。政府通过有意识、有组织的引导，帮助穷人积累资产和进行投资，改变传统的直接增加收入与消费的做法，提升人们（尤其是穷人）的自信心，培养穷人以及社区自力更生的能力和精神，帮助人们（包括穷人）以及贫困社区减少长期贫困，完成缩小贫富差距、促进社会公平的政策目标。

（6）中国学者关于发展型社会政策的观点

刘继同指出，发展型社会政策必须改革社会结构，消除妨碍改革与发展的不利因素，引导人们实现有计划、有目的的社区规划、开发和发展，促进国家的整体发展；必须实现人与社区的协调发展，并促进二者与国家发展间的有机融合，使三者达成相互促进、彼此综合发展的目标（刘继同，1994）。关信平指出，社会政策的国际发展趋势应该成为学界关注的重点，我们要把建立社会政策的国际协调机制，尤其是基本社会保护方面的国际标准作为应对全球化挑战必要的手段（关信平，2002）。王思斌认为，发展型社会政策是我国当前解决大规模贫困问题的一种理性的社会政策选择。作为负责任和关心民生的政府，应对改革和社会变迁中出现的贫困现象负责；应运用公共财政政策支持和加强人们的人力资本投资，增强人们（尤其是有劳动能力的劳动者）的能力；还应通过公共行动为促进就业创造条件，而不是单单提供直接的救助。政府在为人们提供福利的同时必须考虑到他们的发展问题（王思斌，2007）。中国政府必须加强敏感的社会政策意识、专业化科学决策以及强力且有效实施政策等方面的社会政策能力建设（王思斌，2004），而非仅仅强调传统的行政能力。张秀兰认为，发展型社会政策重在通过将公共财政用于人力资本和社会资本的投资，营造有利于经济社会可持续发展的环境；要推进面向教育、医疗和儿童的社会政策，把短期目标和长远目标结合起来；加大对现有和潜在劳动人群的人力资本投资力度，是我国发展型社会政策最根本的立场；发展型社会政策实施的根本目的在于切实增强全体劳动者的抗风险能力，在于把发展维度纳入社会政策设计中并加以强化，从而建立新的发展型公共支出体系（张秀兰，2004）。发展型社会政策强调优先投资人力资本，进行人力资本积累；强调通过社会投资，积极促进社会建设，为人们参与市场经济活动创造良好的社会条件，始终把"发展"理念注入社会政策价值中，注重社会建设与社会资本积累，以发展健康向上的社会文化，增强社会凝聚力，进而增强国家竞争力（张秀兰、徐月宾，2007）。杨团认为，发展型社会政策是社会政策的范式革命，是对"收入为本"的传统社会政策范式的挑战，为观察和研究社会福利与贫困问题提供了全新的视角与参照框架（杨团，2007）。唐钧认为，资产社会政策是一种新颖的研究分析框架，它可以被运用到我国建设"基础-整合的社会保障制度"的政策实践中去。我们要始终坚持以资产为本的政策思路推进各项社会政策的改革

（唐钧，2007）。

总之，发展型社会政策的核心是注重对人力资本和社会资本的投资。作为生产力要素和增强国家竞争力的重要有力手段，社会福利与政策支出的重要投资对象应该是与劳动就业相关的教育和培训、公共卫生与营养等与人力资本和社会资本相关的长期项目。通过加强政府与企业以及社会组织的积极合作，从"上游"进行干预，提升人们的人力资本、经济参与能力、竞争能力及社会资本，消除或减少导致人们陷入贫困的因素，实现经济与社会政策整合的目标，促进人们的社会融入，最终实现公平与可接受的社会质量水准。

2.2.2　人力资本理论

人力资本理论最早起源于西方经济学研究，在其后的发展过程中逐渐被运用于人口学、社会学、教育学等学科的研究，而且成为教育经济学的理论基础。人力资本理论从提出到现在，一共经历了"早期人力资本理论"、"现代人力资本理论"、"当代人力资本理论"和"新人力资本理论"四个发展阶段。

（1）早期人力资本理论是人力资本理论发展的第一阶段

早期人力资本理论的主要代表性观点包括马克思的可变资本理论、古典经济学的人力资本理论和新古典经济学的人力资本理论。

第一，马克思的可变资本理论。马克思指出，真正使资本实现增值的是工人劳动力的可变资本。它不仅再生产出劳动力的自身价值，而且创造出超额价值。人们只有通过接受教育训练，消耗一定的教育费用，才能最终成为被市场和社会所需要的专门的劳动力（马克思，1975）。

第二，古典经济学的人力资本理论。亚当·斯密（Adam Smith）、让·萨伊（Jean Say）、约翰·穆勒（John Stuart Mill）等是古典经济学人力资本理论的主要代表。在亚当·斯密的理论体系中，人力资本是劳动者后天获得的一种有用能力，是他们通过受教育、进学校和做学徒等获得的有用能力，是固定在人身上、已经实现了的资本。国家应当推动、鼓励甚至强制全体社会成员接受最基本的教育（段钢，2003；王明杰、郑一山，2006）。让·萨伊认为，人力资本分专业化人力资本、一般性人力资本与创新性人力资本①三种形式。任何低级或高级职业的劳动者必须经过长时间的、代价很高的训练才能获得人力资本，耗费的支出总和构成了他们的累积资本。这种资本的报酬必须涵盖劳动者的工资和人力资本培训耗费的资本的利息（让·萨伊，1963）。约翰·穆勒认识到，人的技能和知识是一种财富。人的教育支出与其他公共事务支出应是完全相容的，但他反对把人看作资本，认为那样会贬低人的人格和侵犯人的自由（约翰·穆勒，1991）。

第三，新古典经济学的人力资本理论。莱昂·瓦尔拉斯（Léon Walras）认为，人力资本是"自然"资本，而非人工所产生的。他把人力资本与人本身、人口的数量与人力资本的数量等同起来（莱昂·瓦尔拉斯，1989）。阿尔弗里德·马歇尔（Alfred Marshall）则认为，投在人身上的资本是一切资本中最有价值的。教育能开发人力资源的智力，教育投资可以产生巨额利润。衡量教育投资得失的标准，主要是劳动者能力的提升程度与劳动力利用的机会，而非直接投资。他主张将教育作为国家投资（阿尔弗里德·马歇尔，1964）。所有这些理论和观点成为现代人力资本理论形成和当代人力资本理论发展的坚实基础。

（2）现代人力资本理论是人力资本理论发展的第二阶段

西奥多·W. 舒尔茨（Theodore W. Schultz）开创了现代人力资本理论。他的观点概括起来有以下几点。第一，人力资本是指凝聚在劳动者身上的知识、体力、技能和各种劳动能力等素质的总和。第二，人力是可以给人们创造收益与利润的一种资本形式。人力资本投资无论是对个人还是社会，都会产生利润和收益。人力资本是经济增长和社会进步的决定性因素。第三，人力资源和人力资本二者之间是不能画等号的。并非所有人力资源都是最重要的资源，只有那些通过各种形式和途径进行投资、拥有某种"专门知识和专项技能"的人力资源，才是所有人力资源中最重要的资源。第四，人力资本必须且唯有通过对人力的各种投资才能形成。人力资本投资的耗费与支出包含了学校教育（包括初等、中等和高等教育）支出、医疗和保健服务支出、在职人员培训支出、非企业举办的成年人教育

---

① 专业化人力资本为专业技术人员所拥有，一般性人力资本是普通劳工所拥有的人力资本，创新性人力资本为企业家等经营管理者所拥有。

支出、为适应就业机会变换的劳动力迁移支出①等。第五，投资人力资本带来的实际收益远远超过投资物力资本产生的收益。第六，贫困的根本原因是人力资本的缺乏，而不是穷人的大量增加。改进穷人福利的关键因素是提高人口质量及知识水平，而不是空间、能源和耕地（舒尔茨，1990）。

加里·S. 贝克尔（Gary S. Becker）认为，人，尤其是有专业知识和技术的高层次的人，是促进经济增长和发展的真正动力。他指出，对人力资本的投资是通过增加人的资源以影响未来收入和货币的活动。人力资本的投资方式包括学校教育、在职培训、迁移、搜集价格与收入信息和医疗保健等。在他看来，在职培训既包括企业对员工开展的专用性特殊培训，也包括对员工开展的对所有企业都有益的一般培训（Becker，1975，1993；加里·S. 贝克尔，1987）。

爱德华·丹尼森（Edward Denlson）的贡献在于证明了美国人力资本投资的积累对美国经济发展的巨大作用。他论证了美国人力资本投资的积累对美国 29 年（1929～1957 年）的经济增长和经济发展的贡献占比达到 23%，教育发展为美国劳动力平均质量的提高贡献了 0.97 个百分点，为年均国民收入增长率贡献了 0.67 个百分点，由知识进步和教育年限增长引起的收入增长占国民收入增长的 42%（王明杰、郑一山，2006；惠宁、霍丽，2008）。

根据雅各布·明塞尔（Jacob Mincer）的观点，人力资本与经济的同时增长是经济可持续发展的必要条件。人力资本和物力资本二者对彼此的作用是相互补充的。人力资本积累包括正规教育和在职培训两个部分。他认为，一方面，人力资本会极大地提高物力资本的边际产品质量，直接或间接地提高总产出；另一方面，物力资本积累会刺激社会对高技能人力资本需求的增加（雅各布·明塞尔，2001）。

（3）当代人力资本理论是人力资本理论发展的第三阶段

继舒尔茨、贝克尔等学者之后，索洛（Solow，R. W.）、阿罗（Arrow，K. J.）、乌扎华（Uzawa，H.）、罗默（Romer，P. M.）、卢卡斯（Lucas，R. E.）等许多经济学家沿着经济增长模型这一新的思路深入研究了人力资

---

① 支出包括资金、物质、时间、脑力与体力等各种消耗。

本理论。索洛的理论研究促成了以人力资本为核心的经济增长模型的建立（惠宁、霍丽，2008）。阿罗创立了著名的"干中学"模型，认为人在生产过程中边干边学获得的知识和积累的经验形成了人力资本，由此实现了收益递增（刘纯阳，2004）。乌扎华论证了教育部门对产出的贡献是通过提高生产部门的技术间接实现的。罗默认为，经济增长的关键性要素是拥有专业化的人力资本和特殊的知识。这种专业化的人力资本以及特殊的知识不仅能使收益递增，而且能促使劳动、资本等生产要素的收益递增，直接促进整体经济规模收益的大幅度递增，有力地保障了经济的长期增长。卢卡斯认为，劳动者在正规学校教育中积累的人力资本对经济增长有决定性作用，产生的是内部效应，而在边干边学中形成的人力资本产生的是外部效应。只有通过投资形成的人力资本积累，才是经济长期增长的决定性因素（惠宁、霍丽，2008）。这些学者对人力资本理论的研究，构建起当代人力资本理论的框架。

20世纪90年代以后，知识资本理论①的兴起，促使西方人力资本理论的研究思路发生了新的变化。知识资本理论从对知识资本结构的分析出发，对人力资本理论做出另一种诠释。该理论对人力资本与结构性资本间互动关系的分析，是对人力资本理论发展的又一贡献。

（4）新人力资本理论是人力资本理论发展的第四阶段

2010年，美国经济学年会上有学者提出需要制定一个基于能力的新人力资本的研究议程（Hanushek，2011）。新人力资本理论是一个新的理论分析框架，它涵盖了人的生命周期中从先天禀赋、后天环境到个体发展的所有因素（李晓曼、曾湘泉，2012）。新人力资本的具体内容既包括认知能力和非认知能力，也包括各种技能，还包括身体健康与心理健康等要素。其中，认知能力与非认知能力是新人力资本理论的核心内容。人的能力如何形成与探索最优开发策略，是新人力资本研究的主要议题。这些研究观点包括三个方面。首先，能力的自我生产与动态补充。人在不同生命周期开展不同形式的投资能获得不同的能力。人在每个阶段所采用的技术也会有所差异。其中，采用的技术有两种。一种技术是"技能的自我生

---

① 知识资本理论的代表人物有加尔布雷恩、埃德文森、沙利文、斯图尔特及斯维比等。

产"，又叫"技能的相互促进与自我增强效应"，即一个人在一个阶段获得或形成技能，会增强其在下一个阶段进一步获取其他技能的能力。早期获得的认知能力更有利于促进人们后期积累更强的认知能力，并进一步提升人们下一阶段的认知技能。另外一种技术是"技能动态补充"，指的是人们在某个阶段获得的技能可以提升后期其他阶段投资的生产效率（Cunha & Heckman，2010；李晓曼、曾湘泉，2012）。其次，人力资本投资策略的关注点在于，家庭的早期人力资本投资。在孩子的认知、非认知技能形成过程中，父母以及家庭环境起着极其重要的作用。参与度高、能力强的父母有利于培养孩子的认知、非认知技能（Carneiro et al.，2003；Cunha et al.，2006），而且孩子能力差异与其母亲的能力水平以及家庭背景高度相关。因此，每个家庭要为孩子设计一套在不同生命周期和阶段合理配置投资比例的最优投资方案。与此同时，国家要高度重视公共人力资本投资。国家开展的公共人力资本投资能够最大限度地弥补私人投资的不足，并缓解因私人投资不足产生的社会不平等。公共人力资本投资的重点是对困难群体开展早期投资干预。这种早期投资干预政策一方面是弥补早期能力不足的缺陷以减少社会不平等的重要手段，另一方面是用来提高人们投资回报率的一种高效投资策略。为了使早期投资效益最大化，必须追加后期投资。缺少追加投资会降低困难儿童的早期投资回报率。此外，后期干预投资的重点应该是非认知技能。这种后期投资既能提升儿童非认知能力，又能显著提升个体成年后的社会经济表现（Cunha & Heckman，2010；李晓曼、曾湘泉，2012）。最后，能力投资对个人经济社会表现有所影响。着眼于提升能力的人力资本投资会对工资施加直接影响，影响人们的教育程度选择和教育回报率，并进一步对收入产生间接影响。增加对非认知技能的投资还能更大限度地改变人们的不良行为，而且显著影响人们对个体职业的选择，同时促进人们对健康行为的选择。高水平的非认知技能者更倾向于接受更高水平的教育，他们的社会阶层也随之增高，疾病的斜率也随之呈递减态势（Grossman，2000；Smith and Brief，2007）。

新人力资本理论扭转了以教育为核心的人力资本观，同时极大程度地改变了社会学家们所持有的"认知能力决定了人们收入"的传统观点（Herrnstein & Charles，1994）。该理论强调早期的人力资本投资干预，尤其是对弱势儿童家庭的早期教育投资干预，政策重点在于对非认知技能的投资，同时注重后期追加投资干预，以达到促进社会公平的目标。

2.2.3 社会治理理论

（1）社会治理的基本内涵

自 1989 年世界银行第一次提出"治理危机（Governance Crisis）"概念以来，近 30 年间，特别是 20 世纪 90 年代以后，"治理（Governance）"概念被各国政府、学界和社会广泛接受与运用，并且成为欧洲社会科学界最流行的术语之一，经济学、管理学、政治学和社会学等各个学科的学者们在运用该理论进行学术研究和学术交流研讨的过程中不断丰富、扩充其外延和内涵，赋予这一概念以新的含义。发展到现在，治理理论①涵盖了全球治理和国家治理两个层次。国家治理又分政府治理、市场治理和社会治理三个层次。国内学界对社会治理的定义大致有以下几种。第一种是"活动"论或"行动"论观点。如肖文涛认为，社会治理是以治理理论为基础，国家权力回归社会，还政于民，多元主体共同参与对社会公共生活的

---

① 治理理论创始人之一罗西瑙（J. N. Rosenau）认为，治理指的是在一系列领域里受共同目标支持，虽未得到正式授权，却能有效发挥作用的管理活动与机制。管理活动的主体不一定非得是政府，也并非必须通过国家强制力来实现（詹姆斯·罗西瑙，2001：5；俞可平，2002）。联合国全球治理委员会指出，治理是私人、私人机构或者公共机构对共同的社会公共事务实施管理的各种方式的总和。它是利益相关者通过各种正式的规则制度和非正式制度安排（人们自行同意或者认为符合大家利益的非正式规则制度与安排），为调和彼此不同，甚至是相互冲突的利益而采取联合行动的持续过程。所有利益相关者都是治理主体（俞可平，2000）。欧盟的观点认为，治理是指在欧洲层面上影响权力运行方式的各种程序、规则及行为，尤其是涉及公开、参与、责任、效力和协调等方面的程序、规则及行为（蔡雅洁，2013）。治理研究的权威专家格里·斯托克（Gerry Stoker）则认为，治理的含义在于五个方面：第一，意味着主体既包括政府也包括公共政策涉及的所有行为者和社会公共机构；第二，意味着在执行解决社会或经济问题方案的过程中，主体间的责任和界限是模糊的；第三，明确了参与治理活动的各行动主体之间存在权力依赖关系；第四，意味着所有利益相关者在共同参与治理的过程中会形成自主网络；第五，意味着解决问题不单单依靠政府的权威、权力或者发号施令（俞可平，1999；范铁中，2007）。国内关于治理的代表性观点大致分两类。一类观点认为，治理是指在一个既定的范围内运用权力引导、控制和规范公民的各种活动，以最大限度地增进公共利益，满足公众的需要（俞可平，2001、2002）；另一类观点认为，治理是为了增进公共利益，政府与私营部门、第三部门或者公民个人等众多行动主体彼此进行合作，在相互依存中共同分享公共权力，对公共事务进行共同管理的过程（范铁中，2007）。

管理，以实现公共利益最大化的活动（肖文涛，2007）；刘雪松、宁虹超认为，社会治理是指为了实现社会公共利益最大化，有权主体通过制度性、非制度性的方式协调社会关系、处理社会公共事务的活动（刘雪松、宁虹超，2015）；陈成文、赵杏梓则认为，社会治理是政府、市场、社会（组织）与公民在合作的基础上，运用"情""理""法"三种手段激发社会活力，解决社会问题和社会矛盾，实现社会公平正义，促进社会和谐发展的一种协调性社会行动（陈成文、赵杏梓，2014）。第二种是"治理与管理"论观点。郑杭生、邵占鹏认为，社会治理是国家力量和社会力量，公共部门与私人部门，政府、社会与公民共同治理和管理社会（郑杭生、邵占鹏，2014）。向德平、苏海认为，社会治理是一种各个主体在"多元合作""参与"的基础上，在科学规范的规章制度指引下，合理配置社会资源，处理社会问题，满足民众合理需求的"以人为本"的治理方式（向德平、苏海，2014）。第三种是"活动与过程"论观点。王思斌认为，社会治理是社会管理的深化与政府自我完善的过程，也是社会管理系统的进化过程，是基于现代社会结构的各社会主体协商共治的活动，是政府与社会力量等相关各方，以协商、参与等形式，对社会公共事务与公众的社会生活共同进行管理和规范，使之有序运行的活动和过程。我国的社会治理就是政府、社会组织和民众遵从一定的规范，以协商与合作的方式解决社会领域的矛盾和问题，维护社会秩序、促进社会建设的活动（王思斌，2014，2015）。徐永祥、侯利文认为，我国的社会治理是在党委领导、政府主导、社会组织等多主体广泛参与的基础上，各个行为主体共同对社会公共事务进行治理和管理的活动与过程。它也是建设社会主义现代化的过程，是社会建设的过程（徐永祥、侯利文，2015）。也有观点认为，社会治理是以实现和维护最广大人民群众权利为核心，通过完善法治机制，引导多主体采取一致性行动，参与解决社会问题和社会矛盾、保障和改善民生、维护社会正义、推动社会健康有序发展的过程（姜晓萍，2014）。还有观点认为，社会治理是指政府、市场私营部门、非营利社区组织等非政府组织、第三部门以及个人为促进社会和谐运行和良性发展，实现社会公平正义，满足公众社会需求，协同治理社会公共事务，提供公共物品与公共服务的活动和过程（褚添有，2017）。

（2）社会治理政策实践的基本理念

自 20 世纪 90 年代以来，西方各国政府在政治和社会改革中纷纷践行社会治理的基本理念，希望借此达至"善治"目标。社会治理在 21 世纪被引入中国后逐渐转化为我国政府的政治实践。十八届三中全会明确提出，要通过创新社会治理、改进社会治理方式来提高社会治理水平，推进我国国家治理体系和治理能力现代化建设。党的十九大报告再次强调，要积极推进社会治理制度建设，通过完善"党委领导、政府负责、社会协同、公众参与、法治保障"（习近平，2017）的社会治理体制，提高社会治理的"法治化、社会化、专业化和智能化"（习近平，2017）水平。社会治理理论和政策实践内在包含了以下几个方面的基本理念。

第一，法治。社会治理的重要前提是完善的法治体系。首先，必须有健全的法制体系和高效、廉洁的法律运行机制。健全的法制体系是依法行政和依法治理的前提和依据，是保证有法必依、有法可依的基础。高效、廉洁的法律运行机制是违法必究、执法必严的组织、机制保障。其次，全社会必须树立牢固的法治观念。无论是公共领域，还是私人领域，无论是中央政府，还是各级地方政府，无论是社会组织，还是个人，必须严格遵守法律、法规和社会规范，遵循各种正式的制度和规则，遵循符合大家利益的非正式制度安排。社会治理必须坚持法治，必须坚守法律底线，对所有超越社会道德底线、触及社会秩序和违反法律的各类行为集中力量从重、从快、从严打击和惩处。对所有触及底线的违法行为实行"零容忍"，一方面可以提高治理效率；另一方面有利于培育公众的法制观念和守法文化，有利于建立公序良俗，实现低成本治理。

第二，公平公正与以人为本。社会治理的目标是要"善治"，即促进社会公平公正和实现公共利益最大化。社会治理是一种以人为本的治理，必须始终遵循"以人为本"的理念。各项政策制定、执行、评估乃至后续的修订和完善，始终是一种基于对人性尊重、对生命敬畏的人性化服务。社会治理的核心之一在于强调权力在民和人民当家作主，消除各个领域流行的"官本位"现象。通过建立和健全公众参与机制，坚持践行"公民权利本位、政府义务本位"的治理理念，在实际工作中切实消除"替民做主""为民做主"的封建思想，真正还权于民，实现"让民做主""由民自主"。所有政策都要以维护人民群众的利益为根本，从根本上体现人民意志和人民主体地位，而非官员的个人意志或官员的"集体意志"。同时，建立政务公众满意度测评机制，以公众对政府的满意度为考核各级政府的重要标准，强化和促进政府与公众的沟通交流。社会治理是科学合理配置、调整社会资源的过程，会触及社会公众、利益集团的利益，政府要通过法治手段构建公正的公共资源共享机制和利益分配机制，切实维护好人民群众的利益，切实保障弱势群体平等地享受到更多的公共服务和公共资源，而非简单粗暴地对公众实施管、控、防，防止预先人为地把群众置于政府对立面的做法，构建起点公平、机会公平、结果公平的社会治理体制，真正达至社会"善治"。

第三，多元与包容。多元，首先是指参与社会治理的主体多元。政府不是唯一主体和唯一权力中心，所有利益相关者都是主体。政府要与所有主体形成协作网络，在共同承担社会责任的基础上共享公共权力与资源，共同参与社会事务治理，形成多元协同治理机制，确保各方共同受益。其次是指管理方式和管理手段是多元的。治理除了政府权力外，还有其他的管理方法和技术。政府各级行政部门及行政人员，始终秉持"参与、互动、合作、服务"的理念，平等对待所有治理主体（包括公民个体与所有社会组织），形成合作伙伴关系。社会参与不是出自政府的"恩赐"，而是所有主体作为自主治理的一极，同样发挥着不可替代、不可或缺的作用。在多元、复杂的社会环境中，各种利益冲突、差异与偏激、矛盾与纠葛等现象的存在是十分正常的。切忌把正常的利益冲突和人民群众的合法利益诉求当作阶级矛盾对待。要坚决杜绝无视群众利益、动辄上纲上线、激化社会矛盾的做法，并对简单粗暴的执政行为和严重侵蚀党的执政基础的行政违法行为保持高压打击的态势，坚决维护人民群众利益，夯实党的执政基础。各级政府应充分认识并认可社会治理中权力主体多元化的事实，善于通过谈判协商，化解矛盾和冲突。这是完善社会治理结构的思想基础和认识论基础。

包容主要体现在四个方面。一是社会治理理论和政策承认差异、变化与多样性。尊重利益表达的多样性，承认市民社会中各种形式的自治性，容纳不同社会阶层的生活方式和价值诉求的多样性。二是治理不是只有靠国家强制力量才能实现。治理需要权威,政府权威固然重要且始终是第一位的,但是并非唯一权威。治理主体包括公共权威机构,也包括社会机构,还包括公共机构和社会机构的合作主体。三是强调政府与社会的合作,模糊公、私领域界限。强调彼此间依赖的关系,更强调政府对市场和社会的依赖关系。还强调与市场、社会自治组织、社会中介组织、社会独立组织等的诸多联系。四是意味着公民资格。也就是说,所有社会成员拥有形式上和实质上的民事、政治权利,而且必须依法履行各种应尽的义务。

第四,民主协商与双向互动。民主协商应当体现在立法协商、参政协商、社会协商和行政协商等各个层面的制度化发展与制度实践中。社会治理是以合作、协商民主的方式开展对社会事务的管理活动。党的十八大报告明确提出,"社会主义协商民主是我国人民民主的重要形式。要完善协商民主制度和工作机制,推进协商民主广泛、多层、制度化发展。……就经济社会发展重大问题和涉及群众切身利益的实际问题广泛协商,广纳群言、广集民智,增进共识、增强合力"(胡锦涛,2012)。同时,这种协商民主是一种双向互动、多元共治的模式,是公民个体、社会组织与政府的对话过程和机制。其中,权力的运作不是单一地自上而下,而是基于民主协商、合作伙伴关系,确立共同目标,共同对社会公共事务进行管理的双向互动过程。其管理机制主要靠合作网络的权威,而不仅仅依靠政府的权威。这种社会治理方式有助于拓宽公民的利益表达渠道,培养公民民主素质,并使得政府决策更具开放性、理性化和民主化,进而消除广大民众因感觉自己对决策无能为力而出现的政治冷漠、政治疏离和"民主赤字"①(姚远、任羽中,2013)等问题。

第五,积极参与和责任。一是积极性与风险社会治理。社会治理理论和政策主张要实现由消极、事后补救向积极、事先预防的转变。在民政领域,首先要实施积极福利(positive welfare)政策,使贫困治理目标从缓解和消除贫困向消除社会排斥(social exclusion)转变,从事后服务与救助转变为事前积极干预和预防,并转向对各种可能性的再分配(redistribution of possibilities),即为有劳动能力的人提供培训机会,创造条件,以及提供就

---

① 民主赤字是指政府的政治治理与民意相差巨大,即国家构建的上层建筑得不到民众的支持,以及民众对公共事务的消极参与。

业机会。积极福利强调的是机会平等而不是结果的平等；积极福利不应是简单的救助，而应该为人们提供扶持政策。其次，减少物质层面的直接救济，通过推行一系列向弱势群体和贫困家庭倾斜的优惠政策，对他们开展免费或低价的教育培训，实现对他们的增权赋能，鼓励他们寻找工作，减少甚至消除福利依赖行为。再次，引入市场竞争，形成公、私部门间平等的合作伙伴关系，建立多主体参与的多元福利服务体系。政府要通过社会政策调节收入等各类资源在不同群体间的分配，改变直接提供福利或进行福利再分配的方式。运用社会投资（social investment）策略改变国家单方承担责任的局面。最后，国家对教育、就业和义工等提供各种政策扶持与补贴。通过提升下层社会成员人力资本，创造条件以协助其进入劳动力市场，这才是协助底层民众摆脱福利依赖、实现经济独立的唯一途径。二是参与性与市民社会治理。在全球化迅速发展的今天，市场的新作用发挥、社会结构日益复杂、民族国家行动能力日渐减弱等，这些都要求新的治理方式。社会治理是国家与社会、政府与民间组织通过协商、合作和伙伴关系，共同确定一致目标，通过法治手段引导和规范公民采取联合行动，解决社会问题，最大限度地增进广大人民群众的公共利益。社会公共事务更多由自治性、志愿性的社会组织和群众团体与个人来管理，这更有利于全民增强民主意识、社会参与意识，提升全社会的民主能力和社会治理参与能力，真正实现法治条件下的个人自由。国家不能包办一切，公民应当积极参与社会公共生活。

在我国新生代农民工教育培训领域，我们要树立"多主体""多中心"的治理理念，实现新生代农民工教育培训治理结构的优化和均衡，大力发展新生代农民工教育培训服务的民间社会组织，理顺政府、市场和社会之间的关系，优化社会组织的运作机制。构建由政府、市场、社会和个人共同参与，彼此平等合作、共同治理的新生代农民工教育培训政策体系。

2.3 新生代农民工教育培训的文献回顾与研究综述

我国学界、社会对新生代农民工的广泛关注始于王春光于 2001 年第一次对新生代农村流动人口的城市融入和社会认同问题的研究。新生代农民工问题也引起了党中央的高度重视。2010 年，党中央第一次在一号文件中采用"新生代农民工"概念，并提出要有针对性地采取措施解决新生代农民工问题。进入 21 世纪以来，中央就农民工培训问题出台了一系列政策，学界对此也展开了一系列研究。通过对国内外文献的分析，笔者发现，国内外相关研究成果主要围绕职业教育培训的目的、培训参与主体、培训形式和内容、教育培训的需求和影响因素、教育培训问题与不足、新媒体运用和教育培训对策等方面展开。

2.3.1　国外关于乡城移民（农民工）的培训研究

西方国家在工业规模扩张过程中，由于没有户籍制度这种体制性障碍，人们基本能顺利地实现向城市和工业部门的迁移，并逐渐融入城市社会。这些移民同样面临就业技能不足、城市适应性弱、难以融入新的城镇社区或城市社会等问题，乡村地区农业人口在从传统经营模式向现代化农业转型过程中会面临技术升级和职业转型等问题，西方发达国家注重为这些农业工人、乡城移民、国际移民以及短期或长久失业群体、低技能群体提供必需的职业教育和培训，提升他们的人力资本（human capital）和就业能力（employability），增强他们的社会适应性（social adaptability）和社会融入（social integration/inclusion）能力，消除社会排斥（social exclusion），防止族群冲突发生，避免危及社会秩序和社会团结。国外有关职业教育和培训的研究主要集中在以下几个方面。

（1）关于职业教育和培训目的的研究

国外职业教育和培训的目的不尽相同，或为促进人口转移和职业转型；或为促进有效就业，降低失业率；或为提高就业能力，促进移民融合；或为反贫困；或为提升人力资本，提高国家整体竞争力。

第一，美国职业教育与培训目的。美国的职业教育在设计之初就致力于促进人们有效就业。不同时期的职业教育与培训政策的目标会有所偏重而彼此不同。美国的农业工人培训已经有 150 年左右的历史。1862 年的《莫雷尔法案》就是为满足现代农业和工商业对劳动力的需要而制定的。1914 年，美国批准成立"职业教育国家援助委员会"，旨在协助各州提升职业教育，为那些正规学校的年轻人、辍学青年、失业或临时失业的成年人提供培训（Ash，1965）。1917 年颁布的《史密斯—休斯法》（*Smith-Hughes Act of* 1917）旨在促进农民学历教育达到中等化发展水平，以满足工商业发展对劳动力的需要。20 世纪 50 年代中期，美国实施"对所有年龄阶段的人的全员就业计划（An All-Age，All-Job Program）"，旨在促进人们有效就业。从 20 世纪 50 年代中后期开始，美国颁布、实施了为农业工人提供免费培训的法律，以加速农业人口转移和促进农业工人的职业转型。1962 年肯尼迪总统签署的《人力发展与培训法》（*Manpower Development and Training Act*，MDTA）旨在培训低收入或贫困农民，达到反贫困目的。《1963 年职业教育法案》（*The Vocational Education Act of* 1963，VEA）颁布的目的在于为全美所有年龄段的人提供高质量的职业教育机会（Dugger，1965）。1964 年又出台旨在解决失业和贫困问题的《经济机会法》（*Economic Opportunity Act*，EOA）。1990 年颁布实施的《职业教育法》明确规定，美国联邦政府自 1990 年起每年给每个州的职业教育提供 16 亿美元的联邦财政专项补助支持，并建立全国统一的职业教育资格证书和资格鉴定制度体系。1976 年颁布实施的《终身学习法》（*Lifelong Learning Act*，LLA）和 1994 年的《美国 2000 年教育目标法》明确提出，国家要确保每个成年人有学习新技能的机会，帮助成年人坚持终身学习，以提高国家竞争力（侍建旻，2012）。

第二，澳大利亚职业教育与培训目的。澳大利亚的职业教育和培训主要目的是提升失业青年的就业能力，以降低失业率。1977 年，联邦政府通过联邦教育部设在各州的技术和进修教育部门为"失业青年教育项目"（Educational Programs for Unemployed Youth，EPUY）提供财政支持，旨在提高那些离校一段时间且过去十二个月内至少失业四个月的年轻人的就业能力，并且优先考虑学历低的人。EPUY 项目有三个具体目标。一是促进失业者个人发展。使失业者获得必要的技能和为自己生活做出合理选择的个人能力，包括克服低自尊、发展现有优势和技能，提高口头和书面交流以及算术的基本技能。二是提高社区对失业问题的认识。方案旨在让社区参与，积极支持失业青年，提高对失业问题的认识。优先考虑与社区团体、教会、当地商业和工业及教育机构建立联系。三是协助失业者求职。该计划旨在培养能够提高参与者就业能力的技能、态度以及教授求职过程中应掌握的知识，还包括提供职业咨询、求职技能实践与两周工作实践经验等服务（Langmead，1980）。此外，还有普通在职培训援助项目（General Training Assistance，on-the job，GTA）、特别青年就业和培训项目（Special Youth Employment and Training Program，SYETP）等。1993年，澳大利亚成立澳大利亚国家培训局（Australian National Training Authority，ANTA）。1994年，ANTA开始运作，并颁布《ANTA协议》，着手安排全国培训改革日程，规定了职业教育培训（Vocational Education Training，VET）体系的六个目标。一是要完善全国培训体系；二是要强化各行业参与，提高行业敏感性；三是要建立有效的培训市场；四是要建设高效且富有成效的公共资助的培训机构网络；五是要提供更多的机会，获得更好的培训效果；六是要改善部门之间的连接与合作（Ryan，2011）。

第三，英国职业教育与培训目的。英国的职业教育培训历史悠久。早期的职业教育培训主要是为了提升农民和职业转型的农民的技术水平。农民和农民工的教育培训制度发端于1723年和1838年成立的农业知识改进会和英国皇家农学会。从1982年到1987年，英国政府相继颁布《农业培训局法》、《技术教育法》、《职业指导法》以及《就业和训练法》等，这些法律规定设置专门机构开展农民培训并依法予以经费支持（王春林，2011；侍建旻，2012）。英国还通过开征特别税，支持农民工教育培训，强化对农民工的培训。迁徙（移民）工人是英国劳动力市场最脆弱的群体之一。政府为他们提供语言培训和其他培训，提升其自信心、知识、技能和集体认同感。英国工会常常通过教育培训来组织和招募这些移民工人。自1997年以来，工会通过政府资助的"工会学习基金"（Union Learning Fund，ULF）组织工人开展在职培训学习，协助政府实施旨在提高工人就业能力和满足雇主技能要求的政策。这些项目一直持续到2010年。从2004年开始，南安普顿市南部GMB工会组织工人参加"针对说其他语言的人的英语培训项目"（English for Speakers of Other Languages，ESOL）。当地继续教育学院也开设ESOL培训课程。在英格兰西南地区发展局、欧洲社会基金（European Social Fund，ESF）、工会学习（Unionlearn）以及教育和技能部的共同支持下，西南部的社区联盟工会发起一个受"全民学习工作"计划资助的移民免费学习语言培训（ESOL）课程项目，该项目从2007年初延续到2008年秋季。工会还为移民工人提供养老金、住房、福利和保险索赔等工作以外的问题的支持和建议（Heyes，2009）。

第四，日本职业教育与培训目的。日本农村剩余劳动力大规模向城市转移现象始于一战以后。为促进农业从业者和农村转移劳动力的就业，日本政府从一开始就注重通过立法强化对农村劳动力以及农村转移劳动力的职业教育和培训，确立农民与农业转移人口教育培训的法律地位。最早的法律是 1883 年颁布实施的《农学校通则》。1958 年的《职业训练法》和 1977 年的《农业改良促进法》确立了公共职业教育培训与企业职业培训制度、职业鉴定制度以及校企协作制度。二战后，为振兴乡村地区工业，缩小城乡差距，日本政府一方面高度重视农村基础教育，另一方面规定农业高职学校是青年农民接受培训和学习的场所。这些法规和措施大大提高了日本农村劳动力的非农就业能力，增强了他们对非农就业机会的适应性，为农民进城务工打下了良好的基础。1961 年颁布的《农业基本法》规定，必须采取措施强化职业教育和培训、职业介绍等制度建设。为在全日本强制推广终身学习，促进人们的职业能力开发，日本政府于 1990 年颁布实施《终身学习振兴法》，规定在日本全境全力推进终身学习活动，并强调"职业教育是终身教育"的办学理念（王春林，2011；朱冬梅、黎赞，2014）。

第五，德国职业教育与培训目的。德国的职业教育与培训有着非常悠久的历史传统。德国一开始就注重为包括农村人口在内的未成年人提供职业教育和培训，旨在确保他们在由未成年人向成年人过渡期间顺利实现有效就业。到现在为止，德国的教育事业和教育体制在欧洲乃至全世界都是首屈一指的。最著名的"双元职业教育与培训制度"（以下简称"双元制"）（Dual System of Vocational Education and Training，VET）被一些观察家称为西方世界最全面和最详细的学徒训练监管体系（Raggatt，1988）。德国于 1845 年颁布实施的《普鲁士手工业规章》为小型手工企业联合开展跨企业的岗位实训做出规定，要求跨企业联合岗位实训为学徒进行职业基础知识和专业理论知识的学习提供机会。1883 年颁布的《商条例》规定，所有传统的文化补习学校一律依法转变为对未成年学徒实施义务教育的场所。德国的双元职业教育与培训制度起源于 20 世纪初（Hirche，2012）。1938 年执行的《帝国学校义务教育法》规定，所有职校教学必须紧紧跟随企业的岗位培训，给学徒提供学习理论性知识和基础知识的机会。1949 年之后，原联邦德国的职业学校都依法转变为对未成年人实施义务教育的法定场所。1969 年的《职业培训法案》（*Vocational Training Act of* 1969，VTA）使德国双元职业教育与培训制度得到正式确定（Hirche，2012）。其后颁布的《农业职业教育基础阶段实施培训与课堂教学时间计划原则》《考试规则》《培训者规格条例》《职业培训章程》等法规，对办学机构、专任教师、培训人员以及教学过程和考核、监督和考评等各个环节做了细致具体和非常严格的规定（王春林，2011；范安平，2013）。2005 年，德国政府对 1969 年的《职业培训法案》进行改革（Hirche，2012），制定了新的《职业培训法》，以确保职业教育培训的可持续发展。

德国双元职业教育与培训制度是校企等多个主体合作的职业教育制度，它的两大支柱是公司内部的工作场所和非全日制职业学校。完成中学学业、不进入大学接受学历教育的未成年人，一方面在非全日制职业学校学习基础知识和理论性知识，另一方面在企业接受职业技能和与之相关的专业知识培训。公司提供实践培训和现场学习，职业学校提供理论指导以补充在岗学习（Wieland，2015）。双元制不但是德国青年人实现熟练就业的主要途径，也是许多公司劳动力发展的关键要素（Deissinger，2015），而且是德语区国家用来连接非大学生青年就业前及其职业生涯的一座桥梁，是连接人们不同工作及其职业前景的桥梁（Heinz，1998）。

（2）关于职业教育和培训的参与主体、培训形式和培训内容的研究

美国的职业教育和培训是基于合作原则开展的（Ash，1965），强调政府、协会、企业等各方面的合作参与，包含的主体有各级政府部门（包括劳工部、就业部门、学徒培训局、工作培训计划局）、公司企业、培训机构、志愿者队伍和各类学校（包括初中、高中、职业高中、技术高中、初级学院、社区学院、大专院校、职业学校、技术院校、文理学院和大学）等（Dugger，1965；Ash，1965）。对农民和农村职业转型人员培训的主要内容有：农业投资策略、生产管理、职业经验培训、团队合作能力、领导能力及创业能力等。对于工业领域内的在职人员和准备进入各行业工作的人员，为他们提供与工作相关的技能和知识培训（Ash，1965）。美国《人力发展与培训法》（*Manpower Development and Training Act*，MDTA）规定的培

训项目有机构培训项目（Institutional Training Programs）、在职培训项目（On the Job Training Programs）以及实验和示范演示项目（Experimental and Demonstration Projects），《经济机会法》（*Economic Opportunity Act*，EOA）里的培训项目主要包括就业公团（Job Corps）、工作培训项目（The Work Training Program）和工作—学习项目（The Work-Study Program）。2005 年，美国出台了"快速就业计划"，社区、企业、政府等都能独立通过项目规划来开展培训，对那些拥有福利却仍无法继续生活的失业人员进行再就业培训（US Fed.，2010）。

澳大利亚国家培训局（ANTA）负责管理澳大利亚的职业教育和培训事业，协助部长委员会履行培训法令或其他法令要求培训局履行的责任，并管理培训项目。参与主体涵盖了澳大利亚政府理事会、全国质量委员会、职业教育与培训部长委员会、州培训局、行业协会、雇主、学校和培训机构等职业教育与培训提供者等。澳大利亚农村职业教育的办学主体主要有公立职业教育与培训机构，私人或团体资助的培训机构以及企业、教会和个人开办的培训机构等。澳大利亚职业培训教育的具体内容灵活性强。"失业青年教育项目"（EPUY）规定开设的培训课程包括沟通交流、算术、生活技能、咨询辅导、自选技艺活动、休闲娱乐、野营和远足等七个方面。各州的培训课程不尽相同，时间长短不一。新南威尔士州起初的课程时间是六周，维多利亚州是八周，并于 1979 年首次把项目课程延长为十六周。新南威尔士和昆士兰的培训课程内容统一确定为算术、识字、举止和仪容、工作面试技巧和辅导等，维多利亚的培训重点则包括强烈的就业取向、个人发展和生存技能。不管接受培训者未来就业与否，培训目标之一是切实提高他们的生存技能（Langmead，1980；Stretton，1984）。

英国的职业教育和培训主体有政府部门、公立培训部门和机构、企业、社团、工会、行业协会、中初级职业学校、大学、学院等。培训组织包括高等农业职业教育院校（如农业院系、地区农学院和农业大学），初级、中级农业职业教育学校（如农校、农场职业学校等），遍布全国各地的国家农业培训中心、业余农校以及涉农企业公司、社团与个人兴办的各种短训班（王春林，2011；侍建旻，2012）。此外，工会也积极参与对移民工人的职业教育和培训工作，组织移民工人免费参加"针对说其他语言的人的英语培训项目"(ESOL)。英格兰西南地区发展局、欧洲社会基金、工会学习(Unionlearn)以及教育和技能部共同制订"全民学习工作"计划,工会学习(Unionlearn)和西南工会大会(TUC)共同管理、实施该计划。为提升移民工人的自信心、知识、技能和集体认同感,工会还提供对养老金、住房、福利和保险索赔等工作以外的问题的支持和建议(Heyes,2009)。

日本从19世纪80年代末开始颁布一系列职业教育和培训法案,为农民以及大规模乡城移民(农民工)提供向非农产业转型的职业教育。1894年的《实业教育费国库补助法》规定,日本政府财政每年为职业学校提供定额支持,为培训工业生产人员的组织和机构提供优先支持(侍建旻,2012)。1953年的《青年振兴法》和1958年的《职业训练法》强调了政府在农民工培训中的主导地位,确立了公共职业培训、企业职业培训和职业鉴定制度,明确强调校企协作关系,推动了日本农村职业教育和培训的正规化、制度化发展。1961年的《农业基本法》规定,必须采取措施发展教育、职业培训和职业介绍事业,为农村从业者及其家庭成员提供培训,以利于他们获得适当的就业,并强调振兴农村地方工业,扩充社会保障等。20世纪70年代,日本大规模实施地区发展计划,在城郊建立各类工业区,就地消化农村剩余劳动力(范安平,2013)。1977年的《农业改良促进法》、1985年的《职业能力开发促进法》和《职业能力开发促进法实施细则》等法律,进一步强化了职业培训的长期化、广泛化和弹性化,对职业资格鉴定、职业种类、培训课程与科目等做出了规定。1990年颁布实施的《终身学习振兴法》全力推进日本全民终身学习活动,强调"职业教育是终身教育"的办学理念(王春林,2011;朱冬梅、黎赞,2014)。日本的职业教育和培训一开始就强调校企合作。参与农民工职业教育和培训的主体包括中央和地方政府的行政部门、各类学校、农协、农业青年俱乐部、农业改良普及中心等(侍建旻,2012)。除各类培训组织和团体外,农业高等职业学校是日本青年农民接受培训的重要渠道。提供此类培训的大学中有7所专门的农业大学,以及76所有涉农学科的国立、公立及私立大学(王春林,2011)。农民培训项目包括农业指导师、就农预备学校、农业高等学校、农业大学以及大学本科等方面的教育(王春林,2011;侍建旻,

2012）。所有这些法规和措施，为提高日本农民以及农村剩余劳动力的就业技能和素质提供了制度保障，为日本工业化快速发展提供了智力保证。

德国的职业教育与培训中最引人瞩目的是"双元职业教育与培训制度"。双元制是德国社会和政治伙伴之间建设性合作的结果，主体涵盖了联邦和州政府的主管部门、学校、公司、工会、商会和相关联合会（Hirche，2012）。参与职业教育和培训的学校包括中小学校、徒工学校、专业技术学校、教会学校、女子理科中等学校、理科中等学校、高等专业学校和综合性大学等。双元制的基础是雇主协会和工会在监管、课程设计、认证和资金方面的共同决策。双元职业教育与培训制度由联邦职业教育与培训局（The Federal Institute for Vocational Education and Training）贯彻实施，通过在利益相关者之间开展持续对话，取得共识，进一步强化各方的共同责任。雇主协会、工会以及联邦职业教育与培训局的政策治理的合作伙伴，对职业教育与培训的内容和形式造成了相当大的影响。他们根据行业的需要对职业培训提出具体要求，为培训工作提供考核、验收培训成果等各种支持，确保各方要求和利益都得到考虑。联邦政府用法规认可职业培训资格，并颁布培训规定。各州主要负责制定非全日制职业学校的课程和对教学人员的资助。雇主和工会起草职业培训计划的提案，并通过集体协议来协商关于学徒管理的规定。商会监督工作场所的培训和教师培训，并对考试实施管理（Wieland，2015）。工会组织会对职业培训的内容、方式和时间等提出相应的要求，还会对培训期间学员的福利待遇、安全卫生和培训后的就业去向等问题给予高度关注（王春林，2011）。整个职业教育培训的监督和考评都是通过国家教育主管部门、州文化部、行业协会等多个主体的共同参与来实施的。课程与考试都是由学校管理部门、商会、手工艺和工业界共同监管的（Heinz et al.，1998）。教育项目内容包括工匠技术教育、家庭教育以及学校教育（王春林，2011）。培训领域既包括技术、农业、商业和工业部门等约 350 种不同职业，也包括公共行政、医疗保健和社会服务等。非全日制职业学校教育会开设诸如德语、数学或社会研究等一般科目（Deissinger，2015），岗位学徒培训主要是培训从事蓝领或白领职业的人的工作技能（Heinz，1998）。德国甚至为农民工专门开设哲学课程，以提高培训对象的文化素养和综合素质（侍建旻，2012）。这种教育培训能帮助人们获得参与社会、体面劳动与可持续生活的价值观、知识、技能和能力（Hirche，2012）。

（3）关于职业教育和培训效果的研究

投资人力资本提高了劳动力和资本存量的生产率（Lucas，1988）。在宏观经济层面，人力资本投资促进了经济增长，提高了劳动力的生产率（Martin & Sunley，1998）。美国职业教育与培训提高了农民与职业转移劳动力（农民工）的素质，促进了农村发展和农村劳动力的职业转型，为美国的快速工业化提供了强大的智力支持。有研究指出，美国的职业教育对技能和技术知识发展的贡献，是对经济动态的一种巨大的资产，并证实了舒尔茨（Theodore Schultz）的"人力资本投资所产生的收益和回报要远远高于对物力资本的投资"观点（Arnold，1965）。另有研究表明，州一级的人力资本投资降低了该地区的失业率。人均 100 美元的人力资本投资将使一个州的失业率降低 0.63%。除宾夕法尼亚州投资减少 1% 外，其他各州在 1990 年至 2000 年的人均人力资本支出均有所增加。49 个州的人均人力资本支出从 1990 年到 2000 年增长了 27%，增幅最大的是乔治亚州（增加了 99%）（Nistor，2009）。正是由于美国一直注重职业教育和培训以及教育投入，美国生产力水平和科技水平才能高度发达。澳大利亚职业教育与培训为失业者以及青年就业发挥了重要的作用。Stretton 的研究指出，职业教育培训使得大约一半被调查者在被调查时有一份全职工作，在培训结束后的六个月里，有近 70% 的人在一段时间内拥有了一份全职工作（Stretton，1984）。英国的研究表明，从 GMB 工会培训伊始，截至 2008 年春季，600 名至 700 名移民工人参加了当地继续教育学院开设的"针对说其他语言的人的英语培训项目"（ESOL），其中 500 多人加入了 GMB 工会。截至 2008 年 2 月，社区联盟工会组织参加 ESOL 课程的 104 名移民工人中有 26 名加入了社区联盟工会。通过培训，移民提升了自信心、知识、技能和集体认同感（Heyes，2009）。英国学徒制的教育培训为越来越多的年轻人提供了学习的机会。学徒人数从 2005～2006 年的 98700 人增加到 2010～2011 年的 181700 人（Hirche，2012）。意大利的研究显示，80% 接受培训的移民工人一年内能在当地找到稳定的工作岗位，并且经常是在他们接受培训的同一家公司工作（Magnani，2015）。职业教育和培训在降低国内失业率方面效果显著。在德国、奥地利和瑞士等德语国家，职业教育和培训确保了学生平稳过渡到成年并进入就业市场。德国的"职业创造计划"使 1992 年德国东部的失业率比往年降低 38% 以上（Lange & Thomas，1993）。20 世纪 90 年代，德国 2/3 的中学离校毕业生经过职业教育和培训获得了从事蓝领或白领职业的工作技能并顺利实现就业（Heinz et al.，1998）。德国非常低的失业率得益于深深扎根于其文化的职业教育和培训这一悠久传统。2011 年，欧盟平均失业率为 21%，西班牙为 45%，希腊为 43%，意大利为 28%，法国为 23%。德国是继荷兰、奥地利之后排名第三的低失业率的欧盟成员国，青年失业率为 8.9%。恰当的教育培训法律和方法十分有助于人们获得"可持续生活、参与社会和体面劳动的价值观、知识、技能和能力"（Hirche，2012）。与欧洲和国际平均水平相比，德国的双元制使青年失业率保持在较低水平，被认为培养了一大批为德国制造业创新能力做出贡献的高技能工人（Wieland，2015）。双元制对弱势青年的就业质量产生了积极的持续影响，并对他们的就业经历及终身劳动力市场轨迹产生了重要影响（Ibarrara'N et al.，2018）。

（4）关于职业教育和培训问题与不足的研究

国外政府很早就重视职业教育和培训，通过颁布实施一系列法案，为包括农民、农村转移劳动力在内的所有未就业者、在岗工人和失业者提供职业教育和培训，为各国的现代化发展提供了必需的劳动力。受各种因素的影响，各国的职业教育与培训存在各种局限和不足。澳大利亚的研究显示，ANTA 并未统一全国的培训标准。联邦政府重视对各州的培训投入，但忽视了培训效率和培训完成率。大部分国家的培训包使用率较低。公共职业教育和培训系统与高等教育间缺乏有效衔接措施。许多雇主和大型企业退出公共职业教育和培训认证系统，成立自己的培训机构，开发公司专属培训包。因此，参加文凭培训的人数和完成资格证书培训的人数逐渐下降（Ryan，2011）。

德国双元制是世界上最为成功的职业教育培训制度，但也存在一些局限。首先，许多青年无法继续进入这一体系接受培训，不能成功过渡到完整的职业培训计划中。研究显示，学徒制过渡政策覆盖了约 25 万名青年，但这些人往往处于永久等候的状态。每年有 15 万名青年还没有取得专业资格就离开了教育培训系统。这些无职业培训经历者的失业风险高出持有培训资格证的人的三倍。其次，培训供需很难平衡。培训岗位的提供是基于经济计算的，而青年人对培训的需求是以人口发展和个人决策为前提的，很难达到培训供需之间的平衡。最后，双元制有不可复制性与不可移植性的局限。德国双元制起作用有两个必要条件：一是德国社会对职业教育和职业培训赋予较高的价值，二是公司愿意支持职业培训（Wieland，2015）。很多国家实施双元制的主要障碍是公司内部缺乏提供学徒培训岗位的意愿，而且职业教育的社会接受度太低。

2.3.2　国内关于新生代农民工的教育培训研究

（1）关于新生代农民工培训需求与影响因素的研究

第一，新生代农民工培训需求研究。研究表明，新生代农民工对教育培训需求强烈。他们需要能促进就业、提高职业地位和职业能力的职业培训，需要时间安排灵活的培训和业余培训，更需要低廉或免费的教育培训（吕莉敏、马建富，2010；赵宝柱等，2012）。他们对教育培训内容的需求具有多元化和时代性特征，更愿意接受高技术含量与现代管理科学等方面的技术和知识培训（陈甫英，2013；刘松颖、贾会棉，2013；谢勇、黄承贵，2011；王宁，2011）。最受新生代农民工欢迎的前三个课程是计算机、管理和英语（匡亚林、马健，2012），新生代农民工最想培训的知识为专业技能知识、法律知识和文化知识。他们期待内容多样化的职业培训，比较愿意接受网络教学与现场教学相结合的培训方式（李群山、孙霞，2012），偏好正规学历教育和正规的教育机构（汪传艳，2012；赵宝柱等，2012），偏好在务工地和用人单位举行的培训（赵宝柱等，2012），需要心理健康教育、职业技能教育和思想政治教育（石宏伟、黄雪莲，2014）。

第二，影响因素研究。新生代农民工培训需求受到年龄、性别、婚姻、受教育程度、打工年限等个体特征因素的影响（黄乾，2008）。女性比男性更愿意接受职业培训，文化程度越高接受职业培训的意愿越强，已婚的更愿意接受职业培训（杨晶等，2014）。此外，培训需求、意愿还会受到培训内容、培训模式、培训形式、培训费用、培训时间和地点等外在因素的影响（匡亚林、马健，2012）。"专业设置不合理""培训时间安排不灵活"是最主要的影响因素（姜鑫磊，2014）。此外，新生代农民工的个体矛盾和自卑心理、培训支出的经济压力、他们以初级群体为纽带的社会关系网络过小与社会资本弱小、教育培训的组织工作缺位等因素（王宁，2011），都会降低他们对教育培训的实际参与率。

（2）关于新生代农民工培训模式与培训形式的研究

有研究认为，新生代农民工职业培训模式主要有全日制能力本位的项目教育培训、业余远程教育培训（娄玉花、徐公义，2013）、政府主导培训模式、职业院校主导培训模式、企业主导培训模式和自发培训模式（李婷，2013）等。有研究认为，比较常见的培训模式是政府委托模式、政府定点模式、政企联合订单式培训模式、企业内训模式和商业模式（谢勇、黄承贵，2011）。有学者认为，有多元化培训模式、北大"平民学校"模式、北京"富平模式"、高校成教院营利性教育模式、公共职业培训模式、职校培训模式、企业培训模式、民工自发模式（李明华，2011；袁庆林等，2011；李湘萍，2005）以及网络培训模式（郑洁等，2012；康红梅、杨文健，2011）。

（3）关于新生代农民工培训问题的研究

新生代农民工的培训问题主要表现在以下几个方面。

第一，培训供给不足，供需矛盾突出。新生代农民工有强烈的教育培训需求，但教育培训供给不足（李群山、孙霞，2012）。政府、企业、高职院校和培训机构等教育培训供给主体没有尽到应尽的责任（张爱培，2012；娄玉花等，2013），出现培训需求与培训供给严重脱节（周小刚，2014）的矛盾。

第二，政府主体责任缺位。一方面，政府对于新生代农民工教育培训目标定位有偏差（张琳琳，2013；郭元凯，2016），对教育培训的重要性认识不够，宣传不力，信息沟通不畅，致使农民工个体、企业乃至全社会对培训的重要性认识不足（范仲文，2006；娄玉花，2010；唐踔，2011；张佳等，2011；杜永红、李鑫，2012；孙金锋、杨继武，2012；霍玉文，2012；陈甫英，2013；曹成刚、杨正强，2014；陈瑞，2015）；另一方面，培训机制不健全，管理机制不完善。因缺乏有效的培训机制，政府、企业、高职院校、农民工个体等对培训的投入严重不足（娄玉花，2010；王玉宝，2010；唐踔，2011；杜永红、李鑫，2012；霍玉文，2012；高洪贵，2013；陈甫英，2013；

郭媛萌、赵丹，2016；王玉峰、张璇，2017）。管理机制不健全、管理体系薄弱，多头管理所致的资源分散和重复利用，培训缺乏明确目标和长远规划，政府监管不力、管理缺位等问题，导致培训市场管理混乱、社会资源利用率低、农民工培训缺乏制度保障（吕莉敏、马建富，2010；郑耀洲，2011；张佳等，2011；霍玉文，2012；匡亚林、马健，2012；曹成刚、杨正强，2014；郭媛萌、赵丹，2016；邓文勇，2018）。

第三，培训机构准入机制不健全、质量参差不齐。新生代农民工教育培训招标准入门槛低，招标不规范。培训机构存在设施不完备、培训师资差、缺乏双师型教师、水平不高等资质问题，机构竞争同质化现象严重（郭元凯，2016；曹成刚、杨正强，2014；姚经，2014；孙金锋、杨继武，2012；王东强、田书芹，2012；李姝洁，2011；唐踔，2011）。多数培训机构条件差、机构规模不匹配、资源分散，且缺乏受训后的跟踪培训服务，培训市场诚信缺失问题严重（吕莉敏、马建富，2010；张伶、何建华，2011；郑红友、俞林，2017；邓文勇，2018）。

第四，培训技术手段、培训方式以及培训内容和时间等不符合实际需要。培训机构的培训技术、手段落后，方式陈旧、单一而且缺乏灵活性（郑耀洲，2011；杜永红、李鑫，2012；高洪贵，2013；曹成刚、杨正强，2014；陈瑞，2015；郭元凯，2016；郭媛萌、赵丹，2016）。培训内容有缺陷、不实际，而且单调、滞后，缺乏时效性、针对性、实用性和差异性。培训层次较低，既与农民工岗位技能要求和工作实践脱节，又不能契合企业需求（娄玉花，2010；吕莉敏、马建富，2010；唐踔，2011；郑耀洲，2011；康红梅、杨文健，2011；张佳等，2011；孙金锋、杨继武，2012；匡亚林、马健，2012；娄玉花等，2013；陈甫英，2013；高洪贵，2013；姚经，2014；曹成刚、杨正强，2014；郭元凯，2016；郭玲，2016；王玉峰、张璇，2017；于云波、俞林，2017；邓文勇，2018）。此外，培训时间不符合新生代农民工的需求，效果不理想（杜永红、李鑫，2012），有的培训时间较长，有的培训时间与工作时间相冲突（于云波、俞林，2017），导致大部分新生代农民工与培训和学习无缘。此外，培训工作中还存在重理论轻实践（李姝洁，2011）、重技能轻能力和素质（尹奎等，2014）的现象，一些开展新生代农民工教育培训的高职院校存在重职业技能和创业知识培训、轻职业安全知识与法律知识培训（娄玉花等，2013）的问题，甚至有的培训过多注重思想道德教育（陈甫英，2013），根本无法达到职业培训的效果。

第五，教育培训费用高，超出新生代农民工的承受能力。有的培训费用昂贵，远远超出新生代农民工的承受力和有限的支付能力，农民工根本无力或不愿意承担全部的培训费用，加上管理不善，导致现有资金无法被有效利用，新生代农民工参与培训的积极性不高（孙金锋、杨继武，2012；匡亚林、马健，2012；陈甫英，2013；姚经，2014；曹成刚、杨正强，2014；陈瑞，2015；郭玲，2016；王玉峰、张璇，2017）。

第六，培训考核评估机制不健全，培训效果不理想。由于缺乏量化考核指标体系与激励机制，培训机构和新生代农民工教育培训效果没有得到应有的考核评估与激励（张佳等，2011）。现有评价过于侧重就业率，忽视对其社会能力的评价（郭元凯，2016；郭媛萌、赵丹，2016），对于培训过的新生代农民工缺少跟进评估和后续指导服务，甚至出现参加培训的农民工无法与工作对接的现象。培训缺乏基于技能差异的薪酬管理激励体系，职业资格证书既没有发挥应有的联系培训和就业的中介作用，也没有产生相应的经济效益（高山艳，2013）。这些极大地挫伤了新生代农民工的培训积极性，降低了他们的实际参与率。

（4）关于新媒体在新生代农民工教育培训中运用的研究

新媒体在新生代农民工教育培训中的运用研究集中体现在新媒体的优势以及如何发挥新媒体的作用两个方面。

第一，新媒体在教育培训中的优势。新生代农民工渴望新的培训途径（冯莉、安宇，2011）。相较于传统培训方式，新媒体/自媒体的优势表现在以下几个方面。新媒体传播的开放性能满足新生代农民工"随时、随地、随身"学习的需要，拓展他们的培训空间，解决培训与他们工作时间冲突的矛盾；传播的多样性能增强新生代农民工学习的自主性，符合他们谋求自身发展和学习时间不固定的特点；新媒体传播方式还便于新生代农民工共享优质教育资源（冯莉、安宇，2011；张明媚，2018）；海量的学习资源可以提供专有、个性化的服务，实现自助学习（朱建文、张亿钧，2013）。此外，利用自媒体开展新生代农民工教育培训还具有这些优势。一是门槛低、易操作，适用性强，受众广，拓展了培训对象和培训途径；

二是个性化、平民化的服务有助于新生代农民工个性化的培训学习；三是自媒体交互性强和共享性广，而且具有储存记录方便、持续性强、多功能和趣味性强等特点，既可以激发他们的学习热情，还可以满足他们多样化的培训需求和选择（任旭等，2018；侯宜辰、孔垂海，2014）。

第二，如何运用新媒体开展新生代农民工教育培训。研究认为，运用新媒体开展新生代农民工教育培训，需要从新媒体课堂的主体建设、客体建设和内容建设等三个层面（侯宜辰、孔垂海，2014）展开，处理好以下五个方面的事情。一是加强新媒体教育培训平台建设和推动网络技术的发展；二是确保提供个性化的学习方式和随时随地的、开放的学习环境（张明媚，2018）；三是打造专业化的专家培训团队，设计好培训单元和切合实际的培训内容，培训目标要做到具体化、可预期；四是构建和完善一个及时评价与反馈培训效果的系统，并实现网络教学与传统面授两个课堂的联动（朱建文、张亿钧，2013；冯莉、安宇，2011）；五是强化政府在激活新媒体教育培训、净化网络环境等方面的引导、监管作用，为新生代农民工提供优质培训资源（任旭等，2018）。

（5）关于新生代农民工教育培训对策的研究

有关解决新生代农民工教育培训问题的对策研究主要集中在以下几个方面。

第一，加强教育培训宣传。政府要切实加大对新生代农民工教育培训的宣传力度（娄玉花，2010；张佳等，2011），提高企业、社会、农民工个人等各方的认识，营造良好的培训氛围（王东署、刘晓兰，2010；孙金锋、杨继武，2012）。

第二，加强制度建设。一是正确定位新生代农民工教育培训的目标。新生代农民工教育培训的目标应定位于新生代农民工市民化和现代化两个层次（张琳琳，2013），应坚持以市场需求为导向，坚持以职业生涯发展为目标，提升人力资本，坚持以综合发展能力为导向，提高新生代农民工的职业胜任力（吕莉敏、马建富，2010；周小刚，2014）。

第三，强化政府责任和作用。学者们认为，除了要政府动员力量开展新生代农民工教育培训宣传以外，一是要加强法治建设，明确政府职责，强化企业责任（霍玉文，2012；汪传艳，2012）。要专门制定针对新生代农民工教育培训的具体意见、实施细则和有关法律法规，构建新生代农民工教育培训的长效机制（郑耀洲，2011）。政府要主动承担培训开展规范化的组织领导责任，完善新生代农民工教育培训的制度供给（潘寄青、沈涛，2012；高洪贵，2013）。二是要改革现行户籍制度，将农民工职业培训纳入公共服务供给范围，创建城乡一体化的职业培训体系（郭媛萌、赵丹，2016）。三是要坚持以政府资助为主体，改变政府缺位的状态。政府要加大对培训的财政投资力度，甚至实行免费教育培训，改变培训经费短缺的状态（吕莉敏、马建富，2010；张伶、何建华，2011；郑耀洲，2011；孙金锋、杨继武，2012；汪传艳，2012）。四是要强化政府监督管理和激励措施实施，加强法规制度引导。政府应该完善对培训机构的资质、资金使用、评估考核与激励等各环节的监督管理机制（孙金锋、杨继武，2012；匡亚林、马健，2012）；应强化培训资金使用的过程监管（郑耀洲，2011）；构建合理职业技能培训质量监控、评估体系（于云波、俞林，2017）。通过法律规章制度，加强对新生代农民工教育培训的引导（邓文勇，2018）；应建立农民工教育培训职业技能认证制度，并纳入国家职业资格鉴定体系中（匡亚林、马健，2012）。五是要注重政府在新生代农民工教育培训中的协调和服务作用。一方面，政府要通过各种政策支持、激励和动员社会各方力量参与新生代农民工教育培训。建立政府、市场与社会三方协调机制（潘寄青、沈涛，2012），构建"谁受益，谁投资"、投资主体多元化的教育成本分担机制（娄玉花，2010；郭媛萌、赵丹，2016），形成国家、企业、农民工和社会四位一体的培训资金保障机制（吕莉敏、马建富，2010；张伶、何建华，2011），积极引导、支持和激励企业、非政府组织、学校、培训机构及社区发挥各自在培训中的优势作用，多渠道筹措培训经费（吕莉敏、马建富，2010；郑耀洲，2011；谢勇，2011；王东强、田书芹，2012；孙金锋、杨继武，2012；王玉峰、张璇，2017）。另一方面，改革成人教育和职业教育制度。采取"免试入学、宽进严出"的成人教育入学制度。中职院校实行零门槛入学制，高职院校以入学考试的形式招收部分新生代农民工（汪传艳，2012），更好地发挥中职院校、高职院校在新生代农民工教育培训中的作用（吴旗、俞亚珍、吴鼎，2016）。再有，政府要做好教育培训与政府配套公共就业服务对接、区域间劳务合作对接、职业院校及培训机构与劳动力供求信息平台对接的"三对接"工作,提高培训转化率(张佳等,2011),改变教育培训与农民工就业相互脱节的现状。

还有研究认为,一方面,可以建立或完善培训基地(娄玉花,2010)和采取多元化新型培训方式,坚持集中培训与分散培训相结合(周小刚,2014)、"技能培训"与"能力素质培训"并重(尹奎等,2014)、技能培训和学历教育相衔接(吴旗等,2016)的原则,深化校企深度合作(曹成刚、杨正强,2014),坚持以政府主导为依托,注重多元合力助推,以新生代农民工诉求为根本(邓文勇,2018),切实提高新生代农民工参与培训的积极性和参训率;另一方面,要采取措施避免新生代农民工超负荷工作,增加对他们的社会支持,确保他们有余力参加教育培训(朱珠等,2017)。与此同时,要在教育培训中增加职业生涯规划内容,协助新生代农民工树立可持续发展的职业观(吕莉敏、马建富,2010;郑耀洲,2011;罗瑞荣、卢福财,2011),打造终身学习的培训体系(吕莉敏、马建富,2012),构建终身学习型社会(郭玲,2016)。

2.4 农民工教育培训的政策文本梳理

虽然在改革开放初期以及后续城市化过程中,我国政府零星颁布了与农民工教育培训有关的政策[①],但真正对农民工教育培训工作有所重视是进入 21 世纪以来的事情。改革开放至今,我国政府陆续颁布实施了一系列农民工教育培训的法规和政策文本,农民工教育培训政策经历了 21 世纪以前的零星颁布阶段和 21 世纪以来的密集颁布阶段。

第一阶段的两个文件分别是国务院 1988 年批复的《关于组织实施"燎原计划"的请示》(教成字〔1988〕007 号)和共青团中央等多部门 1997 年联合颁布实施的《关于实施社区"千校百万"外来务工青年培训计划的意见》(中青联发〔1997〕17 号)。《关于组织实施"燎原计划"的请示》是

---

① 学界自进入 21 世纪起就开始关注和研究新生代农民工问题,"新生代农民工"作为官方正式使用的概念首次出现在 2010 年的中央一号文件中。但是,我国政府从 20 世纪 80 年代末就陆续出台有关农民工培训的政策,而且此后再也没有出台过专门针对新生代农民工的政策措施。因此,本书梳理的农民工教育培训政策文本没有进一步区分新生代农民工和老生代农民工,也无法区分。

第一个关于农民工教育培训的文件。这份文件当时是为乡镇企业培训人才制定的。为配合我国农村产业结构的调整和乡镇企业的发展，规定要逐渐将农村转移劳动力的技术培训纳入农村教育工作中，为从事非农产业的农村劳动力提供非农产业工作技能培训。《关于实施社区"千校百万"外来务工青年培训计划的意见》是第一个针对进城务工农村劳动力教育与培训的文件。文件规定，采用定点办学和流动办学相结合的方式对农民工开展技能培训。主要面向 35 周岁以下、有就业许可证和城市暂住证的进城务工青年。培训目的是帮助他们提高法制观念和思想道德文化素质，确保这些青年自觉做城市社会秩序的维护者而非破坏者。文件指出了对农村转移劳动力开展教育与培训工作的必要性和基本实施办法，但只是针对已经取得城市暂住证和流动就业证的转移人口开展思想品德、法制观念等方面的教育培训，并非真正意义上的专业知识和工作技能的教育培训。

第二阶段是政策密集颁布阶段。这一阶段的教育培训政策重点是职业技能培训工作的开展。这一阶段第一份政策文件是教育部于 2001 年发布的《教育部关于中等职业学校面向农村进城务工人员开展职业教育与培训的通知》（教职成〔2001〕7 号），规定中等职业学校要发挥对外出务工人员开展职业技能培训的作用。农业部于同年 6 月执行《全国农业和农村经济发展第十个五年计划（2001—2005 年）》，开展农民工培训工作。国务院办公厅于 2003 年发布《国务院办公厅关于做好农民进城务工就业管理和服务工作的通知》（国办发〔2003〕1 号），规定输出地和输入地政府以及用人单位都要切实承担农民工职业技能培训的主要责任。农业部等 6 部门于 2003 年制定实施《2003—2010 年全国农民工培训规划》，规划了我国农村转移劳动力培训的目标，对引导性培训、职业技能培训和转移后的岗位培训等做出了一些相应的规定。2004 年，教育部执行《2003—2007 年教育振兴行动计划》，对外出务工的农村劳动力实施农村劳动力转移培训计划。同年，教育部实施《农村劳动力转移培训计划》，要求教育系统着手开展农村转移劳动力培训工作，规定了《2003—2010 年全国农民工培训规划》（国办发〔2003〕79 号）的具体转移目标。这一时期政策规定的重点培训项目是农业部等 6 部委于 2004 年共同实施的"阳光工程"，对有意愿进入城镇第二、三产业工作的农民进行培训，由政府财政负责培训补贴，主要是在输出地对即将外出务工的农民工进行转移就业前的职业技能短期培训。

国务院 2005 年执行《关于大力发展职业教育的决定》，提出农村劳动力培训的工作原则是，职业教育一定要为农村劳动力转移就业服务，有利于促进农村劳动力的有序转移，切实协助农民们脱贫致富。同年 11 月，国务院下发《国务院关于进一步加强就业再就业工作的通知》，规定对接受培训的进城务工农民工发放一次性职业培训补贴，以提升他们在城市的就业能力。为提高转移就业效果，劳动和社会保障部于同年 11 月相继发布《关于进一步做好职业培训工作的意见》和《农村劳动力技能就业计划》。此后的 12 月，国务院发布《中共中央　国务院关于推进社会主义新农村建设的若干意见》，扩大"阳光工程"的实施规模，并提高对农民工培训的实际补助标准。

2006 年，农业部等 13 部门共同下发《农民科学素质行动实施工作方案》，国务院制定《国务院关于解决农民工问题的若干意见》，要求各地为农村转移劳动力开展引导性培训和职业技能培训，扩大培训规模，注重培训质量的提高。劳动和社会保障部制订的"农村劳动力技能就业计划"指出，2006 ~ 2010 年，要培训 4000 万名农村转移劳动力，平均每年培训的人数要达到 800 万人，并达到 90% 以上的培训合格率和 80% 以上的就业率。

2007 年，国家实施《农民科学素质教育大纲》，规定农民科学素质教育的重点内容是学习城市就业技能，掌握与城市有关的生活、安全生产、法律知识等。同年，国务院扶贫办首次执行"雨露计划"，责令各级政府扶贫办整合社会培训力量，加强培训基地建设，开展农村贫困青壮年劳动力的转移就业培训。

2008 年，国务院发布《国务院办公厅关于切实做好当前农民工工作的通知》。加大农民工培训工作投入力度，改进农民工培训方式，提高农民工培训实效，并要求地方政府和企业合作提供定向培训与订单培训，提高农民工的择业能力；各地要从产业结构调整、企业技术改造角度开展相关新技术培训，提高农民工就业适应力与竞争能力；开展青年农民工的劳动预备制培训，适当延长培训期限，强化他们的技能实操与实训工作，确保他们至少熟练掌握一项专项技能。

2009 年，国务院发布《关于做好当前经济形势下就业工作的通知》，强调加强职业培训和就业服务工作，协助农民工实现城镇再就业。人社部与财政部在同年联合下发《关于进一步规范农村劳动者转移就业技能培训工作的通知》，要求各地政府对农民工实施分类培训，增强农民工培训的针对性和有效性。

2010 年，国务院办公厅颁发《国务院办公厅关于进一步做好农民工培训工作的指导意见》，对农民工培训的规模与重点提出明确要求，规定必须科学统筹、切实把握好农村劳动力转移就业的工作力度和工作节奏。

相较于经济社会发展要求来说，目前我国农民工的受教育水平十分低下。大部分农民工因为缺乏基本教育与技能培训，受教育水平和技能很难满足城市劳动力市场的需要，他们中的大多数人只能进入次要劳动力市场就业，还有的处于失业、半失业的状态。因此，需要大力推动和落实农民工教育培训政策的实施，提升农民工的个体素质，促进农村劳动力的快速转移。我国颁布实施的一系列农民工教育培训法律法规为各地农民工培训工作提供了政策保障和资金支持。

2.5　文献评价

综上所述，国内外学者对（新生代）农民工教育培训的研究包含了多个方面，提出了一些富有价值和启发意义的思想观点，对于解决新生代农民工教育培训面临的问题具有很强的指导意义，构成了本书的坚实基础。但是，新生代农民工教育培训研究依然存在一些需要进一步丰富和完善的地方。这些不足主要表现在以下三个方面。

（1）社会学界对新生代农民工教育培训的关注略显单薄

相较于对其他问题的研究，社会学界对"新生代农民工教育培训"研究的成果十分稀少。国内社会学界对农民工和新生代农民工的研究集中在市民化、城市迁移、城市融入、经济状况和社会地位、社会不平等、权益保护与社会保障以及农民工子女教育等，鲜有对新生代农民工教育培训的专题系统研究。如前文所述，在中国知网的检索结果表明，相较于"农民工"研究而言，已有的新生代农民工教育培训研究在数量上较少。在中国知网能检索到的相关论文成果中，探讨新生代农民工教育培训或新生代农民工人力资本的成果，绝大多数是经济学、管理学、统计学、人口学和公共管理等其他学科领域学者的成果，而且多为各类职业技术学院等院校学者的研究成果。

（2）已有研究与政策更多地关注平等就业权的落实和其他权益保护，就业培训实践侧重于单一的就业技能培训

诚如上文所言，国内社会学界对新生代农民工的研究集中于对市民化、社会不平等与集体抗争、子女教育与权益保护等方面的分析，较少关注新生代农民工教育培训；已有的新生代农民工教育培训研究多数聚焦于单一的就业技能培训，对于如何全方位系统提升新生代农民工综合素质、促进新生代农民工全面发展的系统性专题研究比较罕见；从发展型社会政策、社会治理以及人力资本视角分析探讨新生代农民工教育培训政策转型的研究更是屈指可数。当前，新生代农民工在城市发展的主要困境已经由原来的权利不平等转化为人力资本不足的问题。现有的农民工培训政策实践多是单一"就业技能导向型"培训，忽视了农民工的全方位发展需要。新生代农民工教育培训关系到他们的市民化、城市融入、就业、子女教育与权益保护等各个方面，也与社会不平等有着千丝万缕的关系，更与我国产业结构升级、转型密切相关。目前的这种研究现状，显然与我国经济社会发展的要求存在巨大的差距。

（3）已有的新生代农民工教育培训研究多为局部性研究，或是应然研究，实证性经验研究和系统研究有待充实

从现有的相关研究成果来看，国内研究要么是应然研究，缺少实证调查研究，要么侧重于对某个县（区）、市或某个区域的分析，鲜有大范围开展的经验实证研究。国外研究多为对培训项目和培训法律的研究，也有着眼于某个项目的影响或某一区域的实证研究。此外，我国已有的此类研究，多停留于简单的描述层面，且多为对策性研究，较少有从理论层面展开系统分析的研究。新生代农民工教育培训，是关系到我国产业竞争力提升的一个关键性因素。在国际竞争尤其是贸易竞争白热化的今天，制造业工人的文化水平和科技水平，直接关系到产品质量和竞争力的高低。目前，新生代农民工成为我国制造业劳动力的主体。他们的人力资本现状和

教育培训状况，会在很大程度上影响我国实现从制造业大国向制造业强国的顺利转型。从理论和实证经验两个方面，开展对新生代农民工教育培训的专门研究，以揭示如何建构和健全新生代农民工教育培训政策体系显得尤为必要。这些都是值得全社会关注和探讨的重要课题。

综上所述，本书尝试从发展型社会政策理论、社会治理理论、人力资本理论等理论视角，分析建立和健全新生代农民工教育培训政策体系的必要性，通过问卷调查和访谈法搜集有关新生代农民工受教育状况、培训现状、培训意愿与需求状况以及教育培训面临的问题与困境等的资料，探讨构建新生代农民工教育培训政策体系，以提升他们的人力资本，促使他们在城市留得下、待得住、发展可持续，有助于他们最终顺利实现城市融入和市民化，进而扫除我国产业结构转型升级和制造业强国战略实施的"低素质劳动力"障碍，也为农村富余劳动力转移提供可参考的决策依据。

第三章　新生代农民工教育培训调查结果统计分析

　　时至今日，我国改革开放已经走过 40 多个年头，2018 年恰逢改革开放四十周年。我国经济社会各个方面发生了翻天覆地的变化，取得了令世人瞩目的巨大成就。我国现代化建设和城市化发展，凝聚了各条战线、各个领域千千万万名劳动者的智慧和辛勤汗水。其中功不可没的一支巨大力量就是从农村走进城市务工、为我国现代化建设付出汗水甚至生命的亿万名农民工朋友。农民工早已经成为中国新兴产业工人的主要组成部分，新生代农民工业已成为农民工的主力军和我国制造业劳动力的主体。改革开放伊始，受原有体制性障碍和壁垒的影响，农民工遭受了各种不平等待遇，乃至到了今天，他们依然面临各种生存和发展的问题。

　　在改革开放至今四十多年的历程中，学界对农民工群体的关注焦点一直在不断调整。改革开放初期到 20 世纪 80 年代，学界关注农民工平等就业权；90 年代的研究兴趣转向了社会保障权利（工伤保险、失业保险、医疗保险、养老保险等）；到了 21 世纪，学界开始关注农民工的公民保障权，其中包括义务教育权利、最低住房保障权利和最低生活保障权利等（蔡禾、王进，2007）。自此，学界对农民工的关注领域逐渐扩大，从老生代农民工研究扩展到新生代农民工研究。为解决农民工面临的一些问题，中央与各级地方政府都积极采取措施，不断完善农民工权益保护体系，促进农民工就业，使农民工的一系列问题在很大程度上得到了解决。为了彻底破除影响城镇化进程的户籍制度藩篱，2014 年 7 月，国务院印发《关于进一步推进户籍制度改革的意见》；2016 年 1 月 1 日，又颁布实施《居住证暂行条例》。2016 年 2 月，国务院发布《关于深入推进新型城镇化建设的若干意见》，9 月制定实施《推动 1 亿非户籍人口在城市落户方案》，各地政府相继深化户籍制度改革，彻底取消了非农户口与农业户口，推出蓝印户口等其他类型的户口，统称为居民户口，不再以农业户口与非农业户口为依据区分农村人与城里人。这就意味着，持有居住证的外来人口包括新生代农民工等将享有与城镇居民同等的社会救助、住房保障、职业教育资助、就业扶持、养老服务和社会福利等权利。事实上，目前依旧存在一些妨碍新生代农民工市民化进程的政策体制性障碍，有必要通过进一步深化改革来破除这些障碍。发展到今天，除了原有的政策体制性障碍以外，新生代农民工受教育程度偏低，人力资本严重不足，也是影响他们在城市发展和实现实质性城市融入的重要因素，还是妨碍我国产业结构转型升级和"中国制造 2025"战略顺利实施的一大因素。但是，新生代农民工的教育培训一直没有引起企业、学界、政府和社会的足够重视，他们的教育培训被严重忽视已经成为不争的事实。本章主要聚焦于分析和探讨新生代农民工教育培训现状和面临的问题。

3.1 理论框架与研究假设

3.1.1 理论框架

关于农民工（国外定义为流动/移民工人）教育培训，国外的研究和实践都表明，教育培训的目的：一是提高农民工就业能力和反贫困能力，促进人们有效就业，降低失业率，确保流动人口的顺利转移以及随之而来的职业转型；二是提升人力资本，提高国家竞争力。这些教育培训通常是基于完善的立法，由各级政府部门（联邦或中央、州或省以及地方）、公司企业、工会、商会、社团、俱乐部、培训机构、行业协会、各类学校（从中初级职业学校到学院和大学等）和志愿者队伍等多主体合作参与，共同向失业者、乡城移民或国际移民等提供从理论到生活技能、实际工作岗位技能等各方面的教育和培训（Dugger，1965；Ash，1965；Langmead，1980；Stretton，1984；Smith，2009；Republic of Botswana，1998；Mutula et al.，2004）。通过教育培训，可以提升移民工人参与社会和体面劳动与可持续生活的价值观、自信心、知识、技能和集体认同感（Heyes，2009；Hirche，2012），促进就业与融合。进入 21 世纪以后，为了促进农村剩余劳动力转移，推进城市化进程，国务院各部委先后密集出台了多个与农民工职业教育和培训相关的政策，多达 24 项。国内关于新生代农民工的教育培训研究表明，新生代农民工教育培训的目的更多倾向于提升他们的工作能力和就业机会（赵耀辉，1997；赵延东、王奋宇，2002），以缓解我国"用工荒"的压力（王东署、刘晓兰，2010；唐踔，2011；孙金锋、杨继武，2012）。着眼于提升农民工综合素质，促进他们融入城市的综合培训并不多见。

新生代农民工外出务工的生活轨迹是一个"从门到门"的变迁过程。他们外出打工以前的生活轨迹基本是从"家门"到"校门"。他们在初、高中毕业或辍学后，加入打工队伍，直接进入工厂或公司工作，其生活轨迹是从"校门"到"工厂或公司门"。那些 20 世纪 80 年代以后出生在城市、生长在城市的农民工子女，他们的生活轨迹也是从"家门"到"校门"，再到"工厂或公司门"。无论是前者，还是后者，他们都只是偶尔或很少甚至根本没有干过农活。相较于老生代农民工，新生代农民工既没有农村务农的生活经验，也没有在城市务工的经历，他们的乡村社会认同很低，甚至完全缺乏，那些连一纸农村户口都没有的"80 后""90 后""黑户"① 更是如此。由于长期工作、生活在城市，他们更向往城市人体面的生活方式，有着强烈的市民化意愿。这一点在他们进城务工的动机转变上有所反映。新生代农民工进城务工的动机已经从老一代的经济型、生存型向生活型、发展型转变（张旭晨，2013），他们更多地想在城市长期定居和发展。但是，由于我国二元社会结构的制度性障碍尚未消除，新生代农民工实际上成了"非农非城、亦农亦城"，游走、生活在城乡之间的"双重边缘人"②。他们成为三元社会结构（李强，1996，2004；甘满堂，2001；接栋正，2013）中的一元。

虽然新生代农民工的受教育程度有所提高，但他们大多数只有初中及以下文化程度，他们的文化水平与市场的要求存在很大的差距。2009 年中

---

① "黑户"是指那些超计划外生育、无法正常取得农业户籍的农村孩子。因没有户口，被俗称为"黑户"。农村是按照户籍人口分配土地、山林、自留地和宅基地等农村资源的。"黑户"，就意味着其作为农村居民乃至中国公民的所有权利都会被剥夺掉，他们将没有任何农村资产。根据 2010 年第六次全国人口普查数据，我国有超过 1300 万名黑户存在。

② 双重边缘人，指的是新生代农民工这种既无法回归或不愿意回归农村并逐渐远离农村主流社会，又无法融入城市并成为城市居民的双重边缘化的人。目前，这种融不进城市、回不去乡村的困境依然没有改观。

国劳动力市场网发布的信息表明，城市劳动力市场对初中及以下文化程度的劳动力需求只占总需求的 39.8%，对高中及以上文化程度的劳动力需求占总需求的 60.2%（林娣，2014）。清华大学于 2016 年发布的《中国劳动力市场技能缺口研究》显示，目前劳动力市场对中、高级技能劳动力有较大需求，且呈上升态势，对初级技能人才的需求虽然也很大，但这类劳动力的供给充裕，因此这类缺口几乎不存在。从全国范围来看，全国就业人员总量中只有 19% 左右为技能劳动者，而高技能人才占比更小，只有 5%（清华大学网，2016）。鉴于新生代农民工具有相对较高的受教育水平，城市定居意愿强，对未来的期望高，结合市场对劳动力的需求状况来分析，新生代农民工更希望接受教育培训，提升自己的综合素质，缩小与城市居民之间的能力差距，最终实现由农民工向城市居民转变的"城市梦"。新生代农民工参与培训的需求和意愿受到各种因素的影响，这些因素包括性别、年龄、婚姻、打工年限、受教育程度、有无子女等个体因素（黄乾，2008；朱珠等，2017），也包括培训费用、培训时间、培训地点、培训内容、培训形式和培训效果及对收入的影响等非个体因素（匡亚林、马健，2012；姜鑫磊，2014；杨晶等，2014）。

3.1.2　研究假设

无论是从城市劳动力市场对劳动力的需求来看，还是从新生代农民工自身发展和市民化需要来看，新生代农民工教育培训供给与需求之间的缺口都是巨大的。新生代农民工是否愿意参加教育培训，往往会受个体特征的影响，也会受培训体系本身的影响。一般而言，男女在家庭观念、职业规划等方面存在显著差异，男性着眼于长远发展，会比女性更愿意接受培训，女性则更多地为家庭考虑，不愿意花太多钱或精力去参加培训；新生代农民工比老生代更愿意参加培训；未婚新生代农民工比已婚者更愿意接受培训，因为他们没有家庭的顾虑；受教育程度高、收入高、务工时间长的新生代农民工更愿意在人力资本方面开展投资；培训适用性强（有针对性，费用低，培训地点、形式和内容都适合他们），效果好，新生代农民工培训积极性高，接受培训的意愿强。与此同时，行业类别也会影响农民工的培训意愿。基于上述分析，本书提出下列假设。

一是基于新生代农民工个体特征的假设。

假设1：性别对新生代农民工教育培训意愿影响显著。男性新生代农民工更倾向于接受教育培训，女性不愿意接受培训。

假设2：年龄对新生代农民工教育培训意愿影响显著。越年轻的人，参加培训的意愿越强烈。

假设3：受教育程度对新生代农民工教育培训意愿影响显著。受教育程度越高，教育培训意愿越高。

假设4：婚姻状况对新生代农民工教育培训意愿影响显著。未婚者更愿意接受教育培训。

假设5：健康对新生代农民工教育培训意愿影响显著。身体越健康，越愿意接受教育培训。

假设6：收入对新生代农民工教育培训意愿影响显著。收入越高，越愿意接受教育培训。

假设7：务工时间长短对新生代农民工教育培训意愿影响显著。打工时间越长，越不愿意接受教育培训。

二是基于工作和培训本身的假设。

假设8：工作稳定程度对新生代农民工教育培训意愿影响显著。工作越稳定，培训意愿越高。

假设9：培训费用对新生代农民工教育培训意愿影响显著。培训费用与他们的教育培训意愿呈负相关关系。

假设10：培训时间对新生代农民工教育培训意愿影响显著。培训时间越长，他们参加教育培训的意愿越低。

假设11：培训效果对新生代农民工教育培训意愿影响显著。培训效果越好，他们参加教育培训的意愿越高。

3.2 农民工总体规模、研究数据和样本情况介绍

3.2.1 农民工总体规模

改革开放四十多年来，伴随工业飞速发展和城市化进程的加速，我国农

村人口职业迁徙（从事非农产业的农民工）增长速度迅速。在 1978 年到 2018 年的 40 年间，农民工总人数从 2897 万人增加到 2 亿 8836 万人，增加了 2 亿 5939 万人（见表 3-1），年均增加 648.475 万人，年均增长率为 7.4%。四十年来，农民工进城规模一直在不断扩大，只出现四次负增长的情况。负增长的年份及具体情况分别是：第一次是 1989 年，减少 38 万人，负增长 0.4%；第二次是 2000 年，减少 467 万人，负增长 2.2%；第三次是 2001 年，减少 551 万人，负增长 2.7%；第四次是 2008 年，减少 2132 万人，负增长 8.6%（见表 3-1）。2008 年成为农民工人数减少最多的年份。1989 年出现第一次负增长的原因在于，1988 年，国家开始对过热的经济进行治理整顿，叫停大量在建项目，乡镇企业经营困难；农业收益连续几年滑坡，农民进城势头猛增，城市严重缺少新的就业岗位；1989 年春节前后，席卷全国的"民工潮"对全国的交通、治安和环卫造成巨大的压力，国家通过建立临时务工许可证和就业登记制度，对农民进城务工实施严格控制和管理。2000 年和 2001 年的第二次、第三次农民工规模减小大致有两方面原因。一方面，国家对他们实施就业工种限制的政策。1993 年，国企职工下岗分流改革后，确保城镇居民（国企职工）优先就业再次成为各级政府的政策目标。1994 年，中央和地方政府开始限制招录农村劳动力。1995 年，国务院转发《关于加强流动人口就业证和暂住证制度》，对农民工实施总量控制、工种限制政策，优先解决城市居民就业的问题。1997 年，亚洲金融危机加剧城市就业问题，各地纷纷出台优先保障城市居民就业的政策，从工种限制、审批、证件、管理、数量等各方面抬高农民工进城门槛，仅仅将城市居民不愿干的脏、累、差工种以及非正规就业部门的就业机会开放给农民工。另一方面，40 岁以上农民工由于各种原因逐渐返乡。第四次农民工大规模减少的现象发生在 2008 年。这次负增长主要是受国际金融危机的影响，大批农民工提前返乡，进城农民工大幅度减少。不过，改革开放四十多年来，农民工总体规模是在扩大的。

从表 3-1、图 3-1 和图 3-2 可以得知，从不同时间段来看，因受国家政策及其他因素的影响，农民工增速的上升和回落趋势交替发生。1980 年到 1985 年，农民工增速从 6.6% 急剧攀升到 135.1%，上升了 128.5 个百分点。之后逐渐降低到 1989 年的 -0.4%。1990 年到 1993 年的增速是上升的，从

11.6%上升到17.1%。之后回落到2000年、2001年的－2.2%、－2.7%。到2002年重新增长为3.4%，2004年又回落到3.1%。2005年增长为4.8%，然后一路下滑到2008年的－8.6%。之后回升到2009年的增长1.9%，到2010年增长为5.4%。2010年之后，农民工增长速度总体呈下降趋势。2011年、2012年、2013年、2014年和2015年农民工总量增速分别比上年回落1.0、0.5、1.5、0.5和0.6个百分点。2016年呈缓慢回升趋势，增长1.5%，比2015年增速高0.2个百分点，2017年比2016年增速高0.2个百分点，增长1.7%，2018年增速回落到0.6%。尽管四十年间农民工增速总体呈回落态势，但是，农民工总规模越来越大，一直保持上升趋势。

表 3－1 1978～2018 年农民工规模的变化情况

单位：万人，%

年份	总规模	增长人数	增速	年份	总规模	增长人数	增速
1978	2897	—	—	2001	20052	－551	－2.7
1980	3088	191	6.6	2002	20743	691	3.4
1983	3340	252	8.2	2003	21434	691	3.3
1985	7854	4514	135.1	2004	22106	672	3.1
1987	9785	1931	24.6	2005	23171	1065	4.8
1988	10455	670	6.8	2006	24009	838	3.6
1989	10417	－38	－0.4	2007	24674	665	2.8
1990	11625	1208	11.6	2008	22542	－2132	－8.6
1991	12811	1186	10.2	2009	22978	436	1.9
1992	14272	1461	11.4	2010	24223	1245	5.4
1993	16712	2440	17.1	2011	25278	1055	4.4
1994	17334	622	3.7	2012	26261	983	3.9
1995	19462	2128	12.3	2013	26894	633	2.4
1996	20167	705	3.6	2014	27395	501	1.9
1997	20182	15	0.1	2015	27747	352	1.3
1998	20454	272	1.3	2016	28171	424	1.5
1999	21070	616	3.0	2017	28652	481	1.7
2000	20603	－467	－2.2	2018	28836	184	0.6

资料来源：根据历年《中国统计年鉴》《中国人口统计年鉴》以及2009年至2017年《农民工监测调查报告》数据整理制作。1979年、1981年、1982年、1984年、1986年等年份的官方权威数据无据可考。

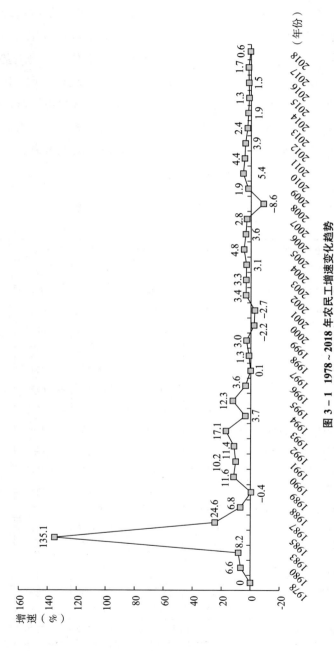

图 3 - 1 1978 ~ 2018 年农民工增速变化趋势

资料来源：根据表 3 - 1 数据绘制。

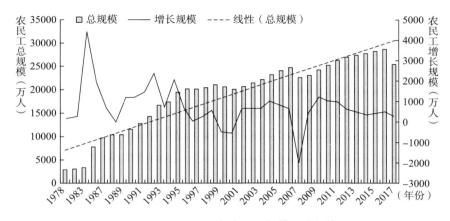

图 3 - 2　1978 ~ 2018 年农民工规模及增长情况

资料来源：根据表 3 - 1 数据绘制。

　　伴随农民工大规模进城，我国政府在逐渐调整农民工政策、大力推进新型城镇化建设方面，取得了丰硕成果。农民工的就业环境和权益保障有了较大的改善。十九大报告和十三届全国人大一次会议政府工作报告都指出，"十二五"期间，我国 8000 多万名农业转移人口转变为城镇居民。习近平指出，要加快农业转移人口①市民化进程，构建以城市群为主体、大中

---

① 笔者认为，农业转移人口指的是从农业中转移出来，长期在城镇从事非农产业的农业户籍人口，即农民工。还有一种观点认为，"农民工"是农业剩余劳动力，是在农村劳动力中除了从事农业生产的必要劳动力之外的那部分从事农业的人口。"农业转移人口"包括农村剩余劳动力和非劳动适龄人口（邱鹏旭，2013）。这种观点值得商榷。首先，农民工既包括农业剩余劳动力，也包括相当部分农业必要劳动力。这部分农民工不但没有放弃家里的农业生产，而且是家里的主要劳动力即农业必要劳动力。目前，大批农村劳动力外出务工，一些农村的劳动力呈短缺状态。外出务工农民工中有相当一部分属于农业必要劳动力，他们只是为了添补家用而选择非农忙时期外出务工，收割时返回农村抢收、抢种。这些人每年在农忙前后大规模往返于城市和农村之间。也有相当一部分农业必要劳动力由于农业部门利润低等各种原因选择放弃务农甚至撂荒，外出务工。在年轻人中，这部分人越来越多，尤其是新生代农民工。这些农民工的父母有的已经到了不能耕种的年纪，作为农业必要劳动力，新生代农民却选择外出务工而非留守农村务农。因此，无论哪种情况，把农民工定义为农业剩余劳动力都明显有失偏颇。其次，农业转移人口是指从农业中转移出来从事非农产业的人口。在这些人中，既有农业剩余劳动力，也有前述农业必要劳动力，但并不包括农村非劳动适龄人口。农村非劳动适龄人口包括儿童、老年人以及各类丧失劳动能力的人口。中央提出加快农业转移人口市民化，针对的是从农业转移出来长期从事非农产业的人口，即农民工，而不是农村所有儿童、老年人以及各类丧失劳动能力等非劳动适龄人口全部落户城镇，搬迁到城市生活。异地搬迁扶贫人口则另当别论。农业转移人口包含部分可能落户城镇的务工人员的父母，但（转下页注）

小城市和小城镇协调发展的城镇格局（习近平，2017）。李克强在 2018 年政府工作报告中指出，要加快农业转移人口市民化，2018 年再进城落户 1300 万人，提高新型城镇化质量（李克强，2018）。进入 21 世纪以后，中央陆续取消了对农民工的歧视性政策，出台了维护农民工权益的政策。2004 年，中央在颁布的一号文件中首次肯定了"农民工是我国产业工人的重要组成部分"，各地政府也开始积极探索户籍制度改革路径。中央政府先后系统地出台一系列有关农民工工资、技能培训、就业培训与服务、促进就地转移、劳动管理、权益保障机制、公共服务、社会保障、农民工子女教育等政策，以加快农民工市民化进程。

农民工市民化是一个涉及多维度改变的系统性过程。市民化不只是农民工的户籍转换或将农民工纳入城市社会福利和公共服务体系那么简单。农民工市民化包含了他们的就业能力提升，综合素质提高，价值观念转变，生活方式与行为习惯的转变。也就是说，他们必须具备在城市的就业技能和能力，他们必须提高受教育水平，他们的世界观、人生观、道德价值观以及行为习惯必须与现代城市接轨，他们在城市生存与生活的能力、对城市生活的适应能力、人际交往能力等都需要提升。总之，农民工的市民化是一个既包括身份转换又包括观念转变、素质提高和能力提升的综合过程。他们只有具备较强的学习和认知能力，才能在就业、生活方式与行为习惯、价值观念、心理认同等各个方面融入城市（王春光，2001；刘传江、程建林，2008）。有研究认为，当前农民工市民化政策推进迟滞的重要因素之一，是农民工市民化带来的成本问题（廖茂林、杜亭亭，2018）。这个观点有一定道理，但是其背后的预设有把农民工当作单一的消费者和负担来看待的嫌疑。改革开放四十多年的历程已经证明，农民工是我国经济社会发展的巨大推动力量，他们既是市场经济发展所需的消费者，更是社会财富的创造者。目前，城市政府对农民工市民化成本的担心，与这种不合时宜的观念有关。农民工市民化，不是把农民工变成城市经济社会发

（接上页注①）并非所有农村非劳动适龄人口。相关学者如此定义"农民工"和"农业转移人口"，明显既不符合概念本身的内涵和外延，也不符合中央的有关政策，更严重脱离我国实际。

展的负担，更不是把他们变成城市社会福利的依赖者。市民化的重点和关键在于，通过对他们进行人力资本投资，提升他们的综合素质和各种能力，进一步提升他们作为城市社会建设和发展的主人翁地位，进一步激发他们参与城市经济社会建设的积极性和创造力。农民工市民化是落实中央提出的让改革发展成果更多更公平惠及全体人民的重要举措和重大社会课题。学者们围绕农民工市民化与权益保护等相关领域开展了广泛的研究，提出了许多富有创见的对策建议。中央政府也一直注重开展该领域的工作。经过多年的改革，有关农民工群体的政策越来越有利于农民工进城务工，农民工的权益保障状况在很大程度上得到了改善。但是，在2.87亿名农民工中，就业不平等、就业状况差、同工不同酬、社会福利和社会保障缺失、自身教育培训与子女教育缺失等问题不同程度地存在，而且有的问题还很严重。这种状况更多地反映了城市社会对农民工的歧视及其权利的剥夺，农民工的边缘化困境依然存在。

因此，加快农民工市民化，一方面，要彻底改革原有政策体制，消除对农民工的歧视性政策，切实保护农民工就业权益以及各种社会福利权益，扫除农民工市民化道路上的体制性障碍。另一方面，要切实提高农民工的综合素质和各种能力。也就是说，要加强对他们的人力资源投资，切实提升他们的人力资本存量。教育是社会政策构成的关键性元素。发展人力资源的一个主要手段就是投资正规教育和制度化的职业培训。任何现代农业、工商业生产活动都需要有充足的受过适当教育培训的劳动力。舒尔茨（Schultz，1961）、贝克尔（Becker，1964）和哈比森（Harbison，1973）都认为，经济增长的先决条件是投资正规教育。在现代化过程中，对人的先天资本的必要补充是获得技能和知识（安东尼·哈尔、詹姆斯·梅志里，2006：204、207）。教育培训，是开发人的潜能，提升人的综合素质和技能，实现人的独立与自我发展，促进就业和发展，进而消除贫困的极其重要的必要手段。在我国，无论是已经实现户籍迁移的农民工或农业转移人口，还是目前没有实现户籍身份转换的农民工，他们的综合素质与技能、人力资本状况，与实质性市民化要求还有很大的距离。他们原有的价值观、生活方式和生活习惯与城市社会发展的要求之间存在很大的张力。相较于我国经济社会发展对劳动力的要求而言，即便是受教育水平有所提高的新生代农民工，他们的受教育程度还很不够，人力资本缺失非常严重。这种人力资本缺失的现状，已成为制约经济社会发展的重要因素，不利于他们自身发展和真正市民化的实现，更不利于我国产业结构转型升级。因此，强化对新生代农民工的人力资本投资、健全新生代农民工的医疗保健服务体系，是提升新生代农民工人力资本，促进经济和社会发展的不二之选与必由之路。本书着重系统分析新生代农民工教育培训的现状及存在的问题和挑战，尝试从社会治理理论、发展型社会政策理论和人力资本理论出发，探讨新生代农民工教育培训政策体系的构建。

3.2.2 研究数据来源与部分变量设计

（1）研究数据来源

新生代农民工的高度流动性，使得调查对象的不确定性增加，因此本书采用非随机抽样中的立意抽样法和滚雪球抽样法展开调查。课题组成员利用节假日和寒暑假在北京、上海、重庆、广东、湖南、江西、贵州等9个省份展开调查，调查员由经过培训的研究生担任。选择这些城市是基于以下两点考虑。第一，考虑了调查的可行性。调查员分别来自这些省份，能更好地得到一些调查所需的帮助。第二，尽可能地考虑城市的代表性。课题组选择东中西部不同区域经济发达、比较开放、农民工比较多的中心城市开展调查。这些地方的数据基本能代表不同区域大城市的情况。问卷由调查员指导农民工当场填写，当场回收。整个调查从2012年6月到2013年2月，前后历时八个月，共完成800份问卷，2013年7月又补充调查问卷200份，一共回收1000份问卷，剔除无效问卷95份，获得有效问卷905份，有效回收率90.5%；个案访谈30个，获得30份访谈资料。

问卷主要内容涵盖三个方面，即个人和家庭基本情况、就业及收入状况、就业培训状况。个人和家庭基本情况包含4个问题，涉及性别、民族、宗教信仰、政治面貌、婚姻状况、受教育情况和身体状况；就业及收入状况包含12个问题，涉及进城工作年限、工作所在行业、工作单位性质、劳动合同签署、工作是否稳定、换工作的次数、收入以及对收入和工作的满意度、工作安全等；就业培训状况包含31个问题，涉及有无参加培训、培训班举办单位、培训经费出资情况、培训形式、培训内容、培训时间、获取培训信息渠道、培训效果、对培训的看法和态度等。问卷问题数目适中，力求做到问卷的填写不会影响到被调查者的情绪。问题之间也注意了前后的秩序和连贯性。

访谈内容主要涉及对农民工的看法、有没有必要培训、谁是培训的责任主体、费用如何分担、对签合同的看法、对农民工福利的看法、对市场培训的看法以及目前农民工培训的法律政策和信息获取渠道等方面。

（2）部分变量设计

本书设计的问卷，大多数问题包含的变量选项可以按照对应序号进行编码。部分变量选项在录入数据库时需要重新进行编码和赋值。具体情况如下。

第一，年龄。对年龄（a1.2）进行重新编码为是否新生代（sa1.2）。数据主要集中在 2012 年收集完毕，因此，以 2012 年计算，1980 年后出生的为新生代（编码为 1），小于或等于 32 岁的为新生代，大于 32 岁的农民工为老生代[1]（编码为 2）。另外，对年龄（a1.2）重新编码为年龄段（sa1.6），1 = 0 ~ 17 岁，2 = 18 ~ 22 岁，3 = 23 ~ 27 岁，4 = 28 ~ 32 岁，5 = 33 ~ 100 岁。

第二，民族。对民族（a1.3）重新编码为是否少数民族（sa1.3），1 = 是，0 = 否。

第三，宗教信仰。对宗教信仰（a1.4）进行重新编码为是否有宗教信仰（sa1.4），1 = 有，0 = 没有。

第四，政治面貌。对政治面貌（a1.5）进行重新编码为是否党员（sa1.5），1 = 是，0 = 否。

第五，婚姻。对婚姻状况（a2）进行重新编码生成新变量 sa2，新变量 1 = 未婚、同居，2 = 已婚，3 = 离婚、丧偶及其他。

第六，文化程度。对文化程度（a3.2）重新编码生成新变量 sa3.2，

---

[1] 新生代农民工包括出生于 20 世纪 80 年代和 20 世纪 90 年代之后的所有农民工。本书数据收集工作主要是在 2012 年完成，按照 1980 年的出生时间计算，到 2012 年底，新生代农民工年龄为 32 岁，而 33 岁就归为老生代了。

新变量文盲和小学合并为小学及以下，大专、本科、硕士及以上合并为大专及以上。

第七，培训意愿。曾经或现在有没有想学技术（c17）进行重新编码生成新变量 sc17，新变量 0 = 不想培训，1 = 想培训。把选项"④曾经想过但现在已经没有什么想法了"和"⑤从来就没有想过"归为"不想培训"，把选项①到③归为"想培训"。

3.2.3　样本基本情况介绍

（1）样本分布情况

如表 3 - 2 所示，本次研究问卷调查的样本分布在北京、天津、上海、重庆、广东、江苏、湖南、江西、贵州等 9 个省份。每个省份发放约 100 份问卷，占比在 10% 左右。最多的是广东，发放了 113 份，占比 12.5%；最少的是北京，发放了 85 份，占比 9.4%。表 3 - 3 显示，在被访谈对象中，江西 5 人（新生代农民工 4 人，政府工作人员 1 人），湖南 4 人（新生代农民工 3 人，政府工作人员 1 人），上海 6 人（新生代农民工 2 人，政府工作人员 1 人，企业管理者或员工 1 人，培训学校工作人员 1 人，社会组织管理者 1 人），贵阳 3 人（新生代农民工 2 人，政府工作人员 1 人），南京 4 人（新生代农民工 1 人，政府工作人员 1 人，企业管理者或员工 1 人，培训学校工作人员 1 人），重庆 3 人（新生代农民工 3 人），天津、北京新生代农民工各 1 人，广州 3 人（新生代农民工 1 人，街道或社区工作者 2 人）。

表 3 - 2　被调查者省份分布

单位：人，%

省份	频率	百分比
京	85	9.4
津	92	10.2
沪	102	11.3
渝	98	10.8
粤	113	12.5

续表

省份	频率	百分比
苏	106	11.7
湘	95	10.5
赣	110	12.2
黔	104	11.5
合计	905	100.0

资料来源：课题组 2012 年 6 月至 2013 年 7 月的调查。全书其他未做说明的调查数据都来源于本次调查所获取的数据，后文不再赘述。

表 3 - 3　所有被访谈者的职业身份与访谈地点情况

单位：人

		访谈地点									合计
		江西	湖南	上海	贵阳	南京	重庆	天津	广州	北京	
职业身份	政府工作人员（村、镇干部、领导）	1	1	1	1	1	0	0	0	0	5
	企业管理者或员工	0	0	1	0	1	0	0	0	0	2
	街道或社区工作者	0	0	0	0	0	0	0	2	0	2
	新生代农民工	4	3	2	2	1	3	1	1	1	18
	培训学校工作人员	0	0	1	0	1	0	0	0	0	2
	社会组织管理者	0	0	1	0	0	0	0	0	0	1
合计		5	4	6	3	4	3	1	3	1	30

（2）样本的性别构成与代际构成

在被调查对象中，男性占比 58.5%，女性占比 41.5%；新生代农民工占 63.8%，老生代占 36.2%。在老生代农民工中，男女比例分别为 62.5%、37.5%；新生代男女比例分别为 56.2%、43.8%（见表 3 - 4、表 3 - 5）。这说明，在老生代农民工中外出务工更多的是男人，妇女倾向于留守农村，而新生代农民工中外出务工的女性越来越多。在被访谈的 30 位对象中，男 18 人（含新生代农民工 12 人，其他 6 人），女 12 人（含新生代农民工 6 人，其他 6 人）（见表 3 - 6）。

表 3 - 4　新老生代农民工的性别构成

单位：人，%

	男		女		合计	
	频率	百分比	频率	百分比	频率	百分比
新生代	324	56.2	253	43.8	577	100.0
老生代	205	62.5	123	37.5	328	100.0
合计	529	—	376	—	905	—

表 3 - 5　被调查者个人和家庭基本情况 （N = 905）

单位：人，%

变量	值	频率	百分比
性别	男	529	58.5
	女	376	41.5
新老生代	新生代	577	63.8
	老生代	328	36.2
是否少数民族	少数民族	52	5.7
	汉族	853	94.3
是否有宗教信仰	无宗教信仰	749	82.8
	有宗教信仰	156	17.2
是否党员	否	856	94.6
	是	49	5.4
婚姻状况	未婚、同居	296	32.7
	已婚	554	61.2
	离婚、丧偶及其他	55	6.1
受教育程度	小学及以下	142	15.7
	初中	335	37.0
	高中	233	25.7
	中专	88	9.7
	大专及以上	107	11.8
身体状况	很不好	4	0.4
	不太好	74	8.2
	一般	11	1.2
	比较好	353	39.0
	非常好	463	51.2

由表 3－5 得知，在被访农民工中，新生代（1980 年及以后出生）占比 63.8%，老生代（1979 年及以前出生）占比 36.2%。从调查的情况来看，新生代农民工占比超过老生代农民工 27.6 个百分点，新生代已经成为农民工群体的主要力量。

表 3－6 所有被访谈者的性别构成

单位：人，%

		频率	百分比	有效百分比	累积百分比
所有被访谈对象	男	18	60.0	60.0	60.0
	女	12	40.0	40.0	100.0
	合计	30	100.0	100.0	—
被访谈的新生代农民工	男	12	66.7	66.7	66.7
	女	6	33.3	33.3	100.0
	合计	18	100.0	100.0	—

（3）样本受教育程度

被调查者受正规教育时间平均为 9.74 年。小学及以下占比 15.7%；初中受教育程度比例最高，占 37.0%。初中及以下受教育水平合计占比 52.7%。高中学历占 25.7%；大专及以上学历者仅占约一成，比例为 11.8%（见表 3－7、表 3－8）。上述数据说明，农民工的受教育水平普遍较低。

表 3－7 被调查者受正规教育的时间

单位：年

	最小值	最大值	平均值	标准差
被调查者受正规教育的时间	0	16	9.74	3.704

表 3－8 新老生代农民工文化程度（N＝905）

单位：人，%

		新老生代		合计
		新生代	老生代	
受教育程度	小学及以下	67	75	142
		11.6	22.9	15.7

续表

受教育程度		新老生代		合计
		新生代	老生代	
受教育程度	初中	167	168	335
		28.9	51.2	37.0
	高中	169	64	233
		29.3	19.5	25.7
	中专	77	11	88
		13.3	3.4	9.7
	大专及以上	97	10	107
		16.8	3.0	11.8
卡方值		107.649***		

注：*** $P < 0.001$，Sig.（双侧）= 0.000。

表 3 - 8 数据显示，从新老生代农民工的受教育程度来看，新生代农民工普遍比老生代农民工受教育程度高。在老生代农民工中，初中及以下受教育程度的高达 74.1%，新生代农民工中初中及以下受教育程度占比 40.6%，老生代农民工初中及以下受教育程度比新生代农民工多 33.5 个百分点。其中，老生代农民工小学及以下受教育程度占比 22.9%，新生代为 11.6%，老生代农民工小学及以下受教育程度比新生代农民工多 11.3 个百分点。初中文化程度的老生代农民工有 51.2%，新生代为 28.9%，老生代比新生代高出 22.3 个百分点。在老生代农民工中，高中文化程度占比 19.5%，新生代的高中文化程度占比 29.3%。高中文化程度的新生代比老生代农民工多出将近十个百分点。在中专文化程度的农民工中，中专文化程度的新生代占比 13.3%，老生代农民工只有 3.4%，新生代比老生代多出近十个百分点。就大专及以上文化程度而言，大专及以上文化程度的新生代农民工占比 16.8%，老生代农民工只有 3.0%。受过大专及以上教育的新生代比老生代高出 13.8 个百分点。在新生代农民工中，高中及以上受教育程度的占比 59.4%；在老生代农民工中，高中及以上受教育程度的占比仅四分之一多一点（25.9%）。新生代农民工比老生代农民工多出 33.5 个百分点。在被访谈的 18 位新生代农民工中，小学文化 7 人，初中文化 4 人，中专文化 1 人，高中文化 6 人。其中，16 ~ 20 岁的有 8 人，21 ~ 30 岁的有 8 人，

31 ~ 32 岁的有 2 人。被访谈的新生代农民工的平均年龄为 23.39 岁，最小的 16 岁，最大的 32 岁。

仅仅从新生代和老生代农民工间的受教育程度代际差异来看，新生代农民工群体的受教育程度和文化水平都比老生代农民工群体高。但是，无论是从农民工总体来看，还是把新老生代农民工分开来看，他们的受教育程度与现代社会发展和市民化的要求都有很大差距，受教育程度总体是偏低的。就总体而言，初中及以下受教育程度的农民工占比高达 52.7%，高中及以上受教育程度为 47.2%，不到总体的一半。从不同代际的受教育程度来看，在老生代农民工中，初中及以下受教育水平的农民工占比高达 74.1%，高中及以上受教育程度为 25.9%。在新生代农民工中，初中及以下受教育程度的农民工占比相对老生代有所降低，但依然有 40.6%。总之，农民工的受教育程度普遍偏低，这一点与官方公布的数据基本一致，官方的数据将在后文中有详细的分析。

（4）样本的民族、宗教信仰、政治面貌以及婚姻等其他信息

由表 3 - 5 和表 3 - 9 得知，在被调查者中，少数民族为 52 人，占比 5.7%；汉族为 853 人，占比 94.3%。其中，新生代农民工中有少数民族 40 人，占比 6.9%，汉族 537 人，占比 93.1%；老生代农民工中有少数民族 12 人，占比 3.7%，汉族 316 人，占比 96.3%。从宗教信仰来看，82.8% 的被调查者没有任何宗教信仰，17.2% 的被调查者信仰宗教为佛教、天主教、基督教、伊斯兰教等。473 位新生代农民工无宗教信仰，占比 82.0%，有宗教信仰的有 104 人，占比 18.0%；老一代农民工中有 276 人无宗教信仰，占比 84.1%，有宗教信仰的有 52 人，占比 15.9%。绝大部分被调查者的政治面貌是非党员，比例高达 94.6%，党员只占 5.4%。其中，新生代农民工中 544 人为非党员人，占比 94.3%，党员 33 人，占比 5.7%；老生代农民工中非党员 312 人，占比 95.1%，党员 16 人，占比 4.9%。从婚姻状况来看，61.2% 的被调查者是已婚人士，未婚农民工只占 32.7%。其中，未婚新生代农民工有 287 人，占比 49.7%，已婚 269 人，占比 46.6%，离婚、丧偶及其他 21 人，占比 3.6%；老生代农民工中未婚 9 人，占比 2.7%，已婚 285 人，占比 86.9%，离婚、丧偶及其他 34 人，占比 10.4%。超过一半（51.2%）的被调查者认为自己的身体状况非常好，39.0% 的被调查者认

为自己身体比较好，0.4%的被调查者认为自己身体很不好。

表 3 - 9　新老生代农民工的民族、宗教信仰、政治面貌和
婚姻信息等（N = 905）

单位：人,%

		新老生代	
		新生代	老生代
是否汉族	少数民族	40	12
		6.9	3.7
	汉族	537	316
		93.1	96.3
是否有宗教信仰	无宗教信仰	473	276
		82.0	84.1
	有宗教信仰	104	52
		18.0	15.9
是否党员	否	544	312
		94.3	95.1
	是	33	16
		5.7	4.9
婚姻状况	未婚	287	9
		49.7	2.7
	已婚	269	285
		46.6	86.9
	离婚、丧偶及其他	21	34
		3.6	10.4

（5）样本的就业与收入状况

第一，调查样本所在行业分布情况。从表 3 - 10 得知，农民工所在行业包括建筑施工、电子电器、制衣制鞋、住宿餐饮、商业服务及其他等不同领域。从总体上看，农民工从事住宿餐饮业的占比最高，为 21.1%；其次是建筑施工业，占比 18.3%。其他依次是：电子电器行业占比 17.5%、商业服务占比 16.8%、其他占比 15.4%、制衣制鞋占比 10.9%。老生代农民工中从事建筑施工的占比最高，为 27.44%，其他占比 20.43%，住宿餐饮占比

20.12%。新生代农民工中在电子电器行业从业的比例最高，占23.22%，其次为住宿餐饮，占21.66%，再次为商业服务，占18.02%。

第二，进城工作时间、单位性质与签订合同情况。调查发现，从总体来看，被调查者进城工作时间5年以上者占比最高，达43.9%（见表3–11）；比例最小的为1年以下者，为12.5%。从不同代际来看，新生代农民工中进城1~3年者比例最高，占比31.9%，其次是5年以上者，占比29.3%，比例最小的是1年以下，比例为15.3%；老生代农民工中工作时间5年以上者比例最高，为69.5%，其次是3~5年者，占比13.7%，1年以下者占比最低。

表 3 – 10   新老生代农民工就业的行业分布（N = 905）

单位：人，%

		目前您所从事的是哪个行业						合计
		建筑施工	电子电器	制衣制鞋	住宿餐饮	商业服务	其他	
新老生代	新生代	76	134	66	125	104	72	577
		13.17	23.22	11.44	21.66	18.02	12.48	63.8
	老生代	90	24	33	66	48	67	328
		27.44	7.32	10.06	20.12	14.63	20.43	36.2
合计		166	158	99	191	152	139	905
		18.3	17.5	10.9	21.1	16.8	15.4	100.0
卡方值		64.146 ***						

注：*** $P < 0.001$，Sig.（双侧）= 0.000。

表3–11显示，被调查者中受雇于私营企业的人数最多，占比接近四成（39.7%）；其次是受雇于个体户农民工，比例为26.4%；受雇于国有企业和机关事业单位的农民工比例比较小，分别为8.6%和4.0%。从代际来看，在新生代农民工中，在私营企业工作的人数最多，占比也最高，为39.0%，其次是受雇于个体户，占25.5%；在国有企业和机关事业单位工作的比例比较小，分别为9.5%和2.1%。在老生代农民工中，在私营企业工作的占比最高，为40.9%；受雇于个体户的比例位居第二，为28.0%；在机关事业单位和国有企业工作的比例比较小，分别为7.3%、7.0%。

表 3 – 11　新老生代农民工就业状况（N = 905）

单位：人，%

变量	值	新老生代		合计
		新生代	老生代	
进城工作时间	1 年以下	88	25	113
		15.3	7.6	12.5
	1～3 年	184	30	214
		31.9	9.1	23.6
	3～5 年	136	45	181
		23.6	13.7	20.0
	5 年及以上	169	228	397
		29.3	69.5	43.9
卡方值		142.764 ***		
单位性质	国有企业	55	23	78
		9.5	7.0	8.6
	外资企业	88	23	111
		15.3	7.0	12.3
	私营企业	225	134	359
		39.0	40.9	39.7
	乡镇企业	35	16	51
		6.1	4.9	5.6
	个体	147	92	239
		25.5	28.0	26.4
	机关事业单位	12	24	36
		2.1	7.3	4.0
	其他	15	16	31
		2.6	4.9	3.4
卡方值		31.934 ***		
是否签订劳动合同	否	261	222	483
		45.2	67.7	53.4
	是	316	106	422
		54.8	32.3	46.6
卡方值		42.348 ***		

注：*** $P < 0.001$，Sig.（双侧）= 0.000。

在调查中发现，有超过一半的被调查者没有签订劳动合同，比例为53.4%。在老生代农民工中，没有签订劳动合同者比例高达67.7%；在新生代农民工中，有高达45.2%的劳动者没有签订劳动合同。不签订合同的老生代农民工认为没有必要签合同，嫌麻烦，怕老板不招录他们；还有就是缺乏法律知识，不懂得用法律保护自己。按照他们的话说，"何必那么麻烦，不就打个工吗？"（4GYC03[①]），"签合同太啰唆，老板也不喜欢。何必为了一张废纸费事"（4TJC01），"签合同会让老板不高兴的。人家一不高兴，就不雇我们了"（4XC03），"我们是出来打工的，有钱赚就可以。那些东西是城里人玩的事情"（4GC03）。对新生代农民工的访谈也反映了类似的问题。要么是不想限制自己，要么是认为没有必要签合同，要么是因为不确定工作多久，还想去其他城市打工。正如他们所说的那样，"签合同，把自己限制死，我才不干呢，我还想到其他地方去看看"（4HC04），"哎呀，签什么合同咯。我又不在这里长期打工，也不知道工作到什么时候。再说了，不签合同想走就走。签了合同多少有点麻烦，好像那个是有法律效力的"（4GC04）。这些都反映了一个问题，农民工普遍缺乏法律意识，没有意识到劳动合同对于保护自己权益的重要性，总觉得签合同对自己不利。

第三，换工作次数情况。表3-12和表3-13显示，过去5年，被调查者换单位的次数最小值为0次，最大值是40次，年平均次数为2.22次。其中，接近三成的人没有换工作，占28.2%；一半多一点（比例为50.1%）农民工换过2次及2次以上工作；换过1次、2次和3次工作的比例分别为21.7%、18.9%和15.1%；换工作4次及以上的百分比共计16.1%。从新老生代农民工代际差异来看，没有更换工作的比例大致相当，分别为新生代28.1%、老生代28.4%；其次是换过1次到3次工作的比例，老生代分别是18.3%、16.5%和16.8%，新生代分别为23.6%、20.3%和14.2%；换过2次及以上工作的新生代比例为48.4%，老生代比例为53.5%。表3-14显示，从受教育程度来看，换工作2次及2次以上比例最高的是小学及以下文化程度的农民工，接近六成（59.1%），其次是初中文化程度的农民工，比例为57.3%。

---

① 访谈个案编号详见本书附录二。

表 3 - 12 过去 5 年换工作的次数 （N = 905）

单位：次

	最小值	最大值	平均值	标准差
过去 5 年换工作的次数	0	40	2.22	3.118

表 3 - 13 新老生代农民工过去 5 年换工作次数 （N = 905）

单位：人，%

		新老生代		合计
		新生代	老生代	
过去 5 年换工作次数	0 次	162	93	255
		28.1	28.4	28.2
	1 次	136	60	196
		23.6	18.3	21.7
	2 次	117	54	171
		20.3	16.5	18.9
	3 次	82	55	137
		14.2	16.8	15.1
	4 次	24	13	37
		4.2	4.0	4.1
	5 次	23	17	40
		4.0	5.2	4.4
	6 次及以上	33	36	69
		5.7	11.0	7.6

表 3 - 14 新老生代农民工过去 5 年换工作次数和受教育程度 （N = 905）

单位：人，%

		受教育程度					合计
		小学及以下	初中	高中	中专	大专及以上	
过去 5 年换工作次数	0 次	35	74	71	39	36	255
		24.6	22.1	30.5	44.3	33.6	28.2
	1 次	23	69	57	22	25	196
		16.2	20.6	24.5	25.0	23.4	21.7

续表

		受教育程度					合计
		小学及以下	初中	高中	中专	大专及以上	
过去5年换工作次数	2次	26	72	32	11	30	171
		18.3	21.5	13.7	12.5	28.0	18.9
	3次	25	53	38	9	12	137
		17.6	15.8	16.3	10.2	11.2	15.1
	4次	6	16	13	2	0	37
		4.2	4.8	5.6	2.3	0.0	4.1
	5次	5	17	13	3	2	40
		3.5	5.1	5.6	3.4	1.9	4.4
	6次及以上	22	34	9	2	2	69
		15.5	10.1	3.9	2.3	1.9	7.6
卡方值		69.263 ***					

注：*** $P < 0.001$，Sig.（双侧）= 0.000。

第四，月收入状况。表 3 - 15 显示，86.0% 的农民工月收入低于 2400 元。其中，月收入为 1201～1600 元的占比 28.2%，月收入为 1601～2000 元的占 21.5%，月收入为 2001～2400 元的占 12.6%，还有 5.0% 的农民工月收入在 800 元及以下，只有 14.0% 的农民工月收入超过 2400 元。86.2% 的新生代农民工月收入低于 2400 元，月收入在 2000 元及以下的合计占比 73.9%，月收入在 1600 元及以下的合计占比 51.9%。月收入在 800 元及以下的新生代农民工占比 4.2%，月收入超过 2400 元的新生代农民工只有 13.9%。在老生代农民工中，月收入在 2401 元及以上的只有 14.3%，超过八成（85.6%）的人月收入低于 2400 元，72.5% 的老生代农民工月收入在 2000 元及以下，月收入低于 1600 元的有 51.8%，还有 6.4% 的人月收入在 800 元及以下（见表 3 - 15）。2012 年国家统计局公布的数据显示，2012 年末外出农民工人均月收入为 2290 元。直辖市农民工人均月收入为 2561 元，省会城市农民工人均月收入为 2277 元，地级市和县级市农民工人均月收入分别为 2240 元和 2204 元。人均月收入水平较高的是交通运输仓储邮政业和建筑业的农民工，交通运输仓储邮政业的农民工人均月收入是 2735 元，建筑业的农民工人均月收入是 2654 元；人均月收入较低的是住宿餐饮业、服务业和制造业的农民工，他们的人均月收入分别为 2058 元、2100 元和 2130 元（国家统计局，2013）。月收入 2000 元以下的农民工比 2011 年外出农民工平均月收入 2049 元还差至少 49 元（国家统计局，2012）；月收入 1600 元以下的农民工离 2010 年全国外出农民工月均收入的 1690 元还差至少 90 元（彭丽荃，2011：99～105）；尚有 23.7% 的农民工月收入在 1200 元以下，比 2009 年全国外出农民工月平均收入 1417 元还相差至少 217 元（国家统计局，2010）。由此看来，被调查的农民工收入明显偏低。大部分被访的农民工月收入没有达到全国农民工月收入平均水平。表 3 - 15 显示，农民工对自己收入比较满意和非常满意两种情况的比例都比较低，只有两成多一点（比例合计为 21.8%），不满意和很不满意两种情况的比例合计为 42.6%。新生代农民工中不满意和很不满意的占比合计 45.6%，比较满意和非常满意的占比 18.2%；老生代农民工中比较满意和非常满意的比例为 28.1%，不满意和很不满意的占比合计 37.2%。

表 3 - 15　农民工收入及其对收入的满意度　（N = 905）

单位：人, %

| | | 新老生代 | | 合计 |
		新生代	老生代	
您目前工作的收入是多少	800 元及以下	24	21	45
		4.2	6.4	5.0
	801～1200 元	103	66	169
		17.9	20.1	18.7
	1201～1600 元	172	83	255
		29.8	25.3	28.2
	1601～2000 元	127	68	195
		22.0	20.7	21.5
	2001～2400 元	71	43	114
		12.3	13.1	12.6
	2401 元及以上	80	47	127
		13.9	14.3	14.0
对自己收入的满意程度	很不满意	54	27	81
		9.4	8.2	9.0

续表

		新老生代		合计
		新生代	老生代	
对自己收入的满意程度	不满意	209	95	304
		36.2	29.0	33.6
	一般	209	114	323
		36.2	34.8	35.7
	比较满意	94	76	170
		16.3	23.2	18.8
	非常满意	11	16	27
		1.9	4.9	3.0

3.3 新生代农民工教育培训需求、供给与培训状况

3.3.1 新生代农民工教育培训需求与供给状况

（1）新生代农民工教育培训需求现状

第一，有无必要参加培训。由表 3 - 16 得知，超过八成的农民工认为有必要接受教育培训，比例为 80.1% ，认为没有必要的占 19.9% 。其中，老生代农民工认为有必要参加培训的比例为 84.1% ，新生代农民工认为有必要培训的比例为 77.8% 。

表 3 - 16　新老生代农民工认为有无必要参加培训的情况 （N = 905）

单位：人，%

		新老生代		合计
		新生代	老生代	
您认为农民工有没有必要接受就业培训	很有必要	449	276	725
		77.8	84.1	80.1
	没必要	128	52	180
		22.2	15.9	19.9

续表

	新老生代		合计
	新生代	老生代	
合计	577	328	905
	100.0	100.0	100.0
卡方值	5.259*		

注：* $P < 0.05$，Sig.（双侧）= 0.022。

第二，是否有培训意愿。从调查中得知，超过六成（63.0%）的农民工表示想培训，想学习一些技术；不想培训的占比 37.0%。在老生代农民工中，想培训的占比 57.5%，不想培训的比例为 42.5%；在新生代农民工中，想培训的占比 66.1%，不想培训的占比 33.9%（见表 3 - 17）。

表 3 - 17　新老生代农民工培训意愿情况（N = 900）

单位：人，%

		新老生代		合计
		新生代	老生代	
培训意愿	不想培训	194	139	333
		33.9	42.5	37.0
	想培训	379	188	567
		66.1	57.5	63.0

第三，对于培训方式的需求情况。调查得知，从总体来看，81.0%的农民工需要边工作边培训（在职培训），有 19.0%的农民工希望接受脱产培训。对新生代农民工而言，希望在职培训的占 77.8%；老生代农民工中希望在职培训的比例更高，为 86.8%（见表 3 - 18）。不管是新生代农民工，还是老生代农民工，他们中绝大多数既希望接受一些技术培训，更希望边工作边培训，因为这样才不影响他们的收入。

访谈资料也反映出，农民工觉得很有必要培训。只是由于各种原因，实际参加培训的比例不高。从访谈中得知，有的民工认为，"我刚从学校出来，什么都不懂，是很有必要培训啊。但是，现在培训这么贵，我哪有那么多钱呀。现在培训的是在这里打工好多年的，他们存了不少钱。我呢，刚来，没钱。再说，我刚逃脱学校那种生活，为什么又要回到那种生

表 3 - 18　新老生代农民工接受的培训方式情况　（N = 875）

单位：人，%

| | | 新老生代 | | 合计 |
		新生代	老生代	
您会选择哪种方式培训	放下工作脱产培训	124	42	166
		22.2	13.2	19.0
	边工作边培训	434	275	709
		77.8	86.8	81.0
卡方值		10.588 **		

注：** $P < 0.01$，Sig.（双侧）= 0.001。

活呢？城市生活这么五花八门，不趁年轻好好玩玩，太可惜了。至于培训，以后看情况再说吧。反正我现在烦学习"（HC004）。另有农民工反映，"虽然培训有用，但我们还是觉得时间太长，收入也减少了。毕竟我要养家糊口，如果是免费的还好，要自己出钱就老觉得划不来，花那么多时间就算啦，还要额外增加经济负担。关键是这么贵，免费的还好些，毕竟学到些技术，损失的收入以后可以补回来。如果要自己掏钱，真的是时间太长了。而且，我也不知道学了以后找工作会怎样。心里总不踏实，怕上当。你也知道，现在世道这个样子，你一不小心就会损失钱财"（4CYC01）。上海某境外慈善组织负责人也认为，"农民工培训很有必要。现在社会对技术的要求越来越高，农民工其实很多时候处于技术工和半劳力工种之间。相关技术培训是非常必要的"（6HC05）。

第四，对培训类型（学历教育与技能培训）的需求情况。由表 3 - 19 得知，相当多一部分农民工希望参加的培训类型是技能培训，占比 82.9%，希望接受学历教育（中等职业技术学校）培训的比例为 13.4%。这一发现与部分学者的观点不一样。如前文所述，有观点认为，新生代农民工偏好正规的学历教育和正规的教育机构（汪传艳，2012；赵宝柱等，2012）。从不同代际农民工希望的培训类型来看，老生代农民工希望接受技能培训的比例为 80.8%，新生代农民工希望接受技能培训的比例为 84.2%。无论是从样本总体情况来看，还是从不同代际来看，农民工更倾向于接受技能培训。

表 3 - 19　新老生代农民工的学历教育培训、技能培训意愿　（N = 866）

单位：人，%

| | | 新老生代 | | 合计 |
		新生代	老生代	
您想参加培训的类型是	学历教育（中等职业技术学校）	70	46	116
		12.8	14.5	13.4
	技能培训	462	256	718
		84.2	80.8	82.9
	其他	17	15	32
		3.1	4.7	3.7

第五，想参加技能培训的内容。表 3 - 20 显示，农民工选择想参加的技能培训多侧重于计算机类、电子电工类和餐饮旅游类等方面的内容，占比从高到低依次为：28.6%、27.1% 和 22.8%。不同代际有所差异，想参加建筑类和餐饮旅游类技能培训学习的老生代农民工比例较高，占比均为14.4%，其次是电子电工类（11.8%）、计算机类（11.0%），再次是机械类（10.7%）、服务类（10.5%）和交通运输类（10.1%）；而新生代农民工首先想要学习培训的内容是计算机类，占比 20.0%，其次是电子电工类，比例为 18.2%，再次是餐饮旅游类（12.9%）和服务类（10.4%），建筑类排在倒数第三（见表 3 - 21）。

表 3 - 20　您想参加的技能培训内容　（N = 896）

单位：人，%

	频率	回答百分比	样本百分比
建筑类	133	8.7	14.8
电子电工类	243	16.0	27.1
计算机类	256	16.8	28.6
餐饮旅游类	204	13.4	22.8
农林类	35	2.3	3.9
机械类	150	9.9	16.7
交通运输类	147	9.7	16.4

续表

	频率	回答百分比	样本百分比
服装加工类	141	9.3	15.7
服务类	159	10.4	17.7
其他	54	3.5	6.0
合计	1522	100.0	169.7

表 3 - 21　新老生代农民工想参加的技能培训内容（N = 896）

单位：人，%

		新老生代农民工	
		新生代农民工	老生代农民工
您想参加的技能培训内容	建筑类	56	77
		5.7	14.4
	电子电工类	180	63
		18.2	11.8
	计算机类	197	59
		20.0	11.0
	餐饮旅游类	127	77
		12.9	14.4
	农林类	15	20
		1.5	3.7
	机械类	93	57
		9.4	10.7
	交通运输类	93	54
		9.4	10.1
	服装加工类	89	52
		9.0	9.7
	服务类	103	56
		10.4	10.5
	其他	34	20
		3.4	3.7
合计		987	535
		100.0	100.0

由表 3 - 22 得知，除了想接受技能培训外，农民工还想学习的知识内容比例从高到低排序依次是：安全知识，占比 35.7%；法律知识，比例为 33.1%；管理知识，占比 16.1%；城市生活知识，比例为 15.0%。近四成（39.1%）的老生代农民工想接受安全知识培训，想接受法律知识培训的占 33.5%；三成多一点（33.8%）的新生代农民工想接受安全知识培训，想接受法律知识培训的占 32.9%，有 18.7% 的新生代农民工想接受管理知识培训。

表 3 - 22　新老生代农民工技能培训外的学习内容 （N = 893）

单位：人，%

		新老生代农民工		合计
		新生代农民工	老生代农民工	
除相关技能培训外，还想学习什么内容	法律知识	187	109	296
		32.9	33.5	33.1
	安全知识	192	127	319
		33.8	39.1	35.7
	城市生活知识	83	51	134
		14.6	15.7	15.0
	管理知识	106	38	144
		18.7	11.7	16.1

第六，其他培训需求情况。上文对农民工的技能培训和其他知识培训需求情况做了描述性统计分析，下文将对他们的培训时间长度、授课方式、培训信息获取渠道等方面做描述性分析。

由表 3 - 23 得知，在培训的最佳时间长度方面，近四成（38.1%）的被调查者认为"一周到一个月"比较合适，32.9% 的被调查者选择了"一个月到三个月"。在老生代农民工中，选择"一周到一个月"的比例为 36.4%，选择"一个月到三个月"的占 34.3%，选择"一周以内"的占 17.4%。在新生代农民工中，将近四成（39.1%）选择"一周到一个月"的培训时间，32.0% 的选择"一个月到三个月"，15.6% 的选择"一周以内"。

表 3 - 23 新老生代农民工培训的最佳时间长度需求 （N = 898）

单位：人，%

| | | 新老生代 | | 合计 |
		新生代	老生代	
您认为最佳的培训持续时间是多久	一周以内	89	57	146
		15.6	17.4	16.3
	一周到一个月	223	119	342
		39.1	36.4	38.1
	一个月到三个月	183	112	295
		32.0	34.3	32.9
	三个月至半年	43	16	59
		7.5	4.9	6.6
	半年及以上	33	23	56
		5.8	7.0	6.2

表 3 - 24 反映的是农民工对培训授课方式问题的回答情况。关于具体授课方式，被访农民工选择的方式占比排名前三位依次为："师傅带徒弟的一对一培训方式"占比 36.6%，"看老师或者有经验的人实际操作"占比 25.9%，"老师面对面课堂授课"占比 23.1%。在老生代农民工中，选择"师傅带徒弟的一对一培训方式"占比 41.2%，29.8% 选择"看老师或者有经验的人实际操作"，选择"老师面对面课堂授课"占比 18.5%。与老生代农民工相同的是，"师傅带徒弟的一对一培训方式"是新生代农民工的首选，比例为 34.0%；不同的是，"老师面对面课堂授课"是新生代农民工的第二选择，占比 25.8%，而选择"看老师或者有经验的人实际操作"的被调查者占比 23.7%。这个可能跟新生代农民工的受教育程度相对较高，较长时间接受正规教育，习惯了面对面的课堂授课有关。

表 3 - 25 是农民工关于培训信息获取渠道等问题的回答。关于培训信息的获取渠道，希望通过"政府发布信息"获得培训信息的占比 30.6%；28.5% 的被调查者希望通过"所在工作单位通知"获得相关培训信息；排在之后的是通过"身边亲友告知"获得信息，比例为 21.2%。老生代农民工首选的信息获取渠道是"政府发布信息"，占比 29.2%，其次是"身边亲友告知"，占比 25.8%，再次是"所在工作单位通知"，比例为 24.3%；新

生代农民工首选的信息获取渠道同样是"政府发布信息"，占比为31.4%，其次是"所在工作单位通知"，比例是30.9%，新生代农民工选择"身边亲友告知"的比例明显低于老一代农民工，只有18.5%。这种差距与老生代农民工受教育程度相对较低以及倾向于寻求"强关系"（亲友）支持的传统有关。

表 3 - 24　新老生代农民工培训的最佳授课方式需求（N = 895）

单位：人，%

		新老生代		合计
		新生代	老生代	
您喜欢接受以下哪种培训形式（授课方式）	师傅带徒弟的一对一培训方式	194	134	328
		34.0	41.2	36.6
	老师面对面课堂授课	147	60	207
		25.8	18.5	23.1
	看老师或者有经验的人实际操作	135	97	232
		23.7	29.8	25.9
	用电视、电脑等授课	84	22	106
		14.7	6.8	11.8
	其他	10	12	22
		1.8	3.7	2.5
卡方值		25.019***		

注：*** $P < 0.001$，Sig.（双侧）= 0.000。

表 3 - 25　新老生代农民工获取培训信息的途径（N = 892）

单位：人，%

		新老生代		合计
		新生代	老生代	
您希望通过何种方式获取关于培训的相关信息	所在工作单位通知	175	79	254
		30.9	24.3	28.5
	身边亲友告知	105	84	189
		18.5	25.8	21.2
	政府发布信息	178	95	273
		31.4	29.2	30.6

续表

		新老生代		合计
		新生代	老生代	
您希望通过何种方式获取关于培训的相关信息	通过电视、网络等媒体获知	98	58	156
		17.3	17.8	17.5
	其他	11	9	20
		1.9	2.8	2.2

（2）新生代农民工教育培训供给状况

关于农民工教育培训供给状况，主要考察培训的举办方和出资方分别是谁两个方面。调查发现，在被访农民工中，参加过培训的农民工只有242人，占比26.7%，不足三成。老生代农民工中参加过培训的只有80人，比例仅24.4%；新生代农民工中参加过培训的有162人，占比28.1%（见表3-26）。相较于农民工强烈的培训需求，农民工培训的供给总量严重不足。表3-27显示，从被调查者总体来看，农民工培训班举办方占比从高到低前三名依次是："工作单位"占比33.5%，"工作单位所在地政府"占比21.9%，"社会机构"占比16.1%。"自己户口所在地政府"所占比例排名第四，只有13.6%。在老生代农民工参加过的培训中，主办方占比排名前三的情况有点不同，分别是"工作单位"占比36.3%、"工作单位所在地政府"占比22.5%、"自己户口所在政府"举办的培训占比13.8%；在新生代农民工参加过的培训中，由"工作单位"举办的占比32.1%，21.6%是由"工作单位所在地政府"举办的，19.1%的培训是由"社会机构"举办的，"自己户口所在地政府"所占比例排名第四，为13.6%，比老生代农民工少0.2个百分点。可能的原因是，老生代农民工更相信工作单位和政府举办的培训班，因此，其除了接受务工地单位和务工所在地政府举办的培训外，主要是在家乡接受政府举办的培训。而农民工户籍所在地政府出于完成农村转移人口培训的政治任务，会举办一些培训。新生代农民工大部分时间生活在城市，除了接受单位和工作所在地政府举办的培训外，便是选择在工作所在地的社会培训机构学习。

关于培训班费用的问题，由表3-27可知，36.4%的培训是农民工"自己"掏钱的，31.0%的培训是"工作单位"出资的，16.1%的培训由"工作单位所在地政府"付费。在老生代农民工接受的培训中，付费方占比排名前三的依次是："工作单位"付费占比 32.5%，"自己"付费占比 31.3%，"工作单位所在地政府"和"村集体"付费均占 12.5%；而在新生代农民工中，培训付费方占比排名前三的是："自己"付费的比例为 38.9%，"工作单位"付费的占比 30.2%，"工作单位所在地政府"付费的占比 17.9%。

表 3 – 26　农民工是否参加过培训的情况（N = 905）

单位：人，%

| | | 新老生代 | | 合计 |
		新生代	老生代	
以前有没有参加过技能培训学习班	有	162	80	242
		28.1	24.4	26.7
	没有	415	248	663
		71.9	75.6	73.3
合计		577	328	905
		100.0	100.0	100.0

表 3 – 27　培训举办方与出资方的情况（N = 242）

单位：人，%

| | | 新老生代 | | 合计 |
		新生代	老生代	
哪个为你们开办的技能培训学习班	自己户口所在地政府	22	11	33
		13.6	13.8	13.6
	工作单位所在地政府	35	18	53
		21.6	22.5	21.9
	村集体	6	8	14
		3.7	10.0	5.8
	工作单位	52	29	81
		32.1	36.3	33.5
	社会机构	31	8	39
		19.1	10.0	16.1
	其他	16	6	22
		9.9	7.5	9.1

续表

		新老生代		合计
		新生代	老生代	
哪个出钱让你们参加技能培训学习班	自己户口所在地政府	15	7	22
		9.3	8.8	9.1
	工作单位所在地政府	29	10	39
		17.9	12.5	16.1
	村集体	4	10	14
		2.5	12.5	5.8
	工作单位	49	26	75
		30.2	32.5	31.0
	社会机构	2	2	4
		1.2	2.5	1.7
	自己	63	25	88
		38.9	31.3	36.4

上述情况显示，农民工输出地政府在农民工培训的实际工作中并没有发挥出应有的作用，作用极其有限。有关农民工培训对农民工月均工资影响的研究表明，企业内部培训比企业外部培训对农民工月均工资影响更大；相较于输入地政府，输出地政府举办的培训对农民工月均工资的影响更大（李实、杨修娜，2015）。这说明，农民工户籍所在地政府在农民工培训工作中尚有非常大的提升空间，亟须强化输出地政府的作用。

3.3.2　新生代农民工教育培训状况

新生代农民工教育培训包含了两个方面，一方面是教育，另一方面是培训。如前文所述，新生代农民工教育培训包括基础教育、中等教育、普通高等教育、成人教育和继续教育等，同时包括岗前培训、在职（岗位）培训和失业培训等。有研究认为，教育具有改造社会的潜力，教育能促进经济和社会的共同发展。儿童有权获得有质量保证的基础教育以满足自身需要。基础教育是反贫困的重要武器。它能开发获得知识和技能的机会，有助于打破将贫穷和边缘人群排斥在政治、经济生活以外的界限

（Jellema，2000：27）。教育是人的一项基本权利，是实现可持续发展与和平的关键（UNESCO，2000）。新生代农民工教育培训状况直接影响到他们在城市的就业状况、发展以及市民化进程，同时影响到我国经济社会的长远发展。下文将围绕教育程度与职业培训两个方面考察新生代农民工的教育培训现状。

（1）新生代农民工的受教育状况

第一，新生代农民工的受教育程度。新生代农民工的受教育程度依旧普遍偏低，他们的受教育程度与目前我国经济社会发展的要求严重不符。如前文所述，被调查农民工总体平均受教育时间只有9.74年，受教育程度最低的是文盲，最高的是大学。初中及以下文化程度的比例为52.7%。相较于老生代农民工而言，虽然新生代农民工受教育程度普遍有所提高，但他们的受教育水平依旧不太理想。新生代农民工平均受教育时间为10.4年，有31人为文盲，占被访新生代农民工的5.4%；大学文化程度的只有41人，占被访新生代农民工的7.1%；初中及以下受教育程度的新生代农民工有234人，占比超过四成（40.5%）；11.6%（67人）的新生代农民工只有小学及以下受教育程度；有近三成（28.9%，167人）的人为初中文化程度；高中文化程度的新生代农民工接近三成（29.3%，169人）；中专文化程度的新生代农民工占比只有13.3%（77人）；大专及以上文化程度的新生代农民工占比16.8%（97人）。

第二，新生代农民工的教育机会状况。教育是人类发展的基础和推动人类发展的关键性因素。受教育既是现代公民的一项基本权利，也是一项重要的社会福利。教育福利，是社会福利体系的关键组成部分，是推动国家整个教育事业健康可持续发展的关键性支持要素。国民基本教育属于最基本也是最重要的教育福利，具体表现为义务教育。义务教育是一种纯公共产品，是公民最基本的教育福利，主要提供者应该是政府。可是，在1986年实施九年制义务教育到2007年农村全面推广、落实真正的免费义务教育的二十多年间，我国农村基础教育领域出现了"义务教育不义务，教育福利无福利"（何伟强，2016）的异常现象。这种现象是由政府对基础教育投入严重不足、对教育投入的城市偏好和对高等教育投入的偏好所致。一些农村地区，尤其是贫困地区农村学校的办学条件较差，普遍存在师资力量不足、教师素质偏低、教学设备落后甚至缺乏等问题，这在很大程度上影响了老生代农民工子女即新生代农民工[①]的受教育机会。基础教育领域的"乱收费"，加重了农村家庭的负担。与此同时，高等教育领域的商业化和市场化，增加了教育成本，降低了农村家庭对教育投资的预期收益，加大了教育投资的风险，使得农村家庭由于教育资源限制或缺乏文化资本更容易做出放弃教育的"理性"决策（吴愈晓，2013）。在此背景下，20世纪80年代、90年代出生的农村孩子有越来越多的人辍学加入外出打工的队伍，成为新生代农民工，并最终造成了新生代农民工受教育程度不高的局面。我国缺乏国外那种政府强力介入的问责机制[②]，以防止学生辍学或逃学现象的出现。目前，相当一部分新生代农民工只有初中及以下受教育程度，原因就在于此。他们的这种受教育程度和人力资本状况，极大地削弱了他们的就业基础和竞争力。

（2）新生代农民工的培训状况

对农民工教育培训供给状况主要从有没有参加培训、培训主要内容、培训授课方式、培训时间长短、培训地点、培训信息发布单位、培训后续跟进回访、是否发放培训证书以及培训效果等方面来考察。

第一，有没有参加培训的情况。在被访农民工中，参加过培训的农民工只有242人，占比26.7%，不足三成，没有接受任何培训的比例高达73.3%。老生代农民工中只有80人参加过培训，比例仅为24.4%，新生代农民工中参加过培训的有162人，占比28.1%。新生代农民工参加过培训的比例比老生代农民工高3.7个百分点，但仍然不足1/3。这种状况说明，无论是老生代农民工，还是新生代农民工，他们的技能培训普及面都比较小，还有很大的发展空间。相较于农民工强烈的培训需求而言，农民工培训供给严重不足。

---

① 目前占农民工主体的新生代农民工就是指出生在20世纪80年代之后或90年代之后的农村人口。

② 美国、德国、法国、英国、日本等国家都有一整套问责机制和逃学/辍学治理机制。政府行政部门尤其是司法部门对学生逃学/辍学行为强力介入，父母或任何一方教育责任主体的失职失责行为都将被问责，有的甚至会被追究刑事责任。

表 3 - 28 中国家统计局的数据说明了农民工 2009 ~ 2017 年九年间的培训情况。虽然中央政府先后颁布实施了"农村劳动力转移培训雨露计划"、《2003—2010 年全国农民工培训规划》、《农村劳动力技能就业计划》等政策措施，而且党中央在 2010 年中央一号文件中把新生代农民工的城镇化问题作为一个重要内容提出来，但是，新生代农民工教育培训严重不足的问题并没有得到真正解决。2009 ~ 2017 年九年间，没有接受过任何培训的农民工占比分别高达：51.1%、52.4%、68.8%、69.2%、67.3%、65.2%、66.9%、68.1%、68.1%。除 2009 年、2010 年、2014 年外，在其余年份中，没有接受任何培训的农民工比接受过培训的农民工所占的比例高出一半还多。与统计局数据相比，本书调查的农民工没有参加任何培训的情况更为严重，比例高达 73.3%。被访的老生代农民工中没有接受培训的比例高达 75.6%，被访的新生代农民工中没有接受培训的比例高达 71.9%。由于农民工的高度流动性以及调查条件限制，本书没法对被访对象进行长时段的跟踪调查，他们接受培训的比例变化情况也无从得知。但从国家统计局的数据来看，农民工教育培训缺失问题形势严峻。接受过培训的农民工比例从 2009 年的 48.9% 下降到 2017 年的 32.9%，降低了 16 个百分点。

表 3 - 28　2009 ~ 2017 年农民工接受技能培训的情况

单位：%

年份	接受过培训	未接受任何形式培训
2009	48.9	51.1
2010	47.6	52.4
2011	31.2	68.8
2012	30.8	69.2
2013	32.7	67.3
2014	34.8	65.2
2015	33.1	66.9
2016	32.9	68.1
2017	32.9	68.1

资料来源：根据国家统计局 2009 年至 2017 年《农民工监测调查报告》中的数据整理。

说明：国家统计局没有公布 2009 年全部农民工的总体培训数据，公布的是外出农民工参加培训的情况，因此此处数据为外出农民工参加培训的数据。

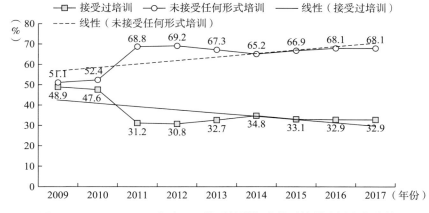

图 3 - 3　2009 ~ 2017 年农民工接受培训与未接受培训比例变化趋势

虽然农民工接受培训的趋势在 2013 年、2014 年稍有回升，但总体的下降趋势并没有得到改变；相反，没有接受培训的农民工比例从 2009 年的 51.1% 上升到 2017 年的 68.1%。也就是说，九年来接受过培训的农民工所占比例总体呈下降趋势，而且下降得非常厉害；没有接受过任何培训的农民工比例总体呈上升态势（见图 3 - 3）。这种状况说明，虽然中央一直在强调加强农民工培训，但实际接受培训的农民工比例不升反降，农民工的人力资本状况不但没有改观，反而进一步恶化。这种状况使得原本受教育程度不高的农民工人力资本严重欠缺，极大地影响到他们在城市的就业和发展。虽然培训比例下降受农民工总量增加等各种因素的影响，但是也反映出，我国农民工培训投入与农民工规模变化和农民工需求不相符，农民工的技能培训普及面还比较小，仍存在很大的发展空间。

第二，培训主要内容。表 3 - 29 反映出，在参加培训的内容方面，排在前五位的依次是"餐饮旅游类"、"服务类"、"电子电工类"、"计算机类"和"建筑类"。其中，31.4% 的被调查者参加了"餐饮旅游类"的培训，20.2% 的被调查者参加了"服务类"的培训，参加"电子电工类"、"计算机类"和"建筑类"内容的培训者分别占 18.2%、16.9% 和 12.0%。

表 3 – 29　农民工参加过的技能培训内容（选 3 项，N = 242）

单位：%

	频率	回答百分比	样本百分比
建筑类	29	9.4	12.0
电子电工类	44	14.3	18.2
计算机类	41	13.4	16.9
餐饮旅游类	76	24.8	31.4
农林类	6	2.0	2.5
机械类	23	7.5	9.5
交通运输类	9	2.9	3.7
服装加工类	10	3.3	4.1
服务类	49	16.0	20.2
其他	20	6.5	8.3
合计	307	100.0	126.9

　　表 3 – 30 反映，老生代农民工参加培训的内容排前五位的分别是"餐饮旅游类"、"服务类"、"建筑类"、"其他"和"机械类"。其中，"餐饮旅游类"的培训占比 29.4%；18.3% 的被调查者参加了"服务类"的培训；排在第三的是"建筑类"，占比 11.0%；参加"其他"和"机械类"等内容的培训者分别占 9.2% 和 7.3%。在新生代农民工中，参加"餐饮旅游类"的培训占比 22.2%；排在第二、第三的是"电子电工类"和"计算机类"的培训，分别为 18.7%、17.2%；排名第四的是"服务类"培训，占比 14.6%。与老生代农民工不同的是，新生代农民工中参加科技类的"电子电工类"和"计算类"培训的比例明显高，而参加"建筑类"培训的比例较低。这说明，随着受教育程度的提高，新生代农民工更倾向于参加技术含量和知识含量高的培训，而老生代农民工由于受教育程度较低，大多数参加的是不需要多少知识储备和技术含量低的培训。

表 3 – 30　新老生代农民工参加过的培训内容（选 3 项，N = 242）

单位：人，%

参加过的技能培训内容		新生代农民工	老生代农民工
	建筑类	17	12
		8.6	11.0
	电子电工类	37	7
		18.7	6.4
	计算机类	34	7
		17.2	6.4
	餐饮旅游类	44	32
		22.2	29.4
	农林类	3	3
		1.5	2.8
	机械类	15	8
		7.6	7.3
	交通运输类	5	4
		2.5	3.7
	服装加工类	4	6
		2.0	5.5
	服务类	29	20
		14.6	18.3
	其他	10	10
		5.1	9.2
合计		198	109
		100.0	100.0

　　第三，培训的授课方式和培训时间长短。由表 3 – 31 得知，在农民工参加过的培训中，30.6% 的授课方式是"师傅带徒弟的一对一培训方式"，30.2% 的授课方式是"专业老师面对面课堂授课"，25.6% 的授课方式是"专业老师或者有经验的人实际操作演习"。老生代农民工参加过的培训的授课方式占比前三位是："师傅带徒弟的一对一培训方式"（32.5%），并列第二的是"专业老师面对面课堂授课"和"专业老师或者有经验的人实际操作演习"（26.3%）。在新生代农民工参加的培训中，授课方式占比排名

前三的是："专业老师面对面课堂授课"、"师傅带徒弟的一对一培训方式"和"专业老师或者有经验的人实际操作演习"，分别为32.1%、29.6%、25.3%。在培训时间的长短方面，38.5%的农民工认为培训时间"太短"，35.6%的农民工认为"刚刚好"，有超过1/4（25.9%）的农民工认为时间"太长"。在老生代农民工中，认为"刚刚好"的占比最高，占43.8%，"太短"的占比36.2%，时间"太长"的有20.0%；而新生代农民工中有约四成（40.1%）的人认为时间"太短"，认为时间"刚刚好"的占比31.5%，认为时间"太长"的比例为28.4%。

表 3 – 31　培训授课方式与培训时间的情况（N = 242）

单位：人，%

		新老生代		合计
		新生代	老生代	
培训的授课方式	师傅带徒弟的一对一培训方式	48	26	74
		29.6	32.5	30.6
	专业老师面对面课堂授课	52	21	73
		32.1	26.3	30.2
	专业老师或者有经验的人实际操作演习	41	21	62
		25.3	26.3	25.6
	多媒体授课，比如电视、电脑等	18	8	26
		11.1	10.0	10.7
	其他	3	4	7
		1.9	5.0	2.9
培训时间长短如何	太长	46	16	62
		28.4	20.0	25.9
	太短	65	29	94
		40.1	36.2	38.5
	刚刚好	51	35	86
		31.5	43.8	35.6

第四，培训地点情况。表 3 – 32 显示，根据被访农民工的回答，58.3%的培训"在工作单位里"举行，"在专业的学校"里接受培训的占比30.2%。老生代农民工反映，58.8%的培训是"在工作单位里"进行的，"在专业的

学校"里接受的培训占比 27.5%；新生代农民工则反映，58.0%的培训是"在工作单位里"举办的，"在专业的学校"里接受的培训比例为 31.5%。

表 3 - 32　培训地点与培训信息获得渠道（N = 242）

单位：人，%

		新老生代		合计
		新生代	老生代	
举办培训的地点在哪里	在专业的学校	51	22	73
		31.5	27.5	30.2
	在工作单位里	94	47	141
		58.0	58.8	58.3
	其他	17	11	28
		10.5	13.8	11.5
如何获得培训的相关信息	所在工作单位通知	77	36	113
		47.5	45.0	46.7
	身边亲友告知	40	23	63
		24.7	28.8	26.0
	政府发布信息	5	3	8
		3.1	3.8	3.3
	通过电视、网络等媒体获知	29	9	38
		17.9	11.2	15.7
	其他	11	9	20
		6.8	11.2	8.3

第五，培训信息来源情况。表 3 - 32 显示，培训信息来源与培训地点呈现相同的特点，46.7%的培训信息来自"所在工作单位通知"，来自"身边亲友告知"的信息占 26.0%。老生代农民工获得的信息近一半来自"所在工作单位通知"，占 45.0%，其次是"身边亲友告知"，比例为 28.8%，再次是"通过电视、网络等媒体获知""其他"，均占 11.2%。新生代农民工得到的培训信息也主要来自"所在工作单位通知"，占 47.5%，其次是"身边亲友告知"，占 24.7%，再次是"通过电视、网络等媒体获知"，占 17.9%。从他们的培训信息获得渠道来看，信息提供者主要是所在工作单位以及身边亲友，政府发布信息所占比例最小。被访农民工总体从政府那里得到的信

息占比 3.3%，老生代和新生代从政府那里得到信息的比例分别为 3.8% 和
3.1%。这种状况说明，政府作为决策部门和信息发布部门，作用明显是
缺位的。

第六，培训的回访情况。调查获知，培训方在农民工接受培训后开展后
续回访的情况并不理想。没有任何后续回访的占比 50.8%，回访过一次的占
1/4 多一点（25.6%），回访多次的占比 23.6%。根据老生代农民工的回答，
没有回访的比例达 51.3%，回访一次的比例为 28.7%，回访多次的占比
20.0%；新生代农民工的回答显示，没有做任何回访的比例为 50.6%，回访
一次的占 24.1%，回访多次的比例超过 1/4（25.3%）（见表 3 - 33）。

第七，培训证书发放情况。表 3 - 33 数据显示，培训方在培训结束后
发放培训证书的比例仍然有待进一步提升。发放培训证书的占比 64.9%，
不发放证书的比例高达 35.1%。在老生代农民工中，发放培训证书的比例
为 61.3%，近四成（38.7%）的培训没有发放培训证书；新生代的情况稍微
好些，培训后发放培训证书的比例为 66.7%，没有发放证书的占比 33.3%。
不管是被调查者总体情况，还是不同代际的情况，都显示培训后没有颁发
相关证书的比例过高。这种情况非常不利于农民工就业，是对农民工权益
的侵害。

表 3 - 33　培训回访和发放培训证书的情况（N = 242）

单位：人，%

| | | 新老生代 | | 合计 |
		新生代	老生代	
培训方培训后对您的回访次数	没有	82	41	123
		50.6	51.3	50.8
	一次	39	23	62
		24.1	28.7	25.6
	多次	41	16	57
		25.3	20.0	23.6
有没有相关培训证书发给您	没有	54	31	85
		33.3	38.7	35.1
	有	108	49	157
		66.7	61.3	64.9

第八，培训费用由谁出的回答情况。如表 3－34 所示，在所有被访农民工中，当被问及培训费用应该由谁出时，64.2% 的被调查者选择"工作单位所在地政府"，45.4% 选择"户口所在地政府"，53.8% 的被调查者选择"用人单位"，有 31.8% 的人选择"自己"，选择"社会机构"和"村集体"的比例分别为 17.6%、7.5%。在老生代农民工中，选择"工作单位所在地政府"和"户口所在地政府"的比例分别为 21.4%、17.1%，有 14.7% 的人选择由"用人单位"支付这笔费用，认为"自己"负责的占 10.1%，选择"社会机构"和"村集体"的比例分别为 2.1%、5.0%。在新生代农民工中，比例最高的是"工作单位所在地政府"，比例为 42.8%；其次是"用人单位"，占比 39.1%；再次是"户口所在地政府"，占比 28.3%；其他依次为选择"自己"负责的占比 21.8%，15.5% 选择"社会机构"，2.5% 选择"村集体"。由表 3－35 得知，在实际参加培训的 242 名农民工中，认为培训费应该由"用人单位"出的比例最高，占比 44.6%；认为由政府出的比例合计为 50.0%，其中选择"户口所在地政府"的比例为 17.4%，选择"工作单位所在地政府"出资的占比 32.6%；认为"自己"付费的占 15.7%；认为由"村集体"负责的比例为 4.1%，认为由"社会机构"出资的比例仅为 2.9%。将新老生代农民工分开来看，在老生代农民工中，认为由"用人单位"付费的比例最高，占比 17.4%；认为由"户口所在地政府"出资的占比 5.4%，认为由"工作单位所在地政府"出资的占比 7.9%，二者合计 13.3%；认为由"自己"付费的占 5.8%；选择"村集体"和"社会机构"的分别占 2.9% 和 1.2%。在新生代农民工中，认为应由"用人单位"付费的占 27.3%；选择由"工作单位所在地政府"付费的占 24.8%，认为由"户口所在地政府"出资的占 12.0%，合计占 36.8%；认为由"自己"付费的占 9.9%；选择"村集体"和"社会机构"的比例分别是 1.2% 和 1.7%。

上述情况说明，被访的农民工总体倾向于政府出资培训，同时希望用人单位能为他们提供培训，也意识到自己在教育培训方面的责任。其中，老生代农民工对政府负责培训寄予很高的期望（占比 38.5%），他们也希望用人单位能出资让他们接受培训，并意识到自己的培训责任。新生代农民工对政府负责出资培训的期望更高，希望政府负责的比例为 71.1%，其次是希望用人单位负责培训，再次是认为应由自己出资培训。在所有实际参加过

表 3 – 34   被访农民工认为技能培训费用该谁出（多选，N = 905）

单位：人，%

技能培训费用该谁出	新生代			老生代			合计		
	频率	回答百分比	样本百分比	频率	回答百分比	样本百分比	频率	回答百分比	样本百分比
户口所在地政府	256	18.9	28.3	155	24.3	17.1	411	20.6	45.4
工作单位所在地政府	387	28.5	42.8	194	30.5	21.4	581	29.1	64.2
村集体	23	1.7	2.5	45	7.1	5.0	68	3.4	7.5
用人单位	354	26.1	39.1	133	20.9	14.7	487	24.4	53.8
社会机构	140	10.3	15.5	19	3.0	2.1	159	8.0	17.6
自己	197	14.5	21.8	91	14.3	10.1	288	14.4	31.8
合计	1357	100.0	149.9	637	100.0	70.4	1994	100.0	220.3

表 3 – 35   参加培训的农民工认为技能培训费用该谁出（多选，N = 242）

单位：人，%

技能培训费用该谁出	新生代			老生代			合计		
	频率	回答百分比	样本百分比	频率	回答百分比	样本百分比	频率	回答百分比	样本百分比
户口所在地政府	29	15.6	12.0	13	13.3	5.4	42	14.8	17.4
工作单位所在地政府	60	32.6	24.8	19	19.4	7.9	79	27.8	32.6
村集体	3	1.6	1.2	7	7.1	2.9	10	3.5	4.1
用人单位	66	35.5	27.3	42	42.9	17.4	108	38.0	44.6
社会机构	4	2.2	1.7	3	3.1	1.2	7	2.5	2.9
自己	24	12.9	9.9	14	14.3	5.8	38	13.4	15.7
合计	186	100.0	76.9	98	100.0	40.5	284	100.0	117.4

培训的农民工中，希望政府出资培训的比例最高（50.0%），其次是希望用人单位能负责出资培训，再次是自己出资培训。参加过培训的老生代农民工最希望用人单位出资培训，其次是希望政府能负责培训，再次是自己负责；在参加培训的新生代农民工中，希望政府负责培训的比例最高，其

次是用人单位，再次是自己。总之，无论是所有被访的农民工，还是其中参加过培训的农民工，他们对政府培训和用人单位培训都有很高的期望，对社会机构和村集体则不太寄予希望。因为社会机构培训基本是营利性的，收费很高。就高昂的收费而言，他们缺乏支付能力，培训成本太高。只有政府和单位的培训成本最低，而且有时候是免费的，甚至能获得一定的补贴。

然而，在农民工实际参加的培训中，培训费用出资情况与农民工的愿望刚好相反。由表3-27得知，"自己"掏钱培训的比例为36.4%；"工作单位"出资的培训占31.0%；"工作单位所在地政府"付费的培训占16.1%，"自己户口所在地政府"出资的占9.1%，政府出资比例合计25.2%；"村集体"和"社会机构"出资比例分别为5.8%和1.7%。将新老生代农民工分开来看，在老生代农民工接受的培训中，付费方占比具体情况是："工作单位"付费占比32.5%，"自己"付费占比31.3%，"工作单位所在地政府"和"村集体"付费均占12.5%，"自己户口所在地政府"付费占比只有8.8%，"社会机构"占比2.5%，"自己户口所在地政府"和"工作单位所在地政府"合计占比21.3%。在新生代农民工中，培训付费方占比具体情况是："自己"付费的培训比例为38.9%，"工作单位"付费的培训占比30.2%，"工作单位所在地政府"付费的培训占比17.9%，"自己户口所在地政府"付费的培训只占9.3%，政府付费的培训比例合计为27.2%。这种状况说明，基层政府在农民工培训方面投入不足，中央政府强调的各级政府要加强对农民工培训的责任没有落实到位，各级政府尤其是基层政府的作用有待进一步加强。这也就不难解释从2009年到2017年的九年间，为什么未接受过任何培训的农民工比例呈上升的态势。

第九，参加培训的效果与培训后的去向。表3-36显示，反映接受培训后收入增加的农民工比例为57.0%。老生代农民工中回答收入增加的比例为60.0%，新生代农民工中认为收入增加的占比55.6%。

由表3-37可知，被调查者参加培训后"重返企业工作"的只有31.4%，"到城市自谋职业"和"在当地就业或创业"的比例合计为67.8%，另有0.8%"在农村搞种植"。在老生代农民工中，"到城市自谋职业"和"在当地就业或创业"合计占比73.7%，"重返企业工作"占比23.8%，其余2.5%

"在农村搞种植"；在新生代农民工中，"到城市自谋职业"和"在当地就业或创业"的比例合计为64.8%，35.2%的人"重返企业工作"，没有人"在农村搞种植"。

表 3 - 36 培训后收入增加与否（N = 242）

单位：人，%

		新生代		老生代		合计	
		频率	百分比	频率	百分比	频率	百分比
经过培训，您的收入是否增加了	是	90	55.6	48	60.0	138	57.0
	否	72	44.4	32	40.0	104	43.0
合计		162	100.0	80	100.0	242	100.0

表 3 - 37 培训后去向情况（N = 242）

单位：人，%

		新生代		老生代		合计	
		频率	百分比	频率	百分比	频率	百分比
经过培训，您的就业去向是？	重返企业工作	57	35.2	19	23.8	76	31.4
	到城市自谋职业	63	38.9	41	51.2	104	43.0
	在当地就业或创业	42	25.9	18	22.5	60	24.8
	在农村搞种植	0	0.0	2	2.5	2	0.8
合计		162	100.0	80	100.0	242	100.0

第十，参加培训和不参加培训的原因。由表 3 - 38 可知，被调查者参加培训的原因主要是对找工作有用，比例为45.9%；有36.0%的被调查者是因为用人单位规定才参加培训的；还有8.3%纯粹因为个人爱好而参加培训。在老生代农民工中，41.3%的人选择"对找工作有用"，37.5%的人选择"用人单位规定的"；在新生代农民工中，48.1%的人选择"对找工作有用"，35.2%的人选择"用人单位规定的"。

由表 3 - 39 可知，被调查者认为大家不参加培训的主要原因包括："培训费太贵了"，样本百分比为54.8%；认为"培训时间太长，没时间培训"的被调查者有50.4%；认为"去培训学不到什么东西"的占比25.6%；20.7%的被访农民工认为"去培训可能会被骗"，同样有将近两成（19.3%）的人"不知道到哪里进行培训"。

表 3 – 38　新老生代农民工参加培训的原因（N = 242）

单位：人，%

		新生代		老生代		合计	
		频率	百分比	频率	百分比	频率	百分比
您为什么会参加培训？	是政府强制的	3	1.9	8	10.0	11	4.5
	用人单位规定的	57	35.2	36	37.5	87	36.0
	对找工作有用	78	48.1	51	41.3	111	45.9
	跟着大家一起参加	4	2.5	2	2.5	6	2.5
	纯属个人爱好	15	9.3	5	6.3	20	8.3
	其他	5	3.1	2	2.5	7	2.9
合计		162	100.0	80	100.0	242	100.0

表 3 – 39　新老生代农民工认为大家不参加培训的原因（多选，N = 905）

单位：人，%

		新生代		老生代		合计	
		频率	回答百分比	频率	回答百分比	频率	样本百分比
您认为大家不参加培训的原因	培训费太贵了	332	30.3	164	30.6	498	54.8
	培训时间太长，没时间培训	306	27.9	150	28.0	456	50.4
	去培训可能会被骗	122	11.1	65	12.1	187	20.7
	去培训学不到什么东西	167	15.3	65	12.1	232	25.6
	自己现在的技能已经够了	29	2.6	17	3.2	46	5.1
	不知道到哪里进行培训	116	10.6	59	11.0	175	19.3
	其他	23	2.1	16	3.0	39	4.3
合计		1095	100.0	536	100.0	1633	180.2

表 3 – 39 反映出，在老生代农民工中，约三成（30.6%）的被访者认为培训费太贵了，28.0% 认为培训时间太长，没时间培训，担心被骗和学不到东西的各占比 12.1%，11.0% 的老生代农民工不知道去哪里培训；在新生代农民工中，近四成（30.3%）的人认为培训费太贵，27.9% 的人认为培训时间太长，没时间培训，担心学不到东西和被骗的分别占比 15.3% 和 11.1%，不知道去哪里培训的比例为 10.6%。

第十一，对培训的观点。在关于培训观点的 Likert 态度量表题中，将选项从"非常同意""比较同意""一般""比较不同意""非常不同意"分别赋值为 5~1 分。表 3-40 显示了各题的均值情况。分析发现，被调查者比较赞同以下观点：一想到培训就会产生焦虑的感觉（均值 2.98）；觉得培训效果很好（均值 2.70）；不知道怎么安排参加培训的时间（均值 2.65）；很乐意参加培训（均值 2.59）；当前培训机构的培训内容设置不合理（均值 2.54）；当前市场上的培训只是流于形式，无实质内容（均值 2.53）；平时工作累，没有精力，静不下心去参加培训（均值 2.51）。

表 3-40　对关于培训观点的同意程度　（N＝905）

	平均值	标准差
参加培训后仍然能找到适合自己的岗位	2.41	0.832
当前的培训市场太混乱	2.28	0.939
当前的培训机构的培训内容设置不合理	2.54	0.976
当前大多培训机构的收费不合理（免费除外）	2.27	1.038
当前市场上的培训只是流于形式，无实质内容	2.53	1.012
培训是一种教育投资，将来可以得到回报	2.48	0.993
一想到培训就让您产生焦虑的感觉	2.98	1.094
您很乐意参加培训	2.59	1.127
您不知道如何在工作之余安排参加培训的时间	2.65	1.019
平时工作累，没有精力，静不下心去参加培训	2.51	1.062
您觉得培训效果很好	2.70	1.017

第十二，与培训有关的其他问题。表 3-41 显示出农民工对于培训质量的态度和反应。如果培训质量不好，约四成（39.4%）的被调查者会选择"向培训机构反映"，32.0% 的人选择"向有关部门反映"，但仍有 21.6% 的被调查者选择"忍气吞声"。在老生代农民工中，38.9% 的被调查者选择"向培训机构反映"，29.9% 的人选择"向有关部门反映"，选择"忍气吞声"的被调查者比例为 24.8%；在新生代农民工中，近四成（39.7%）的人会选择"向培训机构反映"，33.2% 的人选择"向有关部门反映"，选择"忍气吞声"的比例接近两成（19.8%）。上述情况说明，在所有样本中，超过七成（71.4%）的被调查者会积极与相关方沟通，维护自己的正当权益。老生代农民工中有略低于七成（68.8%）的人会积极采取应对措施；新生代农

民工中有72.9%的人会积极维权，向培训机构或有关部门反映情况。

表3–41　如果培训质量不佳，您会如何（N = 905）

单位：人，%

		新生代		老生代		合计	
		频率	百分比	频率	百分比	频率	百分比
如果培训质量不佳，您会如何	向有关部门反映	192	33.2	98	29.9	290	32.0
	向培训机构反映	229	39.7	128	38.9	357	39.4
	忍气吞声	114	19.8	81	24.8	195	21.6
	其他	42	7.3	21	6.4	63	7.0
合计		577	100.0	328	100.0	905	100.0

如表3–42所示，当被问到"您找到工作以后有没有参加过技能培训学习班"时，75.2%的被调查者回答"没有参加"，24.8%的农民工选择"参加过"。在老生代农民工中，选择"没有参加"的比例为75.6%，选择"参加过"的比例为24.4%；新生代农民工中有75.0%的人选择"没有参加"，有1/4（25.0%）的选择"参加过"。

表3–42　您找到工作以后有没有参加过技能培训学习班（N = 905）

单位：人，%

		新生代		老生代		合计	
		频率	百分比	频率	百分比	频率	百分比
找到工作后有没有参加过技能培训学习班	参加过	144	25.0	80	24.4	224	24.8
	没有参加	433	75.0	248	75.6	681	75.2
合计		577	100.0	328	100.0	905	100.0

正如前文所分析的那样，农民工有很强烈的培训意愿。但是，他们多半是出于找工作需要才想到要参加培训，只要找到工作，大多数农民工就不会再参加培训。原因是多方面的，包括外部因素，如培训成本高、培训时间长、培训内容设置不合理、担心培训收益问题等；也包括内部因素，如缺乏终身学习的意识和观念等。概括起来说，外部因素是培训针对性不强，不符合农民工需要；内部因素是农民工对培训的真正意义理解不到位。尽管如此，仍有近1/4的农民工会坚持参加培训，不断提升自己的能力。

3.4 新生代农民工教育培训的假设检验与双变量统计分析

新生代农民工的培训意愿和培训需求受各种因素的影响，既有可能受外部政策环境、培训体系和培训市场机制是否完善、培训内容是否有针对性等因素的影响，也有可能与其受教育程度有关。上一节主要分析了新生代农民工教育培训的需求、供给和培训状况以及影响培训意愿的因素等。对于新老生代农民工受教育程度与教育培训意愿以及其他变量之间的关系，需要进一步做出具体的分析。下文将对前文提出的假设进行检验，并做一些双变量统计，以期探明相关变量之间的关系，为后续分析与解决农民工教育培训中存在的问题提供一些可供参考的依据。

3.4.1 新生代农民工教育培训的假设检验

新生代农民工的培训意愿对于他们的培训行为有着重要影响。一般而言，影响农民工培训意愿的因素分为个体和非个体因素。前文就个体和非个体因素对新生代农民工培训意愿的影响做了一些假设。下文将就每个因素一一做交互分类分析和卡方（x^2）检验，以验证它们之间的显著性，检验这些因素对农民工培训意愿的影响程度如何。

前文假设认为，性别对新生代农民工教育培训意愿影响显著。男性新生代农民工更倾向于接受教育培训，而女性不愿意接受培训。从表 3 – 43 得知，无论男女农民工，都希望接受培训。仅从百分比上看，想培训的女性农民工比想培训的男性农民工比例要高；在不想培训的农民工中，男性农民工比例高于女性农民工。光从百分比上看，这种状况与假设刚好相反。但是，经卡方检验发现，性别与农民工培训意愿并无显著关系（$P > 0.05$）。也就是说，性别对农民工培训意愿影响不显著，影响农民工培训意愿的因素更主要的是其他非性别因素。

关于年龄对新生代农民工培训意愿影响的假设，原假设是：越年轻，参加培训的意愿越强烈。表 3 – 44 显示，该假设通过了卡方检验（$P < 0.01$）。也就是说，年龄对农民工培训意愿的影响非常显著。在想培训的人中，比例

最高的是 22 岁及以下（1990 年及以后出生）的新生代农民工（71.4%），其次是 23~32 岁（1980 年至 1989 年出生）的新生代农民工（63.4%），33 岁及以上（1979 年及以前出生）的老生代农民工比例最低（57.5%）。在不想培训的人中，33 岁以上（老生代）的农民工比例最高。在新生代农民工中，越年轻不想培训的比例越低，即越年轻的农民工，参加培训的意愿越强烈。新生代农民工愿意参加培训的比例高于老生代农民工。

表 3-43　性别与农民工培训意愿

单位：人，%

		男	女	合计
培训意愿	不想培训	201	132	333
		38.1	35.5	37.0
	想培训	327	240	567
		61.9	64.5	63.0
合计		528	372	900
		100.0	100.0	100.0
卡方值		0.625		

注：P > 0.05，Sig.（双侧）= 0.429。

表 3-44　年龄与农民工培训意愿

单位：人，%

		年龄段			合计
		22 岁及以下	23~32 岁	33 岁及以上	
培训意愿	不愿培训	57	137	139	333
		28.6	36.6	42.5	37.0
	愿意培训	142	237	188	567
		71.4	63.4	57.5	63.0
合计		199	374	327	900
		100.0	100.0	100.0	100.0
卡方值		10.239 **			

注：** P < 0.01，Sig.（双侧）= 0.006。

表 3-45 显示，受教育程度对新生代农民工培训意愿影响显著的假设没有通过卡方检验（P > 0.05）。因此，不能下结论说，受教育程度越高的

农民工，越愿意参加培训。原因是，受教育程度高的农民工比较容易找到工作。受教育程度与找更好工作的容易程度通过了卡方检验（$x^2 = 59.475$，Sig $= 0.000$，$P < 0.001$），它们之间呈非常显著关系。这个结论说明，受教育程度高的农民工因为比较容易找到更好的工作，倾向于不想培训。因此，受教育程度与培训意愿呈不显著关系。

表 3 – 45　受教育程度与农民工培训意愿

单位：人，%

| | | 受教育程度 | | | | | 合计 |
		小学及以下	初中	高中	中专	大专及以上	
培训意愿	不想培训	55	133	78	36	31	333
		39.3	39.8	33.5	41.9	29.0	37.0
	想培训	85	201	155	50	76	567
		60.7	60.2	66.5	58.1	71.0	63.0
合计		140	334	233	86	107	900
		100.0	100.0	100.0	100.0	100.0	100.0
卡方值		6.525					

注：$P > 0.05$，Sig.（双侧）$= 0.163$。

从表 3 – 46 得知，未婚农民工想培训的比例最高（69.5%），不想培训的比例最低（30.5%）。双侧卡方检验结果显示，$P < 0.05$（$x^2 = 8.203$，Sig. $= 0.017$），因此该假设通过了卡方检验。这说明，婚姻状况对农民工培训意愿影响显著。未婚者更愿意接受教育培训，而未婚者中绝大多数是新生代农民工。这点与上文提到的"新生代农民工愿意参加培训的比例高于老生代农民工"结论相吻合。

表 3 – 46　婚姻状况与农民工培训意愿

单位：人，%

| | | 婚姻状况 | | | 合计 |
		未婚	已婚	离婚、丧偶及其他	
培训意愿	不想培训	89	220	24	333
		30.5	39.8	43.6	37.0

续表

		婚姻状况			合计
		未婚	已婚	离婚、丧偶及其他	
培训意愿	想培训	203	333	31	567
		69.5	60.2	56.4	63.0
合计		292	553	55	900
		100.0	100.0	100.0	100.0
卡方值		8.203 *			

注：* $P < 0.05$，Sig.（双侧）$= 0.017$。

表 3 – 47 身体状况与农民工培训意愿具体数据反映，身体很不好的农民工不想培训的比例更高（75.0%），身体非常好的农民工想培训的比例更高（69.3%）。双侧卡方检验显示，"健康对农民工培训意愿影响非常显著"的假设通过检验。该项卡方值为 18.825，$P < 0.01$，Sig. $= 0.001$。总体来看，农民工身体越健康，越愿意培训；身体越不健康，越不愿意培训。

表 3 – 47　身体状况与农民工培训意愿

单位：人，%

		身体状况					合计
		很不好	不太好	一般	比较好	非常好	
培训意愿	不想培训	3	36	5	147	142	333
		75.0	48.6	45.5	42.1	30.7	37.0
	想培训	1	38	6	202	320	567
		25.0	51.4	54.5	57.9	69.3	63.0
合计		4	74	11	349	462	900
		100.0	100.0	100.0	100.0	100.0	100.0
卡方值		18.825 **					

注：** $P < 0.01$，Sig.（双侧）$= 0.001$。

在前文的假设 6 中，笔者认为，收入对新生代农民工培训意愿影响显著，收入越高者越愿意接受教育培训。表 3 – 48 数据显示，收入最高的农民工，想培训的比例也最高，达 70.1%，不愿意培训的比例最低，占 29.9%；收入最低的农民工，不想培训的比例最高，占比 44.4%，想培训的比例最低，占比 55.6% 。卡方检验显示，$P < 0.05$，Sig. $= 0.043$。原假设通过卡方检验，说明收入与新生代农民工培训意愿呈显著关系。收入越高者越愿意接受教育培训，收入越低者越不愿意接受培训。可能的解释是，收入越低，越担心培训占用时间和耗费精力，担心培训会造成更大的损失；而高收入者对培训的预期收益高，会带来更大的好处。这与受教育程度越高越愿意接受培训的情况相吻合。受教育程度高的农民工收入高，更明白教育培训的重要性。

表 3 - 48   收入状况与农民工培训意愿

单位：元，人，%

		目前收入						合计
		≤800	801 ~ 1200	1201 ~ 1600	1601 ~ 2000	2001 ~ 2400	≥2401	
培训意愿	不想培训	20	53	88	84	50	38	333
		44.4	32.1	34.6	43.1	43.9	29.9	37.0
	想培训	25	112	166	111	64	89	567
		55.6	67.9	65.4	56.9	56.1	70.1	63.0
合计		45	165	254	195	114	127	900
		100.0	100.0	100.0	100.0	100.0	100.0	100.0
卡方值		11.479*						

注：* $P < 0.05$，Sig.（双侧）$= 0.043$。

务工时间长短对农民工培训意愿具体数据显示，进城工作时间最短的农民工，想培训的比例最高，比例为 75.2% ，不想培训的比例最低，只有 24.8%（见表 3 - 49）。经卡方检验发现，$P < 0.01$，Sig. $= 0.001$。假设通过了卡方检验，说明务工时间长短对新生代农民工培训意愿影响非常显著。务工时间越长，经验越丰富，越不想培训；务工时间越短，经验越少，越需要技术，越想培训。

原假设认为，工作稳定程度对新生代农民工培训意愿影响显著。表 3 - 50 显示，工作非常稳定的农民工，想培训的比例最高，比例为 71.9% ，不想培训的比例最低。经双侧卡方检验发现，卡方值为 19.252，$P < 0.01$，Sig. $= 0.001$。该假设通过卡方检验，说明工作稳定程度对农民工培训意愿影响非常显著。总体上说，农民工工作越稳定，愿意培训的倾向和比例越高。

表 3 - 49　务工时间长短与农民工培训意愿

单位：人，%

| | | 进城工作时间长度 | | | | 合计 |
		1 年以下	1～3 年	3～5 年	5 年及以上	
培训意愿	不想培训	28	66	78	161	333
		24.8	31.1	43.6	40.7	37.0
	想培训	85	146	101	235	567
		75.2	68.9	56.4	59.3	63.0
合计		113	212	179	396	900
		100.0	100.0	100.0	100.0	100.0
卡方值		15.964**				

注：** $P < 0.01$，Sig.（双侧）= 0.001。

表 3 - 50　工作稳定程度与农民工培训意愿

单位：人，%

| | | 工作稳定程度 | | | | | 合计 |
		很不稳定	不稳定	一般	比较稳定	非常稳定	
培训意愿	不想培训	22	60	82	144	25	333
		35.5	37.5	29.9	45.7	28.1	37.0
	想培训	40	100	192	171	64	567
		64.5	62.5	70.1	54.3	71.9	63.0
合计		62	160	274	315	89	900
		100.0	100.0	100.0	100.0	100.0	100.0
卡方值		19.252**					

注：** $P < 0.01$，Sig.（双侧）= 0.001。

表 3 - 51 显示，培训费用直接影响到农民工是否想培训的比例变化情况。培训费用与新生代农民工培训意愿存在非常显著的关系，卡方值为137.564，在 0.001 水平下显著。

从表 3 - 52 中培训时间与新生代农民工教育培训意愿交互分类情况来看，培训时间与培训意愿并无显著关系。经卡方检验发现，$P > 0.05$。该假设没有通过卡方检验。

从表 3 - 53 可以看出，培训效果与新生代农民工教育培训意愿没有显著关系。经双侧卡方检验发现，$P > 0.05$。这说明，该假设没有通过卡方检验。

表 3 - 51　培训费用与农民工培训意愿

单位：人，%

		培训费					合计
		非常贵	比较贵	一般	比较便宜	非常便宜	
培训意愿	不想培训	153	138	38	4	0	333
		57.3	55.4	18.5	3.4	0	37.0
	想培训	114	111	167	112	63	567
		42.7	44.6	81.5	96.6	100.0	63.0
合计		267	249	205	116	63	900
		100.0	100.0	100.0	100.0	100.0	100.0
卡方值		137.564 ***					

注：*** $P < 0.001$，Sig.（双侧）= 0.000。

表 3 - 52　培训时间与农民工培训意愿

单位：人，%

		培训时间			合计
		太长	太短	刚刚好	
培训意愿	不想培训	93	154	86	333
		39.1	42.5	28.7	37.0
	想培训	145	208	214	567
		60.9	57.5	71.3	63.0
合计		292	238	300	900
		100.0	100.0	100.0	100.0
卡方值		2.729			

注：$P > 0.05$，Sig.（双侧）= 0.255。

表 3 - 53　培训效果与农民工培训意愿

单位：人，%

		培训效果					合计
		非常差	比较差	一般	比较好	非常好	
培训意愿	不想培训	39	114	148	22	10	333
		32.2	35.3	42.5	34.4	22.7	37.0

续表

		培训效果					合计
		非常差	比较差	一般	比较好	非常好	
培训意愿	想培训	82	209	200	42	34	567
		67.8	64.7	57.5	65.6	77.3	63.0
合计		121	323	348	64	44	900
		100.0	100.0	100.0	100.0	100.0	100.0
卡方值		3.288					

注：$P > 0.05$，Sig.（双侧）$= 0.511$。

3.4.2　培训意愿与各变量的分析

农民工教育培训对于他们在城市工作、生活和发展来说，是一项极其重要的工作。这既是他们的一项社会福利权利，也是他们权益是否受到保护的一项重要内容。他们的培训意愿是影响他们享受教育福利的一个因素。为了解农民工的教育培训和教育福利状况，有必要分析农民工培训意愿与哪些因素有关。我们通过交互分类表分析农民工培训意愿与各变量之间的关系。

表3－54反映出，变量"培训意愿"与变量"新老生代"存在显著关系。从列联表情况来看，新生代农民工更倾向于参加培训，老生代农民工更倾向于不参加培训。这点在前文已经有所述及。

表3－54　培训意愿与是否新老生代

单位：人，%

		新生代	老生代	合计
培训意愿	不想培训	194	139	333
		33.9	42.5	37.0
	想培训	379	188	567
		66.1	57.5	63.0
合计		573	327	900
		100.0	100.0	100.0
卡方值		6.684*		

注：* $P < 0.05$，Sig.（双侧）$= 0.010$。

通过卡方检验可知，"培训意愿"与"对自己收入的满意程度"也是存在显著关系的，在 0.05 的水平上显著。从表 3 – 55 可知，对自己收入非常满意的农民工更倾向于参加培训，对收入越不满意的农民工，越倾向于不参加培训。可能的原因是，对收入满意的农民工更有保障能力参加培训。从前文的分析得知，有相当一部分培训是农民工自己出钱参加的。而收入不满意的农民工因为经济，选择不参加培训，以减少自己的经济开支。

表 3 – 55　培训意愿与对自己收入的满意程度

单位：人，%

		对收入是否满意					合计
		很不满意	不满意	一般	比较满意	非常满意	
培训意愿	不想培训	31	131	99	64	8	333
		38.8	43.2	30.7	38.1	29.6	37.0
	想培训	49	172	223	104	19	567
		61.3	56.8	69.3	61.9	70.4	63.0
合计		80	303	322	168	27	900
		100.0	100.0	100.0	100.0	100.0	100.0
卡方值		11.277 *					

注：$^{*}P<0.05$，Sig.（双侧）= 0.024。

表 3 – 56 显示，变量"培训意愿"与变量"找更好工作的容易程度"存在非常显著的关系，卡方值为 56.005，在 0.001 的水平上显著。从列联表情况来看，非常容易找到更好工作的农民工，想参加培训的比例更高；越是非常不容易找到更好工作的农民工，不想参加培训的比例越高。这说明，越容易找到更好工作的农民工，越有条件参加培训，越知道通过培训来提升自己的能力，以获得自己的竞争优势。

表 3 – 56　培训意愿与找更好工作的容易程度

单位：人，%

		找更好工作的容易程度					合计
		很不容易	不容易	一般	比较容易	非常容易	
培训意愿	不想培训	74	134	96	25	4	333
		59.7	43.4	28.7	22.9	16.7	37.0

续表

		找更好工作的容易程度					合计
		很不容易	不容易	一般	比较容易	非常容易	
培训意愿	想培训	50	175	238	84	20	567
		40.3	56.6	71.3	77.1	83.3	63.0
合计		124	309	334	109	24	900
		100.0	100.0	100.0	100.0	100.0	100.0
卡方值		56.005***					

注:*** $P < 0.001$,Sig.(双侧)= 0.000。

通过表 3 - 57 可知,变量"培训意愿"与变量"是否参加过培训"存在非常显著的关系,在 0.001 的水平上通过了卡方检验。从列联表情况来看,以前参加过培训的农民工更倾向于参加培训,比例为 77.1%;无培训经历的农民工不愿意参加培训,其比例高过有培训经历的农民工,前者为 42.1%,后者为 22.9%。

表 3 - 57　培训意愿与是否参加过培训

单位:人,%

		找工作以前有没有参加技能培训		合计
		有	没有	
培训意愿	不想培训	55	278	333
		22.9	42.1	37.0
	想培训	185	382	567
		77.1	57.9	63.0
合计		240	660	900
		100.0	100.0	100.0
卡方值		27.847***		

注:*** $P < 0.001$,Sig.(双侧)= 0.000。

通过表 3 - 58 可知,变量"培训意愿"与变量"喜欢接受哪种授课形式"存在显著关系,卡方值为 14.265,在 0.01 的水平上显著。从列联表情况来看,喜欢用电视等授课的农民工想培训的比例最高,为 75.9%;喜欢观摩实操培训方式的农民工不想参加培训的比例最高,为 42.2%。

表 3 - 58 培训意愿与喜欢接受哪种授课形式

单位：人，%

		师徒一对一培训	课堂授课	观摩实操	用电视等	其他	合计
培训意愿	不想培训	135	65	98	26	9	333
		40.9	31.6	42.2	24.1	37.5	37.0
	想培训	195	141	134	82	15	567
		59.1	68.4	57.8	75.9	62.5	63.0
合计		330	206	232	108	24	900
		100.0	100.0	100.0	100.0	100.0	100.0
卡方值		14.265 **					

注：** $P < 0.01$，Sig.（双侧）= 0.006。

通过表 3 - 59 可知，变量"培训意愿"与变量"为什么会参加培训"存在显著关系，在 0.01 的水平上通过卡方检验。从列联表情况来看，"是政府强制的"农民工培训比例最高，高达 100.0%；想参加培训比例高的是"用人单位规定的"情况，比例为 72.3%；因为"其他"原因不参加培训的比例最高，为 45.2%；"跟着大家一起参加"的农民工中不想培训的比例为 44.8%。这反映出，农民工自身虽然有培训意愿，但对培训的积极性尚且不够。原因可能是培训费太贵、时间不适合、培训内容无针对性等。

表 3 - 59 培训意愿与为什么会参加培训

单位：人，%

		您为什么会参加培训						合计
		是政府强制的	用人单位规定的	对找工作有用	跟着大家一起参加	纯属个人爱好	其他	
培训意愿	不想培训	0	51	215	26	27	14	333
		0	27.7	40.6	44.8	36.5	45.2	37.0
	想培训	23	133	315	32	47	17	567
		100.0	72.3	59.4	55.2	63.5	54.8	63.0
合计		23	184	530	58	74	31	900
		100.0	100.0	100.0	100.0	100.0	100.0	100.0
卡方值		17.086 **						

注：** $P < 0.01$，Sig.（双侧）= 0.004。

通过表 3 - 60 可知，变量"培训意愿"与变量"技能培训外的知识"存在非常显著关系，卡方值为 30.082，在 0.001 的水平上通过了卡方检验。从列联表情况来看，首先是需要管理知识的农民工想参加培训的比例最高，为 76.9%；其次是需要法律知识的农民工，想参加培训的比例为 67.0%；再次是需要安全知识的农民工，想参加培训的比例为 59.9%。

表 3 - 60　培训意愿与技能培训外还想参加哪些知识培训

单位：人，%

| | | 除技能培训外，还想参加哪些知识培训 | | | | 合计 |
		法律知识	安全知识	城市生活知识	管理知识	
培训意愿	不想培训	99	129	72	33	333
		33.0	40.1	53.3	23.1	37.0
	想培训	201	193	63	110	567
		67.0	59.9	46.7	76.9	63.0
合计		300	322	135	143	900
		100.0	100.0	100.0	100.0	100.0
卡方值		30.082 ***				

注：*** $P < 0.001$，Sig.（双侧）= 0.000。

通过表 3 - 61 可知，变量"培训意愿"与变量"最佳培训持续时间"存在非常显著的关系，在 0.001 的水平上通过了卡方检验。从列联表情况来看，希望培训半年以上的农民工想参加培训的比例最高，为 76.4%；在培训时间越短的情况下，农民工不想参加的比例越高，为 52.4%。

表 3 - 61　培训意愿与最佳培训持续时间

单位：人，%

| | | 您认为最佳的培训持续时间是多久 | | | | | 合计 |
		一周以内	一周到一个月	一个月到三个月	三个月至半年	半年以上	
培训意愿	不想培训	77	137	87	19	13	333
		52.4	39.7	29.6	32.2	23.6	37.0
	想培训	70	208	207	40	42	567
		47.6	60.3	70.4	67.8	76.4	63.0

续表

	您认为最佳的培训持续时间是多久					合计
	一周以内	一周到一个月	一个月到三个月	三个月至半年	半年以上	
合计	147	345	294	59	55	900
	100.0	100.0	100.0	100.0	100.0	100.0
卡方值	27.275***					

注：*** $P < 0.001$，Sig.（双侧）= 0.000。

通过表3-62可知，变量"培训意愿"与变量"培训信息获取方式"存在显著的关系，在0.05的水平上通过了卡方检验。从列联表情况来看，首先是希望通过电视、网络等媒体获知培训信息的比例最高，为75.2%；其次是身边亲友告知，比例为62.6%；再次是从政府得知培训信息，比例为61.0%。原因可能是，目前网络发达，农民工比较容易获取培训信息。此外，农民工对来自政府或亲友的信息比较信任，愿意参加的比例较高。

表3-62　培训意愿与培训信息获取方式

单位：人，%

		希望通过何种方式获取关于培训的相关信息					合计
		所在工作单位通知	身边亲友告知	政府发布信息	通过电视、网络等媒体获知	其他	
培训意愿	不想培训	105	71	108	39	10	333
		41.0	37.4	39.0	24.8	50.0	37.0
	想培训	151	119	169	118	10	567
		59.0	62.6	61.0	75.2	50.0	63.0
合计		256	190	277	157	20	900
		100.0	100.0	100.0	100.0	100.0	100.0
卡方值		13.157*					

注：* $P < 0.05$，Sig.（双侧）= 0.011。

3.4.3　是否新生代与各变量的分析

此外，本书还考察了是否新生代与各个变量之间的关系，以探究新老生代对这些变量的影响。

表 3 - 63 反映出，婚姻状况与是否新生代在 0.001 水平上通过卡方检验。这说明，他们之间存在非常显著关系。从列联表来看，老生代已婚比例高达 86.9%，新生代农民工未婚比例远远高于老生代农民工，比例为 49.7%。

表 3 - 63　婚姻状况与新老生代

单位：人，%

| | | 新老生代 | | 合计 |
		新生代	老生代	
婚姻状况	未婚	287	9	296
		49.7	2.7	32.7
	已婚	269	285	554
		46.6	86.9	61.2
	离婚、丧偶及其他	21	34	55
		3.6	10.4	6.1
合计		577	328	905
		100.0	100.0	100.0
卡方值		212.182 ***		

注：*** P < 0.001，Sig.（双侧）= 0.000。

从表 3 - 64 中可以得知，是否新生代与受教育程度呈非常显著关系，在 0.001 水平上通过卡方检验。老生代农民工绝大多数是初中受教育程度，占比 51.2%，然后是小学及以下受教育程度，占比 22.9%；新生代农民工总体受教育程度高于老生代农民工，受教育程度高的比例也高于老生代农民工。占比最高的是高中受教育程度，比例为 29.3%；然后是初中，占比 28.9%。

表 3 - 65 说明，是否新生代与是否签订合同有非常显著关系。卡方值为 42.348，在 0.001 水平上通过卡方检验。列联表显示，新生代农民工签订合同的比例最高，为 54.8%；老生代未签订合同的比例最高，达 67.7%。这说明，新生代农民工更懂得运用法律知识来保护自己的权益，而老生代农民工这方面的意识比较弱。但不管如何，新生代未签订合同的比例将近一半。这种情况说明，有关法律知识的教育有待进一步加强。政府、企业、社会组织以及各种媒体等在有关农民工社会政策和权益保护方面的宣传作

用有待进一步加强。

表 3－64 受教育程度与新老生代

单位：人，%

		新老生代		合计
		新生代	老生代	
受教育程度	小学及以下	67	75	142
		11.6	22.9	15.7
	初中	167	168	335
		28.9	51.2	37.0
	高中	169	64	233
		29.3	19.5	25.7
	中专	77	11	88
		13.3	3.4	9.7
	大专及以上	97	10	107
		16.8	3.0	11.8
合计		577	328	905
		100.0	100.0	100.0
卡方值		107.649***		

注：*** $P < 0.001$，Sig.（双侧）= 0.000。

表 3－65 是否签订合同与新老生代

单位：人，%

		新老生代		合计
		新生代	老生代	
是否签订合同	否	261	222	483
		45.2	67.7	53.4
	是	316	106	422
		54.8	32.3	46.6
合计		577	328	905
		100.0	100.0	100.0
卡方值		42.348***		

注：*** $P < 0.001$，Sig.（双侧）= 0.000。

由表3–66可知，农民工身体状况与是否新生代呈非常显著关系。卡方值为48.379，在0.001水平上通过卡方检验。从列联表看得出来，新生代身体非常好的比例最高，为58.8%，远高于老生代农民工的37.8%。这说明，农民工在健康知识方面尚需要加强教育。

表3–66　身体状况与新老生代

单位：人，%

| | | 新老生代 | | 合计 |
		新生代	老生代	
身体状况	很不好	3	1	4
		0.5	0.3	0.4
	不太好	28	46	74
		4.9	14.0	8.2
	一般	8	3	11
		1.4	0.9	1.2
	比较好	199	154	353
		34.5	47.0	39.0
	非常好	339	124	463
		58.8	37.8	51.2
合计		577	328	905
		100.0	100.0	100.0
卡方值		48.379***		

注：*** P < 0.001，Sig.（双侧）= 0.000。

通过表3–67可以得知，工作稳定程度与是否新生代农民工存在显著关系。卡方值为17.329，在0.01水平上通过卡方检验。从总体上看，新生代农民工工作比较稳定的比例最高，为38.6%，不稳定的比例比老生代低；老生代农民工有稳定工作的比例明显低于新生代，工作不稳定的比例明显高于新生代农民工。

表 3 – 67 工作稳定程度与新老生代

单位：人，%

		新老生代		合计
		新生代	老生代	
工作稳定程度	很不稳定	35	28	63
		6.1	8.5	7.0
	不稳定	84	76	160
		14.6	23.2	17.7
	一般	181	95	276
		31.4	29.0	30.5
	比较稳定	223	94	317
		38.6	28.7	35.0
	非常稳定	54	35	89
		9.4	10.7	9.8
合计		577	328	905
		100.0	100.0	100.0
卡方值		17.329 **		

注：** $P < 0.01$，Sig.（双侧）= 0.002。

此外，如前文表 3 – 11 所示，是否新生代与进城工作时间长度存在显著的关系 [$x^2 = 142.764$，Sig.（双侧）= 0.000，$P < 0.001$]。老生代农民工工作时间大多超过 5 年，比例为 69.5%；其次是 3 ~ 5 年，占比 13.7%。新生代农民工工作时间占比最多的是 1 ~ 3 年，比例为 31.9%；其次是 5 年以上，占比 29.3%。农民工工作时间长，并不一定是由于工作稳定，而是出来得早的缘故，一直在城市务工。

表 3 – 68 说明，是否新生代与工作行业存在非常显著关系。卡方值为 64.146，在 0.001 的水平上通过卡方检验。老生代由于受教育程度低，在建筑业就业的比例最高，为 27.4%，其次是其他和住宿餐饮业，占比分别为 20.4% 和 20.1%；而新生代农民工就业中占比最高的是电子电器行业，为 23.2%，其次是住宿餐饮行业，占比 21.7%，再是商业服务行业，占比 18.0%。总体上讲，新生代农民工主要在知识和技术要求高的行业就业，老生代农民工则在对体力要求高以及对知识和技术要求不是那么高的行业就业。

表 3 - 68 工作行业与新老生代

单位：人，%

目前您从事哪个行业		新老生代		合计
		新生代	老生代	
	建筑施工	76	90	166
		13.2	27.4	18.3
	电子电器	134	24	158
		23.2	7.3	17.5
	制衣制鞋	66	33	99
		11.4	10.1	10.9
	住宿餐饮	125	66	191
		21.7	20.1	21.1
	商业服务	104	48	152
		18.0	14.6	16.8
	其他	72	67	139
		12.5	20.4	15.4
合计		577	328	905
		100.0	100.0	100.0
卡方值		64.146 ***		

注：*** $P < 0.001$，Sig.（双侧）= 0.000。

由表 3 - 69 可知，工作单位性质与是否新生代农民工存在非常显著的关系。卡方值为 31.934，在 0.001 水平上通过卡方检验。从表 3 - 69 中可以看出，新生代偏重于在私营企业、个体、外资企业、国有企业等单位工作，比例分别为 39.0%、25.5%、15.3%、9.5%；而老生代偏重于在私营企业、个体、机关事业单位、外资企业和国有企业等工作。总体来看，老生代农民工更多地看中传统意义上的单位。相较于新生代农民工，老生代农民工偏向于保守，不太愿意接受新事物，而新生代农民工乐于接受新事物，更偏向于选择现代意义上的单位。

通过表 3 - 70 得知，收入满意程度与是否新生代存在显著关系。在 0.01 水平上通过卡方检验。从总体情况来判断，新生代农民工更不满足于目前的收入，对收入不满意和认为一般的比例均为 36.2%，很不满意的比例高于老生代农民工，比较满意和非常满意的比例均低于老生代农民工；

老生代农民工则总体偏向于满意。

表 3 - 69　工作单位性质与新老生代

单位：人，%

您的单位性质		新老生代		合计
		新生代	老生代	
	国有企业	55	23	78
		9.5	7.0	8.6
	外资企业	88	23	111
		15.3	7.0	12.3
	私营企业	225	134	359
		39.0	40.9	39.7
	乡镇企业	35	16	51
		6.1	4.9	5.6
	个体	147	92	239
		25.5	28.0	26.4
	机关事业单位	12	24	36
		2.1	7.3	4.0
	其他	15	16	31
		2.6	4.9	3.4
合计		577	328	905
		100.0	100.0	100.0
卡方值		31.934 ***		

注：*** $P < 0.001$，Sig.（双侧）= 0.000。

表 3 - 70　收入满意程度与新老生代

单位：人，%

对自己收入的满意程度		新老生代		合计
		新生代	老生代	
	很不满意	54	27	81
		9.4	8.2	9.0
	不满意	209	95	304
		36.2	29.0	33.6

续表

		新老生代		合计
		新生代	老生代	
对自己收入的满意程度	一般	209	114	323
		36.2	34.8	35.7
	比较满意	94	76	170
		16.3	23.2	18.8
	非常满意	11	16	27
		1.9	4.9	3.0
合计		577	328	905
		100.0	100.0	100.0
卡方值		15.161**		

注：** $P < 0.01$，Sig.（双侧）= 0.004。

通过卡方检验得知，希望脱产学习还是在职学习与是否新生代农民工有显著关系。卡方值是 10.588，在 0.01 水平上通过卡方检验。表 3 - 71 显示，总体上讲，新老生代农民工都希望在职培训。从代际来看，老生代农民工偏爱边工作边培训的比例更高，为 86.8%，新生代农民工的这一比例为 77.8%；而喜欢放下工作脱产培训的新生代农民工占比（22.2%）高出老生代农民工（13.2%）近十个百分点。

表 3 - 71　培训学习方式（脱产/在职）与新老生代

单位：人，%

		新老生代		合计
		新生代	老生代	
您会选择哪种培训方式	放下工作脱产培训	124	42	166
		22.2	13.2	19.0
	边工作边培训	434	275	709
		77.8	86.8	81.0
合计		558	317	875
		100.0	100.0	100.0
卡方值		10.588**		

注：** $P < 0.01$，Sig.（双侧）= 0.001。

由表 3 - 72 可知，授课方式与是否新生代农民工存在非常显著的关系。

表 3 - 72　授课方式与新老生代

单位：人，%

| | | 新老生代 | | 合计 |
		新生代	老生代	
您喜欢接受哪种 授课方式	师傅带徒弟的 一对一培训方式	194	134	328
		34.0	41.2	36.6
	老师面对面课堂授课	147	60	207
		25.8	18.5	23.1
	看老师或者有经验的 人实际操作	135	97	232
		23.7	29.8	25.9
	用电视、电脑等授课	84	22	106
		14.7	6.8	11.8
	其他	10	12	22
		1.8	3.7	2.5
合计		570	325	895
		100.0	100.0	100.0
卡方值		25.019 ***		

注：*** $P < 0.001$，Sig.（双侧）= 0.000。

由表 3 - 72 可知，新生代农民工更偏重于现代授课方式，老师面对面课堂授课，用电视、电脑等授课的比例分别为 25.8% 和 14.7%，高于老生代农民工；老生代农民工选择师傅带徒弟的一对一培训方式和看老师或者有经验的人实际操作等传统方式授课的比例均高于新生代农民工。

由表 3 - 73 得知，除技能培训外还想参加知识培训与是否新生代农民工存在显著关系，在 0.05 水平上通过卡方检验。总体上看，无论是新生代还是老生代农民工，他们最需要的培训都是安全知识（35.7%），其次是法律知识（33.1%）。从不同代际来看，首先是需要安全知识的老生代农民工占比近四成（39.1%），其次是法律知识（33.5%），再次是城市生活知识（15.7%）；新生代农民工需要的知识占比最高的是安全知识（33.8%），比例低于老生代农民工，其次是法律知识（32.9%），同样低于老生代农民工，再次是管理类知识（18.7%），高出老生代农民工 7 个百分点。这说明，新生代农民工除了希望得到在城市生活所必需的知识外，对于现代管理知识也较为青睐。这在某种程度上反映出他们不仅仅只想在城市有份工作，他们更希望像城市居民那样能掌握更多的在现代城市生活所需的技能和知识，能有助于他们更好地在城市生活和发展。目前的研究普遍表明，新生代农民工的留城意愿非常强烈，更倾向于长期在城市发展，渴望成为城市居民。

表 3 - 73　除技能培训外还想参加哪些培训与新老生代

单位：人，%

		新老生代		合计
		新生代	老生代	
除相关技能培训外，您还想参加哪些方面的知识培训	法律知识	187	109	296
		32.9	33.5	33.1
	安全知识	192	127	319
		33.8	39.1	35.7
	城市生活知识	83	51	134
		14.6	15.7	15.0
	管理类知识	106	38	144
		18.7	11.7	16.1
合计		568	325	893
		100.0	100.0	100.0
卡方值		8.021 *		

注：* $P < 0.05$，Sig.（双侧）= 0.046。

本章前面的分析表明，有没有必要参加就业技能培训与是否新生代之间存在显著关系，在 0.05 水平上通过卡方检验。如表 3 - 16 所示，新生代农民工中认为没有必要培训的比例高于老生代农民工的比例，认为有必要培训的比例比老生代农民工低 6.3 个百分点。这点与他们想培训的比例高的情况有出入。原因可能是像大家所反映的那样，如培训费用贵、培训针对性不强等。

3.4.4　受教育程度与各变量的分析

通过表 3 - 74 可知，受教育程度与新老生代之间呈非常显著的关系。在受教育程度高的农民工中，新生代占比更高。二者在 0.001 水平上通过了卡方检验。在受教育程度低的农民工中，老生代农民工占比更高。其中，在大专及以上的受教育程度方面，新生代农民工占比最高（90.7%）；在小学及以下、初中的受教育程度方面，老生代占比均最高（52.8%、50.1%）。总的趋势是，文化程度越高，新生代农民工越多；文化程度越低，老生代农民工越多。

表 3 - 74　新老生代与受教育程度

单位：人，%

新老生代		受教育程度					合计
		小学及以下	初中	高中	中专	大专及以上	
新老生代	新生代	67	167	169	77	97	577
		47.2	49.9	72.5	87.5	90.7	63.8
	老生代	75	168	64	11	10	328
		52.8	50.1	27.5	12.5	9.3	36.2
合计		142	335	233	88	107	905
		100.0	100.0	100.0	100.0	100.0	100.0
卡方值		107.649 ***					

注：*** $P < 0.001$，Sig.（双侧）= 0.000。

表 3 - 75 说明，受教育程度与性别之间关系显著。卡方值为 19.301，在 0.01 水平上有非常显著的关系，通过卡方检验。在大专及以上文化程度农民工中，男性占比 60.7%。总的趋势是，在文化程度最低的小学及以下农民工中，女性农民工占比超过男性农民工。在初中、高中、大专以及上文化程度方面，男性农民工普遍高于女性农民工。只有在中专文化程度方面，女性才超过男性农民工 4.6 个百分点。原因可能是，农村普遍重视男孩的教育，希望男孩接受高中以及大专以上的教育；对于女孩，则希望她们越早挣钱越好。在 20 世纪 80 年代到 90 年代之间，农村大多数家庭会倾向于让孩子接受中专教育，希望他们早日挣钱，给家庭减轻经济负担。尤其是有男孩的家庭，更是如此。绝大多数家长选择让男孩继续读书，让女孩早点打工，或者选择能尽快毕业参加工作的受教育方式。在当时，中专教育成为农村相当部分家庭的首选，尤其是女孩的首要选择。

表 3 - 75　性别与受教育程度

单位：人，%

| | | 受教育程度 | | | | | 合计 |
		小学及以下	初中	高中	中专	大专及以上	
性别	男	70	223	129	42	65	529
		49.3	66.6	55.4	47.7	60.7	58.5
	女	72	112	104	46	42	376
		50.7	33.4	44.6	52.3	39.3	41.5
合计		142	335	233	88	107	905
		100.0	100.0	100.0	100.0	100.0	100.0
卡方值		19.301**					

注：** $P < 0.01$，Sig.（双侧）= 0.001。

表 3 - 76 说明，经双侧检验发现，"受教育程度"与变量"工作稳定程度"有非常显著关系。卡方值为 169.264，P 值小于 0.001，Sig. 值等于 0.000。大专及以上文化程度的农民工工作比较稳定和非常稳定占比合计最高，比例为 84.1%。随着受教育程度提高，工作比较稳定和非常稳定的合计比例基本呈上升趋势。不稳定和很不稳定的比例与受教育程度提高呈反向增加，即受教育程度越低，不稳定和很不稳定的占比越高。

表 3 - 76　工作稳定程度与受教育程度

单位：人，%

| | | 受教育程度 | | | | | 合计 |
		小学及以下	初中	高中	中专	大专及以上	
工作稳定程度	很不稳定	21	29	9	2	2	63
		14.8	8.7	3.9	2.3	1.9	7.0
	不稳定	25	92	35	5	3	160
		17.6	27.5	15.0	5.7	2.8	17.7
	一般	40	120	76	28	12	276
		28.2	35.8	32.6	31.8	11.2	30.5
	比较稳定	43	81	97	37	59	317
		30.3	24.2	41.6	42.0	55.1	35.0

续表

		受教育程度					合计
		小学及以下	初中	高中	中专	大专及以上	
工作稳定程度	非常稳定	13	13	16	16	31	89
		9.2	3.9	6.9	18.2	29.0	9.8
合计		142	335	233	88	107	905
		100.0	100.0	100.0	100.0	100.0	100.0
卡方值		169.264 ***					

注：*** $P < 0.001$，Sig.（双侧）= 0.000。

表 3 - 77 显示的卡方检验也一样，"受教育程度"与变量"找更好工作的容易程度"二者之间在 1‰ 水平上有非常显著的关系。卡方值为 59.475，P 值小于 0.001，Sig. 值等于 0.000。在认为"很不容易"找更好工作的农民工中，小学及以下受教育程度的农民工的比例最高，中专、大专及以上的农民工次之。在认为"不容易"找更好工作的农民工中，以高中受教育程度为分界线，高中以下受教育程度的农民工中，文化程度越高，越认为"不容易"找更好的工作；高中文化程度以上的农民工，随着文化程度提高，比例呈下降趋势。在认为"一般"容易找更好工作的农民工中，初中受教育程度的农民工的比例最高，大专及以上的最低。在认为"比较容易"找更好工作的农民工中，大专以上受教育程度的比例最高，其次是小学及以下受教育程度的农民工，高中受教育程度的农民工再次之。一方面说明，受教育程度越高，找更好的工作越容易，另一方面对小学及以下受教育程度的农民工而言，他们的初始工作基本是待遇差、不需要技术含量、对受教育程度要求不高的工作，因此，对他们而言，更好的工作的参照指标比文化程度高的农民工的参照指标要低得多，找更好的工作也就比较容易。而且，事实上，这类工作的机会也确实多得多。在认为"非常容易"找更好的工作的农民工中，中专受教育程度的比例最高，其次是大专及以上受教育程度的农民工，初中受教育程度的农民工再次之，小学及以下受教育程度的农民工比例最低。

表 3 – 77　找更好工作的容易程度与受教育程度

单位：人，%

		受教育程度					合计
		小学及以下	初中	高中	中专	大专及以上	
找更好工作的容易程度	很不容易	28	37	28	14	17	124
		19.7	11.0	12.0	15.9	15.9	13.7
	不容易	45	115	85	32	36	313
		31.7	34.3	36.5	36.4	33.6	34.6
	一般	50	144	91	31	19	335
		35.2	43.0	39.1	35.2	17.8	37.0
	比较容易	18	27	26	7	31	109
		12.7	8.1	11.2	8.0	29.0	12.0
	非常容易	1	12	3	4	4	24
		0.7	3.6	1.3	4.5	3.7	2.7
合计		142	335	233	88	107	905
		100.0	100.0	100.0	100.0	100.0	100.0
卡方值		59.475 ***					

注：*** $P < 0.001$，Sig.（双侧）= 0.000。

表 3 – 78 反映出，偏爱学历教育的农民工所占比例整体是随着文化程度提升而下降的；在接受技能培训方面，以高中文化程度为分界线，在高中以上文化程度的农民工中，文化程度越高的越愿意接受技能培训，比例越大；在高中以下文化程度的农民工中，文化程度越低越愿意接受技能培训，比例越高。在接受技能培训方面，文化程度高的占比大于文化程度低的占比。总体而言，越是文化程度低的人，越倾向于接受学历教育培训；而越是文化程度高的人，越倾向于接受技能培训。双侧检验发现，"受教育程度" 与变量 "培训类型（学历/技能）" 二者在 5% 水平上有显著关系。卡方值为 16.749，Sig. 值等于 0.033，通过了卡方检验。事实上也是如此，越是受教育程度高的农民工，越倾向于接受技能培训，他们需要补充的是就业技能，而不是理论知识；而越是受教育程度低的农民工，越偏

向于接受学历教育。这也反映了我国社会上人们普遍偏好学历教育的特点。通常来讲，对于有机会接受高等教育的人而言，人们在决定是选择接受职业教育还是普通高等教育的时候，更多地倾向于接受学历教育，如普通高等教育，而非职业教育。让他们再次选择培训的时候，则倾向于选择技能培训来弥补自己技能方面的缺陷，提高自己的动手实操能力；对于无法接受学历教育，如普通高等教育或者职业学院教育的农民工而言，他们希望通过进入正式高校或者职业学院接受正规的学历教育，而不是选择没有学历，只有培训证书的技能培训。

如表 3-79 所显示的那样，通过对"受教育程度"与"技能培训之外的哪些知识培训"的双变量卡方检验发现，两个变量在 5% 水平上呈显著关系（卡方值为 24.622，Sig. 值等于 0.017）。总体上，各个不同受教育程度的农民工在接受技能培训之外选择接受安全知识培训的比例相比接受其他知识的比例要高一点，占比最高的是小学及以下文化程度的农民工，其次是初中文化程度，占比接近四成（39.3%）。相较于安全知识，选择法律知识培训的占比排在第二。

表 3-78　培训类型（学历/技能）与受教育程度

单位：人，%

		受教育程度					合计
		小学及以下	初中	高中	中专	大专及以上	
您想参加培训的类型是	学历教育（中等职业学校）	15	54	35	6	6	116
		11.3	16.9	15.4	7.5	5.7	13.4
	技能培训	113	256	180	72	97	718
		85.0	80.3	78.9	90.0	91.5	82.9
	其他	5	9	13	2	3	32
		3.8	2.8	5.7	2.5	2.8	3.7
合计		133	319	228	80	106	866
		100.0	100.0	100.0	100.0	100.0	100.0
卡方值		16.749*					

注：* $P < 0.05$，Sig.（双侧）= 0.033。

表 3 – 79　技能培训之外的哪些知识培训与受教育程度

单位：人，%

		受教育程度					合计
		小学及以下	初中	高中	中专	大专及以上	
除技能 培训外， 您还想 参加哪些 培训	法律知识	46	117	71	35	27	296
		33.6	35.1	31.0	39.8	25.5	33.1
	安全知识	55	131	70	27	36	319
		40.1	39.3	30.6	30.7	34.0	35.7
	城市生活 知识	19	44	36	16	19	134
		13.9	13.2	15.7	18.2	17.9	15.0
	管理类 知识	17	41	52	10	24	144
		12.4	12.3	22.7	11.4	22.6	16.1
合计		137	333	229	88	106	893
		100.0	100.0	100.0	100.0	100.0	100.0
卡方值		24.622*					

注：* $P < 0.05$，Sig.（双侧）= 0.017。

也就是说，由于生活环境与乡村迥异，他们在城市工作和生活最需要的知识是安全知识和法律知识。在城市生活知识和管理知识培训方面，基本呈现一致的趋势，即随着受教育文化程度的提高，选择这些知识培训的农民工比例总体趋势是上升的。

此外，经双侧检验发现，"受教育程度"与变量"培训授课方式"在1‰水平上有着非常显著的关系（卡方值为50.546，Sig.值等于0.000）。表3 – 80 显示，选择"师傅带徒弟的一对一培训方式"和"看老师或者有经验的人实际操作"等传统授课方式的占比基本随着文化程度降低而增加。选择"老师面对面课堂授课"和"用电视、电脑等授课"等现代授课方式的占比基本随着文化程度提高而增加。也就是说，文化程度越低，或者是老生代农民工，越喜欢传统授课方式；文化程度越高，或者是新生代农民工，越倾向于参加用现代授课方式进行的培训。

表3－80　培训授课方式与受教育程度

单位：人，%

| | | 受教育程度 | | | | | 合计 |
		小学及以下	初中	高中	中专	大专及以上	
您喜欢哪种授课形式	师傅带徒弟的一对一培训方式	64	119	81	29	35	328
		46.7	35.7	34.8	33.7	33.0	36.6
	老师面对面课堂授课	25	76	45	33	28	207
		18.2	22.8	19.3	38.4	26.4	23.1
	看老师或者有经验的人实际操作	38	98	63	15	18	232
		27.7	29.4	27.0	17.4	17.0	25.9
	用电视、电脑等授课	6	29	41	8	22	106
		4.4	8.7	17.6	9.3	20.8	11.8
	其他	4	11	3	1	3	22
		2.9	3.3	1.3	1.2	2.8	2.5
合计		137	333	233	86	106	895
		100.0	100.0	100.0	100.0	100.0	100.0
卡方值		50.546***					

注：*** $P < 0.001$，Sig.（双侧）＝0.000。

从表3－81中得知，"受教育程度"与变量"信息获取方式"通过卡方检验，二者在1‰水平上有非常显著的关系（卡方值为72.286，Sig.值等于0.000）。从总体上判断，被调查的农民工选择通过"政府发布信息"获知培训信息的占比为三成左右（30.6%），其次是通过"所在工作单位通知"，比例为28.5%。在大专及以上文化程度的农民工中，选择通过"所在工作单位通知"方式获取培训信息占比47.7%，选择"政府发布信息"的比例为27.1%。初中及以下文化程度的农民工多倾向于选择"身边亲友告知"和"所在工作单位通知"。正如学界研究所得的结论那样，中国社会的一个重要特点是，人们更重视"综合熟、亲、信为一体的强关系"。一有事情首先想到找关系亲密的同事、同学或师长帮忙。在很多情况下，强关系比弱关系效用更大（孙晓娥、边燕杰，2011）。强关系在生存阶段的农民工流动（渠敬东，2001）中发挥了巨大的作用。他们在外出找工作等各类事情上，更多地倾向于利用强关系来获取所需的资源和帮助，而不是弱关系。对农民工而言，"所在工作单位"是他们强关系中仅次于亲友的非常重要的组成部分。

根据表 3－82 中的卡方检验结果，农民工"受教育程度"与变量"有无必要参加培训"在 5% 水平上有显著关系（卡方值为 12.169，Sig. 值等于 0.016）。

表 3－81　培训信息获取方式与受教育程度

单位：人，%

		受教育程度					合计
		小学及以下	初中	高中	中专	大专及以上	
您希望通过何种方式获取培训信息	所在工作单位通知	38	82	57	26	51	254
		27.5	24.8	24.7	30.2	47.7	28.5
	身边亲友告知	45	67	47	13	17	189
		32.6	20.3	20.3	15.1	15.9	21.2
	政府发布信息	27	105	67	45	29	273
		19.6	31.8	29.0	52.3	27.1	30.6
	通过电视、网络等获知	26	64	54	2	10	156
		18.8	19.4	23.4	2.3	9.3	17.5
	其他	2	12	6	0	0	20
		1.4	3.6	2.6	0	0	2.2
合计		138	330	231	86	107	892
		100.0	100.0	100.0	100.0	100.0	100.0
卡方值		72.286 ***					

注：*** $P < 0.001$，Sig.（双侧）= 0.000。

表 3－82　有无必要参加培训与受教育程度

单位：人，%

		受教育程度					合计
		小学及以下	初中	高中	中专	大专及以上	
农民工有没有必要参加就业培训	很有必要	108	282	192	62	81	725
		76.1	84.2	82.4	70.5	75.7	80.1
	没必要	34	53	41	26	26	180
		23.9	15.8	17.6	29.5	24.3	19.9

	受教育程度					合计
	小学及以下	初中	高中	中专	大专及以上	
合计	142	335	233	88	107	905
	100.0	100.0	100.0	100.0	100.0	100.0
卡方值	12.169*					

注：* $P < 0.05$，Sig.（双侧）= 0.016。

无论是受教育程度低的农民工，还是受教育程度高的农民工，他们认为很有必要参加培训的占比都远远高于认为没必要培训的比例。初中文化程度的农民工认为很有必要培训的比例最高，为84.2%，其次是高中文化程度的农民工，占比82.4%。在认为没有必要参加培训的农民工中，占比排名前三的是中专文化程度（29.5%）、大专及以上文化程度（24.3%）和小学及以下文化程度（23.9%）。在中专受教育程度的农民工、大专及以上受教育程度的农民工以及小学及以下受教育程度的农民工中，认为很有必要参加培训的比例都不如初中和高中受教育程度的农民工。前文"受教育程度"与"培训意愿"两个变量的假设检验结果显示，二者不存在显著关系（Sig. = 0.163，$P > 0.05$），不会出现规律性的同步变化。同样，"培训效果"与"培训意愿"的假设检验也没有通过卡方检验（Sig. = 0.511，$P > 0.05$），二者没有显著关系，也不会呈现规律性的变化。"受教育程度"与"找更好工作的容易程度"两个变量通过卡方检验（Sig. = 0.000，$P < 0.001$），彼此间存在非常显著的关系。也就是说，文化程度高的农民工找更好工作的容易程度相对更高，因此，这部分人中认为没有必要培训的比例会高一点。而小学及以下文化程度的农民工，不会因为文化程度低就觉得很有必要培训，反而会受收入低、培训效果不理想、培训预期收益低等因素的影响，认为没必要培训的比例略高一点。

上述内容主要是就各个变量做双变量统计分析，探究各个变量两两之间的关系。有的变量由于互为因果，在分析的过程中，在一个地方被作为自变量来分析，但在另一个地方可能会被作为因变量来分析，因此可能会出现一个变量被多次分析的情况。下文将就新生代农民工教育培训做一些高级回归分析①。

3.5 新生代农民工教育培训的高级回归分析

3.5.1 对培训态度量表的分析

在问卷设计中，培训态度量表一共有 11 道题。在五点 Likert 态度量表题中，选项涵盖非常不同意、比较不同意、不确定、比较同意、非常同意这五个等级，属于定序测量。现对其选项重新赋值，将五个等级依次赋值为 1~5 分。题目"当前的培训市场太混乱""当前的培训机构的培训内容设置不合理""当前大多培训机构的收费不合理（免费除外）""当前市场上的培训只是流于形式，无实质内容""一想到培训就让您产生焦虑的感觉""您不知道如何在工作之余安排参加培训的时间""平时工作累，没有精力，静不下心去参加培训"等是反向态度题，将其得分 1~5 分依次重新编码为 5~1 分。本书主要从两个方面对这部分展开分析。

（1）项目分析

将 11 道题的得分相加得到态度量表总分，取态度量表总分的前 27% 和后 27%，重新编码为低分组和高分组，然后看 11 道题在高低分组中的得分均值是否存在显著差异。如果不存在显著差异，则此题须删除。此为项目分析，目的是判断态度量表题是否具有区分度或鉴别度，用独立样本 T 检验可以实现②。

表 3-83 显示，所有态度量表题均通过独立样本 T 检验。也就是说，每道题在高低分组中的得分均值都存在显著差异，具有很好的鉴别度。因此，不存在需要删除的题项，要保留全部题项。

---

① 这部分的内容主要参考笔者主持的教育部课题报告中的分析材料。
② 独立样本 T 检验结果的分析：首先观察方差齐性假设检验结果，如果齐性假设检验的 P 值小于 0.05，则说明方差不齐，此时看方差不齐下的 t 值结果；如果 P 值大于 0.05，则说明方差齐，此时看方差齐下的 t 值结果。判断 t 值的假设结果，同样看其 P 值是否小于 0.05。如果 P 值小于 0.05，则说明两总体平均值存在显著差异；如果 P 值大于 0.05，则说明两总体平均值不存在显著差异。本书中的项目分析皆使用独立样本 T 检验统计方法。表中涉及加框的数字皆表示方差齐性下的 t 值。

（2）因子分析

对问卷中 11 道态度题进行因子分析，运用主成分方法抽取因子，并用最大方差法进行旋转，抽取其中特征根大于 1 的因子，并保存因子得分。表 3 - 84 是旋转后的因子矩阵。

由表 3 - 84 可知，11 道题项的 KMO 系数为 0.681，接近 0.7[①]，说明各测量题项间的相关程度差异较小，数据比较适合做因子分析。另外，Bartlett 球形检验的近似卡方值为 1669.596，在千分之一（0.001）的水平上显著，说明各个变量的独立性假设不成立，也就是说，因子分析的适用性检验通过。

模型共抽取 3 个公因子，3 个公因子共解释了"培训态度量表"总变异量中的 50.663%。旋转后的因子矩阵和相关指标见表 3 - 84。

表 3 - 83　项目分析：培训态度量表题

	低分组 （N = 245）	高分组 （N = 274）	T
参加培训后仍然找到适合自己的岗位	2.27	2.63	- 4.506 ***
当前的培训市场太混乱	3.14	4.32	- 15.625 ***
当前的培训机构的培训内容设置不合理	2.84	3.91	- 11.547 ***
当前大多培训机构的收费不合理（免费除外）	3.09	4.30	- 13.000 ***
当前市场上的培训只是流于形式，无实质内容	2.88	3.89	- 10.776 ***
培训是一种教育投资，将来可以得到回报	2.17	2.94	- 8.320 ***
一想到培训就让您产生焦虑的感觉	2.31	3.36	- 11.124 ***
您很乐意参加培训	2.24	3.20	- 9.668 ***
您不知道如何在工作之余安排参加培训的时间	2.67	3.73	- 11.718 ***
平时工作累，没有精力，静不下心去参加培训	2.78	3.93	- 12.774 ***
您觉得培训效果很好	2.27	3.08	- 9.300 ***

注：*** $P < 0.001$。

---

① 用于检查变量间的偏相关性，取值为 0~1。KMO 统计量越接近于 1，变量间的偏相关性越强，因子分析的效果越好。在实际分析中，当 KMO 统计量在 0.7 以上时，效果比较好；而当 KMO 统计量在 0.5 以下时，此时不适合应用因子分析法，应考虑重新设计变量结构或者采用其他统计分析方法（张文彤，2004：220）。

表 3 – 84　因子分析：培训态度量表题

	因子 1	因子 2	因子 3
c14.4 当前大多培训机构的收费不合理（免费除外）	.797	− .016	.087
c14.3 当前的培训机构的培训内容设置不合理	.757	− .081	.131
c14.2 当前的培训市场太混乱	.741	.058	.099
c14.5 当前市场上的培训只是流于形式，无实质内容	.585	− .089	.162
c14.8 您很乐意参加培训	.102	.746	− .190
c14.6 培训是一种教育投资，将来可以得到回报	− .206	.712	.121
c14.11 您觉得培训效果很好	− .125	.660	.157
c14.1 参加培训后仍然找到适合自己的岗位	.090	.445	− .254
c14.7 一想到培训就让您产生焦虑的感觉	− .002	.060	.735
c14.9 您不知道如何在工作之余安排参加培训的时间	.314	− .097	.623
c14.10 平时工作累，没有精力，静不下心去参加培训	.284	− .050	.598
特征根	2.747	1.657	1.169
解释方差（%）	24.969	15.063	10.631
KMO 系数	0.681		
Bartlett 球形检验　近似卡方值	1669.596 ***		

注：*** $P < 0.001$。

第一个公因子与"当前大多培训机构的收费不合理（免费除外）""当前的培训机构的培训内容设置不合理""当前的培训市场太混乱""当前市场上的培训只是流于形式，无实质内容"等 4 个题项密切相关，包含了培训市场中的培训机构、培训内容、培训收费等因素，因此被命名为"培训市场"因子。这 4 个题项为反向态度量表题，已做过反向计分处理。因此，个案在本因子上得分越高，说明对培训市场的认可程度越高。该因子可解释总变异的 24.969%。

第二个公因子与"您很乐意参加培训""培训是一种教育投资，将来可以得到回报""您觉得培训效果很好""参加培训后仍然找到适合自己的岗位"等 4 个题项密切相关，涉及培训效果、培训预期、培训后果、培训意愿等，因此被命名为"培训效果"因子。个案在本因子上得分越高，说明越认可培训效果。该因子可解释总变异的 15.063%。

第三个公因子与"一想到培训就让您产生焦虑的感觉""不知道如何在工作之余安排参加培训的时间""平时工作累，没有精力，静不下心去参加培训"等 3 个题项密切相关，包含了对培训的感受、培训需花费的时间和精力等，因此被命名为"培训积极性"因子。这 3 个题项为反向态度量表题，已做过反向计分处理。因此，个案在本因子上得分越高，说明对培训的积极性、主动性越高，越愿意花时间和精力参加培训。该因子可解释总变异的 10.631%。

3.5.2 各因子得分与各变量关系

由表 3 - 85 可知，农民工收入满意程度与"培训市场"因子得分存在显著的关系，在 1‰水平上显著相关，并且是负向关系。这说明，农民工收入满意程度越高，对"培训市场"的认可度越低，进而会出现农民工培训积极性不高的现象。可能的原因是，市场培训的收费贵，培训时间和培训内容缺乏相应的针对性，难以满足收入满意度高的农民工的要求。因为在一般情况下，他们有比较稳定和理想的工作，他们会觉得这种培训没有效果，付出金钱、时间和精力得不偿失。

表 3 - 85   相关分析："培训市场"因子得分与收入满意度（N = 905）

	相关系数
对自己收入满意程度	− 0.070***

注：*** $P < 0.001$，** $P < 0.01$，* $P < 0.05$。

由表 3 - 86 可知，通过单因素方差分析发现，进城工作时间长度（年数）不同的农民工在"培训市场"因子得分上的均值至少有两个类别之间存在显著差异。具体来看，进城工作时间长度为 1 年以下的农民工的"培训市场"因子得分显著低于进城工作时间长度为 1~3 年和 3~5 年的农民工得分，即前者对"培训市场"的认可度低于后两者的认可度。进城工作时间长度为 5 年以上的农民工对"培训市场"的认可度显著高于进城工作时间长度为 1~3 年和 3~5 年的农民工，前者"培训市场"因子得分均值分别比后两者高出 0.215 分和 0.230 分。

表 3 - 86　单因素方差分析："培训市场"因子得分与各变量 （N = 905）

变量	选项（Ⅰ）	选项（Ⅱ）	均值差
进城工作时间长度	1 年以下	1 ~ 3 年	- 0. 228 *
	—	3 ~ 5 年	- 0. 243 *
	1 ~ 3 年	5 年以上	0. 215 *
	3 ~ 5 年	5 年以上	0. 230 *

注：*** $P < 0.001$，** $P < 0.01$，* $P < 0.05$。

由表 3 - 87 可知，农民工所受正规教育时间与"培训效果"因子存在显著负相关关系，但关系较弱。所受正规教育时间越长，农民工对"培训效果"的认可度越低。签了合同的农民工对"培训效果"的认可度更低。农民工工作越稳定，对"培训效果"的认可度越低。农民工对收入越满意，对"培训效果"的认可度越低。农民工人身越安全，对"培训效果"的认可度越低。农民工的工作对身体健康的危害程度越小，对"培训效果"的认可度越低。农民工对工作满意度越高，对"培训效果"的认可度越低。由访谈结果得知，拥有好工作的人对市场培训效果认可度低，说明培训市场和培训效果不尽如人意。

表 3 - 87　相关分析："培训效果"因子得分与各变量 （N = 905）

	相关系数
本人所受正规教育时间	- 0. 089 **
是否签订合同（1 = 是，0 = 否）	- 0. 080 *
工作稳定程度	- 0. 096 **
对自己收入满意程度	- 0. 117 ***
工作对人身的安全程度	- 0. 111 ***
工作对身体健康的危害程度	- 0. 119 ***
对工作的满意程度	- 0. 126 *

注：*** $P < 0.001$，** $P < 0.01$，* $P < 0.05$。

由表 3 - 88 的单因素方差分析可知，月收入在不同收入区间内的农民工在"培训效果"因子得分上至少有两个类别之间的均值存在显著差异。具体来看，月收入 800 元及以下的农民工对"培训效果"的认可度得分均值显著高于其他收入水平的农民工，即最低收入的农民工对"培训效果"的认可度最高。

表 3 - 88   单因素方差分析："培训效果"因子得分与各变量（N = 905）

变量	选项（Ⅰ）	选项（Ⅱ）	均值差
目前收入状况	800 元及以下	801 ~ 1200 元	0. 504 **
		1201 ~ 1600 元	0. 384 *
		1601 ~ 2000 元	0. 340 *
		2001 ~ 2400 元	0. 509 **
		2401 元及以上	0. 552 **

注：** $P < 0.01$，* $P < 0.05$。

由表 3 - 89 可知，农民工工作稳定程度越高，"培训积极性"得分越低。农民工过去 5 年换工作次数越多，"培训积极性"得分越高。工作对身体健康的危害程度越小，农民工"培训积极性"得分越高。访谈得知，工作越稳定、对健康危害程度越小的农民工，越不愿意换工作，越没有意愿和积极性参加培训。他们认为，想换工作时才需要培训新的知识或获取更多的技能知识等。

表 3 - 89   相关分析："培训积极性"因子得分与各变量（N = 905）

	相关系数
工作稳定程度	- 0. 074 *
过去 5 年换工作次数	0. 072 *
工作对身体健康的危害程度	- 0. 083 *

注：*** $P < 0.001$，** $P < 0.01$，* $P < 0.05$。

3.5.3　对"是否签合同"的 Logistic 回归分析

这里将变量"是否签订合同"作为因变量，1 为签订合同，0 为未签订合同。自变量包括：性别、是否新生代、是否汉族、是否信仰宗教、是否党员、婚姻状况、所受正规教育时间、身体状况、进城工作几年、从事哪个行业、单位性质、工作稳定程度、工作收入、工作对人身的安全程度、工作对健康的危害程度等。其中，变量"身体状况""工作稳定程度""工作对健康的危害程度"为五点 Likert 态度量表，分别对其选项进行赋值处理，从"非常不好"到"非常好"、"非常不稳定"到"非常稳定"、"非常不安全"

到"非常安全"、"非常大危害"到"非常小危害"分别赋值为 1~5 分。

　　将因变量"是否签订合同"和所有自变量放入，以条件向前法筛选变量，经过迭代，输出 10 个 Logistic 模型。最后一个模型 –2LL 值为 763.640，Cox & Snell R 方为 0.416。从表 3–90 可以看到，初始模型的预测率为 53.4%，到了最终模型的时候，对是否签订合同的正确预测率上升到 81.7%。

表 3–90　初始模型和最终模型

已预测		初始模型			最终模型		
		已预测			已预测		
		Sb4 是否签订合同		百分比校正	Sb4 是否签订合同		百分比校正
		否	是		否	是	
Sb4 是否签订合同	否	483	0	100.0	405	78	83.9
	是	422	0	0.00	88	334	79.1
总计百分比				53.4			81.7

　　从表 3–91 可以看到，老生代农民工签订合同的可能性低于新生代农民工；有宗教信仰的农民工签订合同的可能性低于无宗教信仰的农民工；受教育年限越高的农民工，签订合同的可能性越高；电子电器行业、制衣制鞋行业、住宿餐饮行业、商业服务行业、其他行业的农民工都比建筑施工行业的农民工有更高的签订合同的可能性；受雇于私营企业、个体户、其他性质单位的农民工签订合同的可能性低于国有企业中的农民工；认为目前工作越稳定的农民工，签订合同的可能性越高；过去 5 年换工作次数越少的农民工，签订合同的可能性越高；收入在 801~1200 元的农民工，签订合同的可能性低于月收入在 2401 元及以上的农民工；对目前工作满意程度越高的农民工，签订合同的可能性越低。上述这种现象非常有趣。原因之一在于农民工本身关注的是工作收入，并不关注其他问题。其实，这恰好反映了农民工缺乏运用法律保护自身权益的意识。没有参加过技能学习班的农民工签订合同的可能性低于参加过技能学习班的农民工。

表 3 - 91　**Logistic 回归分析　因变量：是否签订合同**

变量	B	SE	Exp（B）
sa1.2 是否新生代（1 = 新生代，2 = 老生代）	- .563 **	.201	.570
sa1.4 是否信仰宗教（0 = 否，1 = 是）	- .682 **	.254	.506
a3.1 所受正规教育时间	.148 ***	.027	1.159
b2 从事的行业（参照组：建筑施工）			
b2（1）电子电器	1.830 ***	.385	6.233
b2（2）制衣制鞋	1.306 ***	.375	3.693
b2（3）住宿餐饮	1.492 ***	.337	4.446
b2（4）商业服务	.887 ***	.341	2.428
b2（5）其他	1.313 ***	.369	3.716
b3 单位性质（参照组：国有企业）			
b3（1）外资企业	.194	.503	1.214
b3（2）私营企业	- 1.117 **	.405	.327
b3（3）乡镇企业	- .587	.524	.556
b3（4）个体户	- 2.501 ***	.442	.082
b3（5）机关事业单位	- .202	.625	.817
b3（6）其他	- 2.570 ***	.681	.077
sb5 目前工作的稳定程度	.978 ***	.117	2.659
sb6.1 过去 5 年换工作的次数	- .191 **	.058	.826
b7（参照组：2401 元及以上）			
b7（1）800 元及以下	- .288	.599	.750
b7（2）801 ~ 1200 元	- .990 **	.361	.371
b7（3）1201 ~ 1600 元	- .197	.327	.821
b7（4）1601 ~ 2000 元	.223	.328	1.249
b7（5）2001 ~ 2400 元	.344	.373	1.411
sb11 对目前工作的满意程度	- .274 *	.120	.760
c1 是否参加过技能学习班（1 = 是，2 = 否）	- .410 ***	.209	.664
常量	- 2.143	.895	.117

注：*** $P < 0.001$，** $P < 0.01$，* $P < 0.05$。

3.5.4　对"是否有培训意愿"的 Logistic 回归分析

这里将"是否有培训意愿"（SCl7）作为因变量处理。此变量由问卷中的 C17 题 "您曾经或者现在有没有想去学点技术？" 重新编码和赋值而来。此处将选项 "①非常想，但是不知道学什么好" "②想法很强烈，会努力去实现" "③曾经想过，现在已经实现了" 合并且赋值为 "1 = 有培训意愿"，将选项 "④曾经想过但是现在已经没有什么想法了" 和 "⑤从来就没有想过" 合并且赋值为 "0 = 没有培训意愿"。

自变量包括 "年龄"、"婚姻状况"（sa2，1 = 未婚、2 = 已婚、3 = 离婚、丧偶及其他）、"政治面貌"（sa5，1 = 党员，0 = 非党员）、"务工时间长短"（b1，1 = 1 年以下、2 = 1 ~ 3 年、3 = 3 ~ 5 年、4 = 5 年以上）、"工作所处行业"（b2，1 = 建筑施工、2 = 电子电器、3 = 制衣制鞋、4 = 住宿餐饮、5 = 商业服务、6 = 其他）、"工作收入"（b7，1 = 800 元及以下、2 = 801 ~ 1200 元、3 = 1201 ~ 1600 元、4 = 1601 ~ 2000 元、5 = 2001 ~ 2400 元、6 = 2401 元及以上、7 = 其他）等定类测量。

自变量 "身体状况" 是态度量表题，对其进行重新编码并赋值，从 "很不好" 到 "非常好" 分别赋值为 1 ~ 5 分；自变量 "工作稳定状况" 是态度量表题，对其进行重新编码并赋值，从 "很不稳定" 到 "很稳定" 分别赋值为 1 ~ 5 分；自变量 "是否容易找到好工作" 是态度量表题，对其进行重新编码并赋值，从 "很不容易" 到 "非常容易" 分别赋值为 1 ~ 5 分；自变量 "收入满意状况" 是态度量表题，对其进行重新编码并赋值，从 "很不满意" 到 "非常满意" 分别赋值为 1 ~ 5 分。自变量 "收入" 是分组的定距数据，直接进行分析。

将所有变量放入二元 Logistic 回归模型，分类自变量的对照组选择用 indicate 方法，选择最后一个作为参照组。选择向前（条件）回归法，生成 5 个模型。初始模型总的预测准确率为 63%，放入自变量后，经过多次迭代，最后一个模型的预测准确率提升为 68.9%。与初始模型相比较，似然比检验（卡方值为 123.397）在 0.001 的水平上显著，说明方程是显著的。回归模型见表 3 - 92。

由表 3 - 92 可知，年龄的回归系数是负值。这说明，年龄大的人，培训意愿的发生比会有所下降。年龄每增加一岁，后者培训意愿的发生比是前者的 0.974 倍。可能的原因是，年轻人保持着对新知识、新技术更旺盛的好奇心和学习动机，更愿意尝试和改变；年纪越大的人越不想改变，也有一定的惰性，培训意愿不强。

表 3 - 92　二元 Logistic 回归模型：有无培训意愿（N = 900）

	B	Exp（B）
（常量）	- .561	.570
a1.2 年龄	- .026 **	.974
sa4 身体状况（1 = 非常不好，5 = 非常好）	.168 *	1.183
b1 务工时间长短（参照类别 4 = 5 年以上）		
b1（1 = 1 年以下）	.548 *	1.730
b1（2 = 1 ~ 3 年）	.189	1.208
b1（3 = 3 ~ 5 年）	- .228	.796
b2 工作所处行业（参照类别 6 = 其他行业）		
b2（1 = 建筑施工）	- .073	.929
b2（2 = 电子电器）	- .309	.734
b2（3 = 制衣制鞋）	- 1.008 **	.365
b2（4 = 住宿餐饮）	- .646 *	.524
b2（5 = 商业服务）	- .246	.782
sb12 你是否容易找到工作（1 = 非常不容易，5 = 非常容易）	.512 ***	1.669
c1 您找工作以前有没有参加过技能培训学习班（1 = 是，0 = 否）	.835 ***	2.305

注：*** $P < 0.001$，** $P < 0.01$，* $P < 0.05$。

身体状况得分越高（身体状况越好）的人培训意愿的发生比越高，身体状况得分每增加一分，培训意愿的发生比就会增加 0.183 倍。可能的原因是，身体状况越好的人，对生活和工作有着越大的积极性，对自己的生活有一定的规划，参加培训学习新知识以提升自我的动机越强。

务工时间在 1 年以下者的培训意愿发生比是务工时间 5 年以上者的 1.730 倍。可能的原因是，新入职员工对知识和技术的培训需求和培训意愿更大。

在制衣制鞋行业工作的农民工比其他行业农民工的培训意愿发生比要更低，前者是后者的 0.365 倍；住宿餐饮业的农民工也比其他行业农民工的培训意愿发生比更低，前者是后者的 0.524 倍。

找工作容易程度得分越高（越容易找到工作）的人培训意愿的发生比越高，得分每增加一分，后者培训意愿的发生比便是前者的 1.669 倍。

找工作以前参加过培训班的人比没参加过培训班的人，培训意愿的发生比更高，后者的培训意愿发生比超出前者 1.305 倍。

3.5.5 对"目前工作收入"的线性回归分析

因变量"目前工作收入"的测量是定距分组数据，选项包括"800 元及以下"、"801～1200 元"、"1201～1600 元"、"1601～2000 元"、"2001～2400"和"2401 元及以上"。由于两端数据不等距，回归系数不好解释，因此只选择中间 4 组等距数据的个案进行分析。对 4 个选项分别赋值为 2～5 分。每增加 1 分，表明月收入平均增加 400 元。

自变量有"性别"、"是否新生代农民工"、"是否汉族"、"是否信仰宗教"、"是否党员"、"婚姻状况"（设置哑变量，参照组为未婚）、"本人所受正规教育时间"、"身体状况"、"进城工作年限"（设置哑变量，参照组为 1 年以下）、"从事工作所属行业"（设置哑变量，参照组为建筑施工行业）、"单位性质"（设置哑变量，参照组为国有企业）、"目前工作的稳定程度"、"过去 5 年换工作次数"、"工作对人身是否安全"、"工作对身体健康的危害程度"、"是否参加过技能培训学习班"等。其中，定类数据设置哑变量；"身体状况""目前工作的稳定程度""工作对人身是否安全""工作对身体健康的危害程度"等为 Likert 态度量表题，分别将其选项重新赋值为 1～5 分。

将所有变量放入线性回归模型，选择逐步回归法，经过 11 次迭代，生成 11 个模型。最后一个模型的复相关系数为 0.541，调整的 R 方为 0.281，回归方程的 F 检验系数为 27.063，在 0.001 的水平上显著，说明总体存在线性回归方程。所有进入方程的自变量可以解释总变异的 28.1%。

从下文的表 3-93 可知，针对月收入 801～2400 元的农民工来说，自变量"工作稳定程度""性别""进城工作年限""本人所受正规教育时间""工作单位的性质""是否结婚""是否签订合同""是否信仰宗教"等与因变量"目前工作收入"存在显著关系。具体来看，工作稳定程度得分每增加 1 分，农民工月收入平均增加 80.4 元（0.201×400=80.4 元）。女性农民工的月收入均值比男性农民工的月收入均值低 201.6 元（0.504×400=201.6 元）。进城工作时间 5 年以上的农民工的月收入均值显著高于

进城工作时间 1 年以下的农民工月收入均值，前者收入均值比后者高
219.6 元（0.549×400＝219.6 元）；进城工作时间 3～5 年的农民工月收入
均值比进城工作时间 1 年以下的农民工月收入均值高 78 元（0.195×400＝
78 元）。农民工所受正规教育时间每增加 1 年，月收入平均增加 18.8 元
（0.047×400＝18.8 元）。机关事业单位的农民工月收入均值显著低于国有
企业农民工的月收入均值，两者差距为 336 元（0.840×400＝336 元）；其
他行业的农民工月收入均值也显著低于国有企业农民工的月收入均值，两
者差距为 225.2 元（0.563×400＝225.2 元）。签订了合同的农民工月收入
均值比未签订合同的农民工月收入均值高 106.4 元（0.266×400＝106.4
元）。参加过技能培训的农民工月收入均值比没有参加过培训的农民工月
收入均值高 93.2 元（0.233×400＝93.2 元）。离婚、丧偶及其他婚姻状态
的农民工月收入均值比未婚农民工月收入均值高 142.4 元（0.356×400＝
142.4 元）。没有宗教信仰的农民工月收入均值比有宗教信仰的农民工月收
入均值高 69.6 元（0.174×400＝69.6 元）。

表 3－93　线性回归模型：目前工作收入（801～2400 元）（N＝732）

	未标准化回归系数	标准化回归系数	T
（常量）	3.025		14.064 ***
sb5 工作稳定程度	.201	.203	5.664 ***
a1.1 性别（1＝男，2＝女）	－.504	－.249	－7.882 ***
sb1.4 进城工作年限（5 年以上—1 年以下）	.549	.271	7.444 ***
a3.1 本人所受正规教育时间	.047	.161	4.740 ***
sb3.6 工作单位的性质（机关事业单位—国有企业）	－.840	－.150	－4.706 ***
sb4 是否签订合同（1＝是，0＝否）	.266	.133	3.603 ***
c1 您找工作以前有没有参加过技能培训学习班（1＝是，2＝否）	－.233	－.101	－3.196 **
sa2.3 婚姻状况（离婚、丧偶及其他—未婚）	.356	.082	2.587 *
sb1.3 进城工作年限（3～5 年—1 年以下）	.195	.080	2.287 *
sb3.7 工作单位的性质（其他行业—国有企业）	－.563	－.074	－2.348 *
sa1.4 是否信仰宗教（1＝是，2＝否）	－.174	－.065	－2.049 *

续表

	未标准化 回归系数	标准化 回归系数	T
调整 R 方		0.281	
F 值		27.063 ***	

注：$^{***} P < 0.001$，$^{**} P < 0.01$，$^{*} P < 0.05$。

3.5.6　变量"对自己收入状况的满意程度"的线性回归分析

因变量为"对自己收入状况的满意程度"，对 Likert 态度量表做赋值处理，将选项"非常不满意"到"非常满意"五点态度量表分别赋值为 1~5 分。

自变量包括："性别"、"是否新生代"、"是否汉族"、"是否信仰宗教"、"是否党员"、"婚姻状况"（设置哑变量，参照组为未婚）、"本人所受正规教育时间"、"身体状况"、"进城工作年限"（设置哑变量，参照组为 1 年以下）、"从事工作所属行业"（设置哑变量，参照组为建筑施工行业）、"单位性质"（设置哑变量，参照组为国有企业）、"目前工作的稳定程度"、"过去5 年换工作次数"、"工作对人身是否安全"、"工作对身体健康的危害程度"、"是否参加过技能培训学习班"等。其中，定类数据设置哑变量；"身体状况""目前工作的稳定程度""工作对人身是否安全""工作对身体健康的危害程度"等为 Likert 态度量表题，分别将其选项重新赋值为 1~5 分。

将所有变量放入线性回归模型，选择逐步回归法，经过 11 次迭代，生成 11 个模型。最后一个模型，调整 R 方为 0.323，回归方程的 F 检验系数为 40.152，在 0.001 的水平上显著，说明总体存在线性回归方程。所有进入方程的自变量可以解释总变异的 32.3%。

由表 3-94 可知，农民工工作稳定程度得分越高，对自己收入的满意程度得分越高。工作稳定程度得分每增加一分，对收入的满意程度平均增加 0.232 分。

表 3-94　线性回归模型：对自己收入状况满意程度（N = 905）

	未标准化 回归系数	标准化 回归系数	T
（常量）	.663	—	2.950 **

续表

	未标准化回归系数	标准化回归系数	T
sb5 目前工作的稳定程度	.232	.258	7.948 ***
sb7.5（2001～2400 元—800 元及以下）	1.358	.467	9.077 ***
sb7.6（2401 元及以上—800 元及以下）	1.232	.444	8.335 ***
sa1.2 新老生代（1＝新生代，2＝老生代）	.260	.130	4.576 ***
sb7.4（1601～2000 元—800 元及以下）	.797	.340	5.811 ***
sb9 工作对人身是否安全	.103	.112	3.759 ***
a1.1 性别（1＝男，2＝女）	.151	.077	2.695 **
sb7.2（801～1200 元—800 元及以下）	.589	.238	4.359 ***
sb7.3（1201～1600 元—800 元及以下）	.490	.229	3.694 ***
a3.1 本人所受正规教育时间	－.018	－.069	－2.340 *
c1 您找工作以前有没有参加过技能培训学习班（1＝是，2＝否）	－.122	－.056	－2.015 *
调整 R 方	0.323		
F 值	40.152 ***		

注：*** $P < 0.001$，** $P < 0.01$，* $P < 0.05$。

月收入在 801～1200 元的农民工对收入的满意程度得分均值显著高于月收入在 800 元及以下的农民工，两者差值为 0.589 分；月收入在 1201～1600 元的农民工相较于对照组来说，前者收入满意程度得分均值超过后者 0.490 分；月收入在 1601～2000 元的农民工对收入满意程度得分均值高于对照组 0.797 分；月收入在 2001～2400 元的农民工对收入满意程度得分均值高出对照组 1.358 分；月收入在 2401 元及以上的农民工对收入的满意程度得分均值则高出对照组 1.232 分。老生代农民工对收入的满意程度得分均值显著高于新生代农民工，前者比后者高出 0.260 分。工作对人身安全程度与农民工收入满意程度存在显著正相关，安全程度得分每增加一分，则收入满意程度得分平均增加 0.103 分。女性收入满意程度得分均值高于男性 0.151 分。所受正规教育时间与对收入满意度得分存在显著负相关，受正规教育时间越长，收入满意程度得分越低，受正规教育时间每增加一年，收入满意程度得分平均减少 0.018 分。没有参加过技能培训学习班的农民工对收入满意程度得分均值显著低于参加过技能培训学习班的农民工，两者差值为 0. 122 分。

3.5.7　变量"对自己工作的满意程度"的线性回归分析

因变量为"对自己工作的满意程度"，对 Likert 态度量表做赋值处理，将选项"非常不满意"到"非常满意"五点态度量表分别赋值为 1 ~ 5 分。

自变量包括："性别"、"是否新生代"、"是否汉族"、"是否信仰宗教"、"是否党员"、"婚姻状况"（设置哑变量，参照组为未婚）、"本人所受正规教育时间"、"身体状况"、"进城工作年限"（设置哑变量，参照组为 1 年以下）、"从事工作所属行业"（设置哑变量，参照组为建筑施工行业）、"单位性质"（设置哑变量，参照组为国有企业）、"目前工作稳定程度"、"过去 5 年换工作次数"、"收入满意程度"、"工作对人身是否安全"、"工作对身体健康的危害程度"、"是否参加过技能培训学习班"等变量。其中，定类数据设置哑变量；"身体状况""工作稳定程度""收入满意程度""工作对人身是否安全""工作对身体健康的危害程度"等为 Likert 态度量表题，分别重新赋值为 1 ~ 5 分。

将所有变量放入线性回归模型，选择逐步回归法，经过 14 次迭代，生成 14 个模型。最后一个模型，调整 R 方为 0. 264，回归方程的 F 检验系数为 24. 156，在 0. 001 的水平上显著，说明总体存在线性回归方程。所有进入方程的自变量可以解释总变异的 26. 4%。

由表 3 - 95 可知，农民工工作稳定程度与对工作满意程度得分存在显著正相关，工作稳定程度得分越高，对工作满意程度得分越高，前者得分每增加一分，对工作满意程度得分平均增加 0. 268 分。月收入在 1601 ~ 2000 元的农民工对工作满意程度得分均值显著高于月收入在 800 元及以下的农民工对工作满意程度得分均值，前者高出后者 0. 203 分；月收入在 2001 ~ 2400 元的农民工对工作满意程度得分均值高出参照组 0. 417 分；月收入在 2401 元及以上的农民工对工作满意程度得分均值则高出月收入 800 元及以下的农民工对工作满意程度得分均值 0. 581 分。工作对身体健康的危害程度是反向计分题，危害程度越低，农民工对工作满意程度越高；危害程度得分每增加一分，农民工对工作满意程度得分平均减少 0. 116 分。受雇于个体户的农民工对工作满意程度得分均值显著低于国有企业的农民工，前者比后者少 0.279 分；机关事业单位的农民工对工作满意程度得分均值显著高于国有企业农民工得分均值，高出 0.383 分。更换就业单位次数与对工作满意程度存在显著正相关，更换就业单位次数每增加一次，对工作满意程度得分平均增加 0.032 分。进城工作时间 3～5 年的农民工对工作满意程度得分均值也显著低于进城工作时间 1 年以下的农民工，前者比后者低 0.180 分。身体状况得分与对工作满意程度得分存在显著正相关，身体状况得分每增加一分，农民工对工作满意程度得分平均增加 0.095 分。老生代农民工对工作满意程度得分均值高于新生代农民工，前后者对工作满意程度得分均值相差 0.128 分。女性农民工对工作满意程度得分均值比男性农民工均值高 0.155 分。制衣制鞋行业的农民工对工作满意程度得分均值显著低于建筑施工行业的农民工，前者比后者低 0.185 分。签订了合同的农民工对工作满意程度得分均值显著低于未签订合同的农民工，前者比后者低 0.135 分。这点在本书后面会有详细分析。笔者在访谈中了解到的主要原因是农民工对签订合同的预期过高，以为签订合同会带来更多的收益。但事实并非如此，因此在某种程度上，签订劳动合同的农民工对工作的满意度不如一些没有签订劳动合同的农民工。不过这个结论和表 3 - 91 中的结论是一致的，即工作满意度高的农民工，签订合同的可能性反而更低。

表 3 - 95　线性回归模型：对自己工作的满意程度 （N = 905）

	未标准化回归系数	标准化回归系数	T
（常量）	.664		3.021 **
sb5 工作稳定程度	.268	.311	8.800 ***
sb7.6 （2401 元及以上—800 元及以下）	.581	.218	6.839 ***
sb7.5 （2001～2400 元—800 元及以下）	.417	.150	4.670 ***
sb10 工作对身体健康的危害程度	.116	.129	4.138 ***
sb3.5 （个体—国有企业）	-.279	-.133	-4.362 ***
b6.1 您过去 5 年中共换过几次就业单位	.032	.108	3.491 **
sb3.6 （机关事业单位—国有企业）	.383	.081	2.728 **
sb1.3 （进城 3～5 年—1 年以下）	-.180	-.078	-2.694 **
sb7.4 （1601～2000 元—800 元及以下）	.203	.090	2.888 **

续表

	未标准化 回归系数	标准化 回归系数	T
sa4 身体状况	.095	.091	3.027 **
sa1.2 新老生代（1 = 新生代，2 = 老生代）	.128	.067	2.188 *
a1.1 性别（1 = 男，2 = 女）	.155	.083	2.702 **
sb2.3（制衣制鞋—建筑施工）	-.185	-.063	-2.120 *
sb4 是否签订合同（1 = 是，0 = 否）	-.135	-.073	-2.099 *
调整 R 方	0.264		
F 值	24.156 ***		

注：*** $P < 0.001$，** $P < 0.01$，* $P < 0.05$。

第四章　新生代农民工教育培训实践、问题与成因分析

进入 21 世纪后，我国政府专门颁布实施了一系列有关农民工培训的政策文件，出台了一些措施，从培训规模到资金安排都做出了规定，这些为农民工培训提供了政策依据和保障。农民工输出地政府、农民工输入地政府、企业、培训机构以及一些职业学校等，为广大农民工开展了大量的培训工作，形成了农民工培训的各种实践类型。本章主要就已有的农民工教育培训实践类型、问题和成因展开分析和探讨。

4.1　国内外移民（农民工）教育培训实践与反思

4.1.1　我国新生代农民工教育培训实践

综合国内已有文献研究和本书访谈搜集的资料来看，目前国内有关农民工就业培训的代表性做法与模式主要有以下几种。

（1）富平模式

富平模式，指的是北京市通州区富平职业技能培训学校（以下简称"富平学校"）为贫困地区的农村剩余劳动力提供家政服务培训的一种模式（北京富平学校，2017）。富平学校最初是由著名经济学家茅于轼、汤敏等于 2002 年初在北京创立的一所致力于提升贫困地区农村妇女的人力资本、为她们创造就业机会的中级职业技能培训学校。学校的发展历程总体可以分为初创时期、发展与转型时期两个大的阶段。初创时期主要是通过个人宣传形式，招募全国各地下岗女工、农村妇女、中专毕业生，为她们提供家政培训服务，帮助她们实现脱贫。发展与转型时期，学校开始完善治理

结构，成立了第一届理事会，此后与环境与发展研究所、日本著名社会企业日本守护大地协会以及其他社会伙伴开展投资合作，逐渐转型成为一个集"社会企业"孵化与培育以及"社会创新人才"培养于一体的专业服务机构，专注于帮助穷人等低收入人口，并通过对"社会创新人才"与"行业标杆型社会企业"的支持和培育，改善贫困群体的福利，增加他们平等参与社会发展的机会，促进社会公平正义的非营利组织。业务也从原来单一的家政服务培训，扩展为家政与社区服务、儿童早教、微型金融、生态信任农业等，同时致力于挖掘和培养社会创新人才。

（2）北大平民学校

北大平民学校，发端于北京大学为践行蔡元培校长"劳动神圣"理念于 1918 年创办的北大工友"校役夜班"。后来，在蔡元培校长的启迪和支持下，以廖书仓和邓中夏等为核心组成的北京大学学生社团，继续开办"平民教育讲演团"和"平民学校"，以持续推动北大这种为平民服务的活动，达到增加平民知识、唤起平民自觉心的目的。2006 年，北京大学教育学院"进城务工人员的继续教育和培训"课题负责人丁小浩、岳昌君与华东师范大学教育管理学院课题负责人李明华等共同合作，本着"传承平等理念、成就平民梦想"的办学宗旨，重新创办"北大平民学校"。"北大平民学校"的宗旨在于，继续探索北大平民学校为农民工开展可持续性教育培训的可能性，分析、研究"高校教学资源＋志愿者"的培训模式是否可行，探索传播"劳工神圣，人人平等"理念的可行路径。

针对校内工友既需要掌握英语、电脑等基础职业技能，又需要提高社会交往、沟通能力等需求情况，北大平民学校设计开发的课程涵盖两个系列共二十二个模块的教学内容。授课时间安排在每个周末，课程分两个系列。第一个系列涉及的是人的全面发展，旨在培养员工健康向上的人生和职业发展观。这部分课程内容由"北大为家"、"快乐工作"和"学会共处"三个教学模块构成。第二个系列是文化技能普及课程，包括日常英语会话和电脑基础技能课（丁小浩、岳昌君、鲍威，2009）。教学内容包括"学会做事""学会共处""学会学习""学会生活""我是链条上的一环""分享与宽容"等 22 个模块。截止到 2018 年 3 月 20 日，北大平民学校共举办了十三期学员培训，共免费培训工友 1248 名，900 多名（人次）北大及周边高校师生先后参与了北大平民学校的教学志愿服务活动（北大校工会，2018）。通过学习，学员们提高了文化知识水平，团队合作、社会交往能力得到了提升，自信心也得到了极大程度的提高。后期跟踪研究通过多元线性回归分析得知，北大平民学校的培训经历能显著提高工友通用能力的 9.5%、沟通交流能力的 15.3%、职场融入能力的 13.0%；两阶段最小二乘法分析模型结果显示，参加平民学校的农民工在通用能力、沟通交流和职场融入方面分别提高 63.0%、68.4%、121.6%（鲍威、迟春霞、麻嘉玲，2018）。

北大平民学校这种利用高校现有资源＋志愿者的运作模式，一方面，在提高农民工的基本技能，重塑农民工自信，提高他们的归属感、自我认同、爱岗敬业、社会交往以及社区参与能力等方面发挥了积极作用；另一方面，扫除了农民工工作时间冲突、培训费用高且无力支付、信息不对称等各种培训障碍。这种运作模式在最大限度地满足农民工的综合培训需求的同时，又最大限度地为农民工和培训方节约了成本，充分弥补了农民工教育培训方面的市场失灵和政府失灵。

（3）温州的订单式培训

订单式培训是比较受政府、职业学校和企业青睐的常见合作方式之一。在该模式中，政府、职业学校与企业签订培训合同，或者是职业学校和企业签订培训合同，职业学校根据政府尤其是企业的需求，为农民工提供"量身打造"式培训，有助于实现农民工培训与就业的"无缝对接"，进而保障了农民工培训的"适销对路"。这种方式既能确保培训合格的农民工顺利就业，也能减少企业的招募与培训成本。温州市的各大培训院校根据合作企业的岗位要求有针对性地开发新的培训课程与教材，使学校的专业特色与区域经济特色融合在一起，为保障温州经济发展所需的劳动力做出了重要贡献。比如，温州瓯北是"中国阀门之乡"，乐清是"中国电器之都"，瑞安是"中国汽摩配之都"，温州职业技术学院便针对瓯北开设阀门设计与制造专业，针对乐清设置电机与电器专业，针对瑞安设置汽车电子专业。这些专业为区域经济发展提供了所需的紧缺劳动力，有力地促进了地方经济发展，也极大地提升了企业与职业学校的合作兴趣。一些企业和高校甚至联合建立实训基地，进一步提升了合作高度。有研究显示，目前温州市已有 27 个"国字号"特色产业基地（朱冬梅、黎赞，2014），这种农民工教育培训把培训和就业高度融合起来，成为当地农民工培训的一大特色。

（4）"广东省新生代产业工人圆梦计划"

"广东省新生代产业工人圆梦计划"又名"广东省圆梦计划"，它的全名为"圆梦计划：广东省新生代产业工人骨干培养工程"（以下简称"圆梦计划"）。发展到目前，该项目由共青团广东省委员会、省人社厅、财政厅、教育厅、科技厅主办，由广东省新生代产业工人圆梦计划联席会议办公室（以下简称"省圆梦办"）、各地市新生代产业工人圆梦计划联席会议办公室（以下简称"市圆梦办"）具体承办。"圆梦计划"一期工程叫"圆梦计划·北大 100"，于 2010 年 12 月 23 日启动。参加一期工程的合作高校只有北京大学一家。截止到 2017 年底，"圆梦计划"的合作伙伴院校由 2010 年的北京大学 1 家发展到 2016 年的 56 家，这些院校包括北京大学、中国人民大学、浙江大学和华南师范大学等。首期工程是由共青团广东省委与南方报业集团、中国电信广东分公司、新华网和北京大学等五家单位一起共同实施的重点项目，面向广东全省遴选 100 名优秀一线新生代农民工，全额资助他们参加北大远程本科教育学习，为广东省经济社会转型发展提供高素质人才。

广东省圆梦计划已经发展成为一种制度化、常态化、多方合作和可持续的新生代农民工教育培训工作机制，取得了六个方面的成果。第一，形成了一种多主体参与的新生代农民工教育培训的多元合作机制，取得了巨大的成功。为新生代农民工开设的教育培训课程涵盖了技术类、工程类、经济类、管理类、社会科学类、语言类等 100 多门，共资助 68672 名在粤新生代农民工在职参加以远程教育、成人高考形式为主的高等继续学历教育，顺利毕业的圆梦学员已达 30556 人，累计报名人数超过 23 万人（共青团广东省委员会权益部，2017）。第二，获得了较高的满意度。圆梦办 2017 年调查结果显示，学员对"圆梦计划"的整体发展比较满意。"圆梦计划"不但提高了他们的学习能力和技巧，而且提升了他们自身的综合素质。第三，为助推"广东制造"升级为"广东创造"提供了智力保障。这些毕业后的学员大都从技术工人成长为用人单位的部门骨干、管理人员乃至自主创业者。经过七年的发展，毕业学员已遍布在广东省各个行业，成为各行各业的业务骨干和领导。有的成为世界 500 强企业的亚太区高级项目经理，在工作岗位上创造了更高的价值，将自己的人生推向了一个新的高度；还有的考取了基层公务员，立志扎根基层，为基层社会做贡献。第四，为新生代农民工提供了均等的接受高等教育的机会，在一定程度上实现了教育公共服务的均等化。"圆梦计划"使得新生代农民工以"一天一元"极低的成本上大学，极大地减轻了他们的经济负担；由企业、政府选拔去学习，解决了工作时间和学习时间冲突的问题，同时也解决了培训后的就业问题，不但极大地调动了新生代农民工教育培训的积极性，而且激发了新生代农民工成为"圆梦计划"学员的工作积极性。这种合作办学模式，在为新生代农民工提供均等的受教育机会的同时，也在一定程度上减轻了政府的财政压力。第五，有利于促进新生代农民工的社会融入和城市化进程。一方面，"圆梦计划"使得广大新生代农民工能够接受高等教育，强化了他们毕业积分入户的优势；另一方面，为新生代农民工提供了实现向上社会流动的通道和机制。"圆梦计划"使广大的新生代农民工由原来只是 GDP 的创造者，逐渐转变成 GDP 的受益者。所有这些相应地增强了他们在城市的"归属感"、"主人翁意识"和"市民意识"，对于促进他们融入城市发挥了积极的作用。第六，培养了一批党在新兴产业工人中的可依靠力量。"圆梦计划"把近 7 万名（68672 名）在粤务工的新生代农民工整合到团工作体系中，与他们建立了密切的联系。这些"圆梦学员"不仅成为党的坚定拥护者，也是团组织在青年工人群体中的"信息员"和"组织者"。这些"圆梦学员"在传播党的理念和政策主张、开展党团工作方面起着非常重要的作用（共青团广东省委办公室，2013）。

（5）深圳的农民工教育培训实践

深圳目前存在的农民工教育培训包括大学成人教育学院、社区教育中心或成人培训学校（李明华，2011），以及市场上培训机构举办的培训。不管是大学成人教育学院和社区成人培训学校，还是市场提供的培训，都存在收费偏高的倾向，是一种明显的营利性培训。

一是大学成人教育学院。深圳大学成人教育学院是深圳市大学成教院为农民工提供教育培训的典型代表。深大成教院的学生中有 95% 是农民工，而且以新生代农民工为主，平均年龄是 22 岁，最大 40 岁，最小的 18 岁，普遍年龄是 30 岁左右。2006 年，深大成教院的学员有 18000 名，其中 5.6%（1000 人）的农民工选择参加全日制脱产班学习，94.4%（17000 人）选择上夜大。2007 年，学员数量达到 2.3 万人。在读全日制的学员中，70% 的人工作两年以上，有的工作了三到四年。为了参加两年制的脱产班学习，农民工要积累 3 万 ~5 万元的学费，一年学费在 1.5 万 ~2.5 万元。

深大成教院通过与深大各个学院联合办学，绕开了行政审批，在宝安、龙岗等地设置了 11 个教学点，覆盖了深圳市主要工业区。在 17000 名夜大生中，有 17.6%（3000 人）的学员在上班地点附近的教学点上课，其余83.3% 的学员在本部上课。成教院的授课依托于深大各个学院系部展开。成教院所收取费用中的 87% 要上交给深圳大学（李明华，2011：159 ~ 161），成教院成为深大创收、营利的附属机构。

二是街道成人学校。深圳已经成为我国南方重要的高新技术研发和新型制造业基地，农民工教育培训需求旺盛①。深圳市一些街道的社区教育中心转型为成人学校，为农民工以及社区居民提供各种技能培训。福永街道成人学校便是代表之一。

福永街道成人文化技术学校（又叫"福永街道成人学校"，以下简称"学校"）成立于 1991 年，2004 年、2007 年分别加挂"社区教育中心"②"职业能力培训基地"两块牌子，目前已改为"党群服务中心"。学校原本是当地居民接受市民教育的中心，目前已发展成为一所由教育局、福永街道共同举办的集社区教育、职业技能培训、成人教育于一体的省级示范性成人学校，是福永唯一一个由政府举办的成人教育机构，是宝安区职业训

---

① 深圳的产业发展对技能型人才的需求越来越大。各类用人单位对农民工等各类劳动力的学历要求越来越高。广东省实行积分入户政策，学历、专业技术人员职业（执业）资格、专项职业能力等是重要的加分指标。新生代农民工具有较高的市民化意愿，因此教育培训意愿非常强烈，教育培训需求高。

② "社区教育中心"是社区工作站或居委会挂的多块牌子中的一块。社区工作站又统称为社区服务中心。2016 年以前，社区挂有很多牌子，但基本上是同一套人马，居民苦不堪言。后来全部撤掉了，只挂社区党群服务中心和社区居委会两块牌子。从 2016 年开始，深圳所有社区服务中心统一更名为社区党群服务中心，到 2017 年，668 个社区服务中心全部完成更名工作，以前社区工作站、社区服务中心，以及其他社区挂牌的服务，全部统一纳入了社区党群服务中心。该部分的资料主要来自电话访谈，其中部分数据参见李明华，2011，《农民工高等教育需求、供给和认证制度研究》，中国言实出版社。

练中心公益培训定点机构和福永街道辖下的事业单位。学校向农民工开放的培训包括学历教育、会计、计算机、电工、电梯、电焊、叉车、安全主任、企业负责人、商务英语、日语、物流管理、物业管理、创业培训、岗前培训、劳务工初次上岗培训等二十几个专业。

访谈了解到，福永街道成人学校已经搬迁到立新湖花园酒店，新增了龙岗银河培训学校、志成培训学校、博智培训学校和坪山志远培训学校等。在培训资金投入方面，除了部分由党群中心购买服务外，其他的资金都来自学员的学费。各专业收费标准不同。2016 年到 2017 年，每年学费为 4000～6000 元。学校本部平均每月培训 200～300 人次。教学分点的学员中 95% 是农民工，老生代农民工只占 3% 左右。学校还有 3 家社区学校，为新生代农民工提供电脑培训、英语和日语培训、成人高中班、成人中专班等培训服务。

因社会办学审批难度大，私人老板与学校合作开办教学分点，学校作为法人代表出面向教育行政主管部门申请批准开设教学分点，分点由私人老板承包，负责投资装修、教学硬件的购买等。各个分点的招生和师资调配以及教学管理等都由学校派专人负责管理。个别分点授课的老师由老板们自己解决。每年有 1.5 万人在分教学点参加学习和辅导。分教学点的私人老板每月收入达到上万元。据学校负责人介绍，包括所有分教学点在内，学校每年培训量达到两三万人，最大培训量是四万人左右。总部课程占一半，教学分点课程占一半，大部分学员在总部学习，学校的收入主要来自总部的课程（李明华，2011：163～165）。

这些政府举办的各类成人学校在新生代农民工教育培训方面发挥了巨大的作用，为农民工增收发挥了关键性作用。培训后的农民工月底薪在 1000 元左右，有的在 2000～4000 元，有的还包吃包住。农民工的培训积极性被激发出来，这些证书和文凭一方面可以给他们带来收入的增加，另一方面有利于他们消除在积分入户时所面临的技能不够、文凭学历不够等障碍。

三是社会培训机构。深圳的农民工市场商业培训始于 20 世纪 90 年代末，1999 年底有 30 家培训机构，到 2005 年只剩下几家大的机构，深圳书城培训中心是当时规模最大的一家民营培训机构。

书城培训中心从 1999 年 10 月开始举办农民工自学考试辅导和培训。

书城培训中心师资队伍人员大多是从内地高校或中学来深圳的老师，最多的时候有 200 名老师，专职的有几十个，大部分为兼职老师。中心除单独开设大学自学考试辅导班外，还和高校合作开班，也在学员集中的工厂片区开设大的教学点。最大的培训项目是自学考试辅导，第二大项目是外语培训，其余就是人力资源管理、物流管理、物业管理、计算机技能、会计、导游、经纪人等职业资格认证培训。2004 年，培训人数达 3 万人，自考辅导生占 35% ~40%，外语培训 8000 人左右，计算机技能培训 2000 人左右。2004年，在参加自学考试的 8000 名学员中，农民工占 70% ~80%，计算机培训学院农民工占 50%，参加外语培训的农民工占 30% ~ 40%。机构收入的30% ~40% 来自农民工。中心为了维持一定的利润，一个班有时有 200 ~ 300人上课，有时候只有 40 ~50 人上课。中心学员的学制一般是 2.5 ~3 年，初中/中专升高中、高中升大专、专升本和高升本各类不同的辅导班学制长短不一。高升专、专升本是 3 年，高升本是 5 年。一个学期 3 个月，每学期安排 3 ~4 门课程。每门课程 260 元，一个学期学费 1000 元多一点，一年学费2000 多元，学费贵一点的专业每年 3000 元。学完全部课程的学费在 5000 ~15000 元。在与高校合作的项目中，一年 3000 元学费的 40% 支付给合作的高校，其余 60% 用于中心自身教学运行与盈利。一般的技能培训，收费在 1200元左右，培训时间两个月，开展理论课程 10 次。在实操方面，学员自己安排好时间去中心练习。

这些市场化的培训方式为农民工提升技能和学历提供了一种可供选择的途径，也为深圳产业结构转型升级提供了所需的技能型劳动力。但是，高昂的培训费用使得许多农民工丧失了接受继续教育和培训的机会，他们的正当权益没有得到很好的保护和实现，造成了新的社会不公平现象。

4.1.2 我国（新生代）农民工教育培训投入与成效

从 1988 年开始，中央政府开始关注农村劳动力转移问题，并且出台了一些促进农村劳动力转移就业技能培训的政策。以"阳光工程为例"，各级政府和部门从各个方面不断加大投入力度，取得了相当不菲的成就。

（1）"阳光工程"中的资金投入

中央和地方各级政府先后在农民工培训中投入大量资金，尤其是自从

2004 年农业部等 6 部委启动实施"阳光工程"以来，中央相继加大投入力度。有据可查的官方资料显示，2004～2006 年，中央财政累积为"阳光工程"投入专项资金 12.5 亿元，省财政配套资金 10 亿元。"阳光工程"两年培训农村转移劳动力 1000 万人以上（中央政府门户网站，2006）。2004 年，农业部等 6 部委启动"阳光工程"，中央财政按照东部地区人均 120～130 元、中部地区人均 160～170 元、西部地区人均 180～200 元的标准对各省（区、市）进行补助，要求中央的补助资金与各省（区、市）安排的补助资金捆绑使用，做到专款专用。中央财政拨付 6.5 亿元专项补助资金，各省级财政投入 10 亿元。2006 年，劳动和社会保障部实施"农村劳动力技能就业计划"，明确提出从 2006 年到 2010 年，每年要为 800 万名农村劳动者提供非农技能培训，计划 5 年共培训 4000 万名农村劳动者，还规定要达到 90% 以上的培训合格率和 80% 以上的就业率的目标。2006 年，中央财政拨付 6 亿元农民工培训补助资金。农业部的调查显示，2006 年财政对每个受训农民的补助资金为 230 元，2007 年中央财政投入 9 亿元，把对东、中、西部地区的人均补助标准分别提升到 173 元、250 元和 300 元。2008 年，中央投入 44.15 亿元农民工培训资金，重点投向技术含量高的中长期培训项目。此外，地方自筹了 5.04 亿元培训资金。

（2）"阳光工程"的成效

2004 年，农业部门"阳光工程"培训了 250 万名农民工；2005 年，培训了 280 万名农村劳动力；2006～2010 年，每年培训农民工 600 万人。人社部的"农村劳动力技能就业计划"每年培训 800 万名农民工。国务院农民工办的调查表明，2008 年，各地共培训约 1950 万名农民工，包括人社部门培训 900 万人、农业部门培训 950 万人、扶贫部门培训 150 万人。另外，还有农民工创业培训 150 万人、科技部门培训 200 万人。"阳光工程"实施两年后取得的主要成效体现在五个方面。一是农民工就业能力得到极大程度提高。受训农民工的就业技能得到了提高，许多农民工达到初级以上职业技能水平，有的达到了中级水平，大多数农民工实现了 1 年以上的稳定就业。二是提高了农民工工资性收入，增加了家庭收入。参加过"阳光工程"培训的农民工人均月收入有 800 多元，比未接受培训的农民工普遍高出 200 元左右，高出务农收入 400 多元。三是实现了农民工的有序流动。因为"阳光工程"采用"订单式培训",获得资格认证的培训机构凭企业订单获得政府下达的培训任务。培训合格后的农民工被有组织地送到雇佣单位,降低了他们外出务工的成本,减少了盲目性和无序性。四是政府直补大大降低了他们的培训成本。中央、地方政府以培训券方式或降低收费标准等将财政补助资金直接发放给参加培训的农民工。以公开透明的方式强化培训机构认定、培训任务安排、工作监管等工作,确保了培训工作的阳光操作。五是起到了示范和激励作用。受"阳光工程"的示范作用影响,各省出台培训规划,根据中央政府要求制定配套政策,加大配套资金投入力度,全面促进农村劳动力转移培训工作的开展。实施"阳光工程"以来,各地共安排农民工培训资金 10 亿元以上,带动全国地方培训超过 1200 万名的农村转移劳动力(中央政府门户网站,2006)。

研究指出,技能培训能提高农民工月平均工资的 6% 左右;女性农民工培训收益率高于男性农民工;企业内部培训比社会培训对农民工月平均工资的影响更大;输出地政府举办的培训比输入地政府举办的培训对农民工月平均工资的影响更大(李实、杨修娜,2015)。这些培训在提升农民工就业技能,实现农民增收和农村劳动力转移等方面发挥了巨大的作用。

4.1.3 国外职业教育培训实践

综合国内外已有文献和笔者在美国访学搜集的资料来看,国外关于移民(农民工)、弱势群体与失业人群的教育培训实践具有代表性的国家如下。

(1)美国的职业教育培训

美国政府历来重视公民的职业教育和培训,通常以立法形式明确规定各级政府的财政投入责任,并倡导政府、行业协会、社会组织、企业、职业学校、社区学院、大学等各个层面的合作伙伴关系,落实对包括农民、农村转移劳动力、失业群体、弱势群体在内的教育培训职责[①]。美国除了通过立法在全国普及城乡一体化、长达 12 年的免费义务教育外,在对农民教育培训等方面一直强调各级政府的主要责任。

---

① 有关美国教育培训的分析除特别注明出处外,均为笔者在美国访学期间搜集所得。

　　第一，美国一直重视对农民及农村转移劳动力的教育培训。有专门针对农民与农村转移劳动力教育培训的立法。如依照 1862 年《莫里尔增地法案》设立的各州农学院（也被称为"赠地学院"），为农民提供收费低廉的高等教育，并有寒暑假农民工讲习班，培养大批农业、工业急需的高水平专业人才。

　　第二，美国高度重视成人教育①，并将成人职业训练内容融合到中学课程体系中，让那些上不了大学或不准备上大学的中学毕业生接受劳动力教育培训。政府以直接拨款、奖学金或税收充抵与减免等公共财政支持形式资助、鼓励企业主和公司对雇员进行培训。联邦法律规定，接受成人教育的大学生在头两年每年可以享受纳税基数扣除 1500 美元，两年以后每年还可继续扣除不超过 1000 美元的纳税基数。资助员工上大学的企业可以免除每人每年 5250 美元的纳税基数。美国有 1000 家以上企业有自己的教育培训机构（也被称为"公司大学"），为员工开展与工作相关的教育培训（王志平，1999）。

　　第三，美国政府重视国家层面的培训机制建设。一方面，立法规定了联邦政府、州政府、地方政府的财政投入责任和具体比例；另一方面，制定了统一的国家培训标准。"国家技能标准委员会"对职业技能与标准、证书体制和评估体系做出统一规定，并通过政策支持推动教育、工商企业等各行业自愿采用，并将这些标准与中小学课程、训练教材、工作经验等结合起来，确保所有劳动者获得终身学习的机会，掌握生产世界一流产品所必需的技能。

　　第四，美国的劳动力培训立法规定非常具有针对性，可操作性强。如1962 年的《人力发展与培训法》规定了三个主要的培训计划。第一个计划是在职培训计划。为了更好地实施这项计划，美国劳工部早期委托学徒培训局具体管理在职培训工作，专门为企业不愿意聘用、不具备用工条件的劳动者提供培训与就业机会。为减轻企业压力，调动企业的积极性，规定

---

　　① 成人教育一共有六类：①作为第二语言的英语（English as a Second Language，ESL）；②成人基础教育（Adult Basic Education，ABE）/基础教育发展（General Educational Development，GED），主要是培训成人以获得写作、基本阅读和算术能力，为达到高中文化水平做准备；③学历课程教育，主要是 25 岁以上的在职成人（"老"大学生）重新走进学校学习；④学徒教育；⑤工作相关培训；⑥个人发展教育和培训。

劳动者培训期间的工资由《人力发展与培训法》的基金项目支付。目的是希望企业雇佣那些暂时不符合岗位要求的劳动者，并对他们集中开展技能培训，直到符合企业用工要求。笔者于 2016～2017 年在费城市政府的就业培训办公室了解到，这种培训一般在公办就业培训中心或者工作岗位现场举行，多数在就业培训中心开展。费城市就业培训办公室下辖四个就业培训中心（办事处），分别是费城郊区车站就业中心、西北费城就业中心、北费城就业中心和西费城就业中心。此外，宾夕法尼亚州就业（Pennsylvania CareerLink）中心西南地方办公室分别在西南诸县/郡设立 7 个就业服务中心，分布在比尔克斯县（Berks County）、雄鹿县（Bucks County）、切斯特县（Chester County）、特拉华县切斯特市（Delaware Co，Chester City）、特拉华县米蒂尔市（Delaware Co，Media）、利哈伊县（Lehigh County）和蒙哥马利县（Montgomery County）。失业者、低技能劳动者、移民工人或其他弱势群体通常到就业培训中心找工作或接受培训。就业培训中心在企业和用人单位与应聘者之间架构起一座桥梁。一方面，为企业和应聘者提供一个双向选择平台；另一方面，也是应聘者接受培训和学习的重要场所。企业依法招聘并对暂时不符合企业录用资格的劳动者提供免费培训，直到应聘者掌握企业岗位所需的技能。培训费用以及劳动者培训期间的津贴或工资由基金项目负担。费城就业培训中心提供免费的工作坊，为劳动者开设认证项目和证书课程。这些项目和课程涵盖了商业和金融、建筑施工和制造、儿童发展与教育、健康与医疗、高质量接待服务和烹饪艺术、数字技术以及运输和物流等。此外，还开设了医疗保健和人类服务、生物医药、建筑贸易、先进制造业、信息技术等学徒项目[①]。第二个计划是实证和实验项目计划。该计划是为了促进和帮助有困难的劳动者和弱势群体的极其人性化和极具特别针对性的培训计划。在对他们进行样本实验和分析后，制定出最合适他们需要的解决方案。第三个计划是机构培训计划。美国就业部对培训方案和选拔人选等事宜做出立法安排，立法规定的教育培训是与劳动者工作密切相关的，培训周期为两年，而且规定了行业协会的参与责任，培训机构根据培训方案对劳动者开展培训。此外，联邦政府

---

① 此处资料来源于 2016～2017 年笔者在费城访学期间调研所得。

还拨出专款，争取各企业集团与各个地方的支持，将职业训练内容纳入高中课程，实现传统的学术课程与技术训练课程的有机融合，确保学生在中学阶段的最后几年，能够掌握迈入社会就业时所必需的技能。该计划的实施，在促进每年 600 万名以上（吕达，1993）进不了大学或不准备上大学的高中毕业生顺利实现就业方面发挥了巨大的作用。

（2）澳大利亚职业教育"国家培训包"

澳大利亚职业教育培训是国家统管。澳大利亚国家培训局负责全澳的职业教育和培训工作，澳大利亚国家行业咨询委员负责研发工作，协助开展工作的其他部门和机构包括职业教育与培训部长委员会、澳政府理事会、全国质量委员会、州培训局、行业协会和企业以及学校、培训机构等职业教育与培训提供者等。澳大利亚建立有国家统一的资格框架体系，即澳大利亚学历资格框架（Australian qualifications framework，AQF）体系（又叫"国家培训包"），并于 2000 年在澳大利亚全境实施。国家培训包涵盖了学校教育、职业教育和高等教育三种类型，由 12 个等级资格构成。各层级互通、有机衔接，在不同资格框架内的学生可以自由转换学分，便于学生逐级从低级上升到高级。澳大利亚这种中高等职业教育相互衔接的学历资格框架机制，为澳大利亚发展提供了大量高素质技能型人才。

国家培训包的优势是保障人们终身的职业发展需要。在农村，公立职业教育与培训机构，团体或私营培训机构成为职业教育办学主体，也有企业、教会和个人所办的培训机构。培训内容包括沟通交流、识字、算术、举止和仪容、工作面试技巧和辅导、生活技能、咨询辅导、休闲娱乐、野营、远足、自选技艺活动等（Langmead，1980；Stretton，1984）。为提升失业青年的就业能力，联邦财政支持开展"失业青年教育项目"，并通过普通在职培训援助项目、特别青年就业和培训项目，对低技能劳动者和失业者进行培训。由于公共职业教育与培训体系内的国家培训包使用率低，加上与高等教育衔接的有效性不够，一些大型行业和公司就单独成立自己的培训机构，开发公司专属的职业培训包（Ryan，2011）。

（3）英国的教育培训实践

英国在注重义务教育投入的同时，也重视对农民及其他劳动者的职业培训。1870 年《初等教育法》以及 1918 年《费舍法案》的颁布实施，使英国逐步走上免费义务教育的发展道路。1944 年的《巴特勒法案》规定将义务教育年限提高到 10 年。英国目前实行全国统一的 11 年免费义务教育。

英国还通过职业教育培训提升农民和职业转型农民的技术水平。英国政府很早就有通过开征特别税强化农民工教育培训的传统。1597 年，英国颁布法令，强调要安置农村贫困家庭的子女当学徒或工作。1601 年的《伊丽莎白济贫法》规定，所有贫民子女必须无条件进入习艺所做学徒，接受职业技能培训。1723 年成立的农业知识改进会和 1838 年成立的英国皇家农学会标志着英国农民和农民工教育培训制度的形成。1964 年的《产业培训法》对职业培训的设施、财政制度与职业培训控制协调机构的设置等做出了明确规定（刘艳珍，2010）。从 1982 年到 1987 年，英国政府相继颁布《农业培训局法》、《职业指导法》和《就业和训练法》等法律，为农民培训提供经费支持（王春林，2011；侍建旻，2012）。英国农村劳动力培训是各种产业培训中唯一能得到政府财政资助的培训。英国政府于 1987 年设立了"国家培训奖"，专门奖励为农民职业教育与技术技能培训做出突出贡献的单位。英国在全国各地设立 200 多个国家农业培训中心（刘艳珍，2010），还有许多农村企业、社团与个人兴办的各种短期培训班。迄今为止，英国形成了初等、中等和高等教育相互衔接，正规职业教育与业余职业技能培训互为补充的农民职业技能培训体系，高等学校、科研与咨询机构都积极参与其中。这些措施极大地提高了农村劳动力参与职业培训的积极性。

此外，英国建立了国家统一的资格证书制度体系。到 20 世纪 90 年代，英国建立了包括 A 级证书制度（中学高级水平考试，A-levels）、国家职业资格制度和普通国家职业资格制度在内的国家资格证书体系。体系规定，所有城乡学生只有完成义务教育、年满 16 岁并参加 A 级证书考试通过后，才允许接受普通学校的教育，其他所有学生则必须参加职业教育培训与学习，也可以选择参加规定的学徒培训计划。他们只有完成职业教育与培训并拥有普通国家职业资格与国家职业资格之后，才能就业或者申请到大学攻读学位。城市学院是实施高等职业教育的主要机构。科研与咨询机构、企业等都会与城市学院开展密切合作，参与高等职业教育机构的管理（蒋凯，2010）。国家资格证书制度保证了英国经济发展所需的技能型高素质劳动力。

英国还针对国际移民工人提供语言培训和其他培训服务，以提升移民的自信心、知识、技能和集体认同感。工会是这种培训中最活跃的机构之一。工会还为移民工人提供养老金、住房、福利和保险索赔等工作以外的问题的支持和建议（Heyes，2009）。所需经费主要来自受政府资助的"工会学习基金"，还会得到地方培训局、欧洲社会基金以及教育和技能部的共同支持。

（4）日本的教育培训实践

日本政府同样非常重视基础教育、职业教育和劳动力培训。日本实行城乡一体化的免费义务教育制度，且明确政府对义务教育的财政分担责任。在日本的九年制免费义务教育中，建立了一套由中央、都道府县、市町村三级政府合理分担农村义务教育费用的制度方案，各级政府责任如下。①中央政府负担的费用包括公立学校的全部教科书费用和所需全部经费、1/2 的地方公立学校所有教职员工的福利保障费用和工资、1/2 的校园新建扩建费、1/3 的危房改造费、2/3 的受灾校舍重建费、1/2 的偏僻地区公立学校公用经费以及 1/2 的家庭困难学生补助费。②都道府县负担的费用包括1/2 的公立学校教职员的工资和福利保障费和1/3 的危房改造费。③市町村负担的费用包括 1/2 的公立学校校园新建扩建费、1/3 的危房改造费和1/2 的家庭困难学生补助费。其主要做法如下。

第一，高度重视农村职业转移劳动力和农民的培训法规建设，为转移农村劳动力提供法律保障。日本在明治维新时期就出现了农村劳动力向城市转移的现象。日本从一开始就着手实施源头干预，通过立法和教育投资强化对农村劳动力以及农村转移劳动力的教育培训，并且明确农民与农业转移人口教育培训的法律地位。《农学校通则》（1883 年）、《职业训练法》（1958 年）和《农业改良促进法》（1977 年）等法律确立了公共职业教育培训制度、企业培训制度、校企协作制度和职业鉴定制度。1961 年颁布的《农业基本法》规定，必须采取措施强化职业教育和培训、职业介绍等制度建设，扩充农村地区的社会保障。为促进职业能力开发和终身学习，日本于 1990 年通过了《终身学习振兴法》，全面推广终身学习活动，确立了"职业教育是终身教育"的办学理念。二战以后，为振兴乡村地区工业，日本除了继续颁布和完善农村成人职业教育和技能培训的法律外，还大力普及高中教育，大大提高了农业转移人口的非农就业能力，促进了日本农村职业教育和培训的制度化发展。

第二，推广企业职业教育，扩大高中毕业生的就业机会。企业内部员工培训制度是日本教育培训的突出特点。日本企业通常对雇用的高中毕业生开展职前、职后教育培训。为提高自身适应企业发展的能力，应对激烈的竞争，除积极参与企业的培训外，共同项目或岗位上的工人还会自觉组织学习小组。企业对这种学习给予大力支持。此外，日本政府于 2006 年建立实习并用职业训练制度，这是一种新的职业技能培训制度，并被写进新修订的《职业能力开发促进法》法律条文中。为了使这种新型职业技能培训制度在日本得以广泛推广和实施，2006 年，日本政府在新修订的《中小企业劳动力确保法》中做出硬性强制规定，政府通过提供资金、政策支持的方式，激励中小企业与事业团体实施"实习并用职业训练制度"，推动中小企业扩大青年技能人才的就业机会（鲁燕、于素秋，2008）。

第三，实施职业教育改革，确保实现中、高等职业教育的有机衔接。一方面，开展高中职业教育，使普通劳动者具备各种专业技能。《学校教育法》（1747 年）规定，普通高中必须开设农、水产、工、商等职业选修科目，同时设立专门的农、水产、工、商等职业高中，使学生具备相应的职业基础知识和基本技能，为将来接受中等职业教育做准备。另一方面，对高等专门学校进行改革，实施五年一贯制教育制度。学生进入高等专门学校后，头三年集中学习中等职业教育课程，后两年进行高等职业教育课程学习。课程安排遵循由低到高、循序渐进的原则，这种安排不但符合学生的认知水平和专业知识学习的实际需要，而且使中等职业教育与高等职业教育有机衔接起来。日本政府还规定，为强化高级职业技术人才的培养，高职学校的招生生源必须是中职学校的优秀毕业生；高等院校招生的名额也必须扩大职高毕业生和综合科毕业生的比例，以便为更多的优秀学生提供接受高等教育的机会。二战后，日本还加快建设专门满足青年人接受高等教育需求的短期大学。

（5）德国的"双元制"培训模式

德国一直有重视教育培训、重视创新的传统，这使得德国在后工业化时代也能保持非常强大的工业实力。德国做法有以下几个方面。

①完善教育培训法律体系，为农民工等国民教育培训提供法律保障

首先，将农民工教育培训经费纳入国家财政预算。国家依据财政政策和农业学校与培训中心的培训计划，安排专项拨款支持农民与农村劳动力培训。通过法律确保农民工教育培训经费来源稳定，还采用个人、企业或团体集资的方式建立培训基金，筹措职业教育培训经费，采取税收减免方式刺激企业以及有关部门重视农民工教育培训工作。地方政府对辖区内"双元制"培训高校拨付专项经费，支持学校的职业培训。

其次，严格实行城乡一体化的教育与培训制度。历史上，德国政府从一开始就把农村未成年人纳入职业教育和培训体系中，以确保他们在由未成年向成年过渡时顺利实现有效就业。1938 年制定的《帝国学校义务教育法》规定，农校以及所有职业学校的教学必须与企业岗位培训同步，以便为学徒补充、学习理论知识和基础知识创造条件。1969 年颁布的《职业教育法》（*Vocational Training Act of* 1969，VTA）对农业职业教育和培训做出比较全面和原则性的规定，并且对学校与企业联合开展培训做出政策安排，使德国双元职业教育与培训制度得到正式确定（Hirche，2012）。之后，德国政府相继颁布《农业职业教育基础阶段实施培训与课堂教学时间计划原则》《培训者规格条例》等法律法规，对职业教育培训机构、专任教师、从业人员、考核监督、教学过程和考评等各个环节做了具体、细致和严格的规定，对违反法规的行为予以罚款一万马克到判处徒刑的严厉惩处（王春林，2011）。2005 年，德国制定了新的《职业培训法》，对职业教育与培训的质量、数量等方面做出了更严格的规定和要求。

②将职业教育贯穿到整个教育体系中，打造"双元制"教育培训模式

德国参与职业教育与培训的不只是高等职业学院或大学，中小学、女子理科中学、理科中学、教会学校、专业技术学校、徒工学校、高等专业学校、综合性大学等都参与其中（王春林，2011）。德国从高中阶段就开始正式实施"双元制"职业教育。中学毕业、不进入大学学习的未成年人要在非全日制职业学校学习基础知识和理论性知识，同时要在企业接受职

业技能与专业知识培训（Wieland，2015）。企业负责教育经费的 2/3，国家负担 1/3。在德国 2012 年高中阶段的实科中学、主体中学和完全中学等各类毕业生中，有 65% ~ 70% 的学生选择接受"双元制"职业教育培训。学习时间分 2 年、3 年、3.5 年不等。参加双元制教育培训的学员首先与有培训资格的企业签订《职业教育合同》，然后每周在职业学校进行 1 ~ 2 天的理论学习，在企业进行 3 ~ 4 天的岗位实践和学习。企业给学员发放生活津贴（姜大源，2013；徐小清，2017）。职业教育培训领域包括技术、农业、商业、工业部门、公共行政、医疗保健和社会服务等 350 种不同职业领域（Wieland，2015）和 2.5 万个社会职业（姜大源，2013）。非全日制职业学校主要开设诸如德语、数学或社会研究等一般科目的理论教育和指导（Deissinger，2015）。岗位学徒培训主要是培训从事蓝领或白领职业的工作技能（Heinz et al.，1998）。

这种"双元制"职业培训制度在 1969 颁布的《职业教育法》中被正式确立。德国"双元制"有两种模式。一种是企业或公司创办的以培养工程师为目标的职业学院，即"双元大学"模式。另一种是与企业联合实施"双元"教学的应用科学大学，即"大学双元培养"模式。这种校企合作的双元培养模式，不是以学校或者企业任何一方为主而另一方为辅的办学模式，而是学校和企业双主体联合办学模式。同时，也是多主体共同参与、协力合作的职业教育制度。除了学校和企业外，联邦与州政府的主管部门、工会、商会和相关联合会（Hirche，2012）等各种不同的主体都会参与其中。"双元制"职业教育培训制度是德国实现熟练就业的主要途径，也是许多公司劳动力发展的关键要素（Deissinger，2015）。虽然企业要为学徒学习支付一笔不菲的费用，但相较于招聘一个没经过职业培训的生手而言，从其入职到上手的两三年内，企业花费的隐性成本更高。学徒在企业内接受实践教育和培训，了解企业生产工艺流程和产品，能紧跟技术发展步伐。此外，这种为企业量身定做的人才忠诚度更高。德国员工不仅自己忠诚于企业，也对后代起到潜移默化的影响作用，间接培养了后代对企业的忠诚度（周红利、张万兴，2014）。

4.1.4　国外职业教育培训效果

国外把教育培训作为人力资本投资的重要手段和途径。这种人力资本投资提高了劳动力和资本存量的生产率（Lucas，1988）。在宏观经济层面，人力资本投资促进了经济增长，提高了劳动力的生产率（Martin & Sunley，1998）。美国职业教育与培训提高了农民与农民工的素质，促进了农业发展和农村劳动力的转型，为美国工业化发展提供了强大的智力支持。美国职业教育对技能和技术知识发展的贡献，是对经济动态的一种巨大资产。这也证实了舒尔茨（Theodore Schultz）的观点：人力资本投资所产生的收益和回报要远远高于对物力资本的投资（Arnold，1965）。Nistor 的研究指出，州一级的人力资本投资降低了该地区的失业率。一个州年均净（迁出）移民率小于 1.6%，人力资本支出对失业率会产生积极影响。人均 100 美元的人力资本投资将使州失业率降低 0.63%。因此，美国各州 1990 年至 2000 年的人均人力资本支出均有所增加。除宾夕法尼亚州（投资减少 1%）外，美国 49 个州的人均人力资本支出增加了 27%。人均人力资本支出增幅最大的是乔治亚州（增加 99%）（Nistor，2009）。正是由于美国一直注重职业教育和培训以及教育投入，美国生产力水平和科技水平才高度发达。澳大利亚职业教育与培训对失业者以及青年就业发挥了必不可少的作用。Stretton 的研究指出，职业教育培训使得大约一半被调查者在调查时有一份全职工作，在培训结束后的六个月里，有近 70% 的人仍在一段时间内有一份全职工作（Stretton，1984）。对英国的研究表明，截至 2008 年 3 月，600 ~ 700 名移民工人参加当地继续教育学院开设的"针对说其他语言的人的英语培训项目"（ESOL），其中 500 多人加入了 GMB 工会。社区联盟工会并没有做得像 GMB 工会那样成功，但截至 2008 年 2 月，它组织参加 ESOL 课程的 104 名移民工人中有 26 名加入了社区联盟工会。通过培训，移民提升了自信心、知识、技能和集体认同感（Heyes，2009）。学徒制的教育培训为越来越多的年轻人提供了学习机会。英国的学徒人数从 2005 ~ 2006 年的 98 人、700 人增加到 2010 ~ 2011 年的 181 人、700 人（Hirche，2012）。职业教育和培训也为降低国内失业率发挥了一定的作用。德国的"职业创造计划"使 1992 年德国东部的失业率比往年降低 38% 以上（Lange & Thomas，1993）。德国非常低的失业率得益于深深扎根于其文化的职业教育和培训这一悠久传统。2011 年，欧盟平均失业率为 21%，西班牙为 45%，希腊为 43%，意大利为 28%，法国为 23%。德国是继荷兰、奥地利之后排名第三的低失业率的欧盟成员国，青年失业率为 8.9%。恰当的教育培训法律和方法大大有助于为人们提供"可持续生活、参与社会和体面劳动的价值观、知识、技能和能力"（Hirche，2012）。与欧洲和国际平均水平相比，德国双元制使青年失业率保持在较低水平，被认为能培养出为德国制造业创新能力做出贡献的高技能工人（Wieland，2015）。双元职业教育和培训制度对弱势青年的就业质量会产生积极的长期影响。这种对就业质量的持续影响会对年轻人的就业经历及其终身劳动力市场轨迹产生重要影响（Ibarrara'N et al.，2018）。

4.2 新生代农民工教育培训问题分析

如前文所述，本书中的新生代农民工教育培训包括两个层面。一个层面是他们的教育，涵盖了从基础教育、中等教育到普通高等教育、成人教育和继续教育等；另一个层面是为提升农民工就业技能和综合素质开展的各种培训，包括岗前、岗中（位）和岗后（失业）培训。新生代农民工教育培训是他们人力资本提升和投资的重要途径，同时也是宪法赋予他们的一项基本社会权利。发展到现在，政府和社会保障每个公民接受教育和培训已经成为公民的一项重要的社会福利权利，即教育福利权利。换句话说，新生代农民工的教育和培训本质上是宪法赋予他们的一项福利权利。这种教育福利安排的宗旨是，确保新生代农民工掌握生存、发展必需的知识技能，提升他们应对市场风险的各种能力，避免陷入贫困，进而过上有尊严的生活。全球化时代的竞争日益激烈，也日益多元。不管哪种形式的竞争，归根结底是人才和技术竞争，本质上是教育的竞争。教育培训作为一种准公共产品，它不是一种纯粹的商品，它的基本属性在于其福利性。教育和培训，属于一种发展型的积极福利政策。即便是西方自由主义国家，在对福利国家进行改革的过程中，也有以下两个方面的做法。一方面，坚持以自由主义思想为指导，大力推行市场化改革；另一方面，并非简单地取缔福利，而是改变福利支出方向，大力投资教育和培训。通过实施这种发展型的积极福利政策，一方面能促进个体和社会福利的增长，同时能全方位提升劳动者的素质；另一方面能使经济效率得到极大的提升。

培训和教育已经成为西方后现代福利制度设计的核心环节，也是西方福利国家解决发展困境的关键举措。高等教育也成为向社会成员提供的理想福利物品。福利性的高等教育在西方已经成为一项越来越重要的社会福利内容（黄文琳，2018）。在德国等发达国家以及一些经济发展水平不如我国的发展中国家（如印度和巴西等），高等教育甚至被作为福利蛋糕和社会福利事业来发展，民众接受高等教育只需要缴纳非常低的费用。虽然有些国家为缓解教育经费不足难题而采取教育产业化的方式筹措教育经费，但是这些国家不仅没有一个采取忽视或削弱高等教育福利性的措施，反而在后续改革中强化高等教育的福利性质（张务农，2014）。因此，新生代农民工的教育和培训，绝非只是免费的义务教育，也绝非只是初等或中等教育，还包括高等教育和各级各类培训。作为社会主义国家，尤其是世界第二大经济体，我国更有理由借鉴其他发展中国家以及发达国家的经验，长期坚持教育培训领域的福利属性，向全体国民提供这种准公共产品和公共服务。教育和培训领域的市场化充其量只是补充手段，不应成为大的趋势和主流。也就是说，教育培训领域并不适合大规模的市场化和商业化。

"获得教育福利，是新生代农民工的一项社会权利。"（黄文琳，2018）新生代农民工教育培训问题，不仅仅是培训领域的问题，而且是涵盖从义务教育到初等、中等教育，再到普通高等教育、成人教育和继续教育以及岗前、岗中、岗后培训等全方位、全领域的问题。进入 21 世纪以后，虽然中央颁布了一系列有关农民工培训的政策，每年投入大量资金开展农民工就业技能培训，有力地促进了农民工在城市的就业，取得了一系列成绩。但是，受各种因素的影响，农民工教育培训依然面临一些问题。下文将围绕新生代农民工教育、培训等方面探讨他们在教育培训方面所面临的问题。

4.2.1　新生代农民工的教育问题

（1）受教育程度低，新生代农民工的教育福利权益没有得到充分的保护

调查发现，新生代农民工的受教育程度普遍偏低。本书调查数据显示，

农民工受教育年限最小值为 0，最大值为 16，平均受教育年限为 9.74 年（见表 4 - 1）。也就是说，在被调查的农民工中，受教育程度最低的是文盲，最高的是大学文化程度，平均受教育程度是初中毕业水平。表 4 - 2、表 4 - 4 显示，初中及以下文化程度合计占比 52.7%，高中文化程度占比 25.7%，中专文化程度占比只有 9.7%，大专及以上文化程度占比 11.8%。相较于老生代农民工而言，新生代农民工受教育程度有所提高。表 4 - 3 显示，只看初中及以下的受教育程度，老生代农民工比例略高于新生代农民工；只看高中及以上文化程度，新生代农民工占比明显高于老生代农民工。而且，新老生代农民工与受教育程度之间呈极其显著的关系。二者在 0.001 水平上通过卡方检验（卡方值为 107.649）。总的趋势是，文化程度越高，新生代农民工占比越大；文化程度越低，老生代农民工占比越大。但是，相较于他们自身在城市的发展需求以及国家产业结构转型升级的要求来说，新生代农民工的受教育水平普遍偏低。由表 4 - 4 得知，在新生代农民工中，初中及以下受教育程度的合计占比四成多（40.5%）；还有 11.6% 的新生代农民工竟然只有小学及以下受教育程度；不到三成（29.3%）的新生代农民工为高中文化程度；中专文化程度的新生代农民工只占 13.3%；只有 16.8% 的新生代农民工为大专及以上文化程度。这一发现与国家统计局数据是一致的。

表 4 - 1　被调查者受教育年限

单位：年

	最小值	最大值	平均值	标准差
被调查者受教育时间	0	16	9.74	3.704

表 4 - 2　被调查者个人基本情况（N = 905）

单位：%

概念	变量含义值	频率	百分比
受教育程度	小学及以下	142	15.7
	初中	335	37.0
	高中	233	25.7
	中专	88	9.7
	大专及以上	107	11.8

表 4 - 3　各种文化程度中新老生代农民工的占比情况（N = 905）

单位：人，%

	小学及以下	初中	高中	中专	大专及以上	合计
新生代	67	167	169	77	97	577
	47.2	49.9	72.5	87.5	90.7	63.8
老生代	75	168	64	11	10	328
	52.8	50.1	27.5	12.5	9.3	36.2
合计	142	335	233	88	107	905
	100.0	100.0	100.0	100.0	100.0	100.0
卡方值	107.649 ***					

注：*** P < 0.001，Sig.（双侧）= 0.000。

表 4 - 4　新老生代农民工中各种文化程度的占比情况（N = 905）

单位：人，%

	新生代	老生代	合计
小学及以下	67	75	142
	11.6	22.9	15.7
初中	167	168	335
	28.9	51.2	37.0
高中	169	64	233
	29.3	19.5	25.7
中专	77	11	88
	13.3	3.4	9.7
大专及以上	97	10	107
	16.8	3.0	11.8
合计	577	328	905
	100.0	100.0	100.0
卡方值	107.649 ***		

注：*** P < 0.001，Sig.（双侧）= 0.000。

官方数据显示，全国农民工受教育程度普遍偏低。国家统计局于 2009 年建立全国农民工检测报告制度以后，每年发布《农民工监测调查报告》。国家统计局公布的 2009 年到 2017 年九年的数据显示，七成以上的农民工群体受教育程度为初中及以下水平，占比分别为 76.5%、74.8%、77%、

76.3%、77.2%、76.2%、74.8%、73.6%、72.6%（见表4－5）。2009～2017年，初中及以下受教育水平的农民工占比一直高于70%，最高的年份为2013年，占比77.2%，最低的年份是2017年，比例依然高达72.6%；高中文化程度占比在九年间有所上升，从2009年的13.1%上升到2017年的17.1%；大中专及以上毕业水平在一成左右波动，从2009年的10.4%下降到2011年的9.8%，然后上升到2012年的10.4%，2013年又下降到6.7%，然后缓慢升到2017年的10.3%，2017年比2009年低0.1个百分点；高中及大中专以上受教育程度的农民工比例合计不到三成，最高年份是2017年，比例为27.4%，最低年份是2013年，只有22.8%，其余年份一直徘徊在23%～27%。

表4－5　2009～2017年农民工文化程度

单位：%

	2009 年 *	2010 年	2011 年	2012 年	2013 年	2014 年	2015 年	2016 年	2017 年
未上过学	1.1	1.3	1.5	1.5	1.2	1.1	1.1	1.0	1.0
小学	10.6	12.3	14.4	14.3	15.4	14.8	14.0	13.2	13.0
初中	64.8	61.2	61.1	60.5	60.6	60.3	59.7	59.4	58.6
高中	13.1	15.0	13.2	13.3	16.1	16.5	16.9	17.0	17.1
大中专及以上	10.4	10.2	9.8	10.4	6.7	7.3	8.3	9.4	10.3

资料来源：根据国家统计局2009年至2017年《农民工监测调查报告》数据整理。

说明：* 国家统计局公布的2009年数据是外出农民工受教育情况，没有全部农民工受教育数据，因此此处为外出农民工受教育的数据。

相比较而言，在本书的调查样本中，新生代和老生代农民工初中及以下文化程度占比合计为52.7%。在全国农民工中，初中及以下受教育水平者占比均高出本书调查数据的20个百分点以上。这说明，从总体上讲，我国农民工受教育情况更不理想。从代际来看，调查数据显示，初中及以下的新生代农民工占比40.5%，初中及以下文化程度的老生代农民工占比74.1%。初中及以下受教育水平的新生代农民工比例比国家公布的数据低32.1个百分点以上；在老生代农民工中，初中及以下受教育水平的比例与国家公布的数据基本持平。虽然初中及以下文化程度的新生代农民工比例低于全国数据，但40.5%的比例仍明显偏高。从新生代农民工已经是我国制造业劳动力主体和农民工群体的主体来看，他们的这种受教育水平难以达到我国产业结构转型升级的要求，既不利于他们在城市的就业，也不利于他们的市民化，而且对于农村剩余劳动力转移政策的实施而言也是一个很大的障碍。

（2）受教育机会缺失，新生代农民工的人力资本存量不足

新生代农民工的义务教育、高中教育以及大学教育阶段，恰逢我国农民负担最重、教育乱收费现象最严重、高等教育市场化飞速发展时期。我国于 1986 年颁布实施的《中华人民共和国义务教育法》（以下简称《义务教育法》）规定实行九年制义务教育。任何年满六周岁的儿童，不分性别、民族、种族，都应当按规定接受九年制的义务教育。不具备条件的地区的儿童可以推迟到七周岁入学（中国人大网，2007）。2006 年，我国修订《义务教育法》，决定实施免费的九年制义务教育。也就是说，1980 年出生的新生代农民工是首批接受九年制义务教育的学生。如果升学顺利的话，他们于 2002 年便可完成高等教育，用时 16 年；如果复读一到两年，那么，到 2004 年也可以完成高等教育，用时 18 年。从 1986 年到 2006 年，这二十年是 1980 年出生的新生代农民工完成初等、中等、高等教育的关键时期，是 1990 年出生的新生代农民工完成九年制义务教育的关键时期。这一时期，恰恰是我国农村教育乱收费现象极为严重的时期，也是农民负担恶性膨胀、不堪重负的时期，还是高等教育商业化和市场化飞速发展时期[①]。义务教育乱收费、昂贵的高中学费和大学学费以及农民沉重的负担，导致许多农村家庭不堪重负。

20 世纪 80 年代初，农村教育乱收费问题开始凸显，其后愈演愈烈，而且名目繁多。有调查研究表明，湖北省宜昌市对 12 个乡镇 57 所中、小学收费执行情况调查发现，乱收费名目多达 15 种，包括报刊费、青苗费、课外书籍费、资料费、纸张费、学习卡费、毕业纪念册费、打字费、复印费、胶印费、红十字会费、教师参考资料费、燃料费、会务费、宣传费（雷桂安，2001）；有学校另外还收取补课费、保险费、体检费、订阅教辅资料费等。为了逃避执法审查，学校成立家长委员会来收取补课费等（管

[①] 1997 年，我国开始实施高等教育收费制度。高等教育收费制度的实施开启了我国高等教育领域的市场化和商业化进程。

仕火，2005)，有的甚至巧立名目，如收取课桌、板凳押金费等。为了治理农村教育乱收费这一大问题，教育部等有关部门于 2010 年、2012 年先后颁布了《教育部关于治理义务教育阶段择校乱收费问题的指导意见》（教基一〔2010〕6 号）、《教育部等七部门关于 2012 年治理教育乱收费规范教育收费工作的实施意见》（教办〔2012〕4 号）、《教育部　国家发展改革委　审计署关于印发〈治理义务教育阶段择校乱收费的八条措施〉的通知》（教基一〔2012〕1 号），并在全国范围内进行了大清查。2002 年到 2006 年，全国教育收费行政执法情况查处乱收费金额分别达到 12.28 亿元、21.65 亿元、18.80 亿元、14.20 亿元、13.88 亿元（吴东美，2007)。

　　教育乱收费和教育支出急剧攀升，不但给农村家庭，也给相当多的城市家庭造成了巨大压力。教育乱收费和学费的增加，使许多农村家庭尤其是贫困家庭越来越难以负担子女教育支出。出生于 20 世纪 80 年代、90 年代的新生代农民工就成了教育乱收费和学费高涨社会问题的首当其冲的受害者。一大批农村孩子因家庭支付不了学费而被动或主动选择失学，外出务工，加入新生代农民工队伍。农村教育乱收费和学费无节制地上涨，降低了农村教育的普及程度和发展速度，使新生代农民工的受教育权受到严重损害，人力资本存量严重不足。

　　除了教育乱收费和高昂的学费以外，在新生代农民工成长的 20 年间，恶性膨胀的农民负担，使很多农村家庭选择放弃让孩子接受初等教育、中等教育甚至是高等教育的机会。笔者以往研究发现，农民负担主要来源于两个方面，一个是教育医疗负担，另一个是各种税费负担（银平均，2008：152)。有研究显示，1978～1988 年，农民负担开始凸显，成为备受关注的社会问题。全国农民仅 1983 年一年就要多承担 210 亿元的不合理费用，是当年农业税的 4.4 倍，其中 19.1% 是乱收费。1989～1993 年，农民负担不断加重，尤其是 1991 年开始全面收取"乡提留和村统筹费"之后，农民负担直线上升。1990 年、1991 年、1992 年三年的农村"三提五统"和其他费用分别为 381 亿元、428 亿元和 484 亿元，分别占税费总额的 81.2%、82.6% 和 80.3%，人均负担分别为 55.8 元、60.8 元和 71.1 元。1994～2000 年，农村负担急剧攀升，呈恶性膨胀增长。1994 年的分税制改革使得本已捉襟见肘的地方财政更加吃紧。地方政府的财权、事权严重不对称，财政收支明显失衡，加上普遍存在的县乡机构臃肿问题，各地疯狂增加农民负担。1997 年，全国清理出有关农民的收费项目超过 1.7 万个，县、乡不合理收费项目占 80%。全国农村 2000 年的税费负担额高达 1359 亿元，相比 1994 年增长了 41.9%，农民人均税负上涨到 168 元，相比 1994 年增长五成多（50.4%）（陈俭、段艳，2010；陈俭，2011）。四川省农调队的调查表明，1991 年农民人均总负担 60.11 元，比上年增长 22.8%，其中税外负担增加 10.42 元，增长 28.7%。仅 1992 年上半年，人均总负担比上年同期增长 44.1%，其中税外负担增长 47.1%。除了税外负担增长额度大、增速快以外，集资摊派、管理性收费、罚款以及各种隐形负担恶性增长。1991 年上半年，市场流通损失、过期收款损失、招待费、求人办事礼金、风险损失等各种隐形负担①人均为 6.70 元，比 1990 年增长 33.2%；1992 年上半年，人均隐形负担为 5.05 元，比 1991 年同期增加 2.43 元，增幅高达 92.7%（陈柏松、张斌，1993）。1993 年，四川简阳县规定当年农民人均负担不得超过 49 元，但贾家镇十八村层层加码，农民人均实际负担达到 91 元。绵阳市当年农村集资总额达 3900 万元。四川省的抽样调查证实，在这些集体提留中，70% 以上公积金、公益金被用于乡、村、社三级干部吃喝、补贴，并未用于兴办集体福利事业和农田基本建设。过重的负担引发了恶性群体性事件。1993 年，仁寿县因扩建国道强行集资，引发农民强烈不满，出现上千名农民包围乡政府的风波。四川金堂、宜宾等地均爆发过农民集体上访、静坐等群体性事件（郭晓鸣，1994）。

国家统计局 1997 年上半年数据显示，农民人均三提五统费比 1996 年同期增长了 19.6%。四川泸州的农村不但没有落实中央减负政策，反而增加农民负担，规定村民要交生猪屠宰费 56 元/头。浙江虞县一个村村民承担的报刊订阅费每年多达 5000 元（吴波，2004：190）。江苏赣榆区为了多收税费，故意把 500 元的人均收入上报成 2340 元，农民因此人均要多交 310 多元的税费（银平均，2008：156~157）。1994 年到 2003 年，农村乱收费多达 2000 多亿元。2004 年，审计署第 1 号审计结果披露，国定贫困

---

① 市场流通损失包括市场买卖交换过程中的假冒伪劣产品、缺斤少两、价格、压级压价等；过期收款损失是指打"白条"等政府欠债行为造成的损失。详见陈柏松、张斌，1993，《农民负担现状、成因及对策》，《农业经济问题》第 3 期。

县重庆市巫溪县的基础教育"乱收费"多达 264 万元，包括违法自定的收费项目，如搭伙费、伤害赔偿金、普九基金、环卫费、危改基金和公务业务费等（银平均，2008：153～154）。

此外，医疗负担也挤占了农村家庭的教育资源。医疗负担情况更糟，人们不能像其他领域那样选择不同的花钱方式。面对医疗成本上升的情况，农民们很无奈，常常采取"小病拖，大病挨，重病/临死才往医院抬"的策略，结果拖成重病后就别无选择，不得不为了救命而陷入近乎破产的局面。一些地区的农民，看一次病得消耗人均日收入的 2～5 倍。医改的失败对农民带来巨大伤害，昂贵的医疗费用使得一些农民因此背上终身债务，或者无力就医而落下终身残疾甚至断送性命（银平均，2008：157）。

阿玛蒂亚·森说："拒绝一个孩子接受基本教育或一个病人接受基本医疗的机会是社会责任的失误。"（姚洋，2002：25）农村教育乱收费、恶性膨胀的农民负担、高昂的医疗成本，无一不例外地迫使农民选择放弃让孩子接受教育的机会。面对高昂的教育收费（包括高等教育收费），人们对教育投资收益预期很低，担心接受教育后不能使境况变好，甚至找不到工作，教育投入就会令为之付出的人的情况变得更糟。相当多的家庭只好选择放弃接受教育的机会，让孩子外出务工。《潇湘晨报》2005 年 8 月 6 日的第 A9 版报道，"供孩子读书就像一场赌博，赌赢了，能换来幸福；输了，就要用一辈子来还债。"（银平均，2008：158）这在很大程度上反映出中国农村家长对教育的一种认知和态度。教育产业化、畸高的农民负担、过高的医疗成本使贫弱者无路可走。教育产业化以及各种负担的不堪承受之重，使农村地区的许多家庭将孩子的教育定位为初中毕业，造成了当今绝大多数新生代农民工只有初中及以下文化水平的局面，也导致我国农村人口素质低下的恶性循环。山西万荣县是有七八千人的大镇，连续两三年无一名初中毕业生报考高中（梅忠堂、李勇、方进玉，1994）。总之，新生代农民工受教育机会缺乏，以及人力资本缺失，是当时特定历史条件下的产物，是当时的教育政策、医疗政策等不完善所导致的重大社会问题。

4.2.2　新生代农民工的培训问题

通过前文的分析发现，新生代农民工培训存在种种问题。概括起来，主要有以下七个方面。

（1）没有接受培训的比例高，培训严重不足

调查发现，无论是被调查的农民工总体，还是新生代农民工，他们接受培训的比例都很低，没有接受培训的比例都相当高。如前文的表3-25、表4-6所示，没有参加任何就业技能培训的农民工占比73.3%（663人），参加过技能培训的只占26.7%（242人）。从代际差异来看，老生代农民工没有参加过任何技能培训的比例高达75.6%，参加过技能培训的只有24.4%；在被访的新生代农民工中，没有接受任何技能培训的比例高达71.9%，参加过技能培训的新生代农民工占比28.1%（见表3-26）。虽然新生代农民工参加过培训的比例比老生代农民工参加过技能培训的比例高3.7个百分点，但仍然不到三成。从不同行业来看，没有接受过任何技能培训的农民工比例都非常高。其中，建筑业占比76.5%，电子电器占比72.2%，制衣制鞋占比81.8%，住宿餐饮占比68.1%，商业服务占比73.7%，其他行业占比71.2%（见表4-6）。这说明，我国农民工技能培训有很大的提升空间，需要进一步扩大培训面，使更多的农民工能够接受培训，从整体上提升他们的技能和素质，为"中国制造2025"战略实施提供必需的高素质劳动力。

表4-6 不同行业农民工接受技能培训情况（N＝905）

单位：人，%

		建筑业	电子电器	制衣制鞋	住宿餐饮	商业服务	其他	合计
有		39	44	18	61	40	40	242
		23.5	27.8	18.2	31.9	26.3	28.8	26.7
没有		127	114	81	130	112	99	663
		76.5	72.2	81.8	68.1	73.7	71.2	73.3
合计		166	158	99	191	152	139	905
		100.0	100.0	100.0	100.0	100.0	100.0	100.0

国家统计局公布的2009～2017年九年间农民工技能培训数据表明，在所有农民工中，没有接受过任何技能培训的比例高于接受过技能培训的比例。九年来，全国农民工没有接受过任何技能培训的比例情况如下：2009年为51.1%，2010年为52.4%，2011年为68.8%，2012年为69.2%，2013年为

67.3%，2014 年为 65.2%，2015 年为 66.9%，2016 年为 68.1%，2017 年为 68.1%。从总的趋势来看，农民工没有接受任何技能培训的比例总体呈上升态势，接受过技能培训的比例总体呈下降趋势。这说明，一方面，中央一直在强调要加强农民工培训，而且投入的资金越来越多；另一方面，农民工培训并没有得到地方政府和社会的真正重视，农民工培训的专项资金流向也成为一个值得关注和探讨的重大社会问题。这个状况也使得农民工人力资本不足和缺失状况进一步恶化。这不但不利于农民工自身的发展，不利于农村剩余劳动力转移和市民化，而且严重影响我国产业结构的转型升级，以至于在很大程度上影响"中国制造 2025"战略的顺利实施。产业结构的转型升级和"中国制造 2025"战略的实施，不单单需要高端的研发人才，更依赖于大量高素质的制造业劳动力，而新生代农民工目前已经成为我国制造业劳动力的主体。他们的素质如何，将在很大程度上直接影响我国产业结构转型升级的进程和"中国制造 2025"战略的实施。为此，必须将新生代农民工的教育培训提高到国家战略层面来思考，切实扩大新生代农民工教育培训的普及面。

（2）培训目标定位有偏差，局限于单一的就业技能培训，综合素质难以提高

从调查情况来看，目前我国农民工培训目标定位有偏差，还是局限于就业技能培训，目标是帮助农民工提升就业技能，找到工作。无论是国家出台的培训政策，还是各地的培训实践，大多没有从农民工市民化和国家产业结构转型升级的战略高度来考虑。调查也发现，目前大多数农民工想参加的培训也倾向于工作技能培训。因为技能培训更有利于他们找到理想的工作。但与此同时，农民工也渴望参加与城市现代生活和发展息息相关的其他知识的培训和学习，如安全知识、法律知识、管理类知识和城市生活知识等。由表 4 - 7 得知，在被访的全部农民工中，想培训的内容占比由高到低依次是："安全知识"培训，占比 35.7%；"法律知识"学习，占比 33.1%；"管理类知识"培训，占比 16.1%；"城市生活知识"培训与学习，占比 15.0%。从新老生代农民工代际间的情况来看，在老一代农民工中，近四成（39.1%）的想接受安全知识培训，想接受法律知识培训的比例为 33.5%，需要城市生活知识培训的比例为 15.7%，想学管理类知识

的占比 11.7%；在新生代农民工中，想接受安全知识培训的有三成多一点（33.8%），想学习法律知识的占比 32.9%，18.7% 的新生代农民工想接受管理类知识培训，14.6% 的新生代农民工需要城市生活知识培训和学习。

但是，从农民工参加过的实际培训内容来看，目前他们参加过的培训全部是工作技能培训。在参加过培训的 242 名农民工中，无论是新生代农民工，还是老生代农民工，他们所接受的培训内容基本上是与建筑、电子电工、计算机、餐饮旅游、农林、机械、交通运输、服装加工、服务及其他等相关的技能培训，占比依次为：12.0%、18.2%、16.9%、31.4%、2.5%、9.5%、3.7%、4.1%、20.2%、8.3%。可见，农民工想要参加的安全知识、法律知识、管理类知识和城市生活知识等培训基本没有提供。

表 4 - 7　农民工对技能培训之外其他知识的需求（N = 905）

单位：人，%

		频率	百分比	有效百分比	累积百分比
有效	法律知识	296	32.7	33.1	33.1
	安全知识	319	35.2	35.7	68.9
	城市生活知识	134	14.8	15.0	83.9
	管理类知识	144	15.9	16.1	100.0
	合计	893	98.7	100.0	—
缺失	系统	12	1.3	—	—
合计		905	100.0	—	—

从调查的情况来判断，目前提供的这些培训虽然对于农民工找工作有很大帮助，但是普遍存在两方面的问题。一是参加培训的农民工比例明显偏低。参加培训的农民工仅仅只占被访农民工的 26.7%，不足三成。二是培训内容偏重于单一的就业技能培训。这种定位于"找到工作"的培训，还没有摆脱过去培训的局限，既不利于农民工自身的长远发展，也不利于农民工的市民化发展。习近平总书记在十九大报告中强调，要"加快农业转移人口市民化"，李克强总理在十三届全国人大一次会议政府工作报告中提出要加快农业转移人口市民化，2018 年再进城落户 1300 万人。农民工市民化是一个系统性、多维度的改变过程，不只是简单的户籍转换，也不只是将农民工纳入城市的社会福利体系或公共服务体系中。从本质上

看，农民工市民化问题，其实就是他们的就业能力和综合素质全面提升的问题，具体涵盖了就业技能提高、价值观念转变，生活方式与行为习惯的转变是一个从道德价值观、世界观、人生观以及行为习惯全方位改变的过程，是他们在城市生存与生活能力、适应能力、人际交往能力等提升的过程。尤其是对于市民化意愿非常强烈的新生代农民工而言，他们只有在就业技能、学习和认知能力提升，以及价值观念、行为习惯和生活方式以及心理认同转变之后，才能真正融入城市，实现市民化。总之，市民化是一个身份转换、观念转变、素质提高、能力提升的综合过程。因此，这种单一的就业技能培训，和中央公布的有关农民工市民化政策文件的要求还有很大的差距。这种状况说明，一方面我国还需要进一步扩大农民工技能培训面，力争实现农民工培训全覆盖；另一方面我国还有待进一步丰富和拓展农民工培训内容，为实现农村剩余劳动力转移和市民化打下坚实的基础。

（3）政府作为培训责任主体的责任错位和缺位，难以保障农民工的教育培训权益

如前文分析，在农民工培训主办方中，农民工输出地政府的培训责任缺位和不到位情况比较严重，各主体的责任也存在错位现象。关于这个问题，主要从三个大的方面来分析，一是实际开展的农民工培训的举办方情况，二是农民工培训信息发布和来源情况，三是基层工作人员观念错误和政策定位不合理状况。

第一，实际开展的农民工培训的举办方情况。调查发现，在农民工参加的培训中，由"工作单位"举办的培训所占比例为33.5%，由"工作单位所在地政府"举办的培训比例为21.9%，由"社会机构"举办的培训比例为16.1%，由"自己户口所在地政府"举办的培训比例为13.6%，由其他主体举办的培训占比为9.1%。从新老生代代际情况来看，在老一代农民工参加的培训中，培训主办方的比例情况从高到低依次是："工作单位"占比36.3%，"工作单位所在地政府"占比22.5%，"自己户口所在地政府"占比13.8%，"村集体"和"社会机构"均占比10.0%，"其他"占比7.5%。在新生代农民工参加过的培训中，举办方占比从高到低依次是："工作单位"占比32.1%，"工作单位所在地政府"占比21.6%，"社会机构"占比

19.1%，"自己户口所在地政府"占比 13.6%，"其他"占比 9.9%，"村集体"占比 3.7%。上述培训举办方的情况表明，用工单位成了农民工培训的第一责任人，工作所在地政府次之，社会机构也起到很大的作用，而农民工输出地政府的作用极其有限。

第二，农民工培训信息发布和来源情况。本书把农民工培训信息发布和来源分成两种情况。第一种情况，实际参加过培训的农民工获得培训信息的渠道。在参加过培训的农民工总体中，"所在工作单位通知"的培训信息占比 46.7%，"身边亲友告知"的信息占比 26.0%，"通过电视、网络等媒体获知"的培训信息占比 15.7%，"其他"渠道占比 8.3%，"政府发布信息"只占 3.3%。按照新老生代代际情况来看，在参加过培训的老生代农民工中，"所在工作单位通知"的信息占比 45.0%，"身边亲友告知"的信息比例为 28.8%，"通过电视、网络等媒体获知"和"其他"渠道获取的信息均占 11.2%，"政府发布信息"只占 3.8%；在参加过培训的新生代农民工中，"所在工作单位通知"的培训信息占 47.5%，"身边亲友告知"的培训信息比例为 24.7%，"通过电视、网络等媒体获知"的信息占 17.9%，通过"其他"渠道得知的培训信息占比 6.8%，"政府发布信息"只占 3.1%。上述情况说明，工作单位是农民工获取培训信息的第一主要渠道，其次是身边亲友和电视、网络等媒体，而作为非常重要的责任主体的政府在信息发布和提供方面的责任非常弱。作为决策和信息发布的重要部门，政府的作用是明显缺位的。第二种情况，所有被访农民工希望从何处获得培训信息的情况。如第三章表 3 - 25 所示，在所有被访农民工中，希望培训信息是来自"政府发布信息"的排第一位，比例为 30.6%；希望通过"所在工作单位通知"获取信息位列第二，占比 28.5%；排在第三位的是"身边亲友告知"获得信息，占比 21.2%；最后是"通过电视、网络等媒体获知"（17.5%）和"其他"（2.2%）。从新老生代农民工不同代际情况来看，在被访的老一代农民工中，希望培训信息来自"政府发布信息"的比例排第一（29.2%），排第二的是"身边亲友告知"（25.8%），位列第三的是"所在工作单位通知"（24.3%），其余依次是"通过电视、网络等媒体获知"（17.8%）和"其他"（2.8%）；在新生代农民工中，希望信息获取渠道是"政府发布信息"同样位列第一，比例是 31.4%，第二位是希望培训信息来自"所在工作单位通知",占比 30.9%,第三位是"身边亲友告知",占 18.5%,希望通过"通过电视、网络等媒体获知"和"其他"渠道获知的比例分别为 17.3%、1.9%。上述农民工希望获得培训信息的来源情况表明,无论是被访的农民工总体,还是新生代农民工或者老生代农民工,他们首先希望的信息来源都是"政府发布信息",然后依次是"所在工作单位通知"、"身边亲友告知"、"通过电视、网络等媒体获知"和"其他"。从上述排序可以看得出来,农民工对政府的期望和信赖是第一位的,其次是工作单位和身边亲友。然而,农民工实际参加的培训的信息来源情况却刚好相反,政府在信息发布方面所起的作用是最小的。换句话说,政府的责任是缺位的,至少没有尽到应尽的责任和义务。

第三,基层工作人员的观念错误和政策定位不合理状况。首先,基层干部的观念不正确。他们认为农民工培训不属于政府的事情,有的基层政府个别工作人员甚至认为增加了他们的负担。在访谈中发现,村干部和基层政府部门工作人员的态度明显就反映了这种错误的观念。如 J 省 S 市 H 乡村干部说道:"说起农民工培训,我就来气。你说啊,教育是他们自己的事情,培训也是他们的事情。我们免费培训,人家还不领情、不买账,我们也没有办法。再说,现在的社会,本来什么都要靠自己。穷也好,富也好,都是自己的事。你努力了,就可能富起来。不努力,就只有受穷的命。现在上面政府对老百姓好,这是好事。但老百姓冇领情,光把我们累死了。再说了,我们每年的任务太多,好多都是加班加点,连轴转的。人手严重不够。好不容易抽点精力搞个培训,老百姓还不太愿意参加。要不是为了完成上面派下来的活的话,哪个有时间做这个事咯?"(1GC01)再比如,H 省某村干部反映,"这些事情本来是他们自己的事情,要我们做村干部的来做。我们自己的事情多得没办法想,还要操这份空心,还没有人领情,何必呢?村里有时候也是完成乡镇的任务,好心办班,冇得几个人来"(1XC01)。

其次,一些基层政府制定的地方政策不合理,存在"排斥农民工"的嫌疑。有的培训政策和规定仅仅定位于本地居民,或者已经在本地有工作的农民工,刚到本地找工作又缺少技能的农民工无缘这种培训政策和项目,他们无法接受必需的培训和教育。有培训机构负责人说,"我们自己的培训农民嫌贵。市里的免费培训政策规定，原来一律不培训无工作的。现在暂时没有工作的农民工也可以参加培训，本月起也能享受政府补贴，前提是近一年内累积缴纳本市社会保险满六个月。培训时没有工作，但之后四个月内上岗的劳动者也被纳入补贴范围"（5SC03）。这种现象在对南方G市某街道负责人的访谈中也得到体现。南方G市某街道负责人说，"我们街道的成人教育基本都是我们在做，政府埋单。但是外来民工，需要他们自己付费。政府的财政支持是给本地居民的。这是我的看法。而且各个街道也是这么做的。我觉得没有什么公平不公平的，也不违法。我的经费除了政府埋单的部分，我们成校还会将收取的学员学费用于相关的培训，这一块主要是针对外来务工人员。一般低的两三千，高的五六千"（3GYC01）。

当然，也有部分干部认为，政府有必要承担相应责任，执行落实好有关农民工培训政策。比如，上海财政局职员的看法是，"农民工培训非常有必要，这可以提升他们的工作素养，维护农民工自身的权益。如果是贫困户外出务工，政府部门出资培训比较合理，每个年初政府部门都会设专项培训资金，并且在培训后会发放给贫困户相应的误工补助，从政府部门角度会优先考虑贫困户和创业型人才，根据他们的需求意愿报名相应的培训，对于学历较低的贫困户，也会请相关部门负责人协助他们报名。至于非贫困户就由企业出资或农民工自付定额费用，培训时间尽可能安排在周末，或十点到十二点，培训内容就因地制宜吧。对于我国农民工培训法律或政策我就了解得比较少了"（1HC01）。南京某县发改委工作人员认为，"有必要对农民工培训。我们这里是政府出钱，像我们县，扶贫上都有（针对农民工培训）"（1SC01）。贵阳某环保机构工作人员认为，很有必要培训农民工。"政府应该主要承担，用人方也应该提供一部分。农民工相对来说比较弱势，但也应该出一定比例，比如10%、5%，这样有助于提升培训效果，农民工有付出，进而也会更重视。除了政府扶贫办、妇联都有类似的免费培训，也有一些机构会提供免费培训。纯商业化的也不太清楚，据说费用不低。"（1QC01）

综合农民工培训的举办方情况、农民工培训信息的发布情况、基层官员观念以及政策定位的分析来看，工作单位在开展农民工培训工作中发挥了最大的作用，工作单位所在地的政府尽到了一定的责任，社会机构发挥了应有的作用，农民工输出地政府在农民工培训中发挥的作用较小。在提供培训信息方面，工作单位仍然发挥了首要作用，而农民工最希望发挥作用的政府成为作用最小的责任主体。这种巨大的反差，既不利于农民工培训工作的开展，也会影响农民工对政府的信任度。基层官员观念不正确和政策的不科学，是输出地政府投入不足的原因。相对而言，发达地区政府干部对农民工培训的认识到位，政策制定较为科学，大多能积极履行农民工培训责任。因此，有必要进一步强化政府在农民工培训中的主导作用。社会机构虽然起到了应有的作用，但是，我国目前从事农民工培训的社会机构多是营利性机构，他们在农民工培训方面的公益性有待于进一步加强。有研究表明，培训能提高农民工月均工资的 6% 左右。企业举办的内部培训比社会提供的培训对农民工的月平均工资影响更大，与工作技能紧密相关的培训比与工作技能无关的培训或一般性培训对农民工的月平均工资影响更大，输出地政府开展的培训比输入地政府举办的培训对农民工的月平均工资影响更大（李实、杨修娜，2015）。在农民工教育培训工作中，政府承担最主要责任，是实现农业转移人口市民化的题中应有之义。因为教育培训属于公共服务的重要内容。农民工教育培训服务应当是政府为农民工提供的一种公共服务，不管以何种形式提供，政府都应当起主导作用。此外，农民工教育培训既是农民工的权益，也是一项社会福利事业，它不是一种纯粹的商业行为，理应由全社会共同承担责任，以减轻政府的财政压力或其他任何一方的经济压力。目前，农民工人力资本缺失的状况，既会影响农民工在城市的就业和发展，也会影响城市经济社会发展，会妨碍我国产业结构转型升级乃至"中国制造 2025"战略的顺利实施。

（4）教育培训费用个人负担太多、太贵，新生代农民工的实际培训率低

调查发现，无论是农民工总体还是实际参加培训的农民工，无论是新生代农民工还是老生代农民工，都倾向于由政府和企业担负培训的主要责任，然后是自己负责出资培训以及村集体承担一定的培训责任。然而，从农民工参加过的实际培训来看，在所有被访农民工中，农民工自己是培训出资的第一责任人（占比 36.4%），其次是单位出资（占比 31.0%），政府出资只有四分之一多一点（占比 25.2%）。在老生代农民工参加的培训中，单位

是付费占比（32.5%）最高的，其次是自己付费（31.3%），再次才是政府（21.3%），户口所在地政府出资占比（8.8%）甚至低于村集体（12.5%）；在新生代农民工中，依然是农民工自己是第一付费责任人（38.9%），工作单位其次，劳务输出地政府和输入地政府合计占比27.2%，由输出地政府出资的培训不到10%。这种状况说明，在农民工培训方面，政府承担的责任太小，基层政府的农民工培训投入严重不足。中央政府一贯强调的地方各级政府负责农民工培训的责任没有落实到位，政府的作用有待进一步加强。这也就不难解释为什么从2009年到2017年九年间没有接受过任何培训的农民工比例仍然呈上升的态势（见表3-28、图3-3）。

虽然农民工有很强的培训意愿，但由于政府和企业承担的责任太少，农民工自己仍然是培训的第一责任人。如前文的Likert态度量表的分析结果显示，"当前培训机构的培训内容设置不合理"均值达到2.54；因子分析结果表明，市场因子中包含的"当前大多培训机构的收费不合理"通过适用性检验，有55.2%被调查者认为培训费太贵是大家不参加培训的主要原因之一。虽然有的农民工参加了培训，但从内心来讲，他们是不太愿意自己出钱参加培训的。由于自己需要承担太多的培训费用，农民工参加培训的积极性受到很大的影响，导致农民工培训的实际参与率低，进一步恶化了他们人力资本不足的状况。

由访谈资料得知，不但市场培训的费用贵，而且有的地方就连政府举办的培训机构收费也贵。贵阳的农民工反映，"我觉得太贵，我就不参加，免费的还行。但我根本不知道这些信息，从来没人说，出来前没有，到这里也没有人说。平时我主要找老乡玩，他们跟我一样，都不知这些"（4QC02）。江西受访的农民工表示，"当初报名时，自己就是因为学费太贵，差点打了退堂鼓。对我们来说，学费有点偏高了。因为我们在外面打工的嘛，现在2000块钱报个名，工资也不过2000块钱多一点，所以觉得有点贵"（4GC04）。南昌的另一个受访者说，"我们做的活不固定，工资不高，负担不起培训费。除非政府免费，但又不知道到哪里培训"（4GC02）。笔者在上海的访谈同样说明了这个问题。有农民工反映，"算下来的话，我觉得这样蛮贵的，反而我就不想参加了"（4HC03）。这一点还从上海一家培训机构的说法中得到了验证。上海某机构负责人告诉本研究的调查员，

"农民工嫌贵，有时候培训都招不到人。如果是有政府补贴的项目，参加的人就多。但问题是，政府的项目实施时间和农民工的时间对接不上。每年春节过后，很多农民工经常来问，但是这个时候我们开不了班。因为政府每年三月出补贴目录，四五月出培训计划，六七月开始培训师资，八月以后报名开班。现在报了名不能开班，但到了八月，学校还得四处拉人来参加培训"（5HC04）。另有一家上海某培训机构老师反映说，"我准备了三四个月，结果报名只有近 10 个人，中途呢又退了两个人。所以最后呢，班上是八个人。当时没想到这么少。我们上海提供两类农民工培训，一类是上岗证培训，一类是国家职业资格等级证培训。学费为政府指导价，是 2480 元/期，学校担心费用高招不到学员，还自己贴了每人 500 元，实际费用 2000 元不到。即便是这个价格，也有不少农民工望而却步"（3GYC02）。

事实上，由于工资水平低，农民工觉得，相对于他们的工资而言，培训费用太贵。大多数农民工希望政府出资培训。不仅农民工本身，甚至一些社会人士也觉得，培训最好是由政府出资承担主要责任，企业承担一部分，然后农民工自己也适当承担一些合理比例。这种观念在访谈中也有所反映。北京一位从事家政服务已近 10 年的农民工认为，"很有必要培训。培训了好啊，出去挣得钱多。人家一看你是培训的，有证，给的钱多，也好找活儿。政府如果多出钱，我们的压力就小很多，也更愿意参加培训。公司也应该多出钱，毕竟我们给你们干活，你们得到大部分收益。我们虽说拿了工资，但是工资实在太低。最好是政府、公司出钱，他们不出，我们自己没有办法也要出钱，因为现在干活，人家要看证"（4BJC01）。对上海某境外慈善组织负责人的访谈得知，"农民工培训很有必要。现在社会对技术的要求越来越高，农民工其实很多时候处于技术工和半劳力工种之间，相关技术培训是非常必要的。培训主要由政府承担比较好。从市场需求以及培训后收益来看，培训费用也不是很高。但相对农民工收入而言，有点贵。所以，政府承担主要责任是很有必要的。企业承担一些，农民工自己也可以适当承担一些。这样比较合理"（6HC05）。

（5）培训市场不规范、效果不佳，难以满足新生代农民工教育培训需要

调查发现，农民工培训市场不规范，很难满足新生代农民工培训需要。市场不规范主要表现在以下四个方面。一是培训流于形式，无实质内容。前

文 Likert 态度量表分析表明，所有态度量表题均通过独立样本 T 检验。因子分析显示，公因子"培训市场"包括"当前大多培训机构的收费不合理"、"培训机构的培训内容设置不合理"、"培训市场太混乱"和"市场上的培训只是流于形式，无实质内容"等 4 个问题。其中，"当前市场上的培训只是流于形式，无实质内容"的均值得分为 2.53。前文的单因素方差分析也表明，进城工作时间越长，对上述公因子"培训市场"的认可度越高。也就是说，随着打工时间的增加，农民工越发认可"培训市场"公因子里所包含的这些问题。这意味着，"当前大多培训机构的收费不合理"，"当前的培训机构的培训内容设置不合理"，"当前的培训市场太混乱"，"当前市场上的培训只是流于形式，无实质内容"等现象普遍存在。另外，从被访对象对不参加培训的原因的回答来看，认为培训学不到东西、参加培训会被骗的比例合计达到 46.3%。这间接说明，目前的一些培训流于形式，无实质内容，与农民工的实际需要不相符。二是培训内容设置不合理，大多数培训收费不合理。从 Likert 态度量表均值得分来看，公因子"培训市场"中的"当前的培训机构的培训内容设置不合理"均值得分为 2.54，说明大多数农民工认为当前培训内容设置不合理。此外，如上文所说，55.2%的农民工认为培训费太贵，收费不合理。三是培训单位不注重培训后的回访，且存在不发培训证的现象。首先是培训后的回访工作做得不够。调查发现，在被调查者中，高达 50.8%的没有受到任何回访，甚至有 35.1%的在培训结束后未收到相关证书。其次是培训达不到预期效果。有超过四成（44.4%）的被调查者反映收入没有增加。这在一定程度上说明，培训对于参训者来说，如果达不到既有的经济效益，则其积极性会受到很大影响。四是培训时间不符合农民工的实际需要。在参加过培训的农民工中，只有 35.6%的农民工认为培训时间刚刚好。认为时间不符合他们要求的比例为 64.4%，其中认为时间太长的占 25.9%，认为时间太短的占 38.5%。在被访的所有农民工中，50.4%的农民工认为，"培训时间太长，没有时间去培训"是大家不参加培训的原因之一。在老生代农民工中，认为时间不适合他们的比例为 57.0%，其中，认为时间太长的占比 20.3%，认为时间太短的占比 36.7%；对于新生代农民工而言，认为培训时间不符合他们要求的比例为 68.1%，28.7%的新生代认为时间太长，39.4%的新生代认为时间太短，认为培训时间刚刚好的新生代农民工比例为 31.9%。不管是参加过培训的农民工，还是所有被访的农民工，大多数人认为培训时间与他们的实际要求不相符。

笔者在访谈中发现，农民工输出地政府的培训时间与农民工尤其是新生代农民工的时间有一定冲突。输出地政府的培训时间基本安排在春节，但是大多数农民工一年甚至几年难得回家一次，春节时间非常宝贵。他们觉得这种培训是走过场，没有考虑他们的实际情况。从村干部的观点中可以看出这种张力。有村干部反映，"外面打工的人只有年底回来，一回来都要走走（走亲访友），完了急着出去挣钱呢，难招上这批人。现在一般就是打零工这些人，也有些纯粹是被叫来的。最近两年也想了些办法，就是培训放在村里，给村里愿意参加的人提供"（1SC01）。还有干部提到，"新生代农民工常年在外，'双抢时节'不回农村，春节假期回来宁愿花时间玩，也不愿意参加我们的培训"（1GC01）。

（6）培训效果不尽如人意，影响新生代农民工的培训参与度和积极性

由表 4-8 得知，认为培训效果一般的比例为 37.8%，认为比较差的占 29.4%，认为非常差的比例为 12.4%。效果"一般"在某种程度上可以视作效果不太理想，因此前三者合计占比达到 79.6%。认为比较好和很好的比例合计只占 20.4%。

表 4-8　培训效果

单位：%

		频率	百分比	有效百分比	累积百分比
有效	非常差	112	12.4	12.4	12.4
	比较差	266	29.4	29.4	41.8
	一般	342	37.8	37.8	79.6
	比较好	147	16.2	16.2	95.8
	很好	38	4.2	4.2	100.0
	合计	905	100.0	100.0	

另外，前文"是否签合同"的 Logistic 回归分析结果显示，老生代农民工签订合同的可能性比新生代农民工低；受教育程度越高的农民工，签订合同的可能性越高；认为目前工作越稳定的农民工，签订合同的可能性

越高；月收入在 801 ~ 1200 元的农民工签订合同的可能性低于月收入在 2400 元及以上的农民工。前文相关分析结果表明，受教育时间越长的农民工，对"培训效果"的认可度越低；签订了合同的农民工对"培训效果"的认可度更低；工作稳定程度越高的农民工，对"培训效果"的认可度越低。总体来看，农民工尤其是新生代农民工对培训效果认可度很低；只有那些受教育程度低、没有签订劳动合同、工作不稳定、收入水平低的老生代农民工才对"培训效果"有一定的认可度。种种情况表明，培训市场和培训效果都不尽如人意，会更加影响到新生代农民工的培训参与度和参与培训的积极性。

（7）参加培训的积极性低，实际培训率低，影响到人力资本的提升

虽然被访的农民工总体上倾向于有必要培训，但他们的实际培训率较低。如第三章表 3 - 16 所示，在所有被访农民工中，80.1% 的农民工认为有必要参加培训，认为没有必要培训的只占 19.9%。其中，84.1% 老生代农民工认为很有必要参加培训，认为没有必要培训的占 15.9%；在新生代农民工中，认为有必要培训的占 77.8%，没必要培训的占 22.2%。如第三章表 3 - 17 所示，在是否想参加培训的回答方面，63.0% 的被访农民工表示愿意培训，表示不想培训的农民工比例为 37.0%。其中，老生代农民工中想接受培训的占比 57.5%，不想接受培训的比例为 42.5%；新生代农民工中想接受培训的占比 66.1%，不想接受培训的占比 33.9%。这些数据说明，农民工的培训需求比较强烈，培训意愿比较高。但是，如前文表 3 - 26 所示，实际参加培训的农民工比例却很低，只有 26.7% 参加过培训，没有参加任何就业技能培训的比例高达 73.3%。其中，参加过培训的老生代农民工只有 24.4%，未参加培训的老生代农民工比例为 75.6%；参加过培训的新生代农民工占比 28.1%，没有接受过任何技能培训的比例为 71.9%。培训实际参与率低，反而进一步影响新生代农民工参与培训的积极性。过往的培训经验直接影响到后续培训的参与率。这种非常低的培训参与率，严重影响到农民工人力资本的提升，不利于他们在城市的发展和市民化进程。新生代农民工不参加培训的原因是多方面的，既有外部原因，如培训内容的针对性不强、培训费用和时间成本高、培训效果不佳与培训收益低等问题，也有内部原因，如缺乏终身学习的意识、收入低等。

概言之，外部原因是培训成本高、针对性不强，不符合农民工的需要；内部原因是农民工对培训的真正意义理解不到位。尽管如此，但还是有36.4%的农民工自费培训，有38.9%的新生代农民工坚持自己掏钱培训，以不断提升自己的能力。

4.2.3　新生代农民工教育培训缺失引发的问题

虽然中央以及地方各级政府对农民工就业问题非常重视，特别是进入21世纪以后，中央政府先后制定颁布了20多份与农民工就业、教育培训有关的政策文本，农民工就业权益方面存在的政策体制性问题在逐渐消除。但是，农民工受教育程度低、人力资本不足以及缺少培训等，又引发了一系列问题。这些问题集中表现为：劳动合同签订率低，工作稳定性差，工作状况不理想、不满意，就业收入差，对收入满意度低，身心健康状况堪忧，等等。这些问题产生的原因是多元的，但是与他们受教育程度低、缺少培训有着密切的关系。下文主要围绕这些问题展开分析。

（1）签订劳动合同比例偏低，农民工缺少法律保护

相当部分农民工进城工作时间长，却没有签订劳动合同，因此丧失了劳动合同法的保护。在遭遇纠纷的时候，农民工常常因为没有签订劳动合同而遭受不必要的损失。调查发现，农民进城工作的时间长短不一。进城工作时间5年以上者比例最高，达43.9%。但是，有相当多的农民工没有签订劳动合同。如第三章表3-65所示，有超过一半的被调查者没有签订劳动合同，比例高达53.4%。在老生代农民工中，没有签订劳动合同的比例高达67.7%；在新生代农民工中，没有签订劳动合同的占比45.2%。相对来说，老生代农民工没有签订合同的比例比新生代农民工高22.5个百分点。

从是否签订劳动合同与受教育程度的卡方检验结果来看（见表4-9），是否签订合同与受教育程度呈非常显著关系，在0.001水平上通过了卡方检验（$x^2 = 130.783$，Sig. = 0.000）。这说明，受教育程度越高的农民工越倾向于签订劳动合同；受教育程度越低的农民工越倾向于不签订劳动合同。第三章表3-74显示，高中文化程度的新生代农民工占72.5%；中专文化程度的新生代农民工占87.5%；大专及以上文化程度的新生代农民工比例为90.7%。也就是说，受教育程度高的农民工基本上为新生代农民

工。换言之，在签订劳动合同方面，新生代农民工更主张签订劳动合同。

卡方检验结果、影响签订劳动合同的各变量的相关关系分析以及农民工"是否签合同"的 Logistic 回归分析都表明，老生代农民工签订合同的可能性要比新生代农民工签订合同的可能性低，这和他们的受教育程度高低有很大的关系。受教育程度越高，签订合同的可能性越高。

表 4 - 9　是否签订合同与新生代农民工受教育程度

单位：人，%

		受教育程度					合计
		小学及以下	初中	高中	中专	大专及以上	
是否签订合同	否	112	212	113	31	15	483
		78.9	63.3	48.5	35.2	14.0	53.4
	是	30	123	120	57	92	422
		21.1	36.7	51.5	64.8	86.0	46.6
合计		142	335	233	88	107	905
		100.0	100.0	100.0	100.0	100.0	100.0
卡方值		130.783 ***					

注：*** $P < 0.001$，Sig.（双侧）= 0.000。

究其主要原因，一是农民工普遍受教育水平低，不懂得利用法律来保护自己的合法权益。由于新生代农民工相较于老生代农民工受教育程度更高，虽然他们年龄小，但知识面广，接受的各种培训多，更有维权意识，更懂得用法律来保护自己的权益，而不会靠宗教信仰来求得自己内心的平和。受教育程度越高的人越倾向于签订劳动合同便充分证明了这一点。二是为满足未来婚姻的期待，需要稳定的工作而倾向于签订合同。未婚农民工年龄小，需要为未来婚姻做准备，需要通过签订劳动合同来稳定自己的工作和收入。这点从访谈中也可以了解到，已经签订劳动合同的年轻人大多是为了未来婚姻考虑。来自湖南的张姓女孩反映说，"不签订劳动合同，随时会丢掉工作。没有工作的话，明年的结婚的钱没得着落了哇"（4XC04）。来自贵州的李姓男孩也表达了同样的考虑，他说，"没签合同的话，工作和收入都不得稳定，结婚的钱就成问题了"（4QC02）。笔者在访谈过程中发现，持有这类观点的未婚年轻人占 86.7%。其他已婚或丧偶的农民工则认为，"能干多久干多久，能找到份工作就不错啦！还签什么合同，万一没有工作了，就得回老家去，家里孩子老婆等着哩，还有老人家需要照顾呢"（4SC03）。"反正是一个人，一个人吃饱全家不饿，何必吊死在一棵树上？签了合同，想走都麻烦。"（4GC05）持此类观点的人签订合同的比例较低。三是农民工个人或用人单位的法制意识淡薄，以及一些企业不能自觉执行国家的相关政策，从而影响到农民工合同签订率。知识型、技术密集型或资本密集型企业，以及规章制度完善的企业注重企业文化和企业形象的建设，比如电子行业里的农民工，其劳动合同签订率（81.0%）最高。劳动密集型企业，尤其是那些依靠雇用非正规就业或打短工的农民工的建筑施工行业，对农民工的学历没有要求，往往采用临时聘用或按工程时长来聘用，为了节省成本，往往不会主动与农民工签订劳动合同。农民工本身也认为，自己干完这趟活儿就走人，签订劳动合同不划算，也没有必要。正如重庆籍工人严某所说的那样，"干我们这行的，都是临时有工程就干，工程干完了就要换单位和工地。签劳动合同跟我们有啥子关系，老板也不愿意那么费事"（4CYC01）。另外，雇用农民工的个体户为了减少责任，通常不与农民工签订劳动合同。但凡是想签订合同的农民工，便不在他们雇用考虑范围之内。重庆籍农民工反映说，"我本人是倾向于与老板签订劳动合同的，那样有保障。但我们一般找的是个体户，因为我干不了别的。以前找工作的时候会问老板是否要签劳动合同。老板一听反问道，'签那玩意儿干啥？你干就干，不干拉倒'。从此以后，我再也不敢开口问这种事情了，因为担心人家不用我"（4CYC02）。

另外，调查中还发现了一个有趣的现象，那就是对目前工作满意程度越高的农民工，签订合同的可能性越低。经过追问才知道，这些人看中的是工作收入状况。只要工作收入还可以，有活干，别的东西都不重要。此外，他们也担心自己满意这份工作，如果开口提签订劳动合同的事情反而可能会被老板解雇。如此一来，为了保住自己心仪的工作，不签劳动合同也是可以接受的，大家都不想惹这个麻烦。在他们看来，签订劳动合同是给自己找麻烦，增加工作的不安定因素。即便是新生代农民工，也有将近一半的人未签订合同。这种状况一方面说明，他们的法制观念淡薄，没有运用法律保护自己合法权益的意识；另一方面说明，我国的法律政策宣传工作很不到位，执法力度不够等，导致一些政策没有贯彻落实到位，政策的可及性不强。同时也说明，我们需要进一步重视有关法律知识的教育。政府、企业、社会组织以及各种媒体等在有关农民工社会政策和权益保护方面的宣传作用有待进一步加强。

（2）工作稳定性差，工作更换频繁

第三章的卡方检验结果显示（见表 3 - 76），"受教育程度" 与 "工作稳定程度" 在1‰水平上存在非常显著关系（卡方值为 169.264，Sig. 值等于 0.000）。受教育程度越高，工作稳定性越好；受教育程度越低，工作稳定性越差。大专及以上文化程度农民工工作比较稳定和非常稳定比例（84.1%）最高。如前文描述性分析的那样，农民工过去 5 年平均换单位次数为 2.22 次，只有不足三成（28.2%）的人没有换过工作。换单位次数最多的达 40 次。有多次换工作经历的农民工比例高达 50.1%，其中超过三成（占比 31.2%）的人换过 3 次以上工作，5 次以上的占 12%。他们认为工作很不稳定、不稳定和一般的比例合计达 55.2%，比较稳定和非常稳定的比例合计为 44.8%。农民工大多数是非正规就业，这点从他们所在的施工业可以佐证。在住宿餐饮业、建筑施工业从业的比例合计 39.4%。从就业单位性质来看，在私企工作或被个体户雇用的比例合计达 66.1%。前述相关分析表明，相较于新生代农民工而言，老生代农民工工作稳定程度低，受教育程度越低，工作稳定性较差。无论是住宿餐饮行业，还是建筑施工行业，农民工工作的稳定性都远低于电子电器行业和商业服务业的农民工；私营企业、乡镇企业、个体、其他行业的农民工的工作稳定性远不如国企和外资企业。由此可见，低收入农民工的工作稳定性低于收入更高水平的农民工。虽然工作稳定性不完全由受教育程度决定，但是，卡方检验结果表明，受教育程度是一个关键性影响因素。

（3）普遍受教育水平低，对工作状况普遍不满意

"受教育程度" 与 "工作满意度" 的卡方检验表明，二者在1‰的水平上有非常显著的关系（卡方值为 82.841，$P < 0.01$，Sig. 值等于 0.000）。这说明，受教育程度越高，对工作状况越满意；受教育程度越低，对工作状况越不满意。但是，被访农民工总体受教育水平偏低，平均受教育年限只有 9.74 年，相当于初中毕业水平。初中及以下受教育水平的农民工占

52.7%，对工作状况明确表示比较满意和满意的比例合计只有 22.5%。在老生代农民工中，明确表示比较满意和满意的比例合计只有 25.0%；在新生代农民工中，明确表示比较满意和满意的比例合计只有 21.2%。这说明，农民工对目前工作不满意的情况比较普遍。这与上述卡方检验结果基本一致，即受教育程度越低，对工作状况不满意的越多。很明显，就业收入水平和工作稳定性与劳动者的人力资本状况密切相关。受教育水平低，缺乏相关培训，导致他们的人力资本存量不足，找不到理想的工作，收入状况不理想，工作稳定性也差。他们对工作状况不满意，就成为顺理成章、自然而然的事情了。

（4）收入偏低，对收入状况普遍不满意

从农民工对收入满意程度占比情况来看，对收入满意度"一般""不满意""很不满意"的比例合计为 78.3%，比较满意和非常满意的比例合计为 21.8%，农民工总体上对收入状况是不满意的。从不同文化程度的农民工的满意度占比情况来看，也是不满意占比极高，满意的占比较低（见表 4 – 10）。

表 4 – 10　不同受教育程度的农民工对收入的满意程度 （N = 905）

单位：%

		受教育程度					合计
		小学及以下	初中	高中	中专	大专及以上	
对收入的满意程度	很不满意	15.5	7.5	9.9	8.0	3.7	9.0
	不满意	20.4	38.2	34.8	36.4	31.8	33.6
	一般	38.7	37.3	36.5	34.1	26.2	35.7
	比较满意	19.0	14.9	16.3	18.2	36.4	18.8
	非常满意	6.3	2.1	2.6	3.4	1.9	3.0
合计		100.0	100.0	100.0	100.0	100.0	100.0

注：*** $P < 0.001$，Sig.（双侧）= 0.000。

"受教育程度"与"收入满意度"的卡方检验表明，二者在 1‰（0.001）水平上有非常显著的关系（卡方值为 52.575，$P < 0.001$，Sig. 值等于 0.000）。从"受教育程度"与"收入满意程度"列联表来看，大专以上受教育程度的农民工对收入"非常满意"占比最低，尽管其"比较满

意"占比最高。综合总体来看，对收入不满意程度占比高的集中在高中及以上受教育程度的农民工，对收入满意程度占比最高的是小学及以下受教育程度的农民工。一如线性分析结果也说明，受教育程度越高，对收入满意程度越低。从下文的分析中可以看出，与全国农民工总体比，被调查的农民工收入明显偏低。

2012 年末，全国外出农民工人均月收入水平为 2290 元。从不同行业的收入状况来看，交通运输、仓储和邮政业人均月收入 2735 元，建筑业 2654 元，服务业 2058 元，住宿餐饮业 2100 元，制造业 2130 元（国家统计局，2013）。2013 年，全国外出农民工人均月收入 2609 元。从不同行业的收入情况来看，交通运输、仓储和邮政业人均月均收入 3133 元，建筑业 2965 元，批发和零售业 2432 元，居民服务业 2297 元，住宿餐饮业 2366 元，制造业人均月收入 2537 元（国家统计局，2014）。然而，由表 4 - 11 可知，超过七成（占比 73.4%）的被调查的农民工月收入低于 2000 元。其中，月收入为 1601～2000 元的占 21.5%，1201～1600 元的占 28.2%，801～1200 元的占 18.7%，有 5.0% 的月收入在 800 元及以下；2001～2400 元的占 12.6%，2401 元及以上的占 14.0%。如第三章表 3 - 15 所示，分代际来看，在老生代农民工中，月收入低于 2000 元的占 72.5%。其中，月收入为 1601～2000 元的占 20.7%，1201～1600 元的占 25.3%，801～1200 元的占 20.1%，有 6.4% 的月收入在 800 元及以下；2001～2400 元的占 13.1%，2401 元及以上的占 14.3%。在新生代农民工中，73.9% 的月收入低于 2000 元。其中，月收入为 1601～2000 元的占 22.0%，1201～1600 元的占 29.8%，801～1200 元的占 17.9%，有 4.2% 的月收入在 800 元及以下；2001～2400 元的占 12.3%，2401 元及以上的占 13.9%。从性别情况来看，女性月收入低于 2000 元及以下的比例高达 82.8%，月收入低于 2400 元的比例高达 88.4%；男性月收入低于 2000 元及以下的比例为 66.7%，月收入低于 2400 元的比例高达 84.3%。从行业来看，各个行业人均月收入在 2000 元以下的具体比例是：建筑施工 64.4%，电子电器 66.5%，制衣制鞋 87.8%，住宿餐饮 85.4%，商业服务 77.0%，其他 61.1%。不管是与 2012 年全国农民工人均月收入比较，还是与 2013 年全国农民工人均月收入比较，大部分被调查的农民工人均月收入都低于全国农民工的平均工资水平。

表 4 - 11 农民工人均月收入及其从事行业

单位：人，%

	建筑施工	电子电器	制衣制鞋	住宿餐饮	商业服务	其他	合计
800 元及以下	12	0	4	13	4	12	45
	7.2	0.0	4.0	6.8	2.6	8.6	5.0
801～1200 元	20	20	24	49	27	29	169
	12.0	12.7	24.2	25.7	17.8	20.9	18.7
1201～1600 元	34	47	37	52	59	26	255
	20.5	29.7	37.4	27.2	38.8	18.7	28.2
1601～2000 元	41	38	22	49	27	18	195
	24.7	24.1	22.2	25.7	17.8	12.9	21.5
2001～2400 元	30	31	9	12	15	17	114
	18.1	19.6	9.1	6.3	9.9	12.2	12.6
2401 元及以上	29	22	3	16	20	37	127
	17.5	13.9	3.0	8.4	13.2	26.6	14.0
合计	166	158	99	191	152	139	905
	100.0	100.0	100.0	100.0	100.0	100.0	100.0

综合上述情况来看，73.4% 的被调查的农民工人均月收入比 2012 年全国外出农民工人均月收入至少少 290 元，比 2013 年全国外出农民工人均月收入至少少 609 元。从行业来看，比全国同行业农民工收入差距更大。因此，农民工对工作收入普遍感到不满意。如第三章表 3 - 70，在所有被访农民工中，明确对工作收入比较满意和非常满意的只占 21.8%。从代际来看，老生代明确对工作收入比较满意和非常满意的只占 28.1%，新生代明确对工作收入比较满意和非常满意的只占 18.2%。"对自己收入状况满意度"的线性回归分析结果显示，所受正规教育时间与对收入满意程度得分存在显著的负相关，受正规教育时间越长，对收入满意程度得分越低，受正规教育时间每增加一年，对收入满意程度得分平均减少 0.018 分。没有参加过技能培训学习班的农民工对收入满意程度得分均值显著低于参加过技能培训学习班的农民，两者差值为 0.122 分。由于农民工普遍受教育水平低，没有接受过任何培训，加上工资水平低于全国农民工的平均工资水

平，因此，无论是老生代农民工，还是新生代农民工，都对收入状况普遍感到不满意。

（5）新生代农民工有比较突出的身心健康问题，他们的人力资本缺失状况进一步恶化

人力资本理论表明，人力资本是指经过投资凝聚在劳动者身上的知识、技能及综合能力，是人的知识、技术、能力、身心健康和寿命等各种因素的总和。学校教育、培训、劳动力迁移和医疗保健等各种支出都是人力资本投资的途径和形式。健康无论是对劳动者还是对整个国家来说，都意义非凡。作为人力资本的重要内容和表现形式，健康直接决定着一个人的人力资本状况，影响到他们的劳动时间、劳动能力以及收入状况等各个方面。身心健康有助于他们获得更多就业机会，提高就业质量，并对社会经济发展具有基础性作用（罗竖元，2013）。国外研究表明，健康状况良好有助于提高参与工作的概率（Mc Donald，2004）。健康状况差的工人，劳动生产率会下降，甚至因为健康状况无法适应高强度的体力工作而被迫退出劳动力市场（Pilar & Tong，2010）。健康会成为阻碍农民工进入劳动力市场的因素，对农民工劳动时间产生较大影响（García Gómez，2010）。因为健康不仅能提高劳动生产率，而且能够减少生病时间，增加劳动时间（Grossman，1972），健康状况不佳的移民发生回流的可能性更高（Palloni and Arias，2003）。健康水平的提高会增加男性参与工作的时间（Thomas，2006）。健康会影响人们的力量、精力、期望寿命和持久力。在其他条件相同的情况下，教育等其他人力资本投资的收益率取决于劳动者的健康状况（Schultz，1964）。个人的身体健康状况、收入、生产力和健康开支成为一个循环系统（Christopher and Stern，1978）。健康状况差对收入有负面影响。健康状况越差，参加工作的概率越低，收入越低。健康水平下降会导致劳动供给和家庭收入显著降低（张川川，2011）。较差的健康水平减少了他们的工作时间。健康状况较差者比健康状况较好者减少了18.9%的劳动时间（一年减少21天）（田艳芳，2011）。新生代农民工的身心健康问题直接关系到我国经济社会发展和社会公平，理应成为我国城市化和新生代农民工服务中予以考虑的一项。

在我国，新生代农民工由于缺少应有的教育，受教育水平低下；由于

缺少培训，技能明显缺失。这些都是新生代农民工人力资本不足的表现。同时，由于受教育不够，缺少相关的卫生疾病知识，生活方式不良，心理调适能力弱，加上缺少应有的社会政策保护和相应的社会工作与心理咨询等专业服务，农民工的身心健康受到不同程度甚至严重的损害，进一步恶化了新生代农民工人力资本不足的状况。本书调查发现，身体状况不好的被访农民工占比8.6%，一般的占1.2%；有14.3%老生代农民工身体状况不好，新生代农民工身体状况不好的占比5.4%。但是，国内研究表明，新生代农民工的亚健康和不健康状况令人担忧。一方面，伴随新生代农民工流动性增加，人力资本因健康状况可能恶化而受到负面影响。有研究指出，与流动前的健康状况相比，农民工流动后的健康状况可能发生恶化。社会经济地位越低的农民工，健康状况越可能恶化。教育程度低、家境差的农民工，他们的健康状况更可能恶化，健康恶化反过来使他们的生产经营进入更差的循环中，更可能使其个人及家庭出现"因病返贫""因病致贫"的现象。此外，他们很少能获得公共资助的健康服务（苑会娜，2009）。另一方面，新生代农民工人力资本不足在健康状况方面的表现特别突出。这些表现主要是健康知识缺乏、健康行为欠缺、身体疾病、负面情绪困扰以及心理疾病等。首先，新生代农民工健康知识匮乏，健康行为不良。有研究指出，新生代农民工的生殖健康与婚恋知识匮乏（宋月萍、李龙，2015），而且大多数农民工预防AIDS的知识贫乏，对AIDS预防干预知识有很多错误和片面的认识。在深圳市，感染HIV的人群主要是流动人口。有高达75%的人在检出HIV感染后没有继续接受卫生部门的跟踪监测，散落到社会各个角落，增加了社会公众的感染危险（俸卫东，2006）。他们的健康知识平均知晓率和健康行为平均形成率明显低于当地同龄人群。只有60.4%的新生代农民工知晓艾滋病主要传播途径，30%左右知晓肺结核病传播途径。在健康行为形成方面，每天按时吃早餐者占41.6%，定期健康体检的占33.4%，参加医疗保险的占46.4%，经常进行体育锻炼者只有6.0%。没有做过性病/艾滋病检查的占比92.3%，不愿意接受性病/艾滋病检查的比例为47.5%，认为婚前体检没有必要的占29.0%，43.2%的新生代农民工不知道如何紧急避孕，不安全婚前性行为现象突出（和红、智欣，2013）。新生代农民工的生殖健康知识匮乏，生殖健康状况比较差，患性病和艾滋病等风险增加，感染人数剧增（和红、任迪，2014）。其次，新生代农民工生理疾病发生率高。其中，职业病发病率令人担忧。有研究显示，乡镇企业中有82%的存在各种职业危害，遭受过尘、毒等职业病侵害的乡镇企业员工约占30%，各类职业病（如噪声损伤、尘肺病以及中毒等）检出率高达11.4%，全国每年因工伤致残、失去劳动能力的人员有70多万人（陆文聪、李元龙，2009）。由于居住条件和工作环境普遍较差，新生代农民工的健康受到严重负面影响。42.1%的新生代农民工身体状况差，有过发烧、咽喉痛、咳嗽、头痛、眩晕、腹泻、胃痛、关节和肌肉酸痛等生理疾病，并有70.8%的感到"身心疲惫"，52.0%的觉得"生活很艰难"，63.5%的感到"烦躁易怒"，49.2%的认为"前途茫然"，时不时或严重失眠的占51.3%，精神健康差的表现为紧张、焦虑或恐慌（俞林伟，2016）。另有研究揭示出，新生代农民工的一系列心理问题会引发胃溃疡、偏头痛、冠心病、紧张性头痛、习惯性便秘、神经性皮炎、溃疡性结肠炎等各种生理疾病，并导致精神分裂症，有的还因为丧失归属感、安全感和尊严，加上各种身心疾病困扰，而出现自杀甚至反社会行为（吴智育，2012）。再次，新生代农民工的心理疾病与精神健康问题比较突出。他们的身心健康水平比全国平均水平都低，他们的心理健康问题不容忽视（闫凤武，2011）。杭州新生代农民工心理健康研究表明，杭州市新生代农民工心理健康水平显著低于全国常模水平。而且，他们的"人际关系"、"强迫症状"和"敌对"三个因子的检出率较高，同时还有一定程度的孤独感、挫折感、被剥夺感与抵触情绪（甄月桥、张殷鹏等，2015）。滁州市新生代农民工调查指出，新生代农民工总体的心理健康水平较低，普遍存在人际关系敏感、抑郁、焦虑、敌意和偏执等心理问题。男性的人际关系敏感、偏执等问题的发生率高于女性；女性的抑郁、恐惧等问题的发生率比男性高。新生代农民工身处他乡，在缺乏社会支持和保护情况下，大都感到惆怅、迷茫，有时因为市民有意无意地排挤和歧视而产生心理不平衡和自卑感，引发抑郁、焦虑、恐惧等心理问题，甚至出现因孤独引发的人际关系敏感、自卑、敌意等心理问题（王李艳，2015）。山东省的新生代农民工研究揭示出，该省的新生代农民工心理健康状况不佳（姜亚丽、王晓明等，2014）。广东省六个城市的新生代农民工调查表明，新生代农民工对当前生活的满意度较低，自我价值预期低（张蕾、常媛媛，2014）。吉林省的新生代农民工研究表明，新生代农民工的人际关系敏感、焦虑、强迫维度得分较高。女性新生代农民工的总体心理健康状况差于男性新生代农民工，更容易产生敏感、焦虑、抑郁等心理问题。受教育程度较低的新生代农民工的城市社会排斥感更强，容易产生焦虑和敌对心理，缺乏心理安全感（李彬、纪伟，2016）。安徽省新生代农民工调查显示，农民工的心理问题检出率为27.0%，高于全国人均水平。其中，女性心理问题检出率为30.9%，比男性的24.4%高；离异者心理问题检出率最高，达40%，已婚者的为24.5%，未婚者的为28.8%；初中文化程度的为32.8%，大专及以上的为28.2%，高中的为21.4%，小学及以下文化程度的为20.0%（宫黎明，2017）。

新生代农民工严重的心理和精神健康问题主要通过人际关系敏感、焦虑、抑郁、偏执、躯体化、强迫症与敌对等各个因子反映出来（甄月桥、张圆、朱茹华，2015）。对精神健康问题严重程度的分析揭示出，在精神健康问题中排在前五位的是身心疲惫、觉得生活很艰难、感到很孤独、烦躁易怒和前途迷茫（刘玉兰，2011）。40%以上的新生代农民工有不同程度的抑郁问题，20.7%的有中度及以上程度的抑郁（郭星华、才凤伟，2012）。有的新生代农民工会出现新陈代谢紊乱、呼吸频率加快、血压升高等生理不适现象，伴随焦虑、感情压抑、厌烦工作、情绪过敏、精神疲劳等症状，引发吸烟、酗酒、工作拖延和逃避工作等不良习惯，以及人际关系恶化乃至自杀等问题（颜琴，2010）。有研究表明，因为社会不公以及城市居民的排斥和歧视等各种原因，新生代农民工心理满足感低，对社会不公平反应强烈。43%的人对生活有强烈的落差感，很容易产生抑郁、焦虑、厌世等心理问题，造成行为偏差（陈会君、杨麟，2010）。由于城市社会的排斥以及他们非农非城的边缘化处境和身份认同缺失，新生代农民工存在抑郁、焦虑、孤独和失衡心理，产生抱怨、愤恨、焦躁、疑虑等心态。因缺乏来自政府与社会的实际支持，新生代农民工缺乏安全感，极易产生不信任感与不公平感。因此，新生代农民工心理亚健康问题非常普遍，并以焦虑、抑郁、自卑、人际关系冲突、适应不良、爱情婚姻关系失调、易激惹等形式表现出来（诸晓、沈永健、罗珺，2014）。新生代农民工的心理健康水平与文化程度以及社区居住年限有着显著关系。有研究表明，文化程度越高的新生代农民工心理健康水平越高。社区居住年限显著影响他们的忧郁情绪倾向。居住年限越长，忧郁情绪更多，忧郁心境持续更久（崔晨星、石向实、张锦琳，2012）。从性别方面来看，有研究说明，女性农民工的心理健康状况比男性差。具体表现在抑郁、焦虑、人际敏感、偏执、强迫与敌对等因子均显著高于男性（周小刚、李丽清，2013）。由于原有社会支持被打破、恶劣的用工环境、城市社会排斥、工作薪酬或福利上的不公平，新生代农民工在遭遇心理压力增大、心理失衡等各种心理问题的时候，不知道如何寻求心理帮助，心理需求无法得到满足（宫黎明，2018），久而久之就会丧失归属感，精神健康状况也受到极大影响，出现身心疲惫、烦躁易怒和失眠等问题，并引发价值感缺乏现象，常常感到很孤独、觉得自己很没用、生活很艰难、前途渺茫等。在缺乏相应的社会政策保护和专业服务干预的情况下，这种心理问题可能会导致严重的悲剧性事件发生。2010 年的富士康员工"十二连跳"就是在这种情形之下发生的悲剧。

有学者提出，有必要构建新生代农民工心理健康服务体系，从预防机制、干预机制、转介机制、监控机制以及评价机制方面入手开展工作。通过建立新生代农民工心理健康档案，强化新生代农民工心理健康风险预防机制。通过设置心理健康和心理问题知识专栏、网页或网站以及开发 App 等，提供专业介入服务和帮助；动员心理学专家、精神医学专家为企业、社区中的农民工开展免费心理讲座和培训等，普及心理健康知识，倡导健康生活方式。依据新生代农民工心理健康档案所反映出来的问题，由心理学专业人员对他们进行干预、辅导、治疗。同时，要建立心理干预专家团队，以便随时应对突发事件（宫黎明，2018）。

4.3 新生代农民工教育培训问题的成因分析

由前文分析得知，新生代农民工教育和培训面临一系列问题，概况来看：一是受教育程度低，缺乏受教育机会，他们的教育福利权益缺乏保障；二是缺乏相应的就业技能培训，而且目前开展的培训偏重于技能培训，不利于提升新生代农民工综合素质，无益于提升新生代农民工的人力资本；三是教育培训的责任主体错位和缺位现象并存，尤其是政府作为核心主体，没有发挥出应有的主导责任，新生代农民工教育培训权益得不到有效保障；四是教育培训费用分担不均，农民工个人负担太重，加上培训市场的不规范，极大地影响了农民工参加培训的积极性和实际参与率；五是前述问题导致农民工素质低，缺乏法律意识，加上用工企业不愿承担企业社会责任，进而引发农民工合同签订率低、工作稳定性差、收入低等问题。新生代农民工人力资本不足的现状，是多种内外因素交互作用的结果。其中，既有历史原因，也有现实原因；既有新生代农民工家庭方面和个人方面的原因，也与我国教育福利政策设计等体制性、结构性问题有关。同时，更是我国教育福利政策执行不力导致的结果。新生代农民工人力资本缺失的主要原因，综合来看，主要表现在以下几个方面。

（1）缺乏具有可操作性的基础教育立法，难以确保新生代农民工在基础教育阶段的教育福利

虽然我国颁布了《中华人民共和国宪法》《中华人民共和国教育法》《中华人民共和国义务教育法》《中华人民共和国高等教育法》《中华人民共和国残疾人保障法》《中华人民共和国妇女权益保障法》《残疾人教育条例》等相关保障人民受教育权的相关法规，但是，这些法规在可操作性方面仍值得商榷。1995 年颁布实施的《中华人民共和国教育法》（以下简称《教育法》）规定实行九年制义务教育。各级政府采取各种措施保障学龄期儿童和青少年就学。他们的父母或其他监护人、相关社会组织机构与个人负有法定责任，要确保这些孩子接受并完成九年制义务教育（中华人民共和国教育部，2004）。但是，《教育法》对于父母、其他监护人以及相关社会组织机构和个人等责任主体如何履行确保适龄儿童和青少年接受义务教育的责任没有规定具体的可操作性措施。1995 年《教育法》还规定，国务院、省或自治区和直辖市人民政府管理高等教育，地方政府在国务院领导下负责管理中等及以下教育；国家建立以财政拨款为主、其他多渠道筹措教育经费为辅的体制，逐步增加对教育的投入，保证国家举办的学校教育经费的稳定来源。农村由乡政府收取农村乡统筹中的教育费附加，用于本辖区内乡、村两级教育事业。省、自治区、直辖市人民政府自行规定乡统筹中的农村教育费附加的比例。乡、民族乡、镇人民政府报县人民政府批准，依据自愿、量力的原则，可以在本行政辖区内筹措用于实施义务教育

学校危房改造、修缮、新建校舍的费用。这种状况说明，当时我国基础教育的重要性并没有在我国教育法规中得到体现，我国政府对高等教育的重视程度远远超过基础教育。然而，事实上，基础教育是反贫困的重要武器，有助于防止将贫穷和边缘人群排斥在政治、经济生活以外（Jellema，2000：27）。基础教育是国民立足于社会的前提和基础，是基础中的基础，更需要国家来保障。世界所有发达国家对基础教育都十分重视，通过立法强化财政对基础教育的支持。以前，我国对基础教育的重视是不够的，从我国1995年《教育法》中可以看出，当时基础教育责任完全下移到乡、村，这种做法严重违背了国家以财政拨款为主、多渠道筹集教育经费为辅的体制的法律规定，而且对于教育费附加按多少比例收取，没有全国统一的标准和比例，完全由乡镇自行决定。这种状况，一方面极有可能导致基层政府推卸责任，进一步侵蚀基础教育的发展；另一方面也可能直接导致农民负担重、苦不堪言状况的出现。

我国1986年颁布实施的《中华人民共和国义务教育法》开启了九年制义务教育的历史进程。该法律规定，接受义务教育的学生免缴学费，地方各级政府按中央规定在城乡征收教育事业费附加，用于保障义务教育的实施（全国人大，1986）。1992年颁布执行的《中华人民共和国义务教育法实施细则》规定不收学费，可以收取杂费。城镇人民政府负责将实施义务教育的学校新建、改建、扩建所需资金列入基本建设投资计划，或者通过其他渠道筹措；乡、村两级负责筹措农村义务教育办学经费，县政府只对困难乡、村酌情补助，并允许各地收取借读费（教育部，1992）。在这两部直接关系到义务教育的法律法规中，并没有对中央政府，省、自治区与直辖市人民政府和县人民政府等做出相应的投资义务规定。县及县以上各级政府财政对农村的义务教育几乎不承担责任，有的只承担极其有限的责任，农村的义务教育全部由乡、村负责。由于相关教育法规缺乏可操作性，加上我国对"分级办学"体制的片面、错误理解，我国农村形成了村办村小、联村办高小、乡办初中和中心小学、县办高中的基础教育办学体制（朱俊杰、申纪云，1995）。在这种分级包干的高度分散教育投资管理体制下，义务教育责任全部下移到乡一级地方财政。市财政负责城市的义务教育投入，乡财政负责农村义务教育，实际上完全由农民个人负责农村义务教育。因为农村经济体制改革后，绝大多数村集体名存实亡，乡镇企业逐渐衰落，乡、村没有财力支持农村义务教育发展。县级政府的工作重点是发展经济，追求 GDP 至上主义，基础教育完全被经济目标所排斥。乡镇作为最低一级的地方基层政府，财力非常有限，还要承担农村各项工作。于是，在财权、事权严重不对称的情况之下，要落实义务教育投入，各地乡政府便巧立名目、千方百计地向农民收取各种费用。农村义务教育也变成了竞相收费的教育，教育乱收费问题日益严重，农民负担居高不下。各种税费负担、教育和医疗负担，成为农民最主要的两个负担。一直到 2006 年，我国决定实行免费的九年制义务教育，《中华人民共和国义务教育法》规定，实施义务教育，不收学费、杂费。县级以上政府教育行政部门具体负责义务教育实施工作。义务教育全面纳入财政保障范围，经费由国务院和地方各级政府依法予以保障。国务院和地方各级政府根据职责共同负担义务教育经费投入，省、自治区或直辖市人民政府负责统筹落实。各级政府根据国务院规定分项目、按比例分担农村义务教育所需经费（教育部，2006）。至此，农村义务教育负担才有所减轻。

从 1986 年到 2006 年，恰恰是新生代农民工完成初等、中等、高等教育的关键的二十年。1997 年全面实施收费制后，高等教育的商业化和市场化飞速发展。因此，新生代农民工基础教育正处于我国农村教育乱收费极为严重、农民不堪重负的时期。他们的高等教育阶段正好赶上我国教育领域市场化快速发展时期。教育，尤其是基础教育，本来是人人平等享有的社会公共事业和社会福利，但是，对许多农村家庭来说却成了奢侈品。上述法律对于义务教育投资责任的划分不够清晰，负责比例不明确，可操作性不强，直接导致各级政府对教育福利投资的主体意识和责任的弱化，使得本该接受基础教育的新生代因为经济困难纷纷辍学，加入外出打工的队伍，成为新生代农民工，他们的教育福利权益没有得到有效保障。

（2）各教育福利主体的法律责任不明晰，新生代农民工的教育福利权益无法真正落实

新生代农民工受教育水平低，他们的受教育权没有得到充分实现，虽然与个体原因有关，但更多的是社会性原因。教育，是一项社会公共事业。教育的责任主体包含了各级政府、学校、用人单位、相关社会组织、

社区、家长等所有利益相关者。教育是需要各个主体齐抓共管的基础性事业。当任何一个主体失职失责时，法律以及执法部门的及时干预是很有必要的。美国、德国、英国、法国等发达国家都有针对青少年逃学、辍学行为的制裁法律和追责机制。当学生辍学时，各个责任主体依法履行职责和承担法律后果。在孩子逃学或辍学时，学校会与家长沟通，督促家长，有时候选择报警，警察会出面对辍学的学生进行抓捕，法院则立案审判，家长要承担被罚款或坐牢的法律后果。日本也有具体的法律措施遏制辍学现象的发生，同时为辍学学生（尤其是学业不良的学生）提供家庭式课堂小组辅导，或者建立家庭式夜校，帮助辍学学生弥补知识缺陷。但是，我国到目前为止没有一部统一的权威法律来划定各个责任主体的具体职责范围和权力边界，尤其是对教育行政部门和学校等单位以及家长等主体的责任没有硬性规定，难以有效确保学龄期学生行使受教育权。学生的教育全凭家庭自行安排。一方面，政府的教育行政部门本应是落实教育福利政策的最大主体之一，但他们却没有切实履行好落实教育政策的责任。学校作为具体执行教育政策的组织机构，在督促学生和家长方面的责任也并没有完全落实到位。在我国农村地区，尤其是中西部农村地区，大部分本该接受教育的学生由于各种原因或辍学在家，或纷纷外出务工，教育行政部门和学校等组织机构未有效履行其作为教育福利政策执行主体的法定责任和义务。调查发现，各相关部门和机构普遍的观点是，辍学在家是学生自己和家长们的事情。当学龄期学生辍学时，若恰逢上级政府考核检查各地入学率情况，教育行政部门、学校就会在这种运动式检查之际关注辍学的学生。当检查运动过后，一切就会归于"无人监管"的常态。如果是一些被认为学业不良、升学无望、不能给学校教学质量加分的学生辍学在家的话，无论是学校还是教育行政部门，都不会去关注他们，甚至因这类学生辍学而感到轻松，在应试教育体制下，学业不良学生的逃学或辍学行为等于是在帮学校提高升学率、提升教育质量排名。没有强制性的法律和政策措施的硬性规定，基层教育行政部门对于学生辍学在家的现状缺乏追踪了解和督查的动力和压力。学校和老师也不会或者无力进行及时的干预，对于学生辍学后的去向、生活和学习状况更无从知晓，或者认为不必知晓，更不必主动干预。在这种情况下，教育行政部门和学校等教育机构完全忽略了其作为教育福利政策执行主体的法定责任和义务。他们任由学生的这种主动或被动辍学现象发生。他们认为学生的辍学与自身无关。此外，基层的妇联及共青团等群团组织没有尽到法定责任和义务。在学龄期学生辍学的时候，他们也没有及时介入，没有为学龄期学生享受受教育权提供必要的保护。再就是，在家长由于各种原因不送孩子接受教育的情况下，缺乏相关的措施来监督家长确保孩子受教育权的实现。农村的新生代辍学打工，与教育政策和法律的不完善有关。由于教育福利主体的法律责任不明晰，无法对所有相关责任主体包括家长形成强有力的约束和监督管理，孩子的教育福利权益由此缺乏强有力的法制保障。因此，国家应该通过制定更细致、更有操作性的法律和社会政策，明确各方具体责任和惩处措施，切实使各个教育主体的责任落实到位。

（3）教育投入不足以及城市偏好和向高等教育倾斜的投入机制，导致新生代农民工受教育水平低下

一方面，我国教育投入的总量不足，尤其是农村义务教育资源投入存在巨大缺口，很难满足农村居民尤其是新生代农民工的教育需求。有数据表明，全球每年人均教育经费将近 500 美元，美国人均教育经费超过 3000 美元，日本约为 2000 美元，韩国约为 1100 美元，我国 2005 年人均教育经费不到 100 美元，不到世界平均水平的 1/5（胡瑞文，2007）。衡量一个国家教育投入的重要指标是国家财政性教育经费占 GDP 的比例。联合国教科文组织公布的数据表明，在 20 世纪 90 年代，世界平均的教育投入占 GDP 的比例已达到 5.7%，发达国家达到 6.1%，发展中国家为 4.0%。发达国家的基础教育经费占 GDP 的比例也很高。丹麦为 4.2%，法国为 4.0%，美国为 3.8%，芬兰为 3.7%，韩国为 3.5%，英国为 3.4%，德国为 2.9%，日本为 2.7%，OECD 各国平均为 3.5%（李广，2007）。长期以来，我国人均教育经费严重不足，教育支出占 GDP 的比例不但长期低于 4.0%，而且有的年份呈下降态势。经过 20 年的奋斗，2012 年才首次突破 4.0%。我国基础教育占 GDP 的比例更低，迄今没有一个统一的官方数据。基础教育生均投入只有世界平均水平的 1/25。教育投入总量的长期不足，使得农村义务教育的投入更是严重不足。农村人均教育经费远远低于全国平均水平，农村尤其是中西部地区农村普遍存在物力资源和人力资源投入不足的现象

（陈鹏，2010）。教育支出是社会支出①的重要组成部分。教育支出直接关系到劳动力素质和国家竞争力高低。OECD 国家社会支出数据表明，在以科技为经济发展重要动力的发达国家中，社会支出与经济发展呈正相关。发达国家经济实力与巨大的社会支出（社会福利）二者之间是互为因果关系的。2011 年，在十个福利水平最高的 OECD 国家中，有六个国家经济竞争力排名世界前十，三个排名前二十，只有一个国家排在前二十以外（见表 4 - 12）（关信平，2017）。

表 4 - 12 　 2011 年 OECD 国家中社会支出总额排名前十位国家在
世界经济竞争力中的排名

单位：%

国家	公共社会支出占 GDP 百分比	民间社会支出占 GDP 的百分比	公私社会支出占 GDP 百分比	世界经济竞争力排名
丹麦	30.1	5.1	35.2	8
法国	31.0	3.6	34.6	18
比利时	29.4	2.1	31.5	15
荷兰	23.5	7.4	30.9	7
瑞典	27.2	3.2	30.4	3
美国	19.0	10.9	29.9	5
意大利	27.5	2.2	29.7	—
奥地利	27.7	2.0	29.7	19
芬兰	28.3	1.2	29.5	4
英国	22.7	6.2	28.9	10

资料来源：社会支出的数据来自 OECD, Social Expenditure Database （SOCX）；各国经济竞争力排名的数据见张璐晶，2011，《谁是乱世救星：世界经济论坛授权本刊发布〈2011—2012 年全球经济竞争力报告〉》，《中国经济周刊》第 36 期。

从全球范围来看，在 2017～2018 年竞争力排名前十的国家和地区中，OECD 成员国占了八个（见表 4 - 13），只有排名第三的新加坡和排名第六的中国香港特别行政区不属于 OECD 成员。不管是 OECD 成员，还是非 OECD

---

① "社会支出"是国际社会通用的概念和指标，我国政府的财政预算中没有这一概念。我国财政用于教育、医疗卫生、社会保障和就业、保障性住房和反贫困五大类的支出总和，属于社会支出。详见关信平，2017，《当前我国社会政策的目标及总体福利水平分析》，《中国社会科学》第 6 期。

成员，这些国家和地区都非常重视教育，政府公共财政中的社会支出占比很高。20 世纪 70 年代以来，尽管西方福利国家政策受到新自由主义的责难和诟病，但是，OECD 国家在 20 世纪 80 年代以来的三十多年里不断提高公共社会支出占 GDP 的比例，从 1980 年的 15.4% 提高到 2014 年的 21.6%。2012 年，OECD 各成员国公共社会支出占 GDP 的平均比例达到 26.7%，其中公共教育支出占 GDP 的比例为 4.9%（关信平，2017）。这些数据揭示出，所有高福利国家都是经济竞争力很强的国家。同时也有力地证明了高福利不但没有损害经济，反而成为经济发展的动力，"高福利陷阱"与事实并不符。较高的社会支出，尤其是教育支出，对于提升劳动者的人力资本是关键，有利于提高一国的竞争力。教育政策等社会政策是一种重要的生产力要素，已经成为提升国际竞争力的重要手段。OECD 报告在评估中国经济发展时认为，中国经济将继续保持强劲增长势头，但是需要增加社会支出（赵晓萌，2010）。然而，我国目前这种教育投入状况，显然不利于我国劳动力素质的提高和经济社会的长远发展。

表 4 – 13　2017～2018 年度全球竞争力报告（The Global Competitiveness Report 2017 – 2018）

单位：分

位次排名	经济竞争力	竞争力分值	上一年度排名
1	瑞士	5.86	1
2	美国	5.85	3
3	新加坡	5.71	2
4	荷兰	5.66	4
5	德国	5.65	5
6	中国香港特别行政区	5.53	9
7	瑞典	5.52	6
8	英国	5.51	7
9	日本	5.49	8
10	芬兰	5.49	10

资料来源：World Economic Forum，*Global Competitiveness Report* 2017 – 2018，Available at http://reports. weforum. org/global-competitiveness-index – 2017 – 2018/competitiveness-rankings/.

另一方面，我国教育的财政投入结构极其不合理，一直存在"重高等教育、轻基础教育"的现象。在投入本已偏低的情况下，这种不合理的财政投入结构，再加上不平衡的城乡分配（姚继军、马林琳，2016），使得我国农村教育福利水平非常低下，农村教育福利变成了由乡村集体或个人负责的集体福利。由于政府对应由财政性拨款投入的基础教育的重视程度远远不够（郑功成，2004），本应是重点投入领域的基础教育，在办学经费方面却经常捉襟见肘。2007 年，我国的财政性教育经费在三级教育中的分配比例是：初等教育占 36.28%、中等教育占 41.36%、高等教育占 22.36%。英国的相应比例为 50%、40% 和 10%，日本的相应比例为 42%、45% 和13%，法国的相应比例为 53%、39% 和 8%。我国这种不合理的教育投入分配结构，加上城乡分配不平衡，使农村基础教育进一步被侵蚀。各地农村尤其是偏远、贫困地区农村的基层政府，为了所谓的"效率和节约资源"，在基础教育领域掀起撤点并校的高潮，这种"雪上加霜"的功利性行为进一步加剧了农村学龄期学生辍学现象，严重破坏了教育公平。在相当长的一段时期内，我国农村教育本质上只是由乡村集体或个人埋单的集体福利或自我福利，而城镇教育是国家公共福利。在非财政性经费投入中，政府主要采取市场化手段增加投入，个人、家庭或社会团体的教育投入均有大幅度增长，其中个人和家庭的教育投资增长幅度最大（郑功成，2004）。我国教育投入的总量不足，加上我国基础教育投入的城市偏好，以及教育投资向高等教育倾斜的财政保障机制，是新生代农民工受教育水平低的深层次原因和体制性根源，他们的教育福利权益在很大程度上没有得到应有的保护。

（4）新生代农民工职业教育培训政策体系不健全，不利于新生代农民工接受继续教育

新生代农民工职业教育培训政策体系不健全体现在以下几个方面。

第一，负责农民工培训的专门国家实体机构缺失，缺乏统一的职业培训质量标准体系。我国目前没有建立专门负责农民工培训的国家机构，而且缺乏统一的职业培训标准体系。从国家颁布的农民工培训法律法规来看，以往颁布农民工培训法律法规的单位有国务院、劳动部（劳动和社会保障部/人力资源和社会保障部）、农业部、财政部、建设部、科技部、教育部、公安部、中国科学技术协会、共青团中央、国家开发银行等。全国

农民工培训的统筹规划、综合协调和考核评估等工作由国务院农民工工作联席会议负责,农民工工作联席会议各个成员单位按法律法规和政策规定以及各自职责,根据中央的统一规划和年度计划,指导各地具体开展农民工培训工作。各地要进一步完善农民工工作协调机制,人力资源和社会保障、发展与改革、财政、教育、农业、扶贫、科技以及住房城乡建设等有关的部门和共青团、妇联、工会等组织充分协作,共同开展农民工培训工作(国务院办公厅,2010)。人社部负责制定和组织实施进城务工农民工的技能培训政策;农业部门负责制定和组织实施在本地就业的农民工培训政策;教育部负责制定和组织实施农村初、高中毕业生接受中职教育,实现带技能转移的教育培训政策。各地按照这种组织领导框架和思路开展农民工培训工作。由于中央没有一个具体实体机构或实际部委专门负责农民工培训工作,会在很大程度上影响农民工培训工作开展的实际效果。俗话说,"艄公多了弄翻船"。目前这种组织领导机制实际上是一种多头管理、多头负责的机制,很容易出现"集体负责无人负责、集体领导无人领导"的局面。研究表明,多头管理,会因令出多门、交叉重叠监管、彼此缺乏协调,最后变成空头管理,或者让政策执行者和被管理者无所适从;多头负责,每个部门都想说了算,可能导致谁说了都不算,极易出现职责不清和分散的局面,导致最后无人负责。因为在目前的行政体制下,每个部门都有自己的专属工作和职责,受政绩考核压力影响,很容易出现各自为政的现象。各个部门有自己的部门利益,在实际工作中很难开展必要的沟通与协调。当有利可图时,势必引发众僧分粥、争权夺利或横加干涉的问题;当需要承担责任或者无利可图时,则可能会出现消极管理、互相推诿现象。这种安排的行政资源内耗大,既增加了行政成本,又降低了行政效率,使工作责任落空。我国农民工培训政策在实际执行过程中就已经暴露了主体冲突、目标偏离、效益低下等种种问题,使农民工培训政策资源没有被充分合理地利用。虽然中央要求各级政府将农民工培训纳入地方国民经济和社会发展规划中,地方政府根据统筹协调、分级管理和各负其责的原则,建立机构统筹协调、相互配合、有序运行的工作保障机制。从国家统计局公布的农民工培训数据来看,2009~2017 年农民工接受培训的比例是呈下降趋势的,未接受培训的农民工比例却呈上升态势。就九年间的总体培训情况而言，接受培训的农民工最低的年份（2012 年）只有三成（30.8%），最多的年份（2009 年）不到五成（48.9%）；没有接受培训的农民工最少的年份（2009 年）有五成多（51.1%），最多的年份（2012年）有接近七成（69.1%）。九年间没有接受培训的农民工比例整整上升了 17 个百分点，接受培训的农民工比例下降了 16 个百分点。在本书调查的农民工总体中，没有参加任何培训的比例高达 73.3%，新生代农民工中没有接受培训的比例高达 71.9%。国家每年为农民工培训投入数以亿计的资金，但是接受培训的农民工比例不升反降，原因值得深究。虽然原因是复杂的，但是这种状况与我国缺乏专门负责农民工培训的国家层级的机构不无关系。

此外，我国目前尚未建立国家层面的统一的农民工职业培训质量标准体系。由于缺乏国家层面的培训质量标准体系，在教育培训机构的注册、认证和监督、培训资质和准入门槛、专任教师、课程设计、培训内容、职业技能、技能标准、培训绩效、证书认证管理、考核监督、评估体系以及统一的职业资格标准体系等方面的管理过于松散，这就导致我国培训市场出现混乱和逐利行为等各种问题，主要有：培训招标准入门槛低、招标不规范；培训机构培训条件差、设施不完备、培训师资差、缺乏双师型教师、水平不高等资质问题；严重的机构竞争同质化、缺少后续培训服务、诚信缺失等问题；培训流于形式、培训计划缺失、课程设置与安排不合理、培训技术手段和培训方式以及培训内容和时间等不符合农民工实际需要等问题；培训重技能、轻能力、轻素质的矛盾问题；政府投入不足，企业不愿意承担培训费用或者投资较少，培训市场费用昂贵、超出新生代农民工实际承受能力的问题；培训考核评估机制不健全，资金管理不善导致资金无法有效利用或被挪用、贪污的问题；各地农民工教育培训存在地区之间不平衡、地区差距大等问题。凡此种种，导致农民工培训效率低，缺乏时效性、针对性、实用性和差异性，既不符合农民工的实际培训需要，又不能契合企业的岗位技能要求。

第二，科学合理的经费投入分担机制未建立，缺乏有效的资金保障机制。进入 21 世纪以来，党中央和国务院高度重视农村劳动力以及农村转移劳动力的培训工作，先后颁布二十多部法律法规和相关政策文件，投入大量资金用于开展农民和农民工培训。2003 年，国务院扶贫办牵头组织实施"农村劳动力转移培训雨露计划"（以下简称"雨露计划"）。同年，国务院办公厅转发农业部等部门制定的《2003～2010 年全国农民工培训规划》，具体部署农民工培训有关工作。为落实党中央和国务院的相关部署，农业部等 6 部委于 2004 年颁布执行《关于组织实施农村劳动力转移培训阳光工程的通知》。2005 年，国务院相继颁布《国务院关于大力发展职业教育的决定》《国务院关于进一步加强就业再就业工作的通知》《中共中央 国务院关于推进社会主义新农村建设的若干意见》；同年，劳动和社会保障部颁发《关于进一步做好职业培训工作的意见》；2006 年，国务院发布《国务院关于解决农民工问题的若干意见》；同年，农业部等 13 部委共同制定颁布《农民科学素质行动实施工作方案》，劳动和社会保障部颁布《农村劳动力技能就业计划》；2007 年，劳动和社会保障部制定实施《农民科学素质教育大纲》；国务院办公厅于 2008 年发布《国务院办公厅关于切实做好当前农民工工作的通知》；2009 年，国务院下发《国务院关于做好当前经济形势下就业工作的通知》；同年，人社部、财政部颁布《关于进一步规范农村劳动者转移就业技能培训工作的通知》；2010 年，国务院办公厅下发《国务院办公厅关于进一步做好农民工培训工作的指导意见》。以上所有法律文件对经费投入、资金筹措等缺乏科学合理的分担规定细则，对各级政府以及其他相关主体的投入比例并没有明确，导致农民工培训经费投入缺乏有效的法律保障。对培训资金投入规定的非科学性从下文的分析中可见一斑。

2003 年扶贫办实施的"雨露计划"规定，"雨露计划"的投入实行政府、用人单位、培训机构共同分担的机制；通过制定优惠政策，吸引社会力量加入贫困地区的人力资源开发中。同年，国务院办公厅转发的农业部等制定的《2003～2010 年全国农民工培训规划》，规定加大培训经费投入力度，形成政府引导、多元投资的投入机制；实行用人单位、政府和农民工个人共同分担农民工培训经费的投入机制；中央和地方各级政府以财政支出形式安排开展农民工培训工作的专项经费（国务院办公厅，2005）。根据法律规定，用人单位必须提取职工工资总额的 1.5%，用来对职工开展内部培训，包括对本单位职工雇用的农民工开展培训。中央对符合条件的教育培训机构提供扶持资金，对参加培训的农民工给予补贴或奖励。农业部等 6 部委于 2004 年颁布执行《关于组织实施农村劳动力转移培训阳光工程的通知》，其中规定，"阳光工程"投入经费实行政府和农民个人共同分担的机制。各级财政要安排培训专项经费，与中央财政扶持资金一道以培训券方式直接让农民受益，或以补贴形式让培训机构降低收费标准。财政部把中央扶持的农村劳动力转移培训资金直接拨付给省财政，由省财政根据本级安排的资金逐级下拨。2010 年，国务院办公厅颁发实施《国务院办公厅关于进一步做好农民工培训工作的指导意见》，规定以省级统筹为重点，集中使用农民工培训资金。各省（区、市）政府在财政预算中列入农民工培训所需资金，加大对农民工培训的资金投入力度，将中央和省级财政安排的各项农民工培训资金按照统筹规划、集中使用、提高效益的原则，对地方予以适当补助；并采取培训资金直补用人单位的办法，激励企业开展农民工培训工作。文件还规定，凡与农民工签订 6 个月以上期限劳动合同，且农民工在 6 个月内到职业培训机构参加培训的，用人单位就可以享受职业培训补贴。各用人单位要依法足额提取职工教育培训经费，用来对本单位雇用的农民工开展教育和培训。所有上述规定虽然对各级政府、用人单位、培训机构等提出了资金分担要求，但是没有任何一部法律法规对各级政府、用人单位、培训机构各自应该承担的比例做出具体细致、可量化、可操作的规定。这种没有明确规定政府部门、用人单位、其他相关主体以及农民工各自应承担比例（周小刚、李丽清、钱芳，2014）的做法，很容易导致培训经费由中央政府单一主体承担的局面出现，从而催生地方各级政府或有关机构骗取国家培训资金的违规行为，不利于调动各个主体的积极性。对于企业，虽然规定了企业要按职工工资总额 1.5%的比例提取职工培训经费，但由于监督管理和评估缺位，许多企业想方设法规避责任，甚至套取国家资金。另外，对于各级各类职业技术学院等高等院校如何发挥自身在农民工培训中的作用，没有明确具体、可操作的规定，没有规定这些主体应该承担的责任和培训费用投入比例，也没有专门为农民工在岗培训学习留出名额，在很大程度上浪费了宝贵的教育资源，在某种程度上也是对农民工教育培训权益的剥夺和损害。

政府和企业是新生代农民工教育福利最大的责任主体，是新生代农民工教育培训两个非常重要的责任主体。政府作为教育福利资源最大的组织者、拥有者、提供者以及教育福利政策的决策者和制定者，应当成为新生代农民工教育福利和教育培训的第一责任人。政府和企业也是新生代农民工人力资本投资的最大受益者。因为无论是企业的竞争力，还是国家的竞争力以及良好的投资环境、社会的良性运行等，都在很大程度上依赖于高素质的劳动力。在各个发达国家中，政府始终是重要的责任主体，联邦政府通过立法规定各方的具体职责和投资比例，并以财政专项拨款、税收减免、建立培训基金等方式引导社会各方参与。联邦政府、州以及地方政府除承担教育培训经费投入的法定责任外，还积极组织和引导教育培训的利益相关者开展持续对话，强化各方的共同责任。企业积极履行自身责任，同时协助政府、培训机构和学校落实培训责任。从我国目前的情况来看，政府和企业在农民工教育培训方面的作用有待进一步提升。本书调查情况反映出，在政府、市场和社会三方主体中，主要是政府的行为造成了农民工受教育水平低下和人力资本不足的问题。尽管我国教育经费近几年来有所增长，但依然十分不足。而且，这种增长实际上是个人、家庭或社会团体的教育投入等非政府财政性投入带来的增长，其中，个人和家庭的教育投资增长幅度最大。在我国，无论是农村还是城市，地方政府的相关部门对新生代农民工教育培训重视不够，培训经费来源和财政投入严重不足。新生代农民工未能和当地城镇职工一样享受教育培训政策福利，新生代农民工无缘于城镇职工可以享受的各种免费职业培训和教育，无法成为城镇教育培训制度的受益人（周小刚、李丽清、钱芳，2014）。企业是教育培训投资的另一个重要责任主体。但是，企业对农民工教育培训投入乏力，表现不佳。有研究表明，"有30%以上的企业只做表面文章，象征性地拨出年人均不到10元的教育培训费用开展企业员工培训；年人均教育培训费用在10~30元的国有企业占了20%左右；而亏损企业大多数已经停止了对员工培训的投入；有能力的企业已经或正在放弃岗前与中长期的教育培训。在国有企业过去开办的职业教育机构中，有92%的机构被撤销或合并（其中，被撤销的占总数的45%，被合并的占总数的47%）"（郑功成，2004）。相反，一些私企却愿意对员工进行培训，他们认识到企业自身培训的责任。在他们看来，对员工培训是自己的投资，而且会产生相应的高收益，培训形式、内容、时间安排等都更符合企业自身需要，对农民工和企业本身来说都更加具有针对性。但是，小型私企却难以承担相应的费用和培训的外部效应带来的风险损失。笔者对上海一家私企老板的访谈就体现了这种观点。这家私企的老板说，"我们是一个小企业而已，没有进行过相关培训，当然，有能力和有时间的话，我认为还是有必要进行培训的。如果搞培训，还是企业自己进行比较适合，这种培训我感觉是需要根据企业自身的需求来进行的。农民工本身呢，很多经济状况都不好，除去一些技能型的操作，也很少有人自己出钱去找培训学校的，而且企业自身出钱培训能更好针对自身企业需求进行重点培训。如果培训所带来的效益是我们企业收入的增加，那么对于培训的支出就不会觉得高。而且，培训时间定为下班以后更合适，我们企业出钱给他们培训是提升他们素质，而且能为企业带来更多效益，所以不要占用上班时间"（2HC02）。也就是说，本应作为国民教育培训投资重要主体的政府和企业，在教育培训投入方面的缺位非常严重，承担的责任非常有限。这些与我国农民工教育培训经费投入分担机制不健全有着非常密切的联系。

第三，跨部门、跨领域的合作机制尚未健全，缺乏农民工培训工作的协同机制。在我国农民工培训的相关法规中，只对各方的责任做出原则性的要求，对于各个部门具体如何开展工作，如何协调一致落实农民工培训政策，以便形成协同创新机制，未见有可操作性的实施细则和规定。这也是我国许多领域政策法规存在缺陷的表现。中央的许多法规政策只是一些指导原则，缺乏细致的规定，给予下级政府或相关机构的自由裁量空间太大，难以形成对各个责任方有效的约束机制，更无法形成协同合作机制。从政策制定实施的过程和执行原理来说，具体执行政策的机构应该对政策执行制定出具体的、可量化的细则，但是，各个地方政府出台的政策也是按照中央的思路出台的，只是一些抽象的、可操作性不强的原则性指导意见。因为这样做可以有效规避责任，不至于将自己约束死。国外在制定法律的时候，对中央（联邦）政府、州政府、地方政府的财政投入责任和具体比例都有详细的硬性规定，对于公司企业、行业协会、雇主协会、商会、社会团体、工会、培训机构、大学、学院、中初级职业学校、个人等各方责任都有非常具体详细的说明和规定，从培训质量标准、培训证书体系到培训课程设计、课程与考试、培训机构资质、培训绩效考评与认证等，有一整套可操作的规章制度，形成了跨部门、跨机构合作机制，建立了多元共治的教育培训政策体系。

第四，普通教育和职业训练的有效衔接机制未建立，缺乏终身学习的社会氛围。在我国，普通教育和职业教育与培训是相互割裂、彼此独立的状态，这种状况不利于劳动者全面发展。前文对"国外职业教育培训实践"的分析表明，美国的职业教育培训与普通教育是有机衔接的，而不是彼此割裂的。中小学教育阶段尤其是中学教育阶段，直接采取课程或大纲衔接模式，实现普通教育与职业教育的对接。在英国的教育系统中，初、中、高三个教育层次相互衔接，职业技能培训与正规职业教育相互补充。德国的职业教育内容是贯穿整个教育体系中的，"双元制"职业教育从高中阶段就开始了，除了高等职业学院或大学参与以外，中小学、教会学校、专业技术学校、徒工学校、理科中学、女子理科中学、高等专业学校和综合性大学都会参与其中，开展的教育形式涵盖学校教育、家庭教育和工匠技术教育。澳大利亚于 2000 年实施的澳大利亚学历资格框架（又叫"国家培训包"）由 12 个等级资格构成，不同层级间互相承认、互相衔接，学校教育、职业教育和高等教育都被涵盖在内。日本政府也通过法律规定将普通教育、中职教育与高职教育有机衔接起来。高等学校招生应更多地面向职业高中毕业生和综合科毕业生，为优秀学生提供接受高等教育的机会。

国外这种打通普通教育和职业教育的做法，实现了二者之间的有效衔接，有利于学生分流，同时为广大学生提供了多元化接受教育的机会。尤其值得一提的是德国的"双元制"培训模式，其给广大学生提供了免费教育培训的机会，为提高劳动者技能和综合素质提供了极大的支持，同时最大限度地确保了就业率，有效降低了失业率。20 世纪 90 年代，德国有 2/3 的中学离校毕业生通过这种职业教育培训模式顺利实现了就业。德国非常低的失业率得益于这种教育培训传统。2011 年，欧盟平均失业率为 21%，德国的青年失业率只有 8.9%，而西班牙的青年失业率高达 45%，希腊为 43%，意大利为 28%，法国为 23%。德国的双元制在保持较低水平青年失业率的同时，为德国制造业培养了大量具有创新能力的高技能工人。这种普通教育和职业训练相互衔接的机制，不失为一种我们可以借鉴的做法。

第五，教育培训政策宣传力度不够，政策及其实践目标定位有偏差，没有全面提升农民工综合素质的意识。在我国，许多政策的宣传是远远不够的，社会对政策的知晓度很低，造成了政策的不透明、不公开现象，严重影响政策实施的可及性和实际效果。这种现象在农民工教育培训政策宣传上也有所体现。通过访谈得知，大多数农民工，甚至部分政府工作人员，都不太清楚这方面的政策。上海某境外慈善组织负责人反映，"我也不太知道这方面政策。今天你问了，我才知道国家是有这些政策的，估计还是宣传不够吧。国家应该有专门的政策宣传渠道和平台，方便全社会知道这些信息"（6HC05）。在 NJ 和 HN 的访谈同样反映了这个问题。NJ 的受访者说，"农民工绝大多数不清楚国家法律。我也是听别人讲或者自己偶然看到的"（2SC02）。HN 某服装厂女工人说，"培训政策我根本不知道，也没有人跟我们说。我平时忙，也没有时间看新闻什么的"（4XC02）。甚至连 GY 的政府工作人员都说，"对国家政策我知道一点，但具体政策我也不太知道"（1QC01）。此外，我国农民工培训政策目标定位偏低，不利于农民工全面发展。无论是国家的农民工培训政策，还是各地的农民工培训实践，基本上都局限于就业技能培训，目的在于使他们能有一技之长，能在城市找到工作，却很少关注农民工长远发展和农民工市民化的需要。这种技能培训的政策思路太过单一，存在严重的定位偏差，对农村劳动力转移和市民化非常不利。"雨露计划"的宗旨是增强贫困劳动力的就业和创业能力。《国务院办公厅转发农业部等部门 2003—2010 年全国农民工培训规划的通知》中提出了"开展引导性培训"与"开展职业技能培训"两大任务。其中，引导性培训包含了权益保护、法律知识、城市生活常识、找工作的知识等，目的是提高农民工遵守法律法规和依法维权的意识。职业技能培训的重点是餐饮、酒店、保健、家政服务、制造与建筑等行业的职业技能。各地开展的"阳光工程"培训项目的培训重点都是短期职业技能培训，引导性的培训只是辅助性地加以开展。培训重点同样是酒店、餐饮、保健、家政服务、制造和建筑等行业的职业技能。《国务院办公厅关于进一步做好农民工培训工作的指导意见》规定，外出就业技能培训主要对外出务工经商的农民工开展专项技能或初级技能培训，技能提升培训主要针对签订了用工合同的在岗农民工。由于政策定位的偏差，各地的培训实践也定位于就业和找工作的技能培训，对于引导性培训则无暇顾及。这种政策定位明显与中央提出的要加快农业转移人口市民化进程的文件精神有很大差距。因为市民化不只是在城市有份工作那么简单。农民工市民化，不仅仅是提升农民工在城市工作的技能而已，而是一个包含了他们原有价值观念、生活方式与行为习惯等全方位的改变的过程。要实现市民化，除了使他们具备在城市就业的技能和能力外，更需要提升他们在城市的生存与生活能力，需要提升他们的城市适应能力和人际交往能力，需要协助他们养成现代城市的公民意识和文明素养。市民化是全面提升农民工人力资本，提升他们综合素质和能力的过程。因此，新生代农民工教育培训的政策与实践必须定位在"市民化"上。国外职业教育和培训始终聚焦于促进人口转移和职业转型，致力于提升人力资本，提高竞争力等目标。因此，无论是从国内经济社会发展对劳动力的需求来看，还是从新生代农民工自身发展和市民化角度来考虑，或者是基于和国外进行比较来分析，我国新生代农民工教育和培训的政策定位必须摆脱过去的思维定式，转变到着眼于全面提升新生代农民工的综合素质和提升他们的人力资本上。

4.4 小 结

综上所述，新生代农民工教育和培训当前面临着三大方面的问题。

首先，新生代农民工的教育严重不足。主要体现在两个方面，一是他们的受教育程度普遍偏低，教育福利权利没有得到充分有效的保护。虽然新生代农民工受教育程度相较于老生代农民工有所提高，但相较于他们在城市就业和发展的需要来说，这种受教育水平仍然是远远不够的，同时不利于他们的市民化进程。二是新生代农民工受教育机会缺失严重，人力资本严重不足。这种人力资本不足的状况，使他们难以融入现代化产业链条之中，不利于我国产业结构转型升级以及"中国制造2025"战略的顺利实施，不利于我国经济的国际竞争力的提升。

其次，新生代农民工培训面临一系列问题。一是他们接受培训的比例低，培训严重不足。没有接受足够好的培训，影响他们就业技能的提升。这一问题会对他们的就业以及在城市社会生活的各个方面产生较多的负面影响。二是培训政策和培训实践的目标定位有偏差，基本局限于就业技能培训，以协助农民工找到工作，农民工的综合素质很难提高。三是政府作为培训责任主体的角色和作用缺位与错位并存，难以保障新生代农民工的培训权益。调查发现，农民工输出地政府的培训缺位现象是比较严重的，其他主体的责任也存在错位和缺位的现象。作为教育培训的最大责任主体，各级政府的法定职责划分不清晰，责任分担不合理。同时，其他社会主体的责任划分不够明确。这种过于依赖少数责任主体的局面，一方面会导致一些培训主体因为经费问题而追求形式，不注重实效，甚至出现一些培训机构共谋套取国家的农民工培训经费的行为；另一方面会使社会力量得不到很好的发挥，社会活力无法被激发出来。四是新生代农民工个人负担培训费用过多，致使他们因支付能力不足而出现实际培训参与率低的现象。新生代农民工本身对培训有着非常强烈的需求和浓厚的兴趣，但会因为培训费用问题等而打消培训念头。调查也发现，大多数新生代农民工认为很有必要参加教育培训，但培训费用问题等加重了他们对培训的疑虑，削弱了他们的培训动机。五是培训市场不规范，效果不佳，很难满足新生代农民工的培训需要。培训机构资质不均以及流于形式、无实质内容的培训，使得新生代农民工担心培训投入的效果；培训内容设置不合理，使得培训缺乏针对性；不合理的收费等使他们在培训方面均采取比较保守的策略；培训时间和培训形式没有有效针对不同类型农民工进行设计，使培训项目失去吸引力和应有的效力。六是培训效果不理想，影响新生代农民工的培训积极性。七是新生代农民工的培训实际参与率低，不利于他们人力资本的提升。这些教育和培训问题，造成了新生代农民工人力资本的严重缺失，不利于我国经济转型和产业结构的升级，不符合我国实施"中国制造2025"战略的人才要求，影响了我国产品竞争力和综合国力的提升。

最后，新生代农民工教育培训缺失引发了一些问题。教育不足和培训缺失引发的问题主要包括五个方面。一是签订劳动合同比例低，他们的权益得不到法律保护。由于受教育程度低，接受的培训少，他们的法律意识不够强烈，与用工单位签订劳动合同率偏低。这种状况会直接导致农民工在遭遇纠纷的时候失去应有的法律保护。农民工在处理纠纷的时候，容易遭受一些损失。其中原因既有农民工个人意识不足问题，也有企业等用工单位想规避一些风险而不按国家相关法律规定雇用工人造成的问题。二是工作稳定性差，工作更换频繁。这种状况使得新生代农民工的收入没有持续保障，也不利于他们自身的教育培训和素质的提升。三是因受教育水平低，新生代农民工对工作状况普遍不满意。这种不满意会极大程度地影响他们对城市社会的认同，不利于其社会身份的构建，加剧了他们与城市社会的疏离，难以融入城市主流社会，会导致其进一步的边缘化。四是收入偏低，对收入状况普遍不满意。新生代农民工的收入偏低，进一步弱化了他们参加培训的支付能力，导致他们难以参加各种提升技能和素质的培训。不能参加各种培训，反过来影响他们收入的提高和支付能力的增强，从而进一步影响他们参加教育培训的积极性，进而陷入一种恶性循环。五是新生代农民工身心健康问题突出，农民工人力资本缺失状况进一步恶化。由于缺乏相关的健康知识以及社会政策的保护，加上农民工专业服务体系不健全，农民工的心理、生理健康状况堪忧。

　　这些问题产生的原因，归纳起来大致有四个方面。第一，缺乏可操作性的基础教育立法，难以确保新生代农民工在基础教育阶段的教育福利。基础教育是公民立足于社会的前提和基础，对一个国家经济社会发展的重要性是不言而喻的。但是，我国基础教育立法并没有把保障基础教育放在重要位置，尤其是农村的基础教育，更没有得到应有的重视。前文分析表明，我国在基础教育立法中，将农村基础教育责任交给乡、村来承担，规定可以收取杂费和借读费等。在我国农村地区，乡、村的财力是最薄弱的。在缺乏上级财政必要支持的情况下，各地乡政府通过各种方法收取费用，甚至是违法收费，各种教育乱收费以及其他负担，压得农民喘不过气来，迫使许多农村家庭放弃了让孩子接受教育的机会，新生代首当其冲。第二，各教育福利主体的法律责任不明晰，新生代农民工教育福利权益无法实现。已有的教育立法并未对各级政府、学校、用人单位、相关社会组织、社区、家长等所有义务教育主体的责任做出明确规定，也没有硬性约束措施，使得"辍学打工"在农村地区成为一种社会风气，"读书无用论"沉渣泛起。教育立法缺乏可操作性的硬性规定，基础教育各方的责任无法落实到位。第三，教育投入不足以及城市偏好和向高等教育倾斜的投入机制，直接导致新生代农民工受教育水平低下的局面。无论是从短期的经济社会发展对劳动力素质的要求来看，还是从我国产业结构转型升级的战略需求来看，或者是从提升我国产品的国际竞争力来看，我国教育投入总量都是严重不足的。长期以来，我国处于世界产业链的底端，与我国教育投入不足、劳动力素质低下是分不开的。在教育投入总量不足的情况下，受教育投资的城市偏好和向高等教育倾斜的政策影响，城乡财政投入结构的不合理问题加剧，使得农村的教育投入更是捉襟见肘。第四，新生代农民工职业教育培训政策体系不健全，侵害了他们接受继续教育的权益。我国缺乏专门负责农民工培训的国家机构，缺乏统一的职业培训质量标准体系。多头管理、多头负责的机制造成行政资源内耗大，增加了行政成本，降低了行政效率，使农民工培训工作责任难以落实；缺乏国家层面的农民工职业培训质量标准体系，影响到农民工培训的实际效果，也造成了农民工培训市场的失序；我国尚未建立科学合理的经费投入分担机制，农民工培训资金保障责任分担不合理，直接导致培训经费无法落实到位；我国尚未健全跨部门、跨领域的合作机制，农民工培训工作方面缺乏协同机制。由于农民工培训的政策法规可操作性和约束力不强，难以有效激励和约束各个责任方协同配合落实农民工培训政策；我国普通教育和职业训练之间没有建立有效的衔接机制，难以建成终身学习型社会。这在一定程度上影响到农民工乃至所有国民的培训学习意愿；教育培训政策的目标定位有偏差，很难提升农民工等劳动者的综合素质。要彻底解决新生代农民工教育和培训问题，切实提高新生代农民工人力资本，顺利实现我国农业转移人口的市民化，把我国从制造业大国变成制造业强国，必须从上述几个方面着手，构建由政府、市场、高校、社区、家庭、个人组成的责任共担、协同共治的多层次、全方位的新生代农民工教育培训政策体系。

第五章　新生代农民工教育培训政策体系构建

　　当前，我国新生代农民工在城市发展面临的障碍已经不再是传统意义上的工作权益的保障问题。进入 21 世纪以后，原有的一些政策体制性障碍在不断被破除，代之而起的是农民工的人力资本不足，这在很大程度上制约了他们在城市的稳定就业和发展。自 2004 年中央一号文件首次肯定农民工是我国产业工人的重要组成部分以来，中央及各级政府一方面陆续出台有关农民工工资、劳动管理、权益保障机制、促进就业培训与服务、技能培训、社会保障、公共服务、就地转移以及农民工子女教育等各种政策措施；另一方面积极推进户籍制度改革，为实现农业转移人口市民化扫清制度障碍。为彻底破除影响城镇化进程的户籍制度藩篱，国务院于 2014 年颁布《国务院关于进一步推进户籍制度改革的意见》，于 2016 年颁布实施《居住证暂行条例》，同年 2 月发布《关于深入推进新型城镇化建设的若干意见》，9 月又颁布《推动 1 亿非户籍人口在城市落户方案》。这些政策法规的陆续颁布和出台，为推动地方政府户籍制度改革，取消农业户口与非农业户口提供了法律依据。也就是说，在不久的将来，新生代农民工等农业转移人口能够与工作所在地的城镇居民一样，享受同等的基本公共服务，他们的就业、医疗、养老等基本权利会越来越有所保障。对于新生代农民工而言，他们未来在城市发展所面临的关键问题，不再是权益保障，而是人力资本不足带来的各种挑战。通过前面四章的分析和阐述，笔者发现，在研究层面，以往的农民工教育培训研究取得了丰硕的成果，但也存在一些不足。这些研究大多集中在技能培训与平等教育权方面。在政策实践层面，虽然各级政府采取了大量的措施和手段，极大程度地提高了农民工的就业技能，为他们成功就业发挥了巨大的作用，但是，新生代农民工的教育培训同样面临不少问题。一是教育方面存在受教育程度偏低和受教育机会缺失严重的问题；二是培训方面存在培训严重不足、培训目标定位偏差、政府的培训责任缺位与错位、个人培训负担过重、培训市场不规范和效果不佳、培训实际参与率低等问题；三是教育培训不足引发不少问题。这些问题的存在，直接导致新生代农民工的人力资本严重缺失，对我国产业结构转型升级构成了巨大挑战，同时也影响到"中国制造2025"战略的顺利实施，最终影响我国产品竞争力和综合国力的提升。因此，必须从国家战略层面重新思考新生代农民工的教育培训问题，必须从新生代农民工市民化和我国产业结构转型升级的角度，分析如何构建新生代农民工的教育培训政策体系。本章主要阐述构建新生代农民工教育培训政策体系的必要性以及对策，尝试为提升我国新生代农民工人力资本探寻解决方案。

5.1 构建我国新生代农民工教育培训政策 体系的必要性

人力资本理论告诉我们，人力资本是通过各种形式的投资凝结在劳动者身上的知识、技能及能力。它包括人的才干、知识、技能和资历，还有时间、健康和寿命。通常是包括后天获得的知识、技术、能力与身心健康等在内的各种因素总和。对人力资本的后期投资干预可以提升人的非认知能力，显著提升个体的社会经济表现，这种投资反过来会影响个体对教育的选择，显著影响人的职业选择，并促进人的健康行为选择。该理论建议，基础教育必须得到国家的强力支持，后期需要继续追加投资用于培训。因此，构建新生代农民工教育培训政策体系，既要考虑早期的教育投入和后来的各类教育支出，同时也必须考虑追加后期的在职培训支出以及后续的医疗保健支出。因为后续的追加投资能使前期的投资效益实现最大化。也就是说，构建新生代农民工教育培训政策体系，必须把各种教育支出、在职培训开支与医疗保健支出等各种因素纳入政策体系的考量范围，以构建一个科学、完整的教育培训政策体系。下文将对构建多主体参与、多元共治的新生代农民工教育培训政策体系的必要性展开分析。

5.1.1 构建新生代农民工教育培训政策体系是提升新生代农民工人力资本的需要

人力资本理论强调，人力资本是决定经济发展最重要的也是最为关键的因素。人力资本是通过对人的教育和培训、医疗和保健服务投资形成的，凝聚在劳动者身上的体力、知识、技能以及所表现出来的劳动能力等各种素质的总和（舒尔茨，1990）。人要成为发达的和专门的劳动力，就需要接受教育或训练，并需要消耗一定数量的教育费用（马克思，1975）。不管是人的"通用能力"还是"特殊能力"，都需要通过国家的教育投资来开发（阿尔弗里德·马歇尔，1964）。人力资本投资，还包括迁移以及收集价格与收入的信息等方面的支出和耗费（Becker，1975，1993）。卢卡斯认为，劳动者通过正规学校教育和边干边学形成和积累的人力资本对经济长期增长起决定性作用（惠宁、霍丽，2008）。当代新人力资本理论认为，人力资本内容中的身体健康和心理健康是人的能力和技能形成的基础。其中，能力（认知能力和非认知能力）是核心。早期教育投资形成的能力水平决定了后期对孩子的边际投资的生产率。对人力资本的后期投资可以提升个体非认知能力，并能显著提升个体成年后的社会经济表现。对早期具有更多能力存量的孩子进行的后期教育投资，收益率则会更高。从人力资源投资策略来看，既要注重早期的家庭人力资本投资，又要重视公共的人力资本投资，尤其要注重对弱势群体的早期投资干预，以弥补私人投资不足与缓解社会不平等。国家人力资本投资政策的重点是为弱势群体家庭的儿童提供早期政策支持，并不断追加后期教育投资干预，以使之前的投资效益实现最大化（Cunha & Heckman，2010；李晓曼、曾湘泉，2012）。追加后期教育投资干预，这种对非认知技能的投资能极大地改变人们的不良行为，而且能显著影响人们对职业的选择和促进其对自身健康行为的选择（Grossman，2000；Smith and Briet，2007）。

调查发现，我国新生代农民工目前的受教育程度普遍偏低。无论是基础教育阶段还是高等教育阶段，他们的受教育机会和教育福利权益都没有得到充分的保障。受教育机会的缺失直接导致他们的人力资本存量严重不足。这种状况在他们成为农民工以后，并没有得到多少改善。新生代农民工的培训参与率极低。没有接受培训的新生代农民工比例高，培训严重不足。在已经开展的培训中，存在培训单一、政府责任错位和缺位、个人负担培训费用高、培训市场不规范、培训效果欠佳、培训积极性不足等问题，所有这些问题进一步恶化了新生代农民工的人力资本缺失问题，并引发了新生代农民工劳动合同签订率低、工作稳定性差、收入低、对工作状况不满意和对收入不满意的现象。这种状况削弱了他们对自身开展人力资本投资的支付能力，进一步影响到他们参加教育培训的积极性和意愿，同时影响到他们的城市社会认同，导致其对自身身份认同的混乱，对城市社会的疏离感日益加重，加大了自身融入城市社会的难度，边缘化境况越来越严重，最终陷入恶性循环之中。解决新生代农民工人力资本存量不足的唯一途径是加强对他们的人力资本投资。通过构建多主体参与、多元共治的新生代农民工教育培训政策体系，协助他们掌握在城市生活所必需的生活技能，提升他们的各种技能和能力，转变他们的身份认同（由于政策体制性排斥、社会歧视等，很多人始终把自己看成不属于城市的外乡人），树立现代城市文明观念。同时，对各级官员和市民开展教育，增进社会各阶层对农民工的认知，加强与农民工之间的沟通与互动，建设包容性社会。

5.1.2 构建新生代农民工教育培训政策，体系是创新我国教育培训政策、实施发展型政策的内在要求

发展型社会政策，是一种强调经济增长与社会发展协同的新的社会政策理念，是一种针对包括弱势群体在内的全体公民的包容性社会政策。如今，发展型社会政策已经成为国际社会工作和社会政策学界的一个重要观点和研究取向（王思斌，2007）。该政策理念强调，社会政策和福利支出应主要投向人力资源。政府应发展一套教育项目，确保全民终身接受教育。企业只有重视人力资本投资，才能培养自身强有力的竞争力。作为机会再分配的重要基础，人力资本投资强调以人的发展为导向，需要通过政府与包括企业在内的其他机构以及社会伙伴的通力合作来完成。教育培训的目的在于提升人的综合能力，全方位促进人的发展，增强人们应对来自市场和社会的风险挑战的信心，为人的自我发展和自我实现创造条件、提

供可能与机会。教育投资是一项政府势在必行的任务（安东尼·吉登斯，2000）。发展型社会政策要突破传统社会政策以消费和收入维持为导向的政策和服务倾向，转向投资人力资本、扩大人们经济参与和促进经济发展的政策干预（梅志里，2007）。国家福利开支一方面要集中于为各类人群提供教育和培训的国家项目，扩大个人参与经济的机会；另一方面要通过强化家庭福利政策和扩大公共社会服务，使家庭照顾成本"社会化"，以帮助人们平衡工作与家庭照顾责任之间的关系（彼得·泰勒–顾柏，2010）。通过投资教育、医疗等领域的社会政策，大力发展基础教育和医疗保健等社会安排，实现大规模的教育普及和大规模地扩展医疗保健设施，消除限制人们基本可行能力的主要因素，为人们构建社会安全网提供防护性保障，以增强人们的可行能力，最终实现经济增长与社会发展的协同（阿玛蒂亚·森，2002）。此外，社会政策还应该强调授权于个人，通过公共干预的手段推动人们，尤其是穷人获得和积累个人资产，促使他们注重人力资本投资和更多的社区参与等，鼓励穷人在教育、住房和产业等方面进行投资和积累。在保障他们基本需求的同时，使他们获得更大的经济独立，进而改善他们长期的生活状况。发展型社会政策是一种具有生产性特征、有别于以收入维持为基础的传统福利政策的新型社会政策。资产积累有助于增进人们的自信，培养他们自力更生的精神和能力，能推动个人、家庭和社区的发展，进而帮助穷人和贫困社区摆脱长期贫困，达到缩小贫富差距、促进社会公平的政策目标，并能促进社会整体的长期发展（迈克尔·谢诺登，2005），提升全体人民的福祉，实现可接受的社会质量水准（艾伦·沃克，2007）。发展型社会政策就是把"发展"理念注入社会政策价值中，建立发展型的公共支出体系。公共支出应通过多样化的方式更多地投向人力资本和社会资本，要注重社会建设与社会资本积累，注重教育、培训和强调人力资本投资，提高人们在经济社会发展中的参与能力，创造有利于经济可持续增长的社会环境（张秀兰、徐月宾，2007；林闽钢，2007；张秀兰，2004；梁祖彬，2004），平衡经济发展与社会发展的整合目标，最终实现社会公平与可接受的社会质量水准。

我国目前的新生代农民工教育培训政策具有一定的发展型功能，但是和发展型社会政策的要求还有一些差距。目前我国新生代农民工培训政策基本上定位于提升就业技能。尽管政策法规中有"要注重引导性培训和服务"的内容，但我国培训实践依然停留于单一的就业技能培训，并不能提升新生代农民工的综合能力，不能很好地促进农民工的全方位发展，难以增强农民工应对市场与社会风险的能力，无法为新生代农民工的自我发展和自我实现创造条件或提供机会。从发展型社会政策的要求来看，我国新生代农民工的职业教育培训不仅要提供各种专业技术培训和教育服务，更要涵盖对人文素养的培养。要提供从就业技能到生存技能再到个人发展等全方位的培训；要将基础理论教育和文化素养教育有机融合起来；要通过教育和培训协助农民工克服低自尊、发掘自身优势和技能，提高书面表达和口头表达能力、基本算术技能，提高个人的生活选择能力；要通过社区教育和培训，扩大社区参与，提高城市社区对新生代农民工问题的认识，建立社区团体、工商业和教育培训机构间的联络网络，积极为新生代农民工就业提供支持；同时要协助新生代农民工求职，为他们提供就业咨询、求职技能与岗位实践机会，掌握必备的求职知识和技能，提高他们的就业技能与态度；此外，还要为新生代农民工提供住房、养老、福利和保险索赔等就业以外的社会福利问题的支持和建议。新生代农民工教育培训是国家应当予以保障的一项社会权利和社会福利。西方国家社会福利理论和政策实践表明，社会福利项目从原来只是针对弱势群体的社会救助与福利服务，扩大到今天面向全体社会，覆盖教育、医疗、住房、社会保障等各个领域的更广泛的项目（尚晓援，2001）。新生代农民工教育培训政策是一项非常重要的发展型社会政策和积极的社会福利。这种积极福利政策能实现对新生代农民工的赋权增能，一方面协助他们预防和缓解贫困，切断他们贫困代际传递的链条；另一方面是协助他们实现向上发展和社会流动的关键因素。自从欧洲各国实施积极福利政策之后，教育福利便被各国用作提升公民抗击新贫困等社会风险的能力与协助公民摆脱福利依赖的基本手段，也被欧盟成员国作为消除社会排斥的重要举措。健康与流动以及教育与培训，是人力资本投资的主要形式，更是一个国家经济社会发展的根本动力。作为一种发展型政策和积极福利政策，开展新生代农民工人力资本投资，既能实现新生代农民工的赋权增能，加速他们的全面发展和市民化进程，又能实现经济与社会的协调发展。

总之，我国要从发展型社会政策和积极社会福利的理论视角出发，对新生代农民工进行教育培训、医疗保健等领域的社会投资，大力推动新生代农民工的教育培训和医疗保健等社会安排，实施大规模的教育普及和大规模地完善医疗保健设施，消除限制新生代农民工基本可行能力的障碍；要为新生代农民工构建多主体参与、多元共治的教育培训政策体系，通过帮助他们获得参与社会和体面劳动及可持续生活的价值观、知识、技能和能力，全面提升他们的知识、技能、自信心和集体认同感。唯有如此，才能更好地促进新生代农民工的发展，为顺利实现农业转移人口市民化创造条件；唯有如此，才能更好地提升企业的竞争力，进一步推动我国产业结构的转型升级，才能为"中国制造2025"战略实施提供高素质的劳动力。

5.1.3 构建新生代农民工教育培训政策体系，是加强和创新社会治理、推进国家治理体系和治理能力现代化建设的迫切需要

如前文分析的那样，社会治理是指为了满足公众需要，政府、用人单位、社会组织与社区以及个人等各个行为主体共同分享、行使公共权力对社会公共事务进行处置的过程，是实现公共利益最大化的一种制度性安排与工作机制。在对社会公共事务进行管理、采取联合行动的过程中，政府不再是唯一的权力中心；就被治理的社会公共事务而言，所有行为主体都是一个相对独立的权力中心和承担相应责任的主体，它们之间不存在上下级行政隶属、管理和被管理的关系，而是一种平等的"合作伙伴"关系，是为共同的目标努力而连接到一起的，共同管理社会公共事务。也就是说，在社会治理的政策实践中，政府不再遵循过去靠行政命令的方式行事，而是本着公开、参与、责任、效力和协调的原则开展工作。正如党的十九大报告所强调的那样，"加强和创新社会治理，推进国家治理体系和治理能力现代化"，必须"完善党委领导、政府负责、社会协同、公众参与、法治保障"的社会治理体制，"加强社会治理制度建设，……提高社会治理社会化、法治化、智能化、专业化水平"（习近平，2017）。加强和创新社会治理的目标是保障和改善民生，要从优先发展教育事业、提高全民就业质量和收入水平、完善社会保障体系、坚决打赢脱贫攻坚战、实施"健康中国"战略、打造"共建共治共享"的社会治理格局等方面开展工作。

从本质上说，社会治理，归根结底是社会建设，核心和宗旨是搞好以人为本的民生建设，高度重视百姓的利益诉求。民生取向，是社会治理的重要特征和本质特征。社会治理不是行政管理，更不是管控防堵等粗暴执政，重点在于：要树立"多主体中心"的治理理念，优化新生代农民工教育培训的治理结构；要充分体现社会治理的民主性和社会性、主体多元性、手段的法治性、治理模式的专业性和服务性以及人性化；要突出社会治理的需求与问题取向，杜绝单一的行政取向；要大力发展新生代农民工教育培训服务的民间社会组织，实现政府权力的限制与收缩；要理顺政府、市场和社会组织之间的关系，优化非政府组织的运作机制，着眼于保障广大人民的根本利益。换句话说，社会治理的重要内容就是全国老百姓的衣食住行、医疗、教育和就业等基本福祉。这是事关社会公平正义与社会发展的全局性问题。强化 2.87 亿名农民工的教育培训工作，既是农民工的教育福利权益的内容，也是我国社会治理的重要内容之一。我国新生代农民工的人力资本不足和教育福利缺失状况，已是既成事实和亟待解决的重大社会问题，是我国目前社会治理与社会建设中亟须补齐的民生短板。中央开启的社会治理现代化进程，是落实可持续发展观、全面建成小康社会、推进社会建设工作领域中的革命性变革，目的是于发展中补齐民生短板，促进社会分配正义，实现实质性社会公平。加强和创新社会治理，就是通过教育培训提升他们的人力资本，保障他们教育福利权益的实现。构建新生代农民工教育培训政策体系与我国社会治理现代化建设有着强烈的内在逻辑关联，二者之间的逻辑关联表现为五个方面。

（1）构建新生代农民工教育培训政策体系是我国社会治理现代化建设的重要内容

社会治理理论和实践都表明，社会治理是一种为了满足公众需要、实现公共利益最大化，多主体广泛参与，共同对社会公共事务进行管理和处置的活动与过程。其本质上是一种为满足百姓利益诉求的改善民生活动，是提升全民福祉的社会建设。社会治理的具体内容体现在，为改善群众日常生活条件，从教育、医疗、就业等各个领域开展社会投资，提升百姓福利水平。新生代农民工已经是我国城市经济社会发展不可或缺的重要力量和制造业劳动力的主体，但他们只是"未完成无产阶级化"的特殊弱势群体，处在一种既不属于城市又不属于乡村的"双重脱嵌"（黄斌欢，2014）状态。作为一国公民，关于出身、性别、种族、肤色或信仰，所有社会成员的平等与发展、参与和共享都应受到充分尊重和保护，这是事关社会治理现代化建设和社会公平发展的重要社会课题。构建新生代农民工教育培训政策体系，确保他们真正享有教育福利的社会权利，是"平等、参与、共享"价值的具体体现，更是各级政府和全社会的重要历史责任。十八届三中全会开启的社会治理现代化建设工程，宗旨在于维护广大人民群众的根本利益，通过法治手段和方式最大限度地增加和谐因素，保障社会安定有序和人民安居乐业。"满足人民日益增长的美好生活需要"（习近平，2017），是我国创新社会治理的出发点、落脚点和最终归宿。因此，完善和构建新生代农民工教育培训政策体系，既是我国社会治理现代化建设极其重要的内容，也是创新社会治理的具体体现。

（2）强化教育培训政策体系对新生代农民工的社会保护是我国社会治理政策实践的重点

发达国家的社会治理政策实践表明，社会治理政策实践的重点是通过积极福利政策为公众，尤其是弱势群体提供制度性的"社会保护"，以减少市场失灵与经济社会变迁对社会造成的冲击，降低市场风险和社会风险对公众的伤害。治理的具体内容包括：一是加大执法投入力度，确保公共安全；二是立法强制实施免费义务教育，制定向弱势群体倾斜的社会政策，保证全社会的起点平等；三是立法限制市场作用，比如通过规定八小时工作制、实施最低工资标准、立法禁止童工、合法成立工会等，防止劳动力过度商品化；四是颁布实施最低生活保障、残疾人福利、就业技能培训、失业保险和养老保险等社会政策，强化对弱势群体的保护；等等。根据福柯的观点，社会治理的社会保护职能是现代政府和政党执政的最大合法性基础与表现。具体表现在，社会治理政策始终要聚焦于"人"的需要，要以人的需要和社会问题为社会治理对象；宗旨在于通过制度化的社会保护措施和政策，完善人的"安全配置"；目的在于解决人的教育、就业、生老病死等各种社会问题。所有这些百姓利益诉求、需要和社会问题，正是现代政府与发展型社会政策集中关注的内容（张翼飞、郑莉，2017）。

教育福利是实现公民赋权增能、提升公民有效抗击市场与社会风险能力的社会保护措施。各个国家与政府都很重视教育福利的社会保护功能。西方改革者一直把"无知"当作要消除的三大邪恶之一①。同时也是贝弗里奇强调必须革除的"五恶"之一。他们把教育作为克服、革除愚昧无知的制度性手段和措施。教育是有效预防贫困和降低犯罪率的重要福利政策与措施，它通过提升年轻人的人力资本，协助他们成为合格的劳动力，同时促进他们实现向上社会流动（Michael，2010）。教育在改善个人境遇的同时，还为一国经济社会的长远发展提供了可靠的智力保障，并且还能扩展人们的社会经济机会，增强人们尤其是弱势群体的个人能力，实现他们的经济独立，减少福利依赖（Hega and Hokenmaier，2002）。景天魁等专家认为，教育福利需求是现代公民的基本福利需求（景天魁等，2010）。教育福利是保障和支撑个人与社会发展的基石，是民生之基。一个国家和地区对教育福利的投资直接决定了该国和地区未来的经济发展水平。詹姆斯·米奇利的发展型社会政策或社会投资导向型的社会政策以及安东尼·吉登斯的积极福利思想，都不约而同地强调要重视对教育培训领域的投资，通过教育培训政策和实践为有工作能力的成年人就业提供支持。他们强调，公共支出应重点关注社会资本和人力资本的投资；强调能够改善社会资本与人力资本状况、促进人们就业、提高劳动技能的社会项目应该成为社会政策支出和投入的重点，以提高社会成员就业参与和竞争能力，扫除影响、阻碍他们参与经济社会竞争的障碍。阿玛蒂亚·森在其"可行能力理论"中强调，穷人的人力资本不足以及遭受社会歧视等，是他们丧失能力的重要原因。世界各个发达国家的福利改革重点都在于改变福利支出方向，运用教育培训政策支持、鼓励或者迫使弱势群体与穷人积极参与教育培训，并在培训合格后积极寻找工作。在积极福利政策实施的过程中，政府主要职责是实施公共财政支持的积极福利政策（免费或低价的教育培训）项目，为弱势群体或穷人提供职业培训、就业咨询与介绍等服务，并通过直接创造公共就业岗位，切实保障他们的收入。

构建新生代农民工教育培训政策体系，是一种提升新生代农民工综合

---

① 西方改革者认为，社会存在三大邪恶，即犯罪、贫困和无知。这些邪恶必须通过教育等各种措施加以革除。贝弗里奇将贫困、疾病、无知/愚昧、肮脏和懒惰看作必须清除的社会"五恶"。

素质与能力、增强他们抗击市场风险能力的非常有效的社会保护措施，更是创新社会治理的一种形式和社会治理的重要内容。与其他社会弱势群体一样，新生代农民工同样需要来自教育福利政策的社会保护。构建新生代农民工教育培训政策体系，加强对他们的社会保护，是我国推进国家治理体系现代化、治理能力现代化建设工程的重要内容和重要举措，也是我国社会治理创新和社会治理政策实践的重点所在。习近平主席在 2017 年的十九大报告中指出，我国加强和创新社会治理，必须让全体人民更多、更公平地共享经济社会发展成果，必须紧紧围绕改善、保障民生，促进社会公平和社会共同富裕。社会治理的重点和着眼点是维护广大群众的根本利益，确保他们平等地享有政府提供的基本公共服务，享有来自社会福利政策的保护，促进社会正义，提高人民群众福祉。归根结底，"社会治理就是要让人们过上好日子，好日子就是衣食丰足、幸福平安、和谐有序"（李培林，2014）。

（3）构建新生代农民工教育培训政策体系是达至社会治理"善治"目标的重要举措

"善治"，是社会治理需要达至的目标。社会治理，就是通过构建、完善合理的社会利益分配和公共资源共享机制，以法制手段配置与再配置社会资源，实现分配正义，促进社会公平和正义，"使人民获得感、幸福感、安全感更加充实、更有保障、更可持续"（习近平，2017）。促进分配正义和社会公平，"不断提升人民群众的获得感、幸福感、安全感"（李克强，2018），是社会治理的目标，更是"善治"的具体表现。要达至社会"善治"，只有通过构建起点公平、机会公平的社会治理体制，才能切实保障弱势群体更多、更公平地享受公共资源与公共服务。从 20 世纪 80 年代中后期开始，教育公平一直是受社会关注最多的社会热点，教育不公平问题则是受社会诟病最多的社会问题之一。人民网连续十七年的两会热点调查表明，教育公平依然是人民关注最多的社会热点之一。2017 年，"'教育公平'名列前茅"（人民网，2017）；2018 年，教育改革再度挤进前三（人民网，2018）。教育公平是一个多维度的公平问题，它包含了机会公平、起点公平与过程公平。起点公平就是所有人享有受到尊重和法律保护的平等教育权利和教育机会；过程公平是指要建立科学合理的教育政策和制度，保障每个人平等的教育权利和教育机会，维护教育起点公平；教育结果公平最终成为体现在学业成就上的一种实质性公平，即教育质量平等。具体而言，就是要在设计教育福利制度时制定专门政策，保障每个公民享有与之相适应的受教育权利。在公民拥有教育机会之后，要有专门的法律规定相应的责任主体及具体实施措施，防止公民因为经济、政治、文化等各种原因而被排斥在教育之外（张务农，2014），切实确保受教育者的教育权益不受各种形式的损害。概括起来，教育公平就是教育福利供给制度应切实保障人民群众能够接受法律规定的最基本的教育和培训，甚至是接受高等教育，并且有严格的、可操作性强的法律制度和具体措施，以保障人民尤其是弱势群体在受教育过程中不会因为经济、政治或文化原因受到排斥而丧失受教育机会，防止他们陷入被边缘化的困境中。

新生代农民工是指 20 世纪 80 年代之后出生的农村人。按照正常进度，他们应于 1986 年开始上小学，1998 年开始上大学。从 1986 年开始，我国实施义务教育，2006 年实施免费义务教育，1997 年实行高等教育收费制改革。从 1986 年到 2006 年的 20 年间，恰逢农村教育乱收费和农民工负担恶性膨胀时期。尽管中央出台各种制止措施，但并没有取得十分理想的效果。1997 年高等教育收费政策实施后，许多经济上本已经捉襟见肘的农村家庭无奈地选择让孩子辍学打工。教育乱收费、农民负担重以及高等教育收费等，导致许多农村孩子因为经济原因放弃接受教育的机会，加入新生代农民工队伍。调查发现，被调查的农民工平均受教育程度是初中毕业水平。初中及以下文化程度比例为 52.7%，高中文化程度只有四分之一多一点（25.7%），大专及以上文化程度的只占一成多点（11.8%）。即便是新生代农民工，依然有 40.5% 的只有初中及以下受教育程度，小学及以下受教育程度的竟然还有 11.6%，高中文化程度的只有不到三成（29.3%），大专及以上文化程度的只有 16.8%。官方数据则显示了更为严峻的情况，在 2009 年到 2017 年九年间，初中及以下文化水平的农民工比例情况是：2009 年为 76.5%，2010 年为 74.8%，2011 年为 77.0%，2012 年为 76.3%，2013 年为 77.2%，2014 年为 76.2%，2015 年为 74.8%，2016 年为 73.6%，2017 年为 72.6%。大专及以上文化程度的农民工占比情况是：2009 年为 10.4%，2010 年为 10.2%，2011 年为 9.8%，2012 年为 10.4%，2013 年为 6.7%，2014 年为

7.3%，2015 年为 8.3%，2016 年为 9.4%，2017 年为 10.3%。进入工作岗位以后，农民工的培训又严重不足。本书的调查发现，73.3% 的农民工没有参加任何就业技能培训。有 75.6% 的老生代农民工没有参加过任何技能培训；即便是新生代农民工，也有 71.9% 没有接受过任何技能培训。官方数据显示，在 2009 年到 2017 年的九年间，没有接受培训的农民工比例依次是：2009 年为 51.1%，2010 年为 52.4%，2011 年为 68.8%，2012 年为 69.2%，2013 年为 67.3%，2014 年为 65.2%，2015 年为 66.9%，2016 年为 68.1%，2017 年为 68.1%。这种情况反映了农民工受教育程度低下和培训不足的严峻形势。

出现这种局面的原因是多方面的，其中政策体制性因素是根本原因。因为新生代农民工在初等、中等、高等教育阶段，恰逢我国基础教育乱收费和高等教育市场化的快速发展时期。由于没有完善的、具有可操作性的教育法规政策为他们提供社会保护，在义务教育乱收费恶性膨胀的时期，在农民负担超负荷的情况下，在教育过度商业化与市场化快速发展的背景下，农村新生代的受教育权益不可避免地受到了严重的影响。农民工受教育水平低下、培训不足、人力资本缺失等都是教育有失公平的表现。由于缺乏科学合理的教育政策和制度，新生代农民工平等的教育权利和教育机会没有得到有效保护，丧失了教育起点公平。前文分析表明，由于义务教育法的可操作性不强，对各个义务教育的责任主体没有具体可操作的硬性规定，新生代农民工在基础教育阶段由于各种原因辍学时处于无人监管的状态。在高中教育阶段以及大学教育阶段，相较于农村家庭的经济收入而言，无论是高中教育费用还是大学教育费用，大多数农村家庭是无力承担的，而我国又缺少相应的教育政策来确保每个孩子享有与之相适应的同等教育权利和竞争机会。大多数农村新生代由于经济、地方性文化①等各种因素被排除在应该享有的受教育机会之外，教育权利受到严重侵害。"善治"目标要求通过构建科学合理的政策对教育资源进行配置和再配置，切实保障新生代农民工平等享受更多的教育资源与公共教育服务，提升他们的获得感、幸福感

---

① 此处的"地方性文化"是指相当多农村地区流行的新"读书无用论"观念。由于义务教育乱收费，农民各种负担重，高中教育和大学收费贵，加上我国取消了大学生毕业分配制度，广大农村，尤其是贫困地区家庭认为，读书没用，让孩子外出打工更为现实，新的"读书无用论"成为一种非常流行的地方性文化和价值观念。

和安全感，为他们构建起点公平、机会公平的社会治理体制。也就是说，教育培训机会应面向全社会开放，平等提供给全体公众，高等教育也不例外。在基础教育权益已经受损的情况下，正规教育之外的各种培训机会以及高等教育机会应该向新生代农民工开放，避免他们由于各种原因被排斥的现象再次出现。高等教育应当创新招生形式，向新生代农民工以及广大社会成员提供更多的准入形式和更灵活多元的办学方式，确保他们能平等地享有接受高等教育或继续教育的机会。构建新生代农民工教育培训政策体系是达至社会治理"善治"目标的重要举措。在当前以及未来，应健全新生代农民工教育培训政策体系，尤其是保障新生代农民工接受成人教育和培训乃至高等教育的权益。让他们接受成人教育和培训以及高等教育，可以弥补早期人力资本投资的不足并缓解社会不平等，这也是新人力资本理论所强调的核心观点。新人力资本理论认为，公共人力资本投资能最大限度地弥补私人投资的不足，缓解社会不平等，同时是提高人们投资回报率的一种高效投资策略。对新生代农民工的后期培训以及追加投资，既可以提升他们的人力资本，直接增加他们的收入，并影响他们对教育培训的选择和他们的教育回报率，进一步对他们的收入产生间接影响，而且还能改变他们的不良行为，显著影响他们对职业的选择，更进一步地促进他们对健康行为的选择，降低疾病发生风险，直接提升他们的人力资本水平，促使他们倾向于接受更高水平的教育，使他们的社会阶层也随之增高，从而形成一个高效的良性循环系统。因此，建构新生代农民工教育培训政策体系，通过法律政策保障他们的职业培训和高等教育的权利真正落到实处，无论是对于彻底实现教育福利领域中的起点公平、机会公平和过程公平，还是对于确保我国教育投资的高回报率来说，都是一种极具生产力性质的高效投资策略，都能最终实现教育福利治理的"善治"目标。

（4）构建新生代农民工教育培训政策体系是提升新生代农民工社会治理参与能力的重要手段和环节

多主体参与应当是我国社会治理政策实践的重要特点之一。人民群众需要通过教育培训实践养成他们的参与意识和民主意识，提升自身参与能力和民主协商能力。在我国，新生代农民工是社会治理的重要参与群体之一。但是，他们的参与意识和民主意识、参与能力和民主协商能力需要进一步提升和加强。社会治理中的多主体参与意味着人民群众有直接发言权，有机会直接参与社会公共事务的管理（房宁，2015）。人民群众可以通过这种参与提升自己的参与意识和民主意识，提升自己的参与能力和民主协商能力。国外长期以来的研究和实践表明，传统的公民参与只限于制定政策。与传统的公民参与不同的是，新公民参与运动既强调公民参与政策制定，又强调公民要参与执行被采纳的政策全过程，要切实参与政策的实际操作（包括评估）过程，参与对公共项目的实际管理。无论是在政策制定之初，还是在政策的后续执行、实施或者评估过程中，始终要一以贯之地允许包括社会精英、平民乃至低收入阶层在内的所有公民全程参与其中。也就是说，贫民、精英等社会各个阶层的人员都有机会参与到社会治理活动中。这样，一方面真正体现出社会治理参与主体的多元化；另一方面也体现出参与领域的广泛性，即所有利益相关者都有机会参与包括政策的制定、执行与评估、市政建设与公共服务供给等在内的几乎所有领域（约翰·克莱顿·托马斯，2005）。在社会治理过程中，公民的这种充分参与体现出社会治理的包容性、民主性和社会性。公民在全程参与社会治理活动的过程中获得民主和参与的意识与经验，并获得参与能力和民主能力的提升，这是一个学习实践与受教育的过程。构建多主体参与的新生代农民工教育培训政策体系，通过对新生代农民工开展公民权利责任意识的教育和培训，以及让新生代农民工通过各种方式全程参与新生代农民工教育培训政策的制定、执行与评估过程，让他们在教育福利治理中获得参与和民主的意识和经验，提升他们的民主能力和参与能力。因此，构建新生代农民工教育培训政策体系，发展新生代农民工教育福利，是他们社会治理参与能力提升的重要手段和环节。

（5）构建新生代农民工教育培训政策体系是推进我国国家治理体系和治理能力现代化的内在要求

社会治理理论强调，治理不是管控和压制的维稳过程，也不是政府或任何单一主体包揽一切的过程。在现代社会治理活动中，治理主体是多元的。政府并非唯一的主体，所有参与社会公共事务治理活动的利益相关者都是社会治理的主体，包括政府部门、市场力量、社会组织和社会团体以及其他所有社会主体和个人。解决问题的方式不只是政府行使行政权力或者发布行政命令，而是在各主体平等合作的基础上，进行公开讨论、协商对话，共同分享和行使公共权力，共同规范和管理社会公共事务。社会治理内在包含的基本理念有"法治、以人为本、民主协商与双向互动、多元与包容、积极参与"等。因此，在社会治理的过程中，要时刻贯彻这些理念。第一，任何治理都必须以法律为准绳。无论是公领域或私领域，无论是哪一级政府，无论是社会组织或个人，法治精神都必须得到严格贯彻和落实。也就是说，任何主体的行为必须严格遵守法律的规定，所有违法行为必须受到严惩。第二，在民主社会中，任何社会治理的核心都在于强调权力在民和人民当家作主。我国宪法也规定，中华人民共和国的一切权力属于人民，人民是国家的主人。因此在实际工作中，始终要坚持权力在民的原则，强调权力回归社会和人民；要健全公众参与机制，彻底戒除"替民做主""为民做主"的封建思想，实现"让民做主""由民自主"，真正还权于民，消除各个领域以人民的名义大包大揽的"官本位"现象。所有政策必须从根本上体现人民的意志和人民的主体地位，既非官员的"集体意志"，更不能是官员的个人意志。第三，社会治理必须以多方合作与民主协商方式开展。社会治理是公民个体、企业、社会组织与政府本着"合作、协商、伙伴关系"等原则管理社会公共事务、解决社会问题的对话过程和机制。就经济社会发展重大问题和涉及群众切身利益的实际问题广泛协商，广纳群言、广集民智，增进共识、增强合力（胡锦涛，2012）。这就要求多元主体的共同参与，要求在社会公共事务管理和社会问题的解决过程中建立起吸纳公民个人、市场组织、社会组织等诸多主体参与的常态化工作机制，防止任何主体被边缘化或被排斥在政策决策、执行和评估工作之外。尤其是在社会政策领域，更应建立多方合作和协商的平台与机制。对于任何一项政策而言，达到政策设计初衷，确保政策被社会广泛知晓，尤其是被政策目标群体知晓，是提高社会政策的可及性，调动民众积极参与的重要前提条件。公民的广泛参与既是公民享有基本权利和履行义务的表现，更是社会政策合理制定和有效实施的基本条件。公民参与绝不是"恩赐"和"仁慈"，也不是"受惠"，而是公民在社会政策行动中行使知情权、投票决策权和批评建议权。从政策制定之初开始，就必须创造条件为公民的政治参与、意见参与、社会行动参与、资源投入等各种形式的参与提供法律和制度保障。第四，社会治理必须遵循"以人为本"的理念。任何社会治理和政策实践必须是一种基于对人性的尊重、对生命的敬畏的人性化服务。这也是提高社会治理社会化、法治化、智能化、专业化水平，实现国家治理体系和治理能力现代化的内在、必然要求。

当前，新生代农民工受教育水平低、培训不足和人力资本缺失的问题，根源在于我国没有建立和健全新生代农民工教育福利治理体系，相关的法律政策可操作性不强，或者给予地方政府自由裁量的空间太大，教育培训投入和管理的责任主体单一，造成责任缺位和错位现象并存；加上国家层面缺乏统一的管理机构，导致农民工教育培训领域的行政效率低下。多头管理、多头负责导致行政资源内耗大，行政成本增加，没有达到最佳的培训效果；由于没有形成有效的社会治理机制，新生代农民工教育培训工作中各个主体的活力没有被激发出来，责任履行不到位，缺乏跨部门、跨领域的协同合作机制，造成培训市场一定程度的失序。习近平在十九大报告中指出，"从二〇二〇年到二〇三五年，……基本实现社会主义现代化。……国家治理体系和治理能力现代化基本实现；社会文明程度达到新的高度，国家文化软实力显著增强，中华文化影响更加广泛深入"。到 21 世纪中叶，我国"建成富强民主文明和谐美丽的社会主义现代化强国。……我国物质文明、政治文明、精神文明、社会文明、生态文明全面提升，实现国家治理体系和治理能力现代化"。通过加强"社会治理制度建设，完善党委领导、政府负责、社会协同、公众参与、法治保障的社会治理体制，提高社会治理社会化、法治化、智能化、专业化水平"（习近平，2017），实现"共建共治共享"的社会治理格局。实现"两个一百年"奋斗目标，必须依赖于全国人民综合素质的全面提升，尤其是制造业劳动力素质的全方位提升。新生代农民工已经成为我国制造业劳动力的主力军，他们的人力资本缺失状况直接影响到我国能否顺利实现由制造业大国向制造业强国的转变，影响到国家治理体系和治理能力现代化建设目标的实现。建构和完善多元主体参与、多方协同共治的新生代农民工教育培训政策体系，是我国推进国家治理体系和治理能力现代化建设的内在要求，也是我国实施"中国制造2025"战略的基础。新兴产业的发展要依赖于大量的技能型高素质劳动力，产业结构升级的重要前提和基础是拥有与之配套的教育、培训政策体系和政策实践体系。作为产业工人的重要组成部分和制造业劳动力的主体，新生代农民工的教育培训问题理应是亟须重点解决的内容之一。因此，构建和完善由政府、私营部门、高校、非营利组织（社区组织）、家庭和个人等多主体参与组成、责任共担、协同共治的全方位、多层次的新生代农民工教育培训政策体系，已经成为当下亟须解决的重大社会问题。

5.2　各国农民工教育培训经验

发达国家非常重视对农民工或移民的教育培训，国外教育培训的经验做法主要是重视通过教育培训立法，建立教育培训经费分担机制，完善跨部门、跨机构合作机制，强制实施国家标准和职业资格认证制度，重视综合培训和终身学习，打通普通教育与从业资格通道等。本节主要归纳各国教育培训的经验。

5.2.1　重视教育培训立法，实施城乡一体化的教育培训制度

世界各个发达国家都高度重视教育立法，不管是初等教育、中等教育还是高等教育，都通过制定完善的法律，为国民接受教育提供法治保障，并且将教育作为一项社会福利和社会投资事业在全国开展。受分权思想的影响，美国宪法规定，教育职责主要由州政府承担。20 世纪初，美国通过立法在全国普及 12 年城乡一体化免费义务教育，分学区进行统一管理，所需费用全部由公共财政承担。

英国 1918 年的《费舍法案》开启了免费义务教育的发展道路。1944年的《巴特勒法案》将义务教育年限延长到 10 年。目前，英国城乡免费义务教育年限统一为 11 年，并规定所有学生必须接受 11 年义务教育到年满 16 岁，才能选择工作、接受职业教育或准备 A 级证书（A-levels）考试。《1944 年教育法》进一步扩展义务教育内容，规定英国公共教育是由5 ~ 11 岁的初等教育、11 ~ 18 岁的中等教育和 18 岁以后的继续教育组成的三阶段依次递进的教育制度，还确立了公立中等教育免费原则，使接受公立中等学校教育由少数人的特权变成普遍的平等权利，扩大了平民子女的受教育机会。

德国早在 1619 年魏玛共和国时就开始实施强制性义务教育。普鲁士国王威廉一世于 1717 年颁布实施《义务教育规定》，明确了"所有未成年人不分贵贱、无论男女都必须接受教育"的法定责任。1802 年，巴伐利亚州颁布了德国最早普及义务教育的《初等义务教育法》，巴伐利亚州也成为世界上最早实施义务教育的地区。1885 年，开始实施免费制义务教育。从 1990 年开始，各州实施 12 年免费义务教育。无论是德国人，还是具有合法身份的外国人，所有在本州暂住、常住、工作或接受培训的儿童、青少年和成人，都必须接受义务教育。德国义务教育包括 9 ~ 10 年的普通教育和 1 ~ 3 年的职业义务教育。多数州的法定义务教育结束年龄为 18 ~ 21 岁。由于各州规定不同，职业义务教育的结束是以结束职业培训合同为标志，因此，义务教育结束的实际年龄从 18 岁到 25 岁不等（胡劲松，2018）。

澳大利亚的基础教育学校分公立和私立两种，公立学校占中小学总数的 75%，私立中小学一般是教会举办的，占中小学总数的 25%。基础教育没有城乡差别，各州之间有差别（朱俊杰、申纪云，1995）。2008 年，基础教育改革后，联邦政府和州政府都加大了投入力度。为了构建更完善的早教和家庭教养服务体系，澳大利亚政府理事会于 2009 年颁布《早期投资——早期儿童发展国家战略》，以减轻家庭教育的经济负担，同时创造早期教育就业岗位（吕杰昕、耿薇，2012）。

日本也实行城乡一体化的免费义务教育制度。日本政府于 1886 年开始实施强制义务教育。《小学校令》规定实施不分城乡、性别的 4 年制义务教育，1900 年实施免费的 4 年制义务教育，1907 年延长到 6 年，二战后延长到 9 年（小学 6 年，初中 3 年）。目前，日本公立小学在全国小学总数中占比接近 99%，公立小学的在校学生人数占比为 98.4%，公立初中在全国各类初中总数中的占比达到 93.3%，公立初中在校学生人数占比为 93.5%（宋健敏，2002）。

5.2.2　成立专门的国家机构或部门，强制实施国家标准和职业资格认证制度

美国注重国家层面专门机构和部门的设置。1914 年，美国总统批准成立"职业教育国家援助委员会"，协助各州开展职业教育。职业培训主要

由学徒培训局和工作培训计划局负责，由劳工部、就业部门开展工作。职业技能、技能标准、证书体制和评估体系等由"国家技能标准委员会"负责统一制定，强化培训和职业资格标准，确保所有劳动者均能掌握生产世界一流产品所必需的技能。

英国农业知识改进会（1723 年）、皇家农学会（1838 年）等专业学会和机构的成立，推动了英国农民和农民工教育培训制度的形成。《农业培训局法》对全国培训机构和负责部门做了统一安排。英国的国家农业培训中心有效地保障了农村劳动力职业技能培训工作的顺利开展。英国的 A 级证书制度、国家职业资格制度、普通国家职业资格制度等一系列国家资格证书体系，确保了英国职业教育培训质量的权威性和高效性。

德国成立了联邦职业教育与培训局，专门负责"双元制"职业教育与培训制度的实施和落实。国家教育主管部门、州文化部以及其他合作伙伴分工协作，共同推进德国的职业教育培训工作。在职业教育培训机构、培训资质、专任教师、课程设计、考核监督和认证等各个环节，德国都建有统一的标准，统一接受行政监督、司法监督和社会监督，以确保职业教育培训的质量，为德国强大的工业能力打下了坚实的人力资本基础，培养了德国工业发展所需的高素质劳动力。

澳大利亚的职业教育培训事业由澳大利亚国家培训局统一负责管理，职业教育与培训部长委员会、政府理事会、全国质量委员会、国家行业咨询委员会、州培训局等按照"澳大利亚学历资格框架"这一国家统一的资格框架体系，对全国各级各类教育培训进行统一监督、考核和认证管理。国家统一的资格框架体系和标准，为澳大利亚劳动力素质的提升发挥了不可或缺的作用。

日本从一开始就注重运用法律手段确定职业教育培训事业发展的方向，并且通过立法强制规定了中央、地方各级政府以及权威机构在义务教育中的具体责任以及在职业教育培训中的责任和设立高等职业学校的法定义务，并制定了有关职教、公共培训、企业内训和职业鉴定等的国家标准，通过提供公共财政经费支持，使各级政府在农村职业教育培训的制度化发展中发挥了巨大的作用。

5.2.3 建立了责任明了清晰、科学合理的教育培训经费投入的分担保障机制

世界各国教育培训经费投入的分担保障机制可以分为两个部分，一部分是基础教育经费分担的保障机制，另一部分是职业教育培训经费分担的保障机制。

（1）建立和健全科学合理、责任明了清晰的各级政府分担基础教育投资的保障机制

根据法国法律规定，基础教育实行相对集中财政体制，国家负担85%以上的教育经费。在法国，除了各级政府部门的公务员以外，国家公务员还包括在幼儿园、所有公立教育机构以及与国家签订合同的私立教育机构中的所有教职员工。他们的工资全部由国家负担。国家还对学校的建筑和其他设备、设施等提供50%~60%的补助，不足部分由地方政府负担。地方政府聘用的学校教职员工的工资，由地方当局负担。中央政府始终担负主要责任（范先佐，2003）。

20世纪50~70年代，美国义务教育的主要责任在地方政府和学区。地方政府（学区）以征收财产税的方式获得教育经费，占学区教育总投入的80%以上（段云华，2013）。二战以后，联邦政府和州政府加大对地方学区财政拨款的力度，形成联邦、州、地方学区三级分担的基础教育财政保障机制，州和学区仍然是经费的主要承担者。到目前为止，州和地方学区两级政府负担了全国公立初等、中等学校经费总额的93%左右（范先佐，2003）。

从1918年开始，英国义务教育费用由公共财政负担。国家以学生数量为基础，通过国库补助金和地方税收为农村义务教育拨付经费，中央政府向地方当局下拨的义务教育经费占基础教育总经费的70%。地方教育行政当局还提供小学生免费午餐、定期免费治疗等福利，为交通不便和经济困难学生提供交通和服装补贴等。

德国义务教育由公共财政负担投资，并且不断增加财政性教育经费投入。1913年，教育经费被提高到仅次于国防开支的地位，占国家财政开支比例达16.8%。虽然《德意志联邦共和国基本法》规定，义务教育属各州事务，但是联邦、州和地方三级政府共同分担义务教育经费。其中，联邦

负担10%，州和地方政府负担90%的经费投入，学生支付的学杂费只占极小比例（张坤，2008）。

澳大利亚的基础教育办学经费由州政府投资和统一管理，联邦政府给予补贴。此外，联邦政府还会对私立中小学按在校学生数给予适当补贴（朱俊杰、申纪云，1995）。2008年，基础教育实施改革以后，联邦、州政府加大对早期教育和中小学教育的财政投入力度（吕杰昕、耿薇，2012）。

日本政府为基础教育尤其是义务教育建立了中央教育经费的专项转移支付制度，由中央和地方切实有效地负责基础教育。市级政府是义务教育的直接提供者，中央政府以专款专用形式对地方政府进行财政转移支付，形成了一套由中央、都道府县和町村三级政府共同负担农村义务教育投资的保障机制。《义务教育费国库负担法》非常具体地规定了各级政府的法定责任，实施细则具有很强的可操作性，有效地防止了各级政府规避法定责任的现象发生。各级政府几乎承担了义务教育的所有经费投入和开支，中央财政负担其中的50%以上（胡国勇，2015）。

（2）完善的职业教育培训经费投入分担机制

在职业教育培训方面，美国政府一直强调经费投入的多元分担责任。联邦政府以各种方式承担公共投入责任。《莫雷尔法案》（1862年）规定，联邦政府赠予各州土地以设立农学院。根据立法规定，职业教育培训由州政府、地方政府负主要责任，联邦政府以直接拨款、税收充抵与减免、奖学金、专项基金等各种形式提供公共财政支持，法律也对各级财政投入的具体比例做了相应规定。如《职业教育法》中的硬性规定，联邦政府自1990年起每年给每个州的职业教育提供16亿美元的联邦财政专项补助支持。同时强调，企业、工会、民间组织也应承担相当一部分费用。为激励企业、公司对员工进行培训，规定员工培训学习期间的工资由《人力发展与培训法》的基金项目负责。因此，私人企业是美国成人教育培训经费的最大提供者，每年用于员工培训的经费相当于全美高等教育的经费。为实现普通教育与职业教育培训的衔接，联邦和州政府拨专款用于支持高中职业课程改革，目的在于为农业工人、农村转移劳动力和失业或转岗人员提供免费培训。

英国通过立法开征特别税、设立基金、给予国家奖励等各种措施，分担职业教育培训费用。为强化对农民工教育培训的支持，开征了特别税，安置农村贫民子女当学徒，通过欧洲社会基金、工会学习基金、国家培训奖等，支持农民参与职业教育与技能培训。在英国，唯一能得到政府财政资助的培训是农村劳动力培训。

德国的农民工教育培训经费被纳入了国家财政预算。联邦政府依法通过财政专项拨款向参加双元制培训的高等学校支付教育培训所需费用，并以税收减免方式以及通过个人、企业和团体集资方式建立培训基金，支持有关部门和企业开展农民工教育培训。法律规定，接受双元制培训的学员（学徒）无须支付培训费用，还可以享受企业给予的生活津贴。双元制培训费用的 2/3 由企业负责，1/3 由国家财政负担。为鼓励农业企业和农场主对农民进行培训，德国政府还设立专项资金，用于为各地的继续职业教育和企业的继续教育投资提供国家财政补贴。

澳大利亚法律规定，由中央财政为职业教育培训提供专项拨款，还规定了联邦政府为"失业青年教育项目"提供财政支持的责任，并规定联邦政府以财政专项政策支持"财政专项支持项目"、"普通在职培训援助项目"以及"特别青年就业和培训项目"的责任，强化了对低技能劳动者和失业群体的职业教育和培训。

日本法律规定，每年中央财政为职业学校提供定额财政拨款，并向负责培训工业生产人员的机构和组织倾斜，同时对实施"实习并用职业训练制度"的中小企业给予资金支持和政策支持，推动中小企业扩大青年技能人才的就业机会。

5.2.4 构建了完善的跨部门、跨机构合作机制，形成了多元共治的教育培训政策体系

美国政府一方面通过立法规定了联邦政府、州政府、地方政府的财政投入责任和具体比例；同时将联邦、州以及地方政府，公司企业，各类学校，培训机构，家庭，个人，志愿者队伍以及图书馆系统整合到职业教育培训政策体系中，为提升劳动者素质打造了一个跨部门、跨机构、跨地区、跨专业、多主体参与和合作的全方位教育培训政策体系。

英国的职业教育培训也是一个跨部门、跨机构合作的系统工程。参与

职业教育培训的部门有政府部门、公立培训部门和机构、公司企业、行业协会和社会团体、工会、大学、学院以及中初级职业学校等。培训的具体工作通常由农业大学、农业院系、地区农学院等高等农业职业教育院校，还有初、中级农业职业学校，分布在全国的国家农业培训中心，业余农校以及涉农企业公司、社团或个人等多元主体共同负责。

德国的职业教育培训制度是德国政府、社会与其他伙伴之间建设性合作的产物。联邦和州政府主管部门（国家教育主管部门、州文化部、主管职业培训工作的行政部门）负责实施，并和学校管理部门、雇主协会、商会、手工业协会和雇主组织、工会一道共同监管课程设计、课程与考试、考评与认证等。参与的主体包括小学、中学、徒工学校、专业技术学校、教会学校、女子理科中学、理科中学、高等专业学校和综合性大学等各类学校。

在澳大利亚，国家培训局负责全澳大利亚的职业教育培训工作。澳大利亚政府在《澳大利亚国家培训局协议》中规定了培训改革的六大目标：建立全国培训体系，强化各行业参与和行业敏感性，建立有效的培训市场，建设高效、富有成效的受公共资助的培训机构网络，提供更多机会以获得更好的培训效果，改善跨部门连接与合作。在这个全国性培训网络体系中，国家行业咨询委员会负责研发工作，协助完成教育培训工作的有职业教育与培训部长委员会、政府理事会、全国质量委员会、州培训局、行业协会和雇主、学校、培训机构等，还包括农村职业教育办学主体，如教会、公立职业教育培训机构、个人或企业开办的培训机构以及团体或私人资助的培训机构等。

日本始终坚持和贯彻落实各级政府在农民、农民工教育和培训中的主导地位，负责和参与农民工职业教育培训的主体包括中央和地方政府的行政部门、企业、农业高等职业学校、农业大学、涉农学科的国立和公立及私立大学、农业改良普及中心、农协和农业青年俱乐部等组织和团体。

5.2.5 重视农民及农村转移劳动力的综合培训和终身学习

如前文所述，美国对农民及农村转移劳动力的教育培训有 150 多年的历史。1862 年的《莫雷尔法案》是专门针对农民与农村转移劳动力教育培训的立法。通过该法案，各州在联邦政府支持下建立收费低廉、强调理论与实践结合、突出实用的州农学院，并通过寒暑假的讲习班对农民与农村转移劳动力开展大量的培训。为促进农民学历教育达到中等化发展水平，美国于 1917 年颁布实施《史密斯—休斯法》。此外，美国政府还重视成人教育，从中学开始就将成人职业训练内容融合进课程体系中①，确保不准备上大学或上不了大学的中学毕业生能顺利就业。政府以直接拨款、税收充抵与减免、奖学金等形式激励和资助公司、企业雇主对员工开展教育培训。从 20 世纪 50 年代中后期开始，美国颁布、实施了农业工人免费培训的法律，以加速农业人口转移和促进农业工人的职业转型。1962 年颁布的《人力发展与培训法》提倡培训低收入或贫困农民。《1963 年职业教育法》规定为全美所有年龄段的人提供高质量的职业教育机会。1976 年的《终身学习法》和 1994 年的《美国 2000 年教育目标法》还规定政府要确保每个成年人有学习新技能的机会，帮助成年人坚持终身学习，以提高国家竞争力。

与美国一样，英国政府重视农民和职业转型农民的职业教育培训，以提升他们的技术水平。英国很早就有开征特别税用于农民工教育培训的历史。英国政府于 1597 年颁布了安置农村贫困家庭的子女当学徒或参与劳动的法令。1601 年的《济贫法》规定贫民子女都得进习艺所学习，接受学徒培训。1723 年成立农业知识改进会，1838 年成立英国皇家农学会，英国农民和农民工教育培训制度至此形成。为了强化对农民培训的经费支持，1982 年到 1987 年，英国先后制定实施《农业培训局法》《职业指导法》《就业和训练法》等法律。为专门奖励在农民职业教育与技术技能培训中有突出贡献的单位，英国政府于 1987 年设立 "国家培训奖"。国家设立农业培训中心，在全国各地设立了 200 多个。许多个人、社会团体和农企公司举办了各式各样的短训班。针对国际移民，英国工会在政府资助下提供语言培训和其他培训服务，并提供针对养老金、住房、福利和保险索赔等工作以外的问题的支持和建议，协助政府实施旨在提高工人就业能力和满足雇主技能要求的政策。

---

① 这种成人教育分六类，包括作为第二语言的英语、成人基础教育、学历课程教育、学徒教育、工作相关培训以及个人发展教育和培训。

德国的职业教育和培训从一开始就覆盖了农村人口，注重为包括农村人口在内的未成年人提供职业教育和培训。1845 年颁布的《普鲁士手工业规章》推行所有小手工企业联合开展跨企业岗位培训的制度。依据德国政府 1883 年的《商条例》，德国各种文化补习学校必须向未成年学徒提供义务教育。依据 1938 年的《帝国学校义务教育法》，农校以及所有职业学校的教学必须与企业的岗位培训保持同步，以便为学徒补充基础知识和理论知识。1948 年，这种校企合作办学模式被命名为"双元制"教育模式。1969 年的《职业教育法》正式把它确立为"双元制"职业教育与培训制度。在此之后，德国先后颁布《农业职业教育基础阶段实施培训与课堂教学时间计划原则》《考试规则》《职业培训章程》《培训者规格条例》等法规，对职业培训的培训人员、专任教师、教学过程和考核、办学机构、监督和考评主体等各个方面做出详细、具体和严格的规定，并对违规者制定罚款和判刑的惩处规定。2005 年，德国出台新的《职业培训法》，对职业教育培训的数量和质量等各个方面做出更严格的规定。

日本政府从明治维新开始，积极开展农村劳动力以及农村转移劳动力的教育培训立法工作，实施源头干预。日本先后颁布《农学校通则》（1883年）、《职业训练法》（1958 年）、《农业改良促进法》（1977 年）和《农业基本法》（1961 年）等法律，相继建立了公共职业教育培训制度、企业职业培训制度、职业鉴定制度、校企协作和职业介绍等制度，并就扩充农村地区的社会保障做出规定。二战以后，日本政府除颁布和完善有关农村成人职业教育和技能培训的法律外，还大力普及高中教育，以大力振兴乡村地区工业。为全力推进终身学习活动，日本政府于 1990 年制定《终身学习振兴法》，把职业教育作为终身教育的办学理念。这些法律规定和政策措施使得农村转移劳动力的非农就业能力提升有了法律保障。

5.2.6 建立了普通教育和职业训练的衔接机制，打通了专业学习与从业资格通道

美国的职业教育培训与普通教育是有机衔接的，而不是彼此割裂的。在中小学教育阶段，美国就考虑到将普通教育与职业训练衔接起来。在中小学教育阶段，尤其是中学教育阶段，直接采取课程或大纲衔接模式，实

现普通教育和职业教育的衔接。同时，改革中职教育，实现中职教育与高中后技术课程的接轨，进而实现中职教育与高职教育的衔接。如联邦法案《帕金斯法案Ⅱ》（1990 年）明确规定了普通教育与职业教育衔接的具体办法。其中规定，将联邦和州政府的职业教育财政拨款用于高中职业课程改革，把 2 年的高中职业课程变为高中后技术教育的准备课程，实现中高职课程的衔接。同时，拨款支持高中与社区学院共同制定衔接方案，社区学院负责提供高中生的技术准备课程。美国在公立中小学阶段就打通了普通教育和职业训练之间的通道，使他们互相融通和有机衔接。

英国教育制度由小学、中学、继续教育和高等教育四部分组成，初、中、高三个教育层次相互衔接，职业技能培训与正规职业教育相互补充。法律规定，学生必须完成 11 年义务教育到年满 16 岁。那些通过了 A 级证书考试者才能进入普通高等学校学习，其余的学生必须接受职业培训和教育，或者参加学徒计划。没有完成职业培训和教育、获得国家职业资格和普通国家职业资格者不能工作。

德国的职业教育内容是贯穿在整个教育体系中的，"双元制"职业教育从高中阶段就开始了，除了高等职业学院或大学参与以外，中小学、女子理科中学、理科中学、专业技术学校、徒工学校、教会学校、高等专业学校和综合性大学都会参与其中，教育形式包括了工匠技术教育、家庭教育和学校教育。中学毕业后不进大学接受学历教育的未成年人则选择接受"双元制"职业教育培训，同时在职业学校学习基础理论知识和在企业接受职业技能培训。

澳大利亚于 2000 年实施的澳大利亚学历资格框架（又叫"国家培训包"）由 12 个等级资格构成，学校教育、职业教育和高等教育都被包含在内。不同层级间相互承认、互相衔接，不同资格框架内的学生可以转学分，获得一种资格后可以逐级上升到高一级的资格，拥有一种证书后可以继续学习获取另外一种证书。国家培训包以法律形式确保学生实现在学校教育、中等职业教育、高等职业教育间的有机衔接。

日本政府也是通过法律规定将普通教育、中职教育与高职教育有机衔接起来。高等学校招生应更多地面向职业高中毕业生和综合科毕业生，为优秀学生提供接受高等教育的机会。高职院校的招生要从优秀的中职学校毕业生中选拔、录取。此外，还有为青年人接受高等教育专门建立的短期大学。

5.2.7 规定了丰富的教育培训内容，培训形式各具特色、新颖独到

美国的教育培训注重内容的丰富性和全面性，从高中阶段就开始把学术课程与技术训练课程有机融合起来。通过组合训练，确保学生掌握迈入社会所需的各种技能和应具备的基本素质。对农民和农村转移劳动力培训的内容包括农业投资策略、领导能力及团队合作能力、生产管理、职业经验培训和创业能力等。职业教育培训责任和任务主要落在社区学院。社区学院通常具备开展社区教育、职业教育培训和转学教育的功能。其中，职业教育涵盖了职业生涯教育、半专业训练、职业教育、终结性的教育和进入专业的教育等；社区教育模块通常包括成人教育、继续教育、补偿性教育、社区服务教育与合同培训教育等；转学教育是为打算升入大学三、四年级继续大学学历教育的学生所准备的教育。这种全方位、内容丰富的教育和培训，满足了美国知识经济发展对高素质劳动力的需要。

英国的职业教育培训既包括各种专业技术培训和教育，也覆盖了对人文素养的培养。针对外来移民工人，英国政府通过欧洲社会基金、工会学习基金以及其他财政拨款形式，支持工会和教育培训机构为移民提供从语言培训到其他各种培训的服务，目的在于全面提升移民的自信心、知识、技能和集体认同感。工会也常常通过各种教育培训项目和服务来扩大影响，招募移民工人成为工会会员。

在德国，中小学、女子理科中学、理科中学、专业技术学校、徒工学校、教会学校、高等专业学校和综合性大学等各级各类学校都参与职业教育和培训，因此德国的教育培训内容是全方位的。除了为学员提供技术、农业、商业、工业部门、公共行政、医疗保健和社会服务等350种不同领域的职业培训外，还开设数学、德语、哲学或社会研究等一般科目，为接受培训者提供基础理论和文化素养教育。德国双元制职业教育培训有助于培养人们参与社会和体面劳动与可持续生活的价值观、知识、技能。

澳大利亚的职业教育培训涵盖就业技能、生存技能和个人发展等内容。联邦培训项目有统一规定和要求。如联邦政府的"失业青年教育项目"就规定了三个培训目标。一是个人发展。通过培训协助学员克服低自尊、发展自身优势和技能，提高口头和书面表达能力、基本算术技能，提高个人的生活选择能力。二是扩大社区参与。提高社区对青年失业问题的认识，优先考虑建立社区团体、教会、当地工商业和教育机构间的联络网络，积极为失业青年提供支持。三是协助失业青年求职。为失业青年提供职业咨询、求职技能实践与两周工作实践，提高他们的就业技能和态度，掌握必备的求职知识。由于澳大利亚的职业教育和培训由各州具体负责，课程不尽相同，内容丰富多彩。培训内容通常包括识字、算术、举止仪容、工作面试技巧辅导、沟通与交流、生活技能、咨询辅导、自选技艺活动、休闲娱乐、野营、远足等，培训目标是切实提高学员的生活技能。有的州则做出统一规定，如新南威尔士和昆士兰规定，培训内容统一为识字、算术、举止仪容、工作面试技巧辅导等，维多利亚的培训则重点强调个人发展和生存技能。

总之，发达国家通过教育培训立法，强制实行城乡一体化的教育培训制度；通过成立专门的国家机构或部门，强制实行国家标准和职业资格认证制度；通过立法，建立了合理的教育培训经费分担机制；通过完善跨部门、跨机构合作机制，形成了多元共治的教育培训政策体系；通过重视农民及农村转移劳动力的综合培训和终身学习，极大地提升了农村劳动力和农村转移劳动力的非农就业技能、综合能力和文化素质；通过建立普通教育与职业训练的融通衔接机制，促使学生将专业学习与从业资格培训有机结合起来；通过规定丰富的教育培训内容，确保了教育培训的综合性。所有这些措施和做法，为农业和工业发展培养了大量所需的高素质劳动力，维持了工农业强大的生产能力，确保了国家的经济竞争力。我国应该借鉴这些国家的经验，努力构建多主体参与、多元协同共治的新生代农民工教育培训政策体系，为提升新生代农民工人力资本、促进他们在城市的发展和市民化提供法律和政策保障，最终为我国产业结构转型升级、国家竞争力的提高提供所需要的高素质劳动力。

5.3 构建我国新生代农民工教育培训政策体系的对策思考

新生代农民工受教育水平低、培训不足和人力资本缺失的状况，既妨碍了他们自身的发展和市民化进程，造成新的社会不公，又难以满足我国制造业转型升级发展的需要，会对"中国制造 2025"战略的实施形成掣肘。研究表明，教育培训是提升人们学习、理解知识与信息能力的关键（银平均，2008：184），更是促进社会阶层间合理流动的渠道，有助于促进社会公平、社会进步（银平均，2008：195）。作为社会学者，我们都知道，人力资本不足或缺失以及由此引发的贫困是重要的社会问题，而不仅仅是个人的失败。本书的调查表明，新生代农民工人力资本缺失是多种因素综合作用的结果。然而，不可否认的是，政策体制性因素是关键。新生代农民工无论是在初、中等教育阶段，还是在高等教育阶段或者职业教育和培训阶段，他们受教育权利的行使在很大程度上受到当时政策体制的制约。无论是从人力资本理论、发展型社会政策理论角度来看，还是从社会治理理论视角来分析，新生代农民工教育培训都并非个人的事情，而是牵涉政府、市场、社会等多方面的社会事业。无论是从法律层面思考，还是从新生代农民工本身或者经济社会发展的需要来考虑，构建多主体参与的新生代农民工教育培训政策体系，都是一个迫在眉睫、非常重要的社会任务。只有构建和完善新生代农民工教育培训政策体系，才能提升他们的人力资本，才能提高他们的就业能力，才能协助他们实现增收，才能推进他们的市民化进程，才能助力我国产业结构转型升级和制造业强国战略的实施。

5.3.1 完善新生代农民工教育培训立法，为新生代农民工教育培训提供法律保障

新生代农民工教育培训的立法目的在于，一是厘清各个主体的责任，规定他们各自的法定责任和履职方式；二是确定新生代农民工教育培训的预算机制，并核定各级政府以及相关主体应当承担的具体比例；三是建立和完善培训市场的监督管理机制，进一步规范新生代农民工教育培训市场。

（1）通过完善立法，明确各个责任主体的义务和职责

首先，我国应梳理所有有关农民工教育培训的法规政策，制定统一的新生代农民工教育培训法律。在新的立法中明确，新生代农民工教育培训政策体系是一个由政府、市场、社区、家庭、个人等相关利益主体组成的多主体参与、协同共治的教育培训制度体系。

其次，明确政府与企业是新生代农民工教育培训中两个最大的责任主体。第一，政府是教育培训政策的最终决策者和制定者，也是最大的教育培训资源组织者和拥有者，应当成为新生代农民工教育培训的最大提供者和第一责任人。应在立法中明确规定中央政府和地方政府、输出地政府和输入地政府各自应承担的资金比例和监督管理责任，防止责任落空。第二，企业是新生代农民工人力资本投资的最大实际受益者。在知识经济时代，企业的核心竞争力体现在员工是否具有很强的竞争力上，取决于企业是否拥有高素质的劳动力。员工教育培训不仅仅是个人的事情，更是用人单位的职责。我国法律也规定了企业的相应责任。但是，有的企业不积极履责，而是想方设法逃避法定责任。在全球化时代，国家之间、企业之间的竞争越来激烈，不管是企业的竞争力，还是国家的竞争力，或者是良好的投资环境和社会的良性运行，都依赖于高素质的劳动力。

再次，要制定具体的实施细则，对司法机关、教育行政部门、学校等主体的责任做出强制性规定，确定各个责任主体在初等教育、中等教育、高等教育等各个阶段中应尽的责任。尤其是在初等教育、中等教育阶段，更要有硬约束机制。英国、法国、德国、美国、日本等国家，都对初等教育、中等教育阶段的辍学现象有相应的制裁和约束措施，对行政机构、司法机关、学校、家长和学生各个主体的责任做出具体规定，并有相应的制裁措施。在美国，逃学被界定为违法行为。学生尤其是家长会面临刑事指控，拒不出庭的家长会被逮捕。学校社工和老师首先会与家长沟通，沟通无效时会选择报警，警察负责追逃和出面干预。逃学管理办公室提起指控，家长要受到钱财或者加税处罚，学生本人或家长甚至会被判入狱。学校将电子技术运用到学校管理中，俄亥俄州议会的一项法令规定，小学与公立中学在确定学生旷课后两至三小时内必须通知家长或监护人，然后由执法机关协助找回在逃学生（高廷建，1986；罗朝猛，2013；中国日报

网，2013）。除了采取司法矫正以外，还采取学校矫正和社区矫正的方式为这些学生提供帮助。主要是由社会工作者等专业矫正人员为他们提供制度化与非制度化服务，包括调整学生的个人认知，训练他们参与社区服务和团体行为，提升他们的问题解决能力和社会接纳能力，并进行严密监控，开展父母陪伴与沟通、家校积极沟通和反馈、为父母提供指导和协助、为学生提供更为完整的社会支持网络（刘录护、李春丽，2013）等专业性支持服务。对于辍学现象，州政府和联邦政府加强强制性立法，展开辍学现象研究，了解学生的具体辍学原因，强化辍学信息收集工作。各级政府和机构为辍学学生提供各种服务，如设立职业团，为辍学学生提供基础教育、心理咨询、社交技能培训、职业技能培训、就业安置服务、卫生保健、领导技能训练等培训和服务。此外，还有圣何塞就业培训中心、青年建筑团[①]和里根政府时期的青年示范项目等（张宏喜，2007；袁迎春，2008；郭玉辉，2010；刘彦尊，2005；王宏坤、安晓镜、梁翀，2006）。美国各州、学区和社团与学校还会制定和实施补偿性服务方案、替代教育方案、综合性中途辍学预防方案（刘彦尊，2005），始于费城的职业教育计划、帮助拉美学生取得学业成就计划、检查和联系模式方案（王宏坤、安晓镜、梁翀，2006），以及为不良少年开设替代学校（王志亮，2010）等各种方案，促进他们学习，防止他们辍学。德国对于逃学或辍学的学生和家长处以罚款或监禁处罚（人民网，2018；新华网，2018）。为帮助中途辍学、未获得专业资格的年轻人，法国教育部于 2014 年推出"全民动员控制辍学"的国家计划，并与地区联合会签署普及地区公共服务和帮助辍学青少年的框架协议，明确了跟地方的合作目标：更有效地防止青少年辍学，力争使中途辍学且未获得任何专业资格的青少年在 2014 年 11 月到 2017 年间减少一半；促进辍学青少年重返校园或就业（付书辉，2015）。英国通过给学生安装电子芯片随时监控学生动向，对未能有效阻止孩子逃学的家长处以罚款或关监狱的处罚（刘录护、李春丽，2013）。日本一方

---

① 青年建筑团是一个为辍学青年提供修缮社区的房屋、道路等基础设施服务的平台，主要服务于 16～24 岁的低收入青年，为他们提供基础教育（协助辍学青年获得高中文凭或同等学力）、社交技能教育、公民参与教育、领导技能教育、职业技能培训和就业安置等服务。详见郭玉辉，2010，《美国辍学青年教育救助项目及启示》，《中国成人教育》第 5 期。

面通过家庭式课堂教育和家庭式夜校高中①（郑建凤、牛道生，1999），协助辍学青少年开展理论知识和专业技能学习，协助他们成长；另一方面采用内置高科技芯片的学生胸卡监督学生上学情况，学生在进校和出校时扫描胸卡，学生何时进校和出校的信息自动传输到父母手机上或电子邮箱中（欧叶，2004）。国外的这些做法对我国如何确保学生在初等教育和中等教育阶段更好地享有平等的受教育机会具有很强的借鉴意义，尤其是在防止广大农村家庭孩子辍学、阻止农村劳动力素质下滑、防止产生更多的受教育水平低下的新生代农民工方面具有极其重要的意义。

最后，要通过立法规定各级各类职业技术学院、培训机构、家庭和个人等主体在新生代农民工教育培训中的义务和责任。第一，要明确各类中职、高职技术学校和高等学校等在新生代农民工教育培训中的责任，开放办学，有针对性地为新生代农民工提供更多的接受技术培训和高等教育的机会。第二，明确培训机构负有依法提供符合新生代农民工需要的教育和培训的责任，并通过国家统一的培训标准和相关激励政策，保障培训机构履行好培训责任。第三，社会工作等专业服务机构运用专业服务方法依法开展社区教育和社区服务。社会工作者可以通过小组工作、社区工作等专业方法开展卫生健康、法律与政策等各种知识的教育培训，同时提供心理疏导服务，开展夫妻关系、亲子关系、人际关系调适工作；通过专业教育和服务，提升人际交往能力、城市适应能力；通过整合资源，解决他们面临的实际问题；通过专业活动，引导他们参与社区建设，培养参与意识和公民责任意识，共同营造友好社区环境；通过社区活动，为新生代农民工与社区居民沟通提供高效的互动平台，协助他们与社区居民开展互动和沟通，重建社会信任，增强社会资本。第四，家庭和个人要积极参与，依法享受教育培训的权利。

---

① 日本从幼儿园到高中，各个年级都有五到六个学习小组。学习小组是以家庭形式组织的，由一名教师和几名学生组成固定的小组。除选修课外，学生每天都在学校里与同一家庭式课堂小组成员固定坐在一起学习。这种课堂模式使学生和一名教师组成了一个临时家庭，教师身兼大哥哥、大姐姐、协调者、督促者和指导教师等多重角色。这种方式可以很好地培养他们的亲密感和团队精神。日本的家庭式夜校高中也按照家庭式课堂模式组成各种家庭式学习小组，向辍学的高中生传授理论知识和专业技能。详见郑建凤、牛道生，1999，《日本解决高中生辍学等问题的有效途径：家庭式课堂教学》，《外国教育资料》第 3 期。

所有责任主体的责任必须在法律层面上有所规定，以使新生代农民工教育培训的责任主体（尤其是政府和企业）意识到自己的法定义务和责任，同时使农民工个体意识到自己的权利和义务，积极参加各类教育培训，从而营造终身学习的社会氛围。

（2）健全社会建设预算法，为新生代农民工教育培训提供资金保障

首先，建议制定社会建设预算法，对各项民生建设投入进行科学合理的预算。十七大提出以改善民生为重点的社会建设。为保障社会建设领域里各项民生事业的顺利发展，建议制定并健全社会建设预算法。在社会建设预算法里，明确民生建设的各项预算开支，尤其要明确教育培训领域内各项投资的支出预算，大幅度地提高财政性教育经费占 GDP 的比例。马克思的生产力决定生产关系基本原理告诉我们，人是生产力中最活跃的因素。人力资本理论也表明，人力资本是经济发展中最重要和最关键的决定性因素。然而，我国财政性教育经费投入一直处于非常低的水平。在国际社会中，我国的投入水平也是非常低的。由表 5 - 1 得知，自 1990 年起，经过 20 多年努力，到 2012 年，我国国家财政性教育经费支出占 GDP 的比例才突破4%，达到 4.28%。20 多年的投入增长速度一直非常缓慢。虽然从 2012 年到 2017 年，我国财政性教育经费支出占 GDP 的比例连续 6 年保持在 4%以上。但是，在 2014 年开始呈现下降的趋势（见图 5 - 1）。联合国教科文组织公布的数据显示，20 世纪 90 年代，世界各国的平均教育经费投入占GDP 的比例已经达到了 5.7%。其中，发展中国家平均为 4%，发达国家为 6.1%。截至目前，关于各国财政性教育经费支出占 GDP 的比例，世界平均水平已达到 7% 左右，其中发达国家甚至达到 9% 左右，经济欠发达的国家也达到了 4.1%。西方发达国家一直重视对教育的投入。奥巴马从执政伊始，就高度重视联邦政府在教育领域的法定责任，始终把教育领域的投资和发展作为国家优先考虑的战略重点。近年来，美国历届政府大幅度增加教育经费投入，增加国家财政支出中用于基础研究领域的经费开支，从而增加高等教育入学机会（accessibility），也可以减轻困难学生家庭的经济负担（affordability）。《欧盟 2020 战略》规定的主要思路是，通过教育促进创新，以创新促进增长，以增长促进就业，以就业促进和谐，同时高度重视和充分发挥教育在促增长、促就业与促和谐方面的重要作用。

2008 年 10 月，德国联邦政府和各州政府决定增加教育和科学研究领域的投入，规定把经费投入占 GDP 的比例从 2008 年的 8.9% 提高到 2015 年的 10%。俄罗斯于 2008 年发布的《展望未来——未来教育的主要特征》报告也规定，本着竞争的原则，决定实施动用国家财力重点建设 40 ~ 50 所联邦级别研究型大学，同时强化对学前教育和普通教育投入的战略，以便大幅度提高国家的整体竞争能力。2008 年，韩国中央教育科技部也推出为期五年的《教育福利促进计划》。同年，日本也颁布实施《教育振兴基本计划》，规定了今后十年日本的教育远景目标，再次决定实施以 "教育立国" 的战略，并对未来五年促进教育改革发展的重大战略举措做出具体部署和安排。由此看来，切实提高国家财政性教育经费已经成为时代发展的趋势，更是我国应对日益激烈的国际竞争的迫切要求。

表 5 - 1　1990 ~ 2017 年我国财政性教育经费占 GDP 比例情况

单位:%

年份	比例	年份	比例	年份	比例	年份	比例
1990	3.04	1997	2.49	2004	2.79	2011	3.93
1991	2.86	1998	2.59	2005	2.81	2012	4.28
1992	2.74	1999	2.79	2006	3.01	2013	4.30
1993	2.51	2000	2.87	2007	3.32	2014	4.10
1994	2.51	2001	3.19	2008	3.48	2015	4.26
1995	2.41	2002	3.41	2009	3.59	2016	4.22
1996	2.46	2003	3.28	2010	3.66	2017	4.14

资料来源：根据教育部、国家统计局和财政部历年关于全国教育经费执行情况的统计公告中的数据整理。

其次，必须建立科学合理的中央和地方政府在教育经费投入上的分担机制。虽然中央在各项费用投入方面实行分担机制，但没有规定中央和地方各级政府应承担的具体比例，教育费用投入最终很难落实到位，甚至会出现地方政府套取中央资金的现象。在预算法里，应明确各自应承担的比例，以落实地方政府的责任，同时防止责任落空或套取中央资金的现象出现，从法律上为教育经费投入建立合理分担保障机制。在确定预算费用支出方面，要加大基础教育投入，建议延长免费义务教育时间到 12 年，以便

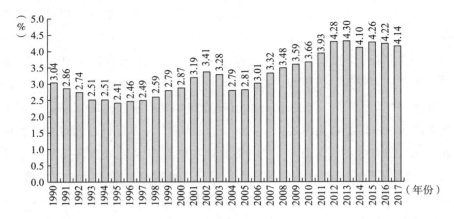

图 5 – 1　1990～2017 年我国财政性教育支出占 GDP 比例变化趋势
资料来源：根据表 5 – 1 制作。

整体提升国民综合素质，防止农村家庭由于经济等原因放弃孩子接受教育的机会，避免再次出现与新生代农民工类似的局面。

最后，在各级政府的经济社会发展规划预算中明确新生代农民工教育培训的支出比例和总额，并将中职、高职以及高等院校的农民工教育培训纳入相应的单位预算之中，切实为新生代农民工提供多元化的教育培训机会。

党的十九大报告提出，要使绝大多数城乡新增劳动力接受高中教育、更多地接受高等教育。要大规模开展职业技能培训，注重解决结构性就业矛盾。当前，我国就业市场一直存在"冰火两重天"的现象和矛盾。一方面，大量的劳动者找工作的难度增加，就业压力大；另一方面，企业招不到合适的雇员，大量岗位空缺。这种局面造成大量劳动力资源浪费和就业岗位闲置。这本质上是一种结构性矛盾，即劳动者技能和素质达不到岗位的要求，既难以实现劳动者的增收愿望，又影响到企业的发展。因此，一方面，我们要加大立法力度，增加财政性教育经费对教育的投入；另一方面，必须完善经费分担机制，并为新生代农民工教育培训经费投入提供法治保障。教育是强国之路和立国之本。在知识经济时代，国际竞争本质上是人才的竞争。人才培养的重要途径是教育和培训。国际社会政策界有个共识，西方国家都把教育政策作为生产力要素而予以高度重视，将包括教育政策在内的社会政策作为一种重要的国际竞争手段。"中国制造 2025"

战略的顺利实施，依赖于高精尖的研发人才，但更需要大批高素质的制造业劳动力。重视对教育的投入、对新生代农民工的教育培训投入，切实保障新生代农民工教育培训经费投入，对于提升新生代农民工的综合素质具有非常重要的意义。

（3）建立和健全新生代农民工培训的监督管理机制，规范培训市场

从新生代农民工教育培训的主体构成、教育培训行政体系架构、教育培训人员的聘用与激励、资金运营、教育培训时间、教育培训内容和组织管理方式、学位学历和培训等级考核方法、教育培训政策执行以及评估和监督机制等各个环节入手，制定一套严格的管理办法，引导和约束各主体自觉履行职责，促进新生代农民工教育培训市场的规范运行，保障农民工受教育权，实现教育公平。具体来说，一是建立完善的新生代农民工教育培训评估监管机制，设立专门机构监督检查农民工教育培训落实情况。通过建立农民工教育培训评估指标体系，督促落实各主体在农民工培训方面的法定责任。近几年，中央出台了一系列有关农民工培训的政策文件，但这些政策文件给予各主体的自由裁量空间过大，无法切实确保新生代农民工教育培训在执行层面做到有法可依。二是切实加强对企业落实农民工培训责任的检查，防止企业规避法定责任。我国法律规定企业要按职工工资总额 1.5% 的比例提取职工培训经费，并用于职工培训。但是，正如前文分析的那样，30% 以上的国有企业只是象征性地拨付员工培训经费，年人均经费不到 10 元；20% 左右的企业年人均教育、培训投入只有 10～30 元；多数亏损企业干脆停止了对人力资本的投资；有能力的企业已经或准备放弃员工的中长期教育培训和岗前培训。因此，除了采取措施激发企业开展培训的积极性外，更多的是要监督企业落实培训政策，对违规企业进行严厉惩处，避免企业培训走过场和流于形式。三是制定《政府采购社会服务法》，重新规定新生代农民工教育培训的准入门槛和培训主体资质。为了推动社会服务和政府购买服务的法制化建设，我国政府相继出台了《中华人民共和国政府采购法》《民政部、财政部关于政府购买社会工作服务的指导意见》《中央财政支持社会组织参与社会服务项目实施方案》《中央财政支持社会组织参与社会服务项目资金使用管理办法》等各种法律法规，但是这些法律法规的可操作性有待进一步提升。比如，根据《2015 年中央

财政支持社会组织参与社会服务项目实施方案》规定，参与政府采购招标的社会组织必须具备的资格条件有：一是经民政部门登记成立，年检合格；二是正在开展相应的社会服务项目；三是有自己相应的配套经费支持；四是组织机构完善；五是有独立的银行账号与健全的财务管理制度；六是拥有较好执行能力的健全的工作队伍；七是有社会服务项目经验，信誉良好。其中，第三条"有自己相应的配套经费支持"的规定与社会服务组织属性明显不相符。社会服务组织和机构属于非营利性单位，他们提供的是公益服务，并没有经费来源，更没有利润可言。要求这些组织有配套经费来源，显然既不科学，也不合理。这些组织没有法定资格进行资金募集或者筹措，而且该方案对于什么组织可以承接什么性质的服务没有明确界定，在实际招标中，服务项目与服务承接者业务范围和服务能力不匹配的问题经常发生。比如，前几年一些公益慈善组织参与民政的采购社会工作专业服务项目，这些机构连社会工作是什么都不清楚，既没有专业服务能力，也没有专业服务资质，但这些机构却能获得政府采购社会工作服务的项目。这种准入资质混乱的状态，既影响服务质量，又影响社会工作专业权威性，造成职业侵害。再如《民政部、财政部关于政府购买社会工作服务的指导意见》规定了政府购买社会工作服务的主体、对象、范围、程序与监督管理，并要求采用第三方评估方式，对机构进行专业评估，充分发挥行业管理组织、专家等的作用。但在实际评估中，过于倚重政府部门在职干部或退休领导在评估中的作用，就会使第三方专家成为陪衬。而且，有的评估机构本身就是由退休领导干部成立的，他们依靠的是过去的行政经验，缺乏相应的专业知识与专业评估技能。在评估的时候，他们侧重于机构是否违法，无法对专业服务的质量与专业性开展评估。四是专业的教育培训机构评估指标体系不完善。中国社会工作联合会于 2015 年制定颁布了《社会工作服务机构评估标准体系（试行）》。该体系非常详尽，可操作性强，对于规范社会工作服务机构服务效果、确保服务质量有明显的监管作用。但是，目前新生代农民工教育培训市场却缺乏权威统一的"教育培训机构服务评估指标体系"，往往导致教育培训的质量得不到有效监督和保障，培训服务质量参差不齐，甚至出现变相牟利的现象。

总之，要进一步建立和健全新生代农民工教育福利监管体系，必须从各个主体责任、经费筹措、分配、使用等，到教育培训准入门槛与资质，教育培训人员的聘用与激励，教育培训的时间、内容和组织管理方式，学位学历和培训等级考核方法，教育培训政策执行、评估和监督机制，以及激励机制等各个环节入手，制定一套严格的管理制度和办法，使新生代农民工教育培训在组织领导、制度安排、资金保障、资源整合、规划管理、培训机制、培训主体责任与义务、资金运营、激励举措、培训证书与薪酬晋级管理、评估与监督等各个方面开展的工作有法可依。通过明确政府和企业责任，健全保障机制，强化监督管理，创新培训形式和内容，建立由政府、私营部门、高校、非营利组织（社区组织）、家庭和个人等多主体共同组成的责任共担、协同共治的全方位、多层次的新生代农民工教育福利治理体系，建成以政府和企业为主体、市场组织为补充、社区为依托、民间社会为辅助、家庭为归宿、专业团体为服务主力的多主体参与、相互补充的农民工教育培训服务网络，提升新生代农民工的人力资本，满足他们高质量发展的需要，助推我国产业结构升级与制造业强国战略的实施。

5.3.2 建立专门的国家机构或部门，强制实施国家职业培训标准和职业准入制度

长期以来，我国新生代农民工教育培训既没有建立专门的国家机构或部门，也没有强制实施国家职业培训标准、职业资格认证和就业准入制度，使得新生代农民工教育培训实际工作效果不尽如人意。虽然国家每年投入大量的经费用于农民工培训，但是，本书调查结果发现，在所有被访农民工中，没有接受过任何培训的农民工比例为 73.3%。没有接受过任何培训的新生代农民工比例高达 71.9%，75.6% 的老生代农民工没有接受任何培训。国家统计局的调查表明，2009～2017 年九年间，没有接受培训的农民工比例最低的有 51.1%，最高的年份多达 69.2%，平均每年有高达 64.1% 的农民工没有接受任何培训。这种状况与我国没有专门负责管理农民工培训的国家机构和部门有着密切的关系。在以往我国颁布的农民工培训政策和法律文件中，牵头发布的单位包含了国务院、农业部、财政部、教育部、公安部、劳动保障部（劳动部/劳动和社会保障部）、科技部、建设部、共青团中央、国家开发银行、中国科学技术协会等。在我国目前的

行政体制中，各个部门都有自己的专职工作，农民工培训不是他们的核心工作和本职工作职责所在，因此往往容易造成在农民工实际培训工作中各个部门互相扯皮、相互推诿的现象。当有利可图的时候，各个部门会争夺话语权和决策权，以获取更多的部门收益；当需要承担责任的时候，很可能会陷入"集体负责而无人负责"的困境。多头管理、多头负责的模式极易造成彼此职责不清，导致农民工培训政策在实际执行过程中的责任落空。

与此同时，我国缺乏国家层面的培训质量标准体系，也没有强制实行的国家就业准入制度，一方面使得培训市场因为标准不一而影响培训效果，另一方面也影响农民工培训的积极性和参加培训的义务感和责任感。发达国家实行强制的国民基础教育，通过立法保障人们的初等、中等和高等教育权益，始终坚持贯彻"教育是国民福利"的理念，同时把福利开支转向投资于教育和培训，将教育培训作为实施积极福利政策和发展型社会政策的重要手段和内容。国家尽最大努力创造条件保障国民，尤其是弱势群体的受教育权益，并强制实行国家职业培训标准和职业准入制度。通过立法，规定国民在就业之前必须达到国家规定的受教育水平并取得职业技能资格证书。只有通过国家相关考试，才能被雇用。西方发达国家的这种做法，客观上既保障了人们的受教育权益，又通过迫使人们积极接受教育和培训，营造了终身学习的社会氛围，建成了终身学习型社会。美国的学生必须完成 12 年义务教育，并参加相关的职业培训，取得职业技能资格证书或获得同等学力的资格证书才能被雇用。英国规定，所有学生必须完成 11 年义务教育到年满 16 岁。没有通过 A 级证书考试便进入普通高等学校深造的学生，必须接受职业培训或者参加学徒计划，完成职业培训并获得国家职业资格或普通国家职业资格之后，才有资格参加工作。在德国，中学毕业后不进大学接受学历教育的未成年人如果没有接受"双元制"职业教育培训，则不能获得工作机会。我国应该设立国家层面的农民工职业培训质量标准体系，强制实施国家就业准入制度，并制定实施培训资格证书与薪酬晋升挂钩的法律法规，充分调动新生代农民工的积极性。应当在国家层面制定一套关于新生代农民工教育培训主体的培训资质、注册认证、课程设计、培训内容、职业技能、专任教师、技能标准、培训绩效考核与评估、证书认证管理以及职业资格标准体系等的法律法规，对各方的教育培训行为进行规范，确保新生代农民工培训的实际效果，提升他们的实际参与率。

5.3.3 建立跨部门、跨机构合作机制，形成多元主体参与、多方协同共治的新生代农民工教育培训政策体系

首先，通过立法规定各个主体在新生代农民工教育方面的法定责任，确保所有主体自觉履行责任。国外在制定教育培训法律的时候，对联邦政府、州政府、地方政府的财政投入责任和具体比例都有详细的硬性规定，对于公司企业、行业协会、雇主协会、商会、社会团体、工会、培训机构、大学、学院、中初级职业学校、个人等各方的责任也都有非常详细的说明和规定，并在师资标准、培训机构资质、培训质量标准、培训绩效考评等方面都有一整套操作性很强的具体实施细则。与此同时，国家建立共同决策机制，规定课程设计、资金使用、监管和培训认证体系等由政府、企业、学校、雇主协会、工会与社会团体等多方面共同决策。政府鼓励和引导利益相关者围绕教育培训事务进行多方协商与对话，确定各方都能接受的最佳方案，从法律上确保跨部门、跨机构合作机制的正常运行。

其次，建立和健全教育培训经费多方分担的激励和约束机制，为新生代农民工教育培训资金提供法律保障。政府按照法律规定的比例以财政专项拨款为各主体提供支持，并通过开征特别税收、建立培训基金或专项发展基金等方式广泛筹措教育培训经费，同时鼓励和引导企业和团体通过集资方式设立部门培训基金，扩大培训经费来源。国家以税收减免、奖学金、国家奖励等方式激励各方参与新生代农民工教育培训工作。国家在实施专项购买服务或财政补贴优惠政策的时候，应当把职业技术学院和高等院校纳入新生代农民工教育培训工作中。对接受培训的学员或学徒实施免费或低价培训并给予一定的生活津贴。此外，积极组织和引导教育培训的相关方开展常规化的持续对话，强化各方责任。

最后，强化新生代农民工的专业服务体系。社工服务机构等专业服务力量和团体组织，应当充分发挥专业服务作用，为新生代农民工提供专业化的高水平服务。专业社会工作者可以协助农民工在用工单位中建立自助组织，通过社会工作专业方法，开展有关世界观、人生观、价值观、行为

习惯、公民意识、人际交往等各种教育培训，引导他们尽快适应工作及生活环境。在社区中建立专业社会工作人员与社区工作人员为农民工服务的机制，包括生活辅导、技能辅导和危机干预等机制。通过国家政策干预和实践层面的操作，使农民工享受到正规的职前教育、在职教育和失业后的教育培训。农民工通过职前教育获得必需的职业技能、面试技能、生活技能、城市适应性技能以及和就业、生活相关的法律法规知识等；通过在职教育培训（学历教育与非学历教育）获得技能的提升；通过失业教育与失业后的干预与辅导，增强他们应对挫折与抗压的能力。通过社区教育增进城市居民和农民工的相互谅解和沟通互动，增强农民工的归属感，帮助他们更好地融入城市。

通过建立跨部门、跨机构的合作机制，一方面可以广泛动员社会力量参与新生代农民工教育培训，减轻财政压力；另一方面可以激发所有主体的活力，确保新生代农民工教育培训工作有序开展。最重要的一点是，可以全面提升新生代农民工的人力资本，为实现我国产业结构转型升级提供高素质的技能型人才。在这种合作机制中，国家、市场、社区、家庭和个人等主体之间始终要秉持和贯彻"伙伴关系"原则，坚持"法治、以人为本、民主协商与双向互动、多元与包容、积极参与"的社会治理理念，改变新生代农民工教育培训工作过于依赖政府、企业或农民工个人中任何一方的单一主体局面。各利益相关者基于"提升他们的人力资本，实现人力资本强国的战略"这一共同目标，依法开展合作，相互监督，并在地位上相对独立，防止出现控制和被控制、操纵和被操纵的局面；各主体通过民主协商与对话交换信息和资源，构建良性互动的合作关系。

5.3.4 进一步完善普通教育和职业教育培训间的衔接机制，打通专业理论学习和从业资格间的通道

我国推进教育制度改革，要在促进教育公平的同时，进一步完善普通教育和职业教育培训之间的衔接机制，打通专业理论学习和从业资格之间的通道，改变普通教育和职业教育相互割裂的状况，改变农民工乃至大学生动手能力低、职业技能欠缺的状态。西方各个国家的普通教育和职业教育衔接机制相对完善，在专业理论学习和从业资格之间建立了制度化的通

道。美国的职业教育培训与普通教育是直接采取课程或大纲衔接模式，在中小学教育阶段就将普通教育与职业训练衔接起来，在高中教育阶段增设高中后技术课程，提前与职业教育对接，并打通了中职教育与高职教育，由社区学院与中学一道共同完成具体衔接工作。英国教育也是实行初、中、高三个教育层次彼此衔接、职业技能培训与正规职业教育互补的教育模式。德国中学生中毕业后不进大学学习的学生要选择接受"双元制"职业教育与培训，培训合格后才有被雇用的机会。澳大利亚规定，学校教育、职业教育和高等教育不同层级间互相衔接、互认学分，便于学生实现层级转换。

目前新生代农民工受教育水平低、职业技能缺失，一是由于基础教育阶段的受教育权益没有得到有效保障；二是由于义务教育阶段的教学内容停留于对理论知识的学习层面，缺少与职业相关的教育和培训，高等教育同样面临这个问题。要改变这种动手能力差、职业技能欠缺的现状，必须进一步加强教育制度改革，从基础教育阶段开始，对学生进行全方位的培养和训练，尤其是我国应该结束文理分科、普通高中和职业高中分立的割裂状态。我国要借鉴国外经验，建立普通教育和职业教育相互衔接的机制，打通专业理论学习和从业资格之间的通道。在中小学教育阶段就将普通教育与职业训练挂钩，采取课程或大纲衔接模式，对中小学生进行全方位培养；设立高中技术课程，提前与职业教育对接，并打通职业教育和普通高等教育间的通道以及专业理论学习和从业资格间的通道，为我国培养更多既具备扎实理论功底，又有娴熟实操技能的高素质技能型人才。

5.3.5 科学定位新生代农民工教育培训目标，实现从培训内容到培训手段的创新

除了采取上述立法措施、完善机制以外，我国还必须科学定位新生代农民工教育培训的目标，并对培训内容和培训手段进行全方位创新，切实拓展培训内容，并将高科技手段融合到新生代农民工教育培训中。

长期以来，我国关于农民工教育培训政策与实践的目标定位不够科学，基本停留于就业技能培训的单一目标，只是为了协助农民工掌握一技之长，以实现在城市就业的目标。这种目标定位与中央提出的"十二五"

期间将 8000 多万农业转移人口转变为城镇居民，加快农业转移人口市民化进程的目标存在很大距离和差距，也与中央实施的"中国制造 2025"战略目标相违背，不利于我国从制造业大国向制造业强国转变。首先，新生代农民工市民化，不只是农民工能在城市找到工作、实现就业那么简单。市民化还是一个包含了他们价值观念的转变、生活方式与行为习惯的转变、公民意识和民主意识的养成、城市生活能力与适应能力的提升、社会治理参与能力的提升等全方位的过程。同时，也是他们重建城市归属感，在身份认同、消费模式等各方面融入城市的过程。其次，我国产业结构的转型升级和"中国制造 2025"战略的顺利实施，依赖于劳动者较高的素质和岗位技能。这些仅凭"就业技能培训"是很难实现的。

国外的教育培训始终关注人的综合素质和能力的养成，致力于提升劳动者的人力资本。培训内容覆盖了识字、算术、举止仪容、口头和书面表达、沟通与交流、生活技能、工作面试技巧辅导、咨询辅导、自选技艺活动、休闲娱乐、野营、远足等。整个培训工程是个全方位的系统培训工程。整个培训系统的工作领域包括：从价值观培养、知识传授到技能与能力的提升，从自信心的提升到集体认同感的养成，从个人生活知识与技能的传授到生产管理、投资策略的培养和创业能力、领导能力及团队合作能力的提升，等等。培训主体既为劳动者提供基础理论与知识学习机会，也为他们开展文化素养教育，同时为他们提供各种技能与能力的训练机会和服务项目。可是，我国颁布的各种农民工培训政策和法规，目标定位很低。培训重点是对农民工开展各种技能培训。虽然后来的政策中加入了"引导性培训"，但是，在各地的农民工培训实际工作中，无论是政府的订单式培训或者政府举办的其他培训，还是市场上各种培训，基本都定位于技能培训。重点培训内容是政策规定的家政服务、餐饮、酒店、保健、建筑、制造等行业的职业技能。而且，我们的培训手段主要偏重于传统的授课或远程培训或实际操作，不够多样化，对现代高科技手段的运用并不充分。

为此，我国要科学定位新生代农民工教育培训目标，实现从培训内容到培训手段的创新。要实现这些创新，必须重点做好以下三方面的工作。

首先是从新生代农民工市民化和实施"中国制造 2025"战略的高度确定新生代农民工教育培训目标。破除单纯的就业技能培训观念，从法律政策层面拓宽新生代农民工教育培训的领域和内容，着眼于新生代农民工的综合素质提高和人力资本提升来制定各种法律法规和政策。同时，在实际培训工作中，要制定更为科学的考核标准，对培训内容进行考核。新时代农民工培训内容必须强调技能培训和人文素养的有机结合。除了就业技能培训外，还需要增加其他各种有利于新生代农民工综合素质和人力资本提升的知识和内容。比如，健康知识、婚恋和生育知识、性知识及性病防治知识、法律政策与权益维护知识、公民素养知识、民主意识与参与意识、协商谈判技巧、金融知识、风险理财与防范知识、保险意识、安全知识、人际交往技能以及抗逆力知识等。通过培训，协助新生代农民工成为具有现代城市公民素养和技能、满足我国产业发展要求的新时代新型高技能人才，而不仅仅是居住和工作于城市的居民，甚至是社会福利的依赖者。

其次是要扩大新生代农民工教育培训的对象范围。新生代农民工教育培训工程不仅是对新生代农民工个人进行教育和培训，更是一个使全社会接受教育和培训的工程。尤其重要的是，要对各级政府部门的领导以及行政人员、用人单位领导和员工以及城市居民开展大规模的教育培训。我国政府应该充分运用电视台、广播等传统媒体和新媒体，推广新生代农民工教育培训工程。新生代农民工教育培训工程，既包括新生代农民工教育培训政策的制定和宣传，又包括政策执行和评估，还包括对全社会开展关于新生代农民工的巨大贡献和时代价值的宣传和教育。要充分运用各种手段，对各级政府、各个阶层的民众开展关于新生代农民工教育培训政策的宣传和教育，让全体官员和全国人民充分认识到新生代农民工教育培训的紧迫性及其对我国产业结构转型升级与"中国制造2025"战略实施的重大意义。同时，由社会工作者组成的各类社会服务机构和力量在为新生代农民工提供专业服务的同时，还要运用社区工作手法和专业服务技能，广泛开展社区教育和社区服务，让城市居民加深对新生代农民工以及相关教育培训工作的认识，让城市居民认识到，新生代农民工和他们一样享有平等的公民权、人格尊严和合法的利益诉求，改变城市居民对农民工的刻板印象，并自觉营造有利于新生代农民工生活和工作的友善环境，共同为和谐社会建设乃至中华民族的伟大复兴贡献自己的力量。

最后是创新新生代农民工教育培训的形式和手段。在即将迈入万物互联的互联网时代之际，随着各种互联网技术发展、人工智能的快速进步，尤其是 5G 技术的运用，我们要积极主动创新新生代农民工教育培训手段和形式，积极拥抱新技术，把新技术融入新生代农民工教育培训工作中。具体而言，政府可以通过各种互联网新技术手段，把包括新生代农民工教育培训政策在内的所有社会政策以及相关数据信息及时向全社会公开和开放，各级学校、教育培训机构包括社会工作服务机构等都可以将相关的教育培训政策和内容制作成新生代农民工乐于接受、更具吸引力、获取更便捷的视频、图像、文字等，通过互联网、移动互联网平台，以微信、微博等新媒体手段与载体进行传播，打造包含文字、声音、图像的多元、立体化的培训空间。为新生代农民工以及社会公民提供 24 小时不间断、全天候的播放与更新服务，方便新生代农民工随时获取、学习和传播，也便于全社会积极参与到新生代农民工的教育培训工作中，同时有利于全社会学习，对于建设终身学习型社会同样具有重要意义。

5.3.6　加快城乡一体化社会保障体系的建设步伐，为新生代农民工人力资本提升提供法律保障

人的身心健康，是人力资本的重要内容；医疗卫生保健支出，是极其重要的人力资本投资形式。人力资本理论告诉我们，人力资本是人的文化知识、科学技术、技能和能力、身心健康和寿命等各种因素的总和。除了通过学校教育、培训投资人力资本以外，在劳动力迁移和医疗保健等方面的支出也是极其重要的人力资本投资形式。新生代农民工教育培训，不仅是工作技能的培训，也是人文素养的提升，关键的一点是人力资本的提升。提升新生代农民工人力资本，不仅要开展教育培训投资，也要积极开展对新生代农民工的医疗保健、住房、养老等方面的社会政策投资，这是至关重要的人力资本投资方式和途径。因为对新生代农民工的健康等领域的投资，不仅能提高他们的劳动生产率，同时有助于他们获得更多的就业机会，还能提升他们的就业质量，对社会经济发展起到基础性作用。进一步加快城乡一体化社会保障制度建设，把新生代农民工全面纳入养老保障、医疗保障、失业保障等各种政策体系中，加强对新生代农民工的劳动时间、生产安全、劳动保护、职业病防治等方面的法律保护，强化用工单

位对劳动者的权益保护意识和保护责任；加大对新生代农民工工作场所的监管力度，改善劳动保护设施、生产生活条件；规范企业用工行为，合理控制劳动时间，保障农民工健康权益；完善新生代农民工医疗卫生服务政策体系，通过开展讲座、发放健康宣传资料、提供健康娱乐服务等途径，维护新生代农民工的身心健康，提高其健康意识和维权意识等。城乡一体化社会保障制度建设，要本着公平、公开的原则，向新生代农民工平等地提供公共服务。

由于缺少社会福利和社会保障政策的保护，加上专业化服务和支持的缺失，新生代农民工完全暴露于市场风险之中，他们的医疗、住房、养老等各种权益没法落实，身心健康遭受不同程度的损害，出现严重的生理和心理健康问题。处于原子化状态的新生代农民工由于长期漂泊流动，缺少集体意识和行动可能性，缺乏构建稳定社会生活的能力（黄斌欢，2014），在心理压力过载的时候极易出现危害自身或他人的行为。要避免富士康员工"十二连跳"悲剧的发生，加快城乡一体化社会保障体系的建设步伐是势在必行的工作重点。在缺少社会保障政策的保护、劳资双方地位不平等的情况下，新生代农民工的利益诉求、人格尊严和心理健康等正当权益得不到有效保护，持续的绝望、心理困扰等压力无法得到疏解时，极易引发自杀等一系列过激行为。

截至目前，在相当长的时期内，我国新生代农民工是一个未完成市民化的半无产阶级群体，他们处在一种既不属于农村，也不属于城市的"夹心层"状态。农村对新生代农民工而言，只是一个与他们的农民身份有联系的特殊载体。他们当中有的人即使有田地，也从来没有务农经验，对于如何干农活一窍不通。在我国农村，土地使用政策一直遵循的是"增人不增地，减人不减地""三十年不变"的原则，十九大提出农村土地承包政策再续"三十年"，这对于保持农村土地承包政策稳定有着极为重要的意义。但是，对于超计划外生育的"80后"和"90后"新生代农民工而言，他们在相当长的时期内无法享有农村的任何公共资源和财产。对于他们而言，农村除了是自己的出生地和户籍所在地以外，没有任何实际意义，他们回不去也不愿意回去；而城市由于原有的社会福利政策的制度路径依赖和惯性使然，加上许多地方城市政府以"会增加城市公共负担和资源压力"为借口，拒绝为新生代农民工提供公共服务。这种行为明显违反了《中华人民共和国宪法》，而且是极大的社会不公平。新生代农民工已经是我国城市经济社会发展的巨大推动力与重要的生产力。改革开放四十多年的巨大成就的取得，包括新生代农民工在内的农民工群体的作用是举足轻重和不可或缺的，他们的贡献是巨大的。然而，近年来，尽管中央投入大量政策资源努力改善农民工的待遇，为他们提供权益保护，但是，新老生代农民工面临的"经济性接纳、社会性排斥"的局面并未得到扭转。这种状况的持续存在，既违背了社会公平正义，也损害了农民工的身心健康，不利于他们的人力资本的提升。

正因如此，2017 年，习近平总书记在党的十九大报告中强调，我国"按照兜底线、织密网、建机制的要求，全面建成覆盖全民、城乡统筹、权责清晰、保障适度、可持续的多层次社会保障体系。全面实施全民参保计划。完善城镇职工基本养老保险和城乡居民基本养老保险制度，尽快实现养老保险全国统筹。完善统一的城乡居民基本医疗保险制度和大病保险制度。完善失业、工伤保险制度。建立全国统一的社会保险公共服务平台"。在 2018 年 12 月 19 日至 21 日的中央经济工作会议上，习近平总书记在总结 2018 年经济工作、部署 2019 年经济工作时强调，"社会政策要强化兜底保障功能，实施就业优先政策"，"要全面正确把握宏观政策、结构性政策、社会政策取向"，"要深化社会保障制度改革，在加快省级统筹的基础上推进养老保险全国统筹，把更多救命救急的好药纳入医保"（新华网，2018）。长期以来，中央政府陆续出台了一系列保护农民工权益的法律法规和落实农民工权益保护的政策措施，但是，由于体制机制问题的存在，有关农民工的社会政策和社会保障政策没有得到很好的执行和落实，这也是中央反复强调要深入推进我国社会保障体制改革、统筹推进城乡一体化社会保障制度体系建设、建立可持续发展的多层次社会保障体系的原因。

总之，通过完善立法，确定政府、企业与各个主体的责任，健全保障机制，强化监督管理，创新培训形式和内容，构建由政府、市场企业、高校、社区、家庭和个人组成的责任共担、协同共治的全方位、多层次的新生代农民工教育福利治理体系，打造以政府和企业为主体、市场组织为补充、社区为依托、民间社会为辅助、家庭为归宿、专业团体为服务主力的多主体参与、相互补充的农民工教育培训服务网络，是提升我国新生代农民工人力资本、加快农业转移人口市民化进程、加速我国产业结构转型升级、实施"中国制造 2025"战略和实现中华民族伟大复兴的重要战略举措之一，也是当下和未来亟须开展的重点工程之一。唯有如此，才能为我国实现由制造业大国向制造业强国的转变提供高素质的劳动力和技能型人才。

第六章 结 语

新生代农民工是我国新兴产业工人的重要组成部分，也是我国制造业劳动力的主体。他们的受教育程度、培训状况以及身心健康，事关我国经济社会发展大局。新生代农民工教育培训政策体系的构建和完善，是一项需要各级政府通力合作、多主体参与的系统工程。既要在法律上做好定位，也要在政策上做好具体安排，更要通过健全专业服务体系，彻底改变新生代农民工的"经济接纳、社会排斥"的边缘化处境，这样才能为经济社会发展提供所需的技能型劳动力。

6.1 结 论

综合国内外研究成果以及本研究的调查分析可以得知，各个发达国家在农民和农村转移劳动力、失业群体以及高中毕业青年培训方面的措施多元，归纳起来有七个方面：一是重视教育基础培训立法，实施城乡一体化的教育培训制度；二是成立专门的国家机构或部门，强制实施国家标准和职业资格认证制度；三是建立了合理的教育培训经费分担与保障机制；四是构建了完善的跨部门、跨机构合作机制，形成了多元共治的教育培训政策体系；五是重视农民及农村转移劳动力的综合培训和终身学习；六是建立了普通教育和职业训练的衔接机制，打通了专业学习与从业资格通道；七是规定了丰富的教育培训内容，培训形式各具特色、新颖独到。不足之处在于，有的国家的培训项目存在效率低、不能完全符合企业需要等问题；有的国家由于福利措施太好，民众的积极性受到很大程度的影响。我国已有的新生代农民工培训主要有富平模式、北大平民学校模式、温州订单模式、广东"圆梦计划"、大学成人教育学院模式、街道成人学校模式和市场模式等，这些培训模式充分发挥了提升农民工就业技能的功能，在农民工增收、企业用工方面发挥了积极的作用。但是，每种模式都有自身的优缺点，主要表现在以下几个方面。

第一，富平模式，是一种典型的民办公助的培训方式，是一种非营利性、市场化运作的公私（学校与农民工输出地政府）合作培训模式，是一种为贫困地区农村剩余劳动力提供的从培训到就业权益保障的一体化农民工就业培训模式，不失为一种有效的农民工教育培训模式。这种模式既减轻了政府负担，也发挥了民间力量，同时为农民工就业创造了条件和机会，不足之处在于其培训内容仅仅停留在家政和社区服务等比较低的层次上。

第二，北大平民学校是一种高校利用自身现有资源加志愿者的运作模式。这种模式一方面在提高农民工的基本技能，重塑农民工自信，提高他们的归属感、自我认同、爱岗敬业、社会交往以及社区参与能力等方面发挥了积极作用；另一方面扫除了农民工的工作时间冲突、培训费用无力支付、信息不对称等各种培训障碍。在最大限度地满足农民工的综合培训需求的同时，又最大限度地为农民工和培训方节约了成本，充分弥补了农民工教育培训方面的市场失灵和政府失灵。不足之处在于，单位举办的培训受众面窄，而且面对的都是已经在岗工作的，单位以外正在找工作的农民工无缘享受这种福利性培训。

第三，温州订单模式是一种政府、职业学校与企业三方签订培训合同的三方合作模式。该模式符合企业和农民工的需要，实现了农民工培训与就业的"无缝对接"，既为政府、农民工减轻了负担，也为企业减少了招募与培训成本。但是，这种模式存在规模小、受众面窄的问题，而且也未形成制度化、常态化的模式。

第四，广东"圆梦计划"是一种由政府、社会团体、高校等多主体参与的新生代农民工教育培训合作模式。这种模式为新生代农民工提供了价格低廉、实用的培训，取得了巨大的成功。该模式在减轻政府的财政压力，激发各个主体的活力的同时，为广东省培养了大批急需人才，为"广东制造"升级为"广东创造"提供了智力保障，也为新生代农民工提供了均等的接受高等教育的机会，实现了教育服务的均等化；有利于促进新生代农民工的社会融入，加速他们的城市化进程；更为重要的是，培养了一批党在新兴产业工人中的可依靠力量。但是，这种模式仅限于广东省境内，还有待进一步推广，而且其长远效果也有待继续观察。

第五，大学成人教育学院模式是一种利用高校自身优势针对新生代农民工的培训模式。该模式能满足部分有支付能力的农民工需要。但是，这些培训是带有营利性的教育培训，成为一些高校创收和赢利的手段，加重了农民工的负担，导致低收入的农民工无法参与培训。

第六，街道成人学校模式是指政府举办或资助的培训机构，在社区或厂区为新生代农民工提供就近培训或者上门培训的一种模式。这种模式对实现农民工增收发挥了关键性作用。但是，访谈发现，这种模式存在收费贵、歧视外来农民工的问题。调查得知，所有政府出资的培训项目，局限于本地户口的居民，不对外来人口开放，关于学校的运行费用，除了政府拨款外，主要由学员的学费构成。这种模式虽然在农民工积分入户和技能提升方面发挥了积极的作用，但人为地造成了新的社会不公平，而且影响低收入农民工的参与。

第七，社会培训机构是一种纯市场的培训模式。这种模式为农民工提升技能和学历提供了一种可选择的途径，也为深圳的发展提供了所需的技能型劳动力。但是，市场培训费用昂贵，新生代农民工通常需要耗费三到五年甚至更长时间的积蓄才能承担起培训费用，而且得不到政府的政策补贴。该模式既降低了农民工实际培训的参与率，也造成了社会不公平问题，有的机构甚至还存在打着"培训幌子"套取国家资金、牟取私利的违法犯罪行为。

相比较而言，广东的"圆梦计划"更具有可推广性。这种政府、社会团体、高校等多主体协同参与的多元合作机制，既解决了新生代农民工技能短缺、培训支付能力低等问题，也减轻了政府财政负担，同时充分利用了高校优势资源和社会资源，而且在学习时间和方式上有制度化的保障，培训质量可靠，农民工省心、企业放心，最大限度地实现了教育公共服务均等化。其中不足之处是，对于地方财力有限的省份来说，难以维持这种模式，而且受招生指标的限制，高校可利用的资源有限。可以考虑增加中央的适当投入，以专项拨款、税收减免等方式履行中央财政的职责，对高校专门给予招生名额支持和政策优惠，同时在法律上允许地方通过集资、成立基金等各种方式获得培训经费。上述模式各有利弊，其中一个共同的缺点在于，没有体现中央政府的主导责任。因为农民工等劳动力的培训是一项全国性的系统工程，是事关国家经济社会发展、产业结构转型升级以及制造业强国战略实施的重大社会课题。在这项重大社会课题中，中央政府以及各级政府的主体责任是不能忽略的。

　　研究发现，新生代农民工教育和培训问题归纳起来有三点。第一，教育缺失问题。主要表现在两个方面，一是受教育程度低，他们的教育福利权益没有得到充分的保护；二是受教育机会缺失，他们的人力资本存量不足。第二，新生代农民工培训问题严重。主要有七个方面：一是没有接受培训的比例高，培训严重不足；二是培训目标定位存在偏差，局限于单一的就业技能培训，综合素质难以提高；三是政府作为培训责任主体的责任错位和缺位，难以保障农民工的教育培训权益；四是教育培训费用个人负担太多、太贵，新生代农民工的实际培训率低；五是培训市场不规范、效果不佳，难以满足新生代农民工的教育培训需要；六是培训效果不尽如人意，影响新生代农民工的培训参与度和积极性；七是参加培训的积极性低，实际培训率低，影响人力资本的提升。第三，新生代农民工教育培训缺失引发了五个方面的问题。一是签订劳动合同比例偏低，缺少法律保护；二是工作稳定性差，工作更换频繁；三是普遍受教育水平低，对工作状况普遍不满意；四是收入偏低，对收入状况普遍不满意；五是新生代农民工身心健康问题突出，农民工人力资本缺失状况进一步恶化。造成这些问题的原因主要有：一是缺乏可操作性的基础教育立法，难以确保新生代农民工享受基础教育阶段的教育福利；二是各教育福利主体的法律责任不明晰，新生代农民工教育福利权益无法实现；三是教育投入不足以及城市偏好和向高等教育倾斜的投入机制，直接造成新生代农民工受教育水平低下的局面；四是新生代农民工职业教育培训政策体系不健全，侵害了他们接受继续教育的权益。培训体系不健全包括五个方面：第一，负责农民工培训的专门国家实体机构缺失，缺乏统一的职业培训质量标准体系；第二，科学合理的经费投入分担机制未建立，缺乏有效的资金保障机制；第三，跨部门、跨领域的合作机制未健全，缺乏农民工培训工作的协同机制；第四，普通教育和职业训练的有效衔接机制尚未建立，缺乏终身学习的社会氛围。第五，教育培训政策宣传力度不够，政策及其实践目标定位存在偏差，缺乏全面提升农民工综合素质的意识。

要解决新生代农民工人力资本不足的问题，应做好以下三个方面的工作。

一是高度重视新生代农民工培训的必要性。构建新生代农民工教育培训政策体系的必要性在于：第一，构建新生代农民工教育培训政策体系是提升新生代农民工人力资本的需要；第二，构建新生代农民工教育培训政策体系是创新我国教育培训政策，实行发展型政策的内在要求；第三，构建新生代农民工教育培训政策体系是加强和创新社会治理、推进国家治理体系和治理能力现代化的迫切需要。原因有以下几点。第一，构建新生代农民工教育培训政策体系是我国社会治理现代化建设的重要内容；第二，社会治理政策实践的重点在于为包括新生代农民工在内的广大人民群众提供社会保护；第三，构建新生代农民工教育培训政策体系是达至社会治理"善治"目标的举措；第四，构建新生代农民工教育培训政策体系是新生代农民工社会治理参与能力提升的重要手段和具体环节；第五，构建新生代农民工教育培训政策体系是我国推进国家治理体系与治理能力现代化建设的内在要求。

二是借鉴国际有益经验，建立、健全我国新生代农民工教育培训政策体系。国外可资借鉴的经验分七个方面：第一，重视教育基础培训立法，实行城乡一体化的教育培训制度；第二，成立了专门的国家机构或部门，强制实行国家标准和职业资格认证制度；第三，建立了合理的教育培训经费分担与保障机制；第四，构建了完善的跨部门、跨机构合作机制，形成了多元共治的教育培训政策体系；第五，重视农民及农村转移劳动力的综合培训及其终身学习；第六，建立了普通教育和职业训练的衔接机制，打通了专业学习与从业资格之间的通道；第七，规定了丰富的教育培训内容，培训形式各具特色、新颖独到。

三是必须做好六个方面的具体工作，构建起多主体参与、多元协同共治的新生代农民工教育培训政策体系。第一，要完善新生代农民工教育培训立法，为新生代农民工教育培训提供政策和法律保障。首先要通过完善立法，明确各个责任主体的义务和职责；其次要健全社会建设预算法，为新生代农民工教育培训提供资金保障；最后要建立和健全新生代农民工培训的监督管理机制，规范培训市场。第二，要建立专门的国家机构或部门，强制实行国家职业培训标准和职业准入制度。第三，要建立跨部门、跨机构合作机制，形成多主体参与、多元协同共治的新生代农民工教育培训政策体系。第四，要进一步完善普通教育和职业教育培训的衔接机制，打通专业理论学习和从业资格的通道。第五，要科学定位新生代农民工教育培训目标，实现从培训内容到培训手段的创新。第六，要加快城乡一体化社会保障体系的建设步伐，为新生代农民工人力资本的提升提供法律保障。

总而言之，新生代农民工面临受教育程度低、培训不足、健康状况堪忧和人力资本严重缺失等问题。这些问题一方面严重影响到新生代农民工自身的发展，影响到他们的市民化进程。这些问题的存在违背了社会公平和正义，忽视这些问题的存在，会导致社会不公平感和相对剥夺感的不断积压，轻则不利于新生代农民工自身健康发展，重则危及社会的稳定和有序运行。另一方面也对我国经济社会发展造成严重障碍，不利于我国产业结构转型升级以及"中国制造2025"战略的顺利实施，难以提高我国竞争力。必须站在"农民工市民化"和"产业结构转型升级"的战略高度，重新审视新生代农民工培训政策和实际工作。尽快建立多主体参与、多元协同共治的新生代农民工教育培训政策体系，既是提升新生代农民工人力资本的内在要求，也是创新我国教育培训政策、实施发展型政策的需要，更是加强和创新社会治理、推进国家治理体系和治理能力现代化的时代要求。

新生代农民工教育培训存在问题，是我国教育等社会福利领域推广"泛市场化"政策思路的结果。十八届三中全会开启的社会治理能力现代化历史进程，是我国新时期社会建设领域的革命性变革。各国的社会治理实践已经证明，现代社会治理能有效阻止和抵御市场自由主义思潮存在的个人工具主义、极端自由主义与无政府主义的急剧扩张（李友梅、肖瑛、黄晓春，2012），有助于人民突破个人工具主义的狭隘视野，共同关注社会公共事务，改变蔓延的"事不关己，高高挂起"的局面，改变公众社会责任缺失和社会参与不足的现状，推进政府与公众间的双向良性互动，促进社会公共事务的治理走上透明化、民主化的制度性建设轨道。建立多主体参与、多元协同共治的新生代农民工教育培训政策体系，是我国一项极为重要的社会公共事务，也是我国社会治理能力现代化建设的重要内容，既是对新生代农民工的制度性社会保护，也是社会治理达至"善治"目标的实施路径和重要体现；既是提升新生代农民工民主意识和社会治理参与意识、民主能力和社会治理参与能力的重要手段和环节，也是我国推进国家治理体系和治理能力现代化建设的时代要求和内在必然要求，更是确保新生代农民工行使民主权利，防止公共利益空间的部门化与碎片化，全面推进社会公平（李友梅、肖瑛、黄晓春，2012）的重要进路。西方的社会治理实践已经充分表明，受经济危机和福利危机引发的各种危机的影响，西方各国纷纷改革社会福利治理政策和治理方式，改变传统的消极福利政策模式，推行积极福利政策，社会福利治理实践与政策投放重点领域更多地转变为提升人们综合能力与各种抗风险能力，福利治理政策支出重点不再是简单地提供物质救助，而是转移到实施积极干预，将政策开支用于人们的教育和职业培训，用于为人们创造就业岗位和提供就业机会，用于鼓励风险投资与实施弹性工作制度等方面。教育培训被当作一种新型现代社会福利，也被当作极其重要的人力资本投资方式，更被当作生产力要素和有效的国际竞争手段。强化教育培训，能在改善个体福利和社会福利的同时，极大地提升国民经济的效率。教育培训投资，业已成为西方国家解决经济危机、福利危机等各种危机的重要国策与措施。西方国家甚至把高等教育也作为一种公共福利提供给社会成员。在社会治理理论的影响下，教育福利治理的责任主体从政府一元担责的局面转变为多主体参与、共同担责的局面，构建和完善多主体参与、多元协同共治的教育福利治理体系早已成为一大国际趋势。因此，构建和完善由政府、私营部门、高校、非营利组织（社区组织）、家庭和个人等多主体共同组成的责任共担、协同共治的全方位、多层次的新生代农民工教育福利治理体系，建成以政府和企业为主体、市场组织为补充、社区为依托、民间社会为辅助、家庭为归宿、专业团体为服务主力的多主体参与、相互补充的农民工教育培训服务网络，理应成为我国提升新生代农民工人力资本、满足他们市民化发展需要，助推我国产业结构升级和制造业强国战略实施的不二之选。

6.2　研究不足与展望

农民工教育培训问题是个系统工程，需要不断深化研究。科学技术的发展，尤其是我国提出要实施"中国制造2025"的战略，对农民工的身体素质、文化素质、公民意识等各个方面提出了全新的要求。农民工教育培训本身需要随着国家战略的变化而不断创新，未来的农民工教育培训研究，除了注重传统的教育研究以外，还需要关注新形势下的智能化、信息化发展趋势对农民工教育培训构成的挑战。

6.2.1　本研究的不足

本书研究调查的对象是前文所提的在9个省市工作的农民工，他们的受教育水平等固然受工作地政策的影响，但主要是户籍地教育政策使然。在本书研究中，没有从他们原户籍所在地角度展开变量分析和回归分析，没有把握好不同地区农民工的各种特征对他们在城市就业的影响。因此，本书研究遇到的问题主要有以下三个方面。

一是对我国一些教育培训模式个案未能进行后续跟踪研究。基于实证研究的需要，除了对现行农民工教育培训进行普遍意义上的考察外，后续研究计划增加对学界总结出的"富平模式""社区开放大学""在干中学""企业培训与开发""公共技能培训"等模式进行案例分析，期望能总结现有教育培训的典型案例、具体做法和经验教训。目前的问题是，未能就上述典型案例进行后续跟踪考察，访谈资料没有在分析中被充分地运用。因此，这些问题在一定程度上可能会对新生代农民工教育培训需求的全面把握、教育培训动力不足的成因以及教育培训政策实施可能面临的问题与挑战等方面的分析造成不利影响。

二是由于农民工的高度流动性，未能对被访谈新生代农民工开展后续跟踪研究。相对其他群体而言，新生代农民工是高流动性群体，本书研究未能对被访对象开展长期持续的观察和分析，难以有效把握对不同农民工个体造成影响的各种因素。这种状况在一定程度上可能会对政策建议的针对性产生或多或少的影响。

三是对国家以及农民工个人在健康等领域的人力资本投资资料搜集得不够，同时对农民工个人在人力资本投资差异方面的资料搜集得不够。新生代农民工的人力资本是通过投资凝聚在他们身上的体力、知识、技能和能力等综合素质的表现。理论上，新生代农民工的人力资本应当包含健康、时间和寿命等各种要素，但是，本研究在设计之初，未能把身心健康与寿命等要素纳入调查资料收集的范围。这一点是笔者在后续对调查资料分析的过程中逐渐意识到和发现的，有待在以后的研究中继续补充和完善。

四是新生代农民工教育培训是一个系统性复杂工程，提升新生代农民工的人力资本需要教育、医疗、社会保障、公共服务等各个领域的社会政策。虽然本研究集中分析了农民工的教育培训需求和意愿，对农民工教育培训的影响因素、教育培训意愿等各个变量间的关系做了较为系统的考察，同时对农民工教育培训政策有所涉及，但没有对医疗、社会保障、公共服务等展开专门、深入的实证考察和分析，对社会居民如何影响新生代农民工教育培训投入，以及对他们身心健康影响的机制等方面涉及较少。虽然一项研究不可能将所有与新生代农民工教育培训相关的领域都囊括在内，但也可能因资料搜集方面的局限而影响到研究结论的统计推论性。

6.2.2　研究展望

在未来的后续研究中，笔者将尝试从三个方面丰富新生代农民工教育培训政策体系的相关研究。

一是从新生代农民工原户籍所在地角度对来自不同省份、地区的新生代农民工展开变量分析和回归分析，以便更好地把握不同地区新生代农民工的各种特征对他们自身的影响。

二是需要对现有的一些模式，诸如"富平模式""社区开放大学""在干中学""企业培训与开发""公共技能培训"等进行个案追踪分析，期望能从中找到他们的成功经验和教训。同时，尝试对访谈的农民工等个体开展后期持续性追踪研究，更好地完善新生代农民工教育培训政策体系的构建思路。

　　三是增加对医疗、社会保障、公共服务等各个层面和教育培训政策相互影响的机制的研究。后续研究将以此为切入口，进行更深入的实证考察和分析，以丰富和完善本书的成果，并继续增加样本量，扩大研究容量，尽可能地保障研究结论的统计推论性。

参考文献

（一）中文专著

阿尔弗里德·马歇尔，1964，《经济学原理》（上卷），商务印书馆。

阿玛蒂亚·森，2002，《以自由看待发展》，任赜、于真译，中国人民大学出版社。

安东尼·哈尔、詹姆斯·梅志里，2006，《发展型社会政策》，罗敏、范酉庆等译，顾昕审校，社会科学文献出版社。

安东尼·吉登斯，2000，《第三条道路：社会民主主义的复兴》，郑戈译，北京大学出版社。

彼得·泰勒－顾柏，2010，《新风险 新福利：福利国家的转变》，张秀兰、马继森译，中国劳动社会保障出版社。

大卫·李嘉图，2005，《政治经济学及赋税原理》，周洁译，华夏出版社。

弗里德里希·李斯特，1961，《政治经济学的国民体系》，商务印书馆。

海贝勒、舒耕德，2009，《从群众到公民——中国的政治参与》，张文红译，中央编译出版社。

加里·S. 贝克尔，1987，《人力资本：特别是关于教育的理论与经验分析》，北京大学出版社。

金维刚、石秀印，2016，《中国农民工政策研究》，社会科学文献出版社。

莱昂·瓦尔拉斯，1989，《纯粹经济学要义》，商务印书馆。

黎煦、高文书，2010，《人力资本对进城农村劳动力职业流动影响的实证研究》，载文魁、杨宜勇、杨河清《中国人力资源和社会保障发展研究报告》，中国劳动社会保障出版社。

李明华，2011，《农民工高等教育需求、供给和认证制度研究》，中国言实
　　出版社。

李强，2004，《农民工与中国社会分层》，社会科学文献出版社。

林闽钢，2007，《社会政策：全球本地化视角的研究》，中国劳动社会保障
　　出版社。

马克思，1975，《资本论》（第 1 卷），人民出版社。

迈克尔·谢诺登，2005，《美国及世界各地的资产建设》，载高鉴国、展敏
　　《资产建设与社会发展》，社会科学文献出版社。

迈克尔·谢诺登，2005，《资产与穷人：一项新的美国福利政策》，高鉴国
　　译，北商务印书馆。

梅志里，2007，《发展型社会政策：理论和实践》，载张秀兰、徐月宾、梅
　　志里《中国发展型社会政策论纲》，中国劳动社会保障出版社。

彭丽荃，2011，《2010 年农民工监测报告》，载中华人民共和国统计局编
　　《2011 年中国发展报告》，中国统计出版社。

渠敬东，2001，《生活世界中的关系强度——农村外来人口的生活轨迹》，
　　载柯兰君、李汉林主编《都市里的村民——中国大城市的流动人口》，
　　中央编译出版社。

让·萨伊，1963，《政治经济学概论》，陈福生译，商务印书馆。

沈利生、朱运法，1999，《人力资本与经济增长分析》，社会科学文献出
　　版社。

舒尔茨，1990，《论人力资本投资》，吴珠华等译，北京经济学院出版社。

佟丽华，2008，《谁动了他们的权利：中国农民工权益保护研究报告》，法
　　律出版社。

吴波，2004，《现阶段中国社会阶级阶层分析》，清华大学出版社。

谢建社，2009，《风险社会视野下的农民工融入性教育》，社会科学文献出
　　版社。

徐道稳，2008，《迈向发展型社会政策·中国社会政策转型研究》，中国社
　　会科学出版社。

徐月宾，2007，《社会政策理论与实践》，中国劳动社会保障出版社。

雅各布·明塞尔，2001，《人力资本研究》，张凤林译，中国经济出版社。

亚当·斯密，2010，《国富论》，谢宗林译，中央编译出版社。

杨晓军，2011，《农民工就业技能培训模式研究》，中国社会科学出版社。

杨玉梅，2010，《农民工培训效果与就业能力提升》，载曾湘泉等《"双转型"背景下的就业能力提升战略研究》，中国人民大学出版社。

姚洋，2002，《自由，公正和制度变迁》，河南人民出版社。

银平均，2008，《社会排斥视角下的中国农村贫困》，知识产权出版社。

约翰·克莱顿·托马斯，2005，《公共决策中的公民参与》，孙柏英等译，中国人民大学出版社。

约翰·穆勒，1991，《政治经济学原理及其在社会哲学上的若干应用（上卷）》，赵荣潜、桑炳彦、朱泱译，商务印书馆。

张秀兰、徐月宾、梅志里，2007，《中国发展型社会政策论纲》，中国劳动社会保障出版社。

邹农俭，2009，《江苏农民工调查报告》，社会科学文献出版社。

（二）中文期刊文章

艾伦·沃克，2007，《21世纪的社会政策：最低标准，还是生活质量?》，《社会政策评论》第1期。

安雅丽、杨淑娥，2010，《新生代农民工教育需求分析》，《人民论坛》第11期。

白锦会，1987，《莫里尔法案在高等教育发展史中的地位》，《教育与经济》第4期。

白雪梅，2004，《教育与收入不平等：中国的经验研究》，《管理世界》第6期。

鲍威，2007，《继续教育对改变弱势群体边缘化地位的效用——北京大学平民学校的探索》，《北京大学教育评论》第3期。

鲍威、迟春霞、麻嘉玲，2018，《增能理论视角下进城务工人员的教育培训效用——北京大学平民学校的探索》，《教育学术月刊》第2期。

蔡禾、曹志刚，2009，《农民工的城市认同及其影响因素——来自珠三角的实证分析》，《中山大学学报》（社会科学版）第1期。

蔡禾、王进，2007，《"农民工"永久迁移意愿研究》，《社会学研究》第

6 期。

蔡雅洁，2013，《欧盟社会治理研究述评》，《欧洲研究》第 3 期。

曹成刚、杨正强，2014，《基于校企深度合作的新生代农民工教育培训探析》，《高等农业教育》第 1 期。

曹晓峰，2010，《新农村建设中农村人力资源资本化的效应与路径选择》，《农业现代化研究》第 5 期。

陈柏松、张斌，1993，《农民负担现状、成因及对策》，《农业经济问题》第 3 期。

陈斌开、张鹏飞、杨汝岱，2010，《政府教育投入、人力资本投资与中国城乡收入差距》，《管理世界》第 1 期。

陈成文、王修晓，2004，《人力资本、社会资本对城市农民工就业的影响》，《学海》第 6 期。

陈成文、曾永强，2009，《农民工子女教育的边缘化：一个资本分析的视角》，《学习与探索》第 6 期。

陈成文、赵杏梓，2014，《社会治理：一个概念的社会学考评及其意义》，《湖南师范大学社会科学学报》第 5 期。

陈甫英，2013，《构建多元化的新生代农民工职业教育策略体系——以浙江嘉兴为例》，《职教论坛》第 21 期。

陈洪连、杜婕，2011，《我国农民工培训政策的国际借鉴与本土构建》，《中国成人教育》第 19 期。

陈俭，2011，《中国农民负担的演变：1978—2010》，《华东经济管理》第 9 期。

陈俭、段艳，2010，《1978—2006 年中国农民负担问题研究》，《江汉论坛》第 1 期。

陈靖，2013，《青年农民工的城市交往与社会融合研究》，《边疆经济与文化》第 9 期。

陈鹏，2010，《我国农村义务教育福利存在的问题与对策》，《教学与管理》第 9 期。

陈鹏、林玲，2007，《中国义务教育法制百年历程之反思》，《陕西师范大学学报》（哲学社会科学版）第 2 期。

陈文江、杨延娜，2014，《西部农村地区贫困代际传递的社会学研究——以甘肃 M 县四个村为例》，《甘肃社会科学》第 4 期。

陈晓强，2008，《发展型社会政策与我国的社会政策构建》，《长白学刊》第 1 期。

程诚、边燕杰，2014，《社会资本与不平等的再生产——以农民工与城市职工的收入差距为例》，《社会》第 4 期。

程名望、王娜、史清华，2016，《语言对外来农民收入的影响——基于对上海外来农民工情况的调查》，《经济管理与研究》第 8 期。

褚添有，2017，《社会治理机制：概念界说及其框架构想》，《广西师范大学学报》（哲学社会科学版）第 2 期。

崔玉平、崔达美，2014，《进城务工人员教育培训的经济意义》，《集美大学学报》第 2 期。

戴香智、李建权，2010，《发展型社会政策视角下志愿者参与动机分析》，《理论探索》第 6 期。

邓文勇，2018，《人口产业结构变动趋势下的新生代农民工教育培训应对》，《现代教育管理》第 7 期。

调研组，2015，《韩国、日本义务教育学校标准化建设情况调研报告》，《教育研究》第 10 期。

丁福兴、周琴，2011，《师范生免费教育的价值取向与论争——发展型社会政策的视角》，《教育学术月刊》第 4 期。

丁静，2015，《新生代农民工的困境及破解之策》，《中国劳动关系学院学报》第 3 期。

丁小浩，2009，《基于制度创新实现的帕累托改进——北大平民学校模式的效率机制分析》，《北京大学教育评论》第 4 期。

丁小浩、岳昌君、鲍威，2009，《进城务工人员的职业价值观培训》，《中国职业技术教育》第 21 期。

杜永红、李鑫，2012，《城市融入视角下的新生代农民工培训：问题与对策》，《职教论坛》第 18 期。

段钢，2003，《人力资本理论研究综述》，《中国人才》第 5 期。

段云华，2013，《美国义务教育均衡的财政变革及启示》，《湖北大学学报》

（哲学社会科学版）第 4 期。

樊艳华、袁建华、史正，2014，《论我国未来人口与可持续发展》，《科学决策》第 3 期。

范安平，2013，《发达国家城镇化进程中"农民工"职业教育的经验及借鉴》，《河北师范大学学报》（教育科学版）第 7 期。

范明慧，2017，《美国帕金斯职业教育法案Ⅳ修订与颁布的背景》，《教育现代化》第 30 期。

范铁中，2007，《西方国家治理理论对我国构建和谐社会的启示》，《理论前沿》第 13 期。

范先佐，2003，《我国基础教育财政体制改革的回顾与反思》，《华中师范大学学报》（人文社会科学版）第 5 期。

范仲文，2006，《农民工培训中的难点问题》，《农村经济》第 10 期。

方巍，2009，《社会福利发展策略的创新与偏颇：关于发展型社会政策的评论》，《浙江工业大学学报》第 4 期。

房宁，2015，《国外社会治理经验值得借鉴》，《红旗文稿》第 2 期。

冯莉、安宇，2011，《新媒体时代新生代农民工培训问题研究》，《安徽农业科学》第 36 期。

俸卫东，2006，《农民工艾滋病流行现状及防制策略》，《疾病控制杂志》第 5 期。

付书辉，2015，《法国政府积极帮助辍学青少年重返校园》，《世界教育信息》第 16 期。

甘满堂，2001，《城市农民工与转型期中国社会的三元结构》，《福州大学学报》（哲学社会科学版）第 4 期。

高洪贵，2013，《风险社会视野下新生代农民工教育培训的政府责任探析》，《现代远距离教育》第 3 期。

高山艳，2013，《新生代农民工职业培训的困境及制度障碍分析——基于河南省四市的调查》，《职业技术教育》第 28 期。

高廷建，1986，《电子技术参与学校管理——美用电脑电话控制逃学》，《比较教育研究》第 6 期。

高益民、张宏理，2010，《2000 年以来欧盟终身学习政策述评》，《比较教育研究》第 3 期。

葛大汇，2003，《分流与证书资格入学——德国基础教育考察分析》，《上海教育科研》第 6 期。

葛道顺，2007，《镶嵌、自主与弱势群体的社会资本重建》，《社会政策评论》第 1 期。

宫黎明，2017，《新生代农民工心理健康状况及心理健康服务需求调查——以安徽省巢湖市为例》，《长江大学学报》（自然科学版）第 20 期。

顾婷婷、杨德才，2014，《马克思人力资本理论刍议》，《当代经济研究》第 8 期。

关信平，2002，《社会政策发展的国际趋势及我国社会政策的转型》，《江海学刊》第 4 期。

关信平，2005，《现阶段我国农村劳动力转移就业背景下社会政策的主要议题及模式选择》，《江苏社会科学》第 5 期。

关信平，2008，《农民工参与城镇社会保障问题：需要、制度及社会基础》，《教学与研究》第 1 期。

关信平，2010，《社会工作介入农民工服务：需要、内容及主要领域》，《学习与实践》第 4 期。

关信平，2017，《当前我国社会政策的目标及总体福利水平分析》，《中国社会科学》第 6 期。

关信平、刘建娥，2009，《我国农民工社区融入的问题与政策研究》，《人口与经济研究》第 3 期。

官华平、谌新民，2011，《珠三角产业升级与人力资本相互影响机制分析：基于东莞的微观证据》，《华南师范大学学报》（社会科学版）第 5 期。

管仕火，2005，《农村教育收费面临新的问题及对策》，《价格月刊》第 2 期。

郭玲，2016，《公共文化教育资源视角下的新生代农民工教育问题研究》，《中国成人教育》第 15 期。

郭庆旺、贾俊雪，2009，《公共教育政策、经济增长与人力资本溢价》，《经济研究》第 10 期。

郭维家、蒋晓平、雷洪，2008，《社会资本与新生代农民工市民化——对成都市两个新生代农民工的个案分析》，《青年研究》第 2 期。

郭晓鸣，1994，《农民负担：现状 问题 对策》，《农业经济》第 9 期。

郭星华、才凤伟，2012，《新生代农民工的社会交往与精神健康——基于
北京和珠三角地区调查数据的实证分析》，《甘肃社会科学》第 4 期。

郭玉辉，2010，《美国辍学青年教育救助项目及启示》，《中国成人教育》
第 5 期。

郭元凯，2016，《全人教育理念下新生代农民工职业教育的发展路径》，《中
国职业技术教育》第 25 期。

郭媛萌、赵丹，2016，《新生代农民工职业培训的现实困境及对策——非
正规部门的理论视角》，《成人教育》第 12 期。

韩俊强，2013，《农民工住房与城市融合——来自武汉市的调查》，《中国
人口科学》第 2 期。

韩余、张旭东、崔永红，2013，《高校在新生代农民工教育培训中的作用、
模式与路径——以承德地区高校为例》，《中国成人教育》第 2 期。

何腊柏，2006，《构建农民工培训体系的几个重要环节》，《中国人力资源
开发》第 3 期。

何瑞鑫、傅慧芳，2005，《新生代农民工的价值观变迁》，《青年探索》第
6 期。

何伟强，2016，《英国福利国家现代化进程中的教育福利政策变革研究》，
《比较教育研究》第 9 期。

何亦名，2014，《成长效用视角下新生代农民工的人力资本投资行为研
究》，《中国人口科学》第 4 期。

和红、任迪，2014，《新生代农民工健康融入状况及影响因素研究》，《人
口研究》第 6 期。

和红、智欣，2013，《新生代农民工健康知识与健康行为调查》，《中国健
康教育》第 10 期。

和学新、刘瑞婷，2016，《新世纪以来澳大利亚基础教育课程改革及其启
示》，《当代教育与文化》第 1 期。

和震、李晨，2013，《破解新生代农民工高培训意愿与低培训率的困局》，
《教育研究》第 2 期。

贺雪峰，2009，《农民外出务工的逻辑与中国的城市化道路》，《中国农村观察》第 2 期。

侯晓娜、魏红梅，2013，《美国人力发展培训计划对中国新生代农民工教育培训的启示》，《世界农业》第 8 期。

侯宜辰、孔垂海，2014，《论运用微博课堂开展新生代农民工教育培训的可行性和基本思路》，《经济师》第 5 期。

胡伯特·埃特尔、喻恺，2009，《欧盟的教育与培训政策：五十年发展综述》，《教育学报》第 1 期。

胡国勇，2015，《日本义务教育均衡发展的法制保障——以东京都为例》，《外国中小学教育》第 10 期。

胡劲松，2018，《德国义务教育立法：主体、内容及其特征——基于各州法律的文本分析》，《华东师范大学学报》（教育科学版）第 6 期。

胡俊波、何飞、周俊，2012，《基于配对样本非参数检验的农民工培训需求代际比较研究——来自四川省 1135 个样本》，《农村经济》第 10 期。

胡瑞文，2007，《影响我国教育公平与质量提升的教育经费缺口分析》，《教育发展研究》第 21 期。

胡秀俊，2011，《农民工培训有效供给不足的原因与对策研究》，《求索》第 7 期。

黄斌欢，2014，《双重脱嵌与新生代农民工的阶级形成》，《社会学研究》第 2 期。

黄乾，2008，《农民工培训需求影响因素的实证研究》，《财贸研究》第 4 期。

黄文琳，2018，《社会治理与新生代农民工教育福利研究》，《社会福利》（理论版）第 7 期。

黄晓梅，2009，《我国农民工教育培训存在的问题及解决对策探析》，《湖北社会科学》第 10 期。

黄晓赟、马建富，2010，《基于新生代农民工需求的职业教育与培训体系构建研究》，《职业技术教育》第 34 期。

黄叶青、彭华民，2010，《迁移与排斥：德国移民政策模式探析》，《欧洲研究》第 5 期。

惠宁、霍丽，2008，《试论人力资本理论的形成和发展》，《江西社会科学》

第 3 期。

霍玉文，2012，《新生代农民工培训的障碍因素分析及对策探究》，《河北师范大学学报》（教育科学版）第 3 期。

嵇绍乾，2011，《社会政策的新范式：从规范性社会政策到发展型社会政策》，《社会工作》第 4 期。

江波等，2009，《加强西安市农民工社会融合的对策研究》，《西北大学学报》第 6 期。

江立华，2003，《城市性与农民工的城市适应》，《社会科学研究》第 5 期。

江立华，2006，《保障农民工权益的外部环境及其构建》，《华中师范大学学报》（人文社会科学版）第 6 期。

江立华、谷良玉，2013，《居住空间类型与农民工的城市融合途径——基于空间视角的探讨》，《社会科学研究》第 6 期。

姜大源，2013，《德国"双元制"职业教育再解读》，《中国职业技术教育》第 33 期。

姜晓萍，2014，《国家治理现代化进程中的社会治理体制创新》，《中国行政管理》第 2 期。

姜鑫磊，2014，《河北省新生代农民工职业培训问题研究》，《人力资源管理》第 2 期。

姜亚丽、王晓明、顾子贝、韩杰英、高莹莹、黄复捡，2014，《山东省新生代农民工心理健康状况》，《中国健康心理学杂志》第 8 期。

接栋正，2013，《从"同城同待遇"到"同城同待遇指数"——中国的三元社会结构与人口城镇化政策》，《浙江学刊》第 3 期。

金崇芳，2011，《农民工人力资本与城市融入的实证分析》，《资源科学》第 11 期。

金晓彤、崔宏静，2013，《新生代农民工社会认同构建与炫耀性消费的悖反性思考》，《社会科学研究》第 4 期。

金晓彤、崔宏静，2015，《新生代农民工教育型文化消费探析：社会认同构建的路径选择》，《吉林大学社会科学学报》第 1 期。

金晓彤、李杨，2014，《新生代农民工职业培训研究述评》，《中国人力资源开发》第 19 期。

康红梅、杨文健，2011，《新生代农民工职业培训的网络模式研究》，《成人教育》第 11 期。

孔冬、陈艾华，2013，《农民工培训效果实证分析——基于浙江省农民工培训效果的调查》，《社会科学战线》第 10 期。

匡亚林、马健，2012，《新生代农民工职业培训的实证研究——以重庆市为例》，《云南行政学院学报》第 5 期。

雷桂安，2001，《农村教育收费新的"三乱"现象不容忽视》，《中国物价》第 4 期。

雷万鹏，2013，《新生代农民工子女教育调查与思考》，《华中师范大学学报》（人文社会科学版）第 5 期。

李彬、纪伟，2016，《吉林省新生代农民工心理健康状况及影响因素分析》，《中国农村卫生事业管理》第 36 期。

李春玲，2008，《试论新加坡高等职业技术教育的特色及启示》，《教育与职业》第 9 期。

李飞、钟涨宝，2017，《人力资本、阶层地位、身份认同与农民工永久迁移意愿》，《人口研究》第 6 期。

李广，2007，《日本基础教育的现实困境、改革方向与质量保证体系构建》，《外国教育研究》第 9 期。

李桂荣、李向辉，2017，《中国义务教育均衡发展政策的演进历程及其制度逻辑》，《河南师范大学学报》（哲学社会科学版）第 5 期。

李建民，1999，《人力资本与经济持续增长》，《南开经济研究》第 4 期。

李可福，2018，《新生代农民工社会认同的困境及破解》，《农业经济》第 5 期。

李棉管，2011，《发展型社会政策与新农村建设的新思路》，《浙江社会科学》第 4 期。

李娜、杨云娟，2009，《发展型社会政策视角下的留守儿童问题》，《青年探索》第 6 期。

李培林，1996，《流动民工的社会网络和社会地位》，《社会学研究》第 4 期。

李培林，2014，《社会治理与社会体制改革》，《国家行政学院学报》第

4 期。

李培林、李炜，2007，《农民工在中国转型中的经济地位和社会态度》，《社会学研究》第 3 期。

李培林、李炜，2010，《近年来农民工的经济状况和社会态度》，《中国社会科学》第 1 期。

李培林、田丰，2011，《中国新生代农民工：社会态度和行为选择》，《社会》第 3 期。

李培林、王思斌、梁祖彬、周弘、张秀兰，2004，《构建中国发展型的社会政策——"科学发展观与社会政策"笔谈》，《中国社会科学》第 6 期。

李强，1996，《现代化与中国社会分层结构之变迁》，《教学与研究》第 3 期。

李强，2002，《当前我国城市化和流动人口的几个理论问题》，《江苏行政学院学报》第 1 期。

李强，2007，《机会平等与代际公正——关于农民工子女教育问题的社会学分析》，《沈阳大学学报》第 4 期。

李强，2010，《为什么农民工"有技术无地位"——技术工人转向中间阶层社会结构的战略探索》，《江苏社会科学》第 6 期。

李强，2013，《论农民和农民工的主动市民化与被动市民化》，《河北学刊》第 4 期。

李强、唐壮，2002，《城市农民工与城市中的非正规就业》，《社会学研究》第 6 期。

李群山、孙霞，2012，《新生代农民工教育培训供求现状及解决策略：基于福州市 224 名新生代农民工的调查》，《职业技术教育》第 22 期。

李实、杨修娜，2015，《我国进城务工人员培训效果分析》，《北京师范大学学报》（社会科学版）第 6 期。

李韬、陈丽红，2014，《2013 年陕西高校城乡大学生就业意愿的比较调查》，《中国统计》第 7 期。

李湘萍，2005，《富平模式：农民工培训的制度创新》，《教育发展研究》第 12 期。

李晓曼、曾湘泉，2012，《新人力资本理论——基于能力的人力资本理论研究动态》，《经济学动态》第 11 期。

李迎生、刘艳霞，2006，《社会政策与农民工群体的社会保护》，《社会科学研究》第 6 期。

李迎生、袁小平，2013，《新型城镇化进程中社会保障制度的因应——以农民工为例》，《社会科学》第 11 期。

李友梅、肖瑛、黄晓春，2012，《当代中国社会建设的公共性困境及其超越》，《中国社会科学》第 4 期。

梁波、王海英，2010，《城市融入：外来农民工的市民化——对已有研究的综述》，《人口与发展》第 4 期。

梁祖彬，2004，《演变中的社会福利政策思维——由再分配到社会投资》，《中国社会科学》第 6 期。

廖成东、李建军，2015，《莫里尔法案对美国国家农业创新体系建设的影响》，《科学管理研究》第 2 期。

廖茂林、杜亭亭，2018，《中国城市转型背景下的农民工市民化成本——基于广东省实践的思考》，《城市发展研究》第 3 期。

廖文君，2011，《发展型社会政策视角下的残疾人福利研究》，《社会工作》第 6 期。

林娣，2014，《新生代农民工市民化的人力资本困境》，《东北师大学报》（哲学社会科学版）第 2 期。

林晓兰、杨发萍，2017，《新生代农民工的身份认同与结构张力——基于2013 年七城调查的数据分析》，《华东理工大学学报》（社会科学版）第 6 期。

刘传江，2010，《新生代农民工的特点、挑战与市民化》，《人口研究》第 2 期。

刘传江、程建林，2008，《第二代农民工市民化：现状分析与进程测度》，《人口研究》第 5 期。

刘纯阳，2004，《人力资本理论的两种研究思路》，《生产力研究》第 11 期。

刘继同，1994，《发展型社会福利与发展型社会工作教育》，《国外社会科学》第 11 期。

刘录护、李春丽，2013，《西方青少年逃学与拒学现象的研究与矫正》，《中国青年政治学院学报》第 2 期。

刘平青、姜长云，2005，《我国农民工培训需求调查与思考》，《上海经济研究》第 9 期。

刘世定、王汉生、孙立平、郭于华，1995，《政府对外来农民工的管理——"广东外来农民工考察"报告之三》，《管理世界》第 6 期。

刘世薇、张平宇，2015，《美国锈带地区城市化历程及其对东北老工业基地的启示》，《国际城市规划》第 5 期。

刘松颖、贾会棉，2013，《基于就业能力的新生代农民工培训的对策研究——以保定市为例》，《现代经济信息》第 10 期。

刘新民、江赛蓉，2011，《福利国家弱势群体的教育福利制度研究》，《华东师范大学学报》（哲学社会科学版）第 6 期。

刘雪松、宁虹超，2015，《社会治理与社会治理法治化》，《学习与探索》第 10 期。

刘彦尊，2005，《美国学生辍学问题研究》，《外国教育研究》第 9 期。

刘艳珍，2010，《国外农村剩余劳动力转移培训的立法研究》，《继续教育研究》第 7 期。

刘玉兰，2011，《新生代农民工精神健康状况及影响因素研究》，《人口与经济》第 5 期。

刘祖云，2005，《关于人力资本、社会资本与流动农民社会经济地位关系的研究述评》，《社会科学研究》第 6 期。

娄玉花，2010，《对经济欠发达地区新生代农民工教育培训的思考》，《中国成人教育》第 15 期。

娄玉花、徐公义，2013，《开展新生代农民工教育和培训模式的研究》，《中国职业技术教育》第 30 期。

娄玉花、徐公义、王强，2013，《高职院校开展新生代农民工教育培训的调查与思考》，《中国成人教育》第 4 期。

卢君，2011，《发展型社会政策视域下失地农民政策创新》，《社会工作》第 7 期。

鲁燕、于素秋，2008，《日本职业教育的"企业模式"与我国"非大学教育"的对比研究》，《人口学刊》第 6 期。

陆林，2007，《融入与排斥的两难：农民工入城的困境分析》，《西南大学学报》（社会科学版）第 6 期。

陆文聪、李元龙，2009，《农民工健康权益问题的理论分析：基于环境公平的视角》，《中国人口科学》第 3 期。

陆学艺，2003，《农民工体制需要根本改革》，《中国改革》（农村版）第 12 期。

陆学艺，2005，《"民工荒"是个伪问题》，《中国社会导刊》第 1 期。

陆学艺，2006，《农民工问题解决"三农"问题的突破口》，《同舟共进》第 1 期。

陆益龙，2014，《向往城市还是留恋乡村？——农民城镇化意愿的实证研究》，《人文杂志》第 12 期。

吕达，1993，《2000 年目标：美国教育法初探》，《课程·教材·教法》第 9 期。

吕杰昕、耿薇，2012，《当前澳大利亚基础教育核心政策及执行情况》，《外国中小学教育》第 5 期。

吕莉敏，2012，《基于人力资本理论的新生代农民工培训》，《中国职业技术教育》第 24 期。

吕莉敏，2013，《城乡一体化背景下新生代农民工教育培训策略研究》，《职教论坛》第 4 期。

吕莉敏、马建富，2010，《新生代农民工教育培训需求及策略探究》，《中国职业技术教育》第 33 期。

吕莉敏、马建富，2012，《基于人力资本理论的新生代农民工培训》，《中国职业技术教育》第 24 期。

吕普生，2013，《中国义务教育发展的不均衡性及其决定因素——基于 2000—2008 年数据的实证分析》，《中国软科学》第 9 期。

吕炜、杨沫、王岩，2015，《城乡收入差距、城乡教育不平等与政府教育投入》，《经济社会体制比较》第 3 期。

罗朝猛，2013，《美国怎么处理逃学的孩子》，《教师月刊》第 3 期。

罗国仕，2017，《基于供给侧改革的新生代农民工职业培训策略研究——以"宜昌大城"实践为例》，《成人教育》第 1 期。

罗瑞荣、卢福财，2011，《新生代农民工的职业困境与解决对策》，《农村经济》第 1 期。

罗竖元，2013，《流动经历与新生代农民工的健康水平》，《中国青年研究》第 8 期。

马国贤，2002，《中国义务教育资金转移支付制度研究》，《财经研究》第 6 期。

马世英、崔宏静、王天新，2014，《新生代农民工职业培训支付意愿的影响因素》，《人口学刊》第 3 期。

毛丹，2015，《"农民工市民化"的低目标与高目标》，《浙江社会科学》第 12 期。

梅忠堂、李勇、方进玉，1994，《大学收费：一个不轻松的话题》，《瞭望》第 36 期。

孟梅、王珺，2010，《新生代农民工职业技能培养的新选择：移动学习——以欧洲 M-learning 项目为例》，《河北大学成人教育学院学报》第 4 期。

孟颖颖、邓大松，2011，《农民工城市融合中的"收入悖论"——以湖北省武汉市为例》，《中国人口科学》第 1 期。

倪春丽、李玉春，2012，《新加坡 NYP "教学工厂"的十大特色》，《人力资源管理》第 6 期。

欧叶，2004，《高科技芯片成紧箍咒 日本学生从此逃学无望》，《世界教育信息》第 7 期。

潘寄青、沈涛，2012，《新生代农民工职业培训的政府责任与协调机制》，《江西社会科学》第 6 期。

潘泽泉，2008，《农民工融入城市的困境：共有的空间何以可能》，《中州学刊》第 3 期。

潘泽泉，2011，《被压抑的现代性：农民工融入城市的困境》，《广西民族大学学报》（哲学社会科学版）第 1 期。

潘泽泉、林婷婷，2015，《劳动时间、社会交往与农民工的社会融入研究——基于湖南省农民工"三融入"调查的分析》，《中国人口科学》

第 3 期。

潘泽泉、邹大宽，2016，《居住空间分异、职业地位获得与农民工市民化意愿——基于农民工"三融入"调查的数据分析》，《湖南师范大学社会科学学报》第 6 期。

庞超、刘自力，2009，《中国基础教育三十年分权改革进程反思与前瞻》，《教学与管理》第 15 期。

彭华民、唐慧慧，2012，《排斥与融入：低收入农民工城市住房困境与住房保障政策》，《山东社会科学》第 8 期。

钱民辉等，2011，《农民工教育培训实证研究——以山东泗水县为例》，《成人教育》第 656 期。

钱宁，2007，《农村发展中的新贫困与社区能力建设：社会工作的视角》，《思想战线》第 1 期。

钱宁、陈立周，2011，《当代发展型社会政策研究的新进展及其理论贡献》，《湖南师范大学社会科学学报》第 4 期。

秦阿琳、徐永祥，2014，《农民工权利意识的生产与再生产——一个社会组织化的视角》，《华东理工大学学报》（社会科学版）第 5 期。

秦继伟、陈成文，2013，《从"行政治理"到"社会治理"：长株潭试验区治理模式的转型》，《经济地理》第 12 期。

秦立建、程杰、潘杰，2015，《健康对农民工劳动供给时间的影响》，《统计与信息论坛》第 3 期。

秦立建、王震，2014，《农民工城镇户籍转换意愿的影响因素分析》，《中国人口科学》第 5 期。

丘中熙、陈建民、任焰，1998，《社会支持结构的转变：从一元到多元》，《社会学研究》第 4 期。

邱心凯、李精华、王威，2013，《国内学者关于发展型社会政策的研究综述》，《学理论》第 15 期。

屈小博，2013，《培训对农民工人力资本收益贡献的净效应》，《中国农村观察》第 8 期。

全国总工会新生代农民工问题课题组，2010，《关于新生代农民工问题的研究报告》，《中国职工教育》第 8 期。

任国强，2004，《人力资本对农民非农就业与非农收入的影响研究——基于天津的考察》，《南开经济研究》第 3 期。

任强、毛丹，2008，《构建从农民到市民的连续谱——关于农民市民化政策的观察与评论》，《浙江社会科学》第 2 期。

任旭、侯曼、杨晓梅，2018，《自媒体环境下企业新生代农民工教育培训探索》，《经营与管理》第 1 期。

尚晓援，2001，《"社会福利"与"社会保障"再认识》，《中国社会科学》第 3 期。

石宏伟、黄雪莲，2014，《新生代农民工教育需求分析》，《江苏农业科学》第 11 期。

石清锋、杨骁瑾，2015，《〈帕金斯职业教育法案〉的变迁与美国职业教育》，《科教导刊》第 7 期。

史柏年，2013，《农民工权益维护的难点：户籍制度背后的利益格局》，《中国青年政治学院学报》第 3 期。

侍建旻，2012，《发达国家农民工教育政策对我国农民工培训的启示》，《继续教育研究》第 8 期。

寿钰婷，2007，《美国人力发展培训计划及其对我国农民工教育培训的启示》，《外国教育研究》第 8 期。

宋健敏，2002，《试析日本义务教育经费专项转移支付制度》，《外国经济与管理》第 10 期。

宋林飞，2005，《"农民工"是新兴工人群体》，《江西社会科学》第 3 期。

宋月萍、李龙，2015，《新生代农民工婚恋及生殖健康问题探析》，《中州学刊》第 1 期。

孙彬，2014，《城市融入视角下新生代农民工子女教育问题探究》，《广东行政学院学报》第 2 期。

孙炳耀，2007，《资产为本的社会政策理论问题初探》，《社会政策评论》第 1 期。

孙金锋、杨继武，2012，《新生代农民工培训中的政府职能探析》，《农村经济》第 7 期。

孙宽宁、徐继存，2015，《义务教育城乡差异的现状与反思——基于山东

省义务教育状况的调查》，《河北师范大学学报》（教育科学版）第
2 期。

孙立平，2007，《农民工如何融入城市》，《中国老区建设》第 5 期。

孙晓娥、边燕杰，2011，《留美科学家的国内参与及其社会网络强弱关系
假设的再探讨》，《社会》第 2 期。

唐踔，2011，《新生代农民工教育培训问题探析》，《成人教育》第 1 期。

唐钧，2004，《"三方机制"：解决农民工工资问题的最佳选择》，《中国党
政干部论坛》第 5 期。

唐钧，2007，《资产建设与社会保障》，《社会政策评论》第 1 期。

唐钧，2010，《如何让农民工子女分享城市教育资源?》，《社会观察》第
7 期。

唐兴霖、周幼平，2011，《整体型社会政策：对发展型社会政策的理性认
识》，《学海》第 5 期。

田北海、雷华、佘洪毅、刘定学，2013，《人力资本与社会资本孰重孰轻：
对农民工职业流动影响因素的再探讨——基于地位结构观与网络结构
观的综合视角》，《中国农村观察》第 1 期。

田北海、徐燕，2011，《制度安排与行动逻辑：农民工养老保险参与现状的
实证研究——以湖北籍农民工的调查为例》，《学习与实践》第 6 期。

田艳芳，2011，《健康状况和健康冲击对工作时间的影响》，《人口学刊》
第 2 期。

田毅鹏，2010，《社会政策体系构建的社会理论基础》，《河北学刊》第 4 期。

童星，2006，《"两维四分"与"三位一体"——关于农民工社会政策的构
建》，《学习与实践》第 8 期。

涂端午、魏巍，2014，《什么是好的教育政策》，《教育研究》第 1 期。

汪传艳，2012，《新生代农民工教育需求探析——以东莞市为例》，《教育
学术月刊》第 5 期。

汪华、孙中伟，2015，《乡土性、现代性与群体互动：农民工老乡认同及
其影响因素》，《山东社会科学》第 2 期。

汪建华、孟泉，2013，《新生代农民工的集体抗争模式——从生产政治到
生活政治》，《开放时代》第 1 期。

汪仕凯, 2015, 《社会治理视角下新生代农民工与治理体制转型》, 《社会科学》 第 9 期。

王成辽, 2011, 《新生代农民工培训供给需求与培训意愿综合关系实证研究——对深圳新生代农民工教育培训的调查》, 《中国劳动关系学院学报》 第 2 期。

王春超、叶琴, 2014, 《中国进城务工人员多维贫困的演进——基于收入与教育维度的考察》, 《经济研究》 第 12 期。

王春光, 2001, 《新生代农村流动人口的社会认同与城乡融合的关系》, 《社会学研究》 第 3 期。

王春光, 2003, 《农民工的社会流动和社会地位的变化》, 《江苏行政学院学报》 第 4 期。

王春光, 2004, 《农民工的国民待遇与社会公正问题》, 《郑州大学学报》 (哲学社会科学版) 第 1 期。

王春光, 2009, 《重视社会力量在落实农民工就业政策上的放大效应》, 《中国党政干部论坛》 第 4 期。

王春光, 2010, 《对新生代农民工城市融合问题的认识》, 《人口研究》 第 2 期。

王春光, 2010, 《新生代农民工城市融入进程及问题的社会学分析》, 《青年探索》 第 3 期。

王春光, 2011, 《中国社会政策调整与农民工城市融入》, 《探索与争鸣》 第 5 期。

王春光, Jean-Philippe BEJA, 1999, 《温州人在巴黎: 一种独特的社会融入模式》, 《中国社会科学》 第 6 期。

王春林, 2011, 《发达国家农民工教育培训政策的探析》, 《湖北社会科学》 第 3 期。

王德清, 2005, 《论教育乱收费的危害及治理对策》, 《西南师范大学学报》 (人文社会科学版) 第 4 期。

王德文、蔡昉、张国庆, 2008, 《农村迁移劳动力就业与工资决定: 教育与培训的重要性》, 《经济学: 季刊》 第 4 期。

王弟海、龚六堂、李宏毅, 2008, 《健康人力资本、健康投资和经济增长——

以中国跨省数据为例》，《管理世界》第 3 期。

王东强、田书芹，2012，《统筹城乡发展中提升新生代农民工培训实效性
　　对策探讨：以永川职业教育校企联合新生代农民工培训模式为例》，
　　《继续教育研究》第 1 期。

王东署、刘晓兰，2010，《从"用工荒"看新生代农民工的职业培训缺
　　失》，《消费导刊》第 3 期。

王宏坤、安晓镜、梁翀，2006，《美国辍学干预策略对我国教育的启示》，
　　《山西煤炭管理干部学院学报》第 4 期。

王李，2017，《人力资本视角下新生代农民工工作境遇再思考》，《金陵科
　　技学院学报》（社会科学版）第 4 期。

王李艳，2015，《滁州市新生代农民工心理健康状况调查研究》，《赤峰学
　　院学报》（自然科学版）第 1 期。

王明杰、郑一山，2006，《西方人力资本理论研究综述》，《中国行政管理》
　　第 8 期。

王宁，2011，《少数民族新生代农民工教育需求与影响因素实证研究——
　　以昆明市为例》，《职业技术教育》第 28 期。

王思斌，2002，《混合福利制度与弱势群体社会资本的发展》，《中国社会
　　工作研究》第 1 期。

王思斌，2003，《农民工入工会，好!》，《时事报告》第 11 期。

王思斌，2004，《社会政策时代与政府社会政策能力建设》，《中国社会科
　　学》第 6 期。

王思斌，2006，《我国社会政策的弱势性及其转变》，《学海》第 6 期。

王思斌，2007，《走向发展型社会政策与社会组织建设》，《社会学研究》第
　　2 期。

王思斌，2014，《社会治理结构的进化与社会工作的服务型治理》，《北京
　　大学学报》（哲学社会科学版）第 6 期。

王思斌，2015，《社会工作参与社会治理的特点及其贡献——对服务型治
　　理的再理解》，《社会治理》第 5 期。

王思斌，2017，《民族地区的社会治理与社会工作参与研究》，《广西民族
　　大学学报》（哲学社会科学版）第 5 期。

王兴周、张文宏，2008，《城市性：农民工市民化的新方向》，《社会科学战线》第 12 期。

王玉宝，2010，《新生代农民工教育培训的困境及对策》，《中国成人教育》第 20 期。

王玉峰、张璇，2017，《基于市民化目标的新生代农民工培训探讨》，《中国职业技术教育》第 29 期。

王志华、董存田，2012，《我国制造业结构与劳动力素质结构吻合度分析》，《人口与经济》第 5 期。

王志亮，2010，《美国不良少年的替代学校》，《青少年犯罪问题》第 3 期。

王志平，1999，《90 年代美国劳动力教育培训的启示》，《改革与理论》第 9 期。

王子、叶静怡，2009，《农民工工作经验和工资相互关系的人力资本理论解释——基于北京市农民工样本的研究》，《经济科学》第 1 期。

王宗萍、段成荣，2010，《第二代农民工特征分析》，《人口研究》第 2 期。

魏亚萍、魏亚丽，2009，《发展型社会政策对我国社会政策建设的启示》，《新疆社会科学》第 3 期。

文军，2006，《从季节性流动到劳动力移民：城市农民工群体的分化及其系统构成》，《探索与争鸣》第 1 期。

文军、田珺，2017，《身体、话语和权力："农民工"群体的污名化构建过程分析》，《学术界》第 9 期。

吴东美，2007，《教育乱收费：成因、执法现状与治理建议》，《价格理论与实践》第 7 期。

吴旗、俞亚珍、吴鼎，2016，《高职院校开展新生代农民工职业培训的模式》，《教育与职业》第 9 期。

吴燕霞，2011，《发展型社会政策视角下的城市贫困问题研究》，《中共福建省委党校学报》第 1 期。

吴愈晓，2013，《中国城乡居民的教育机会不平等及其演变（1978—2008）》，《中国社会科学》第 3 期。

吴智育，2012，《新生代农民工心理健康问题及解决途径》，《河北学刊》第 4 期。

向德平，2010，《发展型社会政策及其在中国的构建》，《河北学刊》第 4 期。

向德平、苏海，2014，《"社会治理"的理论内涵和实践路径》，《新疆师范大学学报》（哲学社会科学版）第 6 期。

肖文涛，2007，《社会治理创新：面临挑战与政策选择》，《中国行政管理》第 10 期。

肖云、邓睿，2015，《新生代农民工城市社区融入困境分析》，《华南农业大学学报》（社会科学版）第 1 期。

谢勇、黄承贵，2011，《农民工参加职业培训意愿的代际间差异分析》，《调研世界》第 10 期。

邢春冰，2008，《进城务工人员与城镇职工的收入差距》，《管理世界》第 5 期。

熊景维、钟涨宝，2014，《农民工市民化的结构性要件与路径选择》，《城市问题》第 10 期。

徐道稳，2006，《社会发展与发展型社会政策》，《深圳大学学报》第 3 期。

徐道稳，2008，《以发展型社会政策构建发展型福利社会》，《深圳大学学报》（人文社会科学版）第 1 期。

徐小清，2017，《德国高等教育"双元制"模式分析与经验借鉴》，《教育评论》第 1 期。

徐小霞、钟涨宝，2006，《新生代农民工权利缺失现象的理性思考》，《中国青年研究》第 4 期。

徐兴文、刘芳，2011，《发展型社会政策及其对我国政府政策制定的启示》，《社会工作》第 8 期。

徐永祥、侯利文，2015，《基层建设与社会治理：当前中国社会建设的两个命题》，《河北学刊》第 4 期。

徐悦、李志明，2011，《从失业补偿到就业促进：发展型社会政策视角下中国失业保险制度的改革与发展》，《社会保障研究》第 3 期。

徐赞、李善同，2015，《中国主导产业的变化与技术升级：基于列昂惕夫天际图分析的拓展》，《数量经济技术经济研究》第 7 期。

徐祖辉、谭远发，2014，《健康人力资本、教育人力资本与经济增长》，《贵州财经大学学报》第 6 期。

许东风，2011，《新西兰农民工教育培训的经验及启示》，《调研世界》第
　　12 期。

许小青、柳建华，2005，《关于农民工教育培训问题的研究》，《求实》第
　　5 期。

闫凤武，2011，《齐齐哈尔市新生代农民工心理健康状况调查》，《中国心
　　理健康学杂志》第 8 期。

颜琴，2010，《新生代农民工身心健康问题研究》，《中国劳动关系学院学
　　报》第 5 期。

阳立高、龚世豪、王铂、晁自胜，2018，《人力资本、技术进步与制造业
　　升级》，《中国软科学》第 1 期。

杨春江、李雯、逯野，2014，《农民工收入与工作时间对生活满意度的影
　　响——城市融入与社会安全感的作用》，《农业技术经济》第 2 期。

杨晖、江波，2009，《加强西安市农民工社会融合的对策研究》，《西北大
　　学学报》（哲学社会科学版）第 6 期。

杨晶、胥德娣、邵林玉，2014，《新生代农民工职业培训意愿及其影响因
　　素实证分析——基于江西省的调查》，《农林经济管理学报》第 3 期。

杨菊华，2009，《从隔离、选择融入到融合：流动人口社会融入问题的理
　　论思考》，《人口研究》第 1 期。

杨平、魏奇、杨东，2010，《欧盟终身学习政策与实践新进展》，《教育发
　　展研究》第 17 期。

杨团，2007，《资产为本的社会政策：对社会政策范式的一场革命》，《社
　　会政策评论》第 1 期。

杨宇，2008，《城市贫困治理研究：发展型社会政策的视角》，《马克思主
　　义与现实》第 6 期。

姚继军、马林琳，2016，《"后 4% 时代"财政性教育投入总量与结构分
　　析》，《教育发展研究》第 5 期。

姚远、任羽中，2013，《"激活"与"吸纳"的互动——走向协商民主的中
　　国社会治理模式》，《北京大学学报》（哲学社会科学版）第 2 期。

姚云云、郑克岭，2012，《发展型社会政策嵌入我国农村反贫困路径研
　　究》，《中国矿业大学学报》（社会科学版）第 2 期。

殷俊、李晓鹤，2014，《人力资本、社会资本与失地农民的城市融入问题——以武汉市为例》，《农村经济》第 12 期。

银平均，2011，《论人力资本视角的新生代农民工教育福利》，《社会工作》第 9 期。

尹纪梅，2011，《农民工教育培训的政府责任与对策研究》，《职教论坛》第 25 期。

尹奎、王文娟、张凯丽，2014，《新生代农民工培训问题研究——基于个体企业的微观视角》，《中国人力资源开发》第 19 期。

尹力，2009，《多元化教育福利制度构想》，《中国教育学刊》第 3 期。

于云波、俞林，2017，《新型城镇化进程中新生代农民工职业培训质量提升策略研究》，《成人教育》第 1 期。

俞可平，1999，《治理和善治引论》，《马克思主义与现实》第 5 期。

俞林伟，2016，《居住条件、工作环境对新生代农民工健康的影响》，《浙江社会科学》第 5 期。

郁建兴、何子英，2010，《走向社会政策时代：从发展主义到发展型社会政策体系建设》，《社会科学》第 7 期。

袁庆林、林新奇、洪姗姗，2011，《我国新生代农民工培训主要模式及其比较研究》，《南方农村》第 5 期。

袁小平、徐欣，2012，《新生代农民工的培训研究》，《继续教育研究》第 7 期。

袁迎春，2008，《美国中学生辍学的因素分析及预防措施》，《外国教育研究》第 5 期。

苑会娜，2009，《进城农民工的健康与收入——来自北京市农民工调查的证据》，《管理世界》第 5 期。

曾满超、丁延庆，2005，《中国义务教育资源利用及配置不均衡研究》，《教育与经济》第 2 期。

曾易，2012，《发展型社会政策视角下新型农村社会养老保险的构建》，《湖北农业科学》第 1 期。

张海水、梁东标，2016，《新加坡基础教育"托底"政策及启发》，《上海教育科研》第 9 期。

张和清，2008，《优势视角下的农村社会工作：以能力建设和资产建立为核心的农村社会工作实践模式》，《社会学研究》第 6 期。

张宏喜，2007，《美国高中生辍学的因素分析和对策设计》，《上海教育科研》第 8 期。

张佳、郑洁、李婷，2011，《新生代农民工职业培训现状及对策》，《河北科技师范学院学报》（社会科学版）第 3 期。

张佳、郑洁、李婷，2011，《新生代农民工职业培训现状中存在问题及对策研究》，《职教论坛》第 30 期。

张坷、邓小丽，2005，《澳大利亚基础教育研究："关键能力"简述》，《外国中小学教育》第 5 期。

张坤，2008，《德国义务教育发展特色及启示》，《现代教育科学》第 3 期。

张蕾、常媛媛，2014，《社会支持与精神健康——基于广东六市新生代农民工的实证调查》，《西北人口》第 5 期。

张琳琳，2013，《新生代农民工教育与培训的目标定位研究》，《职教论坛》第 4 期。

张伶、何建华，2011，《培训系统与农民工职业培训绩效关系的实证研究》，《经济管理》第 11 期。

张璐晶，2011，《谁是乱世救星：世界经济论坛授权本刊发布〈2011 - 2012 年全球经济竞争力报告〉》，《中国经济周刊》第 36 期。

张明媚，2018，《移动网络学习在新生代农民工教育培训中的应用探索》，《中国成人教育》第 8 期。

张培菌，2018，《美国国会重新授权〈卡尔·帕金斯职业和技术教育法〉》，《世界教育信息》第 18 期。

张若雪，2010，《人力资本、技术采用与产业结构升级》，《财经科学》第 2 期。

张时飞，2005，《引入资产建设要素，破解农保工作困局：呼图壁县的经验与启示》，《江苏社会科学》第 2 期。

张淑华、王海雯、刘芳，2017，《新生代农民工身份认同分化的认知基础——社会比较策略视角》，《心理与行为研究》第 2 期。

张伟兵，2007，《发展型社会政策理论与实践——西方社会福利思想的重大转型及其对中国社会政策的启示》，《世界经济与政治论坛》第 1 期。

张文宏、雷开春，2008，《城市新移民社会融合的结构、现状与影响因素分析》，《社会学研究》第 5 期。

张文宏、周思伽，2013，《迁移融合，还是本土融合——农民工社会融合的二重性分析》，《湖南师范大学社会科学学报》第 5 期。

张务农，2014，《福利三角框架下的高等教育福利制度研究》，《东南学术》第 3 期。

张秀兰，2004，《发展型社会政策：实现科学发展观的一个操作化模式》，《中国社会科学》第 6 期。

张秀兰、徐月宾等，2007，《社会政策创新与中国的策略选择》，《江苏社会科学》第 4 期。

张旭晨，2013，《新生代农民工特征及社会融入政策研究——以甘肃省为例》，《西北师大学报》（社会科学版）第 3 期。

张杨珩，2008，《进城农民工人力资本对其非农收入的影响》，《农村经济》第 8 期。

张一名，2009，《农民工社会政策：挑战与应对》，《中国劳动》第 6 期。

张翼，2011，《农民工"进城落户"意愿与中国近期城镇化道路的选择》，《中国人口学科》第 2 期。

张翼、汪建华、吕鹏，2014，《抓住农民工市民化这个"先手棋"——新型城镇化"晋江经验"的调研启示》，《中国发展观察》第 9 期。

张翼、周小刚，2013，《农民工社会保障和就业培训状况调查研究》，《调研世界》第 2 期。

张翼飞、郑莉，2017，《"社会"为何需要"治理"——西方社会治理问题的起源及其启示》，《湖南师范大学社会科学学报》第 4 期。

张昱、杨彩云，2011，《社会资本对新生代农民工就业质量的影响分析——基于上海市的调查数据》，《华东理工大学学报》（社会科学版）第 5 期。

张智勇，2007，《社会资本与农民工就业》，《经济社会体制比较》第 6 期。

赵宝柱、张佳、郑洁、李婷，2012，《新生代农民工职业培训需求取向及其实现策略》，《职业技术教育》第 31 期。

赵树凯,2011,《农民工培训的绩效挑战》,《华中师范大学学报》(人文社会科学版) 第 2 期。

赵蔚蔚、刘轶俊,2011,《新生代农民工子女教育问题的统计考察》,《统计与决策》 第 23 期。

赵小仕、于大川,2017,《健康对新生代农民工劳动力市场表现的影响——基于广东省 335 份调查问卷的实证分析》,《当代经济管理》 第 7 期。

赵晓萌,2010,《OECD 报告认为中国经济仍将保持强势增长但需增加社会支出》,《财经界》 第 5 期。

赵延东、王奋宇,2002,《城乡流动人口的经济地位获得及决定因素》,《中国人口科学》 第 2 期。

赵耀辉,1997,《中国农村劳动力流动及教育在其中的作用——以四川省为基础的研究》,《经济研究》 第 3 期。

甄月桥、张殷鹏、朱茹华、张圆,2015,《新生代农民工心理健康状况及群体差异分析——以杭州为例》,《中国劳动》 第 11 期。

甄月桥、张圆、朱茹华,2015,《社会支持对新生代农民工心理健康的影响——以杭州新生代农民工调查为例》,《发展研究》 第 6 期。

郑功成,2004,《从福利教育走向混合型的多元教育体系》,《清华大学教育研究》 第 5 期。

郑功成,2009,《农民工是职业技能教育和培训的重点》,《职业技术教育》 第 4 期。

郑杭生,2005,《农民市民化:当代中国社会学的重要研究主题》,《甘肃社会科学》 第 4 期。

郑杭生、洪大用,1995,《重视和发展城市农民工的社会保障事业》,《中南民族学院学报》(哲学社会科学版) 第 2 期。

郑杭生、洪大用,1994,《重视和发展城市农民工的社会保障事业——社会转型过程中的一个重要问题》,《学术交流》 第 5 期。

郑杭生、邵占鹏,2014,《中国社会治理体制改革的视野、举措与意涵——三中全会社会治理体制改革的启示》,《江苏社会科学》 第 2 期。

郑红友、俞林,2017,《供给侧结构性改革下新生代农民工职业教育研究》,《成人教育》 第 6 期。

郑建凤、牛道生，1999，《日本解决高中生辍学等问题的有效途径：家庭式课堂教学》，《外国教育资料》第 3 期。

郑洁、张佳、赵宝柱，2012，《论新生代农民工职业培训中网络互动式学习》，《河南科技学院学报》第 2 期。

郑培，2017，《新生代农民工职业培训研究综述》，《成人教育》第 7 期。

郑谦，2010，《资源型区域技术创新与产业转型的耦合机理》，《资源开发与市场》第 26 期。

郑耀洲，2011，《基于异质性特征的新生代农民工培训研究》，《经济管理》第 2 期。

钟涨宝、陶琴，2010，《外来务工人员子女和本地学生的社会距离研究——基于双向度社会距离测量》，《南京社会科学》第 8 期。

周弘，2004，《欧盟经验：促进发展并追求公正》，《中国社会科学》第 6 期。

周红利、张万兴，2014，《人力资本理论视域的德国现代学徒制研究》，《高教探索》第 4 期。

周兰芳，2009，《西班牙中小学移民教育及其对我国的启示》，《外国教育研究》第 10 期。

周其仁，1997，《机会与能力——中国农村劳动力的就业和流动》，《管理世界》第 5 期。

周湘斌，2004，《我国社会转型时期农民群体的社会权利与政策性排斥》，《北京科技大学学报》第 9 期。

周小刚，2014，《新生代农民工职业培训质量及其提升路径》，《江西社会科学》第 7 期。

周小刚、李丽清，2013，《面向新生代农民工培训满意度改进决策的结构方程模型研究》，《中国社会科学院研究生院学报》第 4 期。

周小刚、李丽清，2013，《新生代农民工社会心理健康的影响因素与干预策略》，《社会科学辑刊》第 2 期。

周小刚、李丽清、钱芳，2014，《构建新生代农民工教育培训政策体系的发展对策研究》，《中国职业技术教育》第 9 期。

朱冬梅、黎赞，2014，《发达国家农民工教育培训的经验及启示》，《开发研究》第 4 期。

朱建文、张亿钧，2013，《手机移动学习在"新生代农民工"培训中的应用研究》，《职教论坛》第 36 期。

朱俊杰、申纪云，1995，《基础教育改革和发展必须从国情出发——澳大利亚基础教育考察及其启示》，《外国教育研究》第 5 期。

朱珠、闫佳祺、贾建锋，2017，《城镇化进程中新生代农民工职业教育培训需求的影响因素研究——基于辽宁省调查数据的分析》，《东北大学学报》（社会科学版）第 4 期。

诸晓、沈永健、罗珺，2014，《大学生农民工与新生代农民工的心理健康问题研究》，《江苏科技信息》第 21 期。

（三）学位论文

陈静，2010，《治理理论视角下的农民工教育培训：以 A 省为例》，硕士学位论文，中南大学。

陈瑞，2015，《临汾市新生代农民工职业培训研究》，硕士学位论文，河北科技师范学院。

黄文琳，2011，《大学生就业竞争力的培育》，硕士学位论文，江西财经大学。

李姝洁，2011，《新生代农民工职业技能培训问题研究》，硕士学位论文，广西师范大学。

李婷，2013，《新生代农民工职业培训模式研究》，硕士学位论文，河北科技师范学院。

栗平，2007，《新生代农民工教育需求研究》，硕士学位论文，华东师范大学。

刘芷廷，2014，《新生代农民工职业培训需求与社会政策发展对策研究——以山东省 Y 市调查为例》，硕士学位论文，山东大学。

姚经，2014，《上海市新生代农民工职业培训研究》，硕士学位论文，华东政法大学。

张爱培，2012，《新生代农民工职业培训探析》，硕士学位论文，华东政法大学。

赵苓妃，2011，《新生代农民工职业培训的问题与对策研究》，硕士学位论文，湖南师范大学。

（四）文件、研究报告、会议论文、报刊、中文网站资料、内部资料

北大校工会，2018，《北大第 13 期平民学校喜迎 83 名新学员》，http：//pkunews. pku. edu. cn/xwzh/2018 - 03/26/content_301563. htm。

北京富平学校，2017，《富平是谁?》，http：//www. fdi. ngo. cn/fupingshishui/jianjie。

陈会君、杨麟，2010，《关注新生代农民工心理健康》，《湖北日报》6 月 1 日第 11 版。

崔晨星、石向实、张锦琳，2012，《杭州新生代农民工心理健康研究》，《中国城市化进程的社会心理研究》（会议论文集）。

宫黎明，2018，《构建新生代农民工心理健康服务体系的思考》，《中国人口报》2 月 5 日第 3 版。

共青团广东省委办公室，2013，《广东共青团实施"圆梦计划"培养新生代产业工人骨干初见成效》，广东省新生代产业工人"圆梦计划"内部资料。

共青团广东省委员会，2010，《"圆梦计划·北大 100"项目介绍》，广东省新生代产业工人"圆梦计划"内部资料。

共青团广东省委员会、广东省人力资源和社会保障厅、广东省财政厅、广东省教育厅、广东省科学技术厅，2013，《关于印发〈广东省 2013 年新生代农民工产业工人"圆梦计划"工作实施方案〉的通知》（团粤联发〔2013〕24 号），广东省新生代产业工人"圆梦计划"内部资料。

共青团广东省委员会权益部，2017，《"圆梦计划"2017 年总结及 2018 年工作计划》，广东省新生代产业工人"圆梦计划"内部资料。

国家统计局，2010，《2009 年农民工监测调查报告》，http：//www. stats. gov. cn/ztjc/ztfx/fxbg/201003/t20100319_16135. html。

国家统计局，2012，《2011 年我国农民工调查监测报告》，http：//www. stats. gov. cn/ztjc/ztfx/fxbg/201204/t20120427_16154. html。

国家统计局，2013，《2012 年全国农民工监测调查报告》，http：//www. stats. gov. cn/tjsj/zxfb/201305/t20130527_12978. html。

国家统计局，2014，《2013 年全国农民工监测调查报告》，http：//www. stats.

gov. cn/tjsj/zxfb/201405/t20140512_551585. html。

国家统计局，2015，《2014 年全国农民工监测调查报告》，http://www. stats. gov. cn/tjsj/zxfb/201504/t20150429_797821. html。

国家统计局，2016，《2015 年农民工监测调查报告》，http://www. stats. gov. cn/tjsj/zxfb/201604/t20160428_1349713. html。

国家统计局，2017，《2016 年农民工监测调查报告》，http://www. stats. gov. cn/tjsj/zxfb/201704/t20170428_1489334. html。

国家统计局，2018，《2017 年农民工监测调查报告》，http://www. stats. gov. cn/tjsj/zxfb/201804/t20180427_1596389. html。

国家统计局，2018，《中华人民共和国 2017 年国民经济和社会发展统计公报》，http://www. stats. gov. cn/tjsj/zxfb/201802/t20180228_1585631. html。

国家统计局，2019，《2018 年农民工监测调查报告》，http://www. stats. gov. cn/ztjc/qjd/tjdt/201904/t20190429_1662313. html。

国家统计局，2019，《中华人民共和国 2018 年国民经济和社会发展统计公报》，http://www. stats. gov. cn/tjsj/zxfb/201902/t20190228_1651265. html。

国务院办公厅，2005，《国务院办公厅转发农业部等部门 2003—2010 年全国农民工培训规划的通知》（国办发〔2003〕79 号），http://www. gov. cn/zwgk/2005 - 08/14/content_22484. htm。

国务院办公厅，2010，《国务院办公厅关于进一步做好农民工培训工作的指导意见》（国办发〔2010〕11 号），http://www. gov. cn/zwgk/2010 - 01/25/content_1518915. htm。

国务院，2016，《国务院关于进一步做好农村税费改革试点工作的通知》（国发〔2001〕5 号），http://www. gov. cn/zhengce/content/2016 - 09/18/content_5109014. htm。

国务院，2016，《国务院关于切实减轻农民负担的通知》（国发〔1990〕12 号），http://www. gov. cn/zhengce/content/2016 - 10/19/content_512164 4. htm。

国务院办公厅，2001，《国务院办公厅关于 2001 年农村税费改革试点工作有关问题的通知》（国办发〔2001〕28 号），http://www. gov. cn/gongbao/content/2001/content_60848. htm。

国务院办公厅，2016，《国务院办公厅关于切实做好当前减轻农民负担工作的通知》（国办发〔2001〕42号），http://www. gov. cn/zhengce/content/2016 - 10/09/content_5116397. htm。

胡锦涛，2005，《中华人民共和国主席令〈全国人民代表大会常务委员会关于废止《中华人民共和国农业税条例》的决定〉》，http://www. gov. cn/flfg/2005 - 12/30/content_142025. htm。

胡锦涛，2012，《坚定不移沿着中国特色社会主义道路前进 为全面建成小康社会而奋斗——在中国共产党第十八次全国代表大会上的报告》，http://news. xinhuanet. com/18cpcnc/2012 - 11/17/c_113711665. htm。

教育部，1992，《中华人民共和国义务教育法实施细则》，http://www. moe. gov. cn/srcsite/A02/s5911/moe_621/201511/t20151119_220032. html。

教育部，2006，《中华人民共和国义务教育法》，http://old. moe. gov. cn/publicfiles/business/htmlfiles/moe/moe_619/200606/15687. html。

教育部网站，2004，《中华人民共和国教育法》，http://old. moe. gov. cn/publicfiles/business/htmlfiles/moe/moe_619/200407/1316. html。

劳动和社会保障部，2006，《劳动和社会保障部、国家开发银行关于实施农民工培训示范基地建设工程的通知》（劳社部发〔2006〕14号），http://www. pkulaw. com/。

李克强，2018，《政府工作报告——2018年3月5日在第十三届全国人民代表大会第一次会议上》，http://www. xinhuanet. com/politics/2018lh/2018 - 03/22/c_1122575588. htm。

农业部，2000，《中共中央、国务院关于进行农村税费改革试点工作的通知》（中发〔2000〕7号），http://jiuban. moa. gov. cn/zwllm/zcfg/flfg/200601/t20060123_540498. htm。

邱晨辉、王月，2016，《高技能劳动力缺口警钟再次敲响》，清华大学网，http://www. tsinghua. edu. cn/publish/thunews/9669/2016/201611281716 46074669623/20161128171646074669623_. html。

邱鹏旭，2013，《对"农业转移人口市民化"的认识和理解》，http://theory. people. com. cn/n/2013/0313/c40537 - 20778267. html。

全国人大，1986，《中华人民共和国义务教育法》，http://www. people. com. cn/item/flfgk/rdlf/1986/111603198601. html。

人民网，2017，《人民网2017年两会调查：反腐倡廉暂居十大热点榜首》，http://society. people. com. cn/n1/2017/0224/c1008 - 29106598. html。

人民网，2018，《德国：逃学犯法轻则罚款重则禁闭》，http://world. people. com. cn/n1/2018/0606/c1002 - 30037648. html。

史柏年，2003，《边缘化的城市二代移民》，第二届香港华人社会"社会排斥与边缘性问题：公民身份的再思与打造"研讨会论文。

习近平，2017，《决胜全面建成小康社会，夺取新时代中国特色社会主义伟大胜利——在中国共产党第十九次全国代表大会上的报告》，http://www. gov. cn/zhuanti/2017 - 10/27/content_5234876. htm。

新华网，2017，《我国户籍制度改革取得重大进展》，http://www. xinhuanet. com/politics/2017 - 02/11/c_1120448026. htm。

新华网，2018，《德国治逃学新规：孩子逃课，家长可能进监狱》，http://www. xinhuanet. com/world/2018 - 05/23/c_129878497. htm。

新华网，2018，《中央经济工作会议在北京举行　习近平李克强作重要讲话》，http://www. xinhuanet. com/politics/2018 - 12/21/c_1123887379. htm。

新浪网，2013，《美国学校孩子逃学家长需坐牢》，http://edu. sina. com. cn/kids/2013 - 10 - 12/105777327. shtml。

银平均，2015，《从权利平等到人力资本：促进农民工就业的教育培训社会政策新思路研究》，载《教育部规划课题结题报告（2015）》。

俞可平，2001，《从统治到治理》，《学习时报》1月22日第3版。

中国共产党新闻网，1996，《中共中央国务院关于切实做好减轻农民负担工作的决定》（中发〔1996〕13号），http://cpc. people. com. cn/GB/64162/71380/71382/71481/4854241. html。

中国人大网，2007，《中华人民共和国义务教育法》（1986年），http://www. npc. gov. cn/wxzl/gongbao/2000 - 12/06/content_5004469. htm。

中国网，2011，*UK parents punished for truant kids*，http://www. china. org. cn/learning_english/2011 - 11/10/content_23876555. htm。

中央人民政府门户网，2006，《全国农村劳动力转移培训"阳光工程"座谈会召开》，http://www. gov. cn/gzdt/2006 - 11/08/content_436234. htm。

中央人民政府门户网站，2006，《"农村劳动力转移培训阳光工程"两年取得五大成果》，http://www. gov. cn/jrzg/2006 - 04/29/content_271066. htm。

中央人民政府门户网站，2006，《实施农村劳动力转移培训"阳光工程"》，http://www. gov. cn/ztzl/nmg/content_404978. htm。

中央人民政府门户网站，2013，《中共中央关于全面深化改革若干重大问题的决定》，http://www. gov. cn/jrzg/2013 - 11/15/content_2528179. htm。

住房和城乡建设部网站，2006，《关于组织实施农村劳动力转移培训阳光工程的通知》（农科教发〔2004〕14 号），http://www. mohurd. gov. cn/wjfb/200611/t20061101_153011. html。

（五）英文文献

Aliza Chasan. 2015. Truancy laws around the country: fines of up to $ 2K, up to one year in jail, available at http://www. nydailynews. com/news/national/truancy-laws-country-year-jail-article - 1. 2264266.

Alves, Mariana Gaio, Claudia Neves and Elisabete Xavier Gomes. 2010. "Lifelong learning: Conceptualizations in European educational policy documents. " *European Educational Research Journal* 9 (3): 332 - 344.

Arnold, Walter, M. 1965. "Developing a total, balanced program of vocational and technical education. " *The Bulletin of the National Association of Secondary School Principals* 49 (301): 142 - 153.

Ash, Lane, C. 1965. "Cooperation between vocational education and other federal programs. " *The Bulletin of the National Association of Secondary School Principals* 49 (301): 24 - 37.

Becker, G. 1964. *Human Capital: A Theoretical and Empirical Analysis, with Special Reference to Education.* Princeton, NJ: Princeton University Press.

Becker, G. S. 1975. *Human Capital (2nd ed).* The University of Chicago Press.

Becker, G. S. 1993. *Human Capital: A Theoretical and Empirical Analysis with Special Reference to Education.* The University of Chicago Press.

Becker, G. S. and Chiswick, B. R. 1966. "Education and the Distribution of Earning." *American Economic Review* 56: 358 – 69.

Beddoe, Liz, Christa Fouche, Allen Bartley and Phil Harington. 2012. "Migrant social workers' experience in New Zealand: Education and supervision issues." *Social Work Education* 31 (8): 1012 – 1031.

Bem, Chris. 2010. "Social governance: A necessary third pillar of healthcare governance." *Journal of the Royal Society of Medicine* 103: 475 – 477.

Bem, Chris. 2010. "Social governance: A necessary third pillar of healthcare governance." *Journal of the Royal Society of Medicine* 103: 475 – 477.

Blau, D. and Currie, J. 2006. "Preschool, daycare, and afterschool care," in E. Hanushek and F. Welch (eds), *Handbook of the Economics of Education*. Vol. 2. Amsterdam: North-Holland.

Bloom, D. E. 2007. "Does age structure forecast economic growth?" *International Journal of Forecasting* 23 (3): 569 – 585.

Canning, B. 2001. "Economic growth and the demographic transition." *The NBER Working Paper.*

Canning D. 1997. "The impact of aging on Asian development". *World Bank Economic Review* 13 (12): 419 – 455.

Carneiro, P., Cunha, F. and Heckman, J. 2003. "Interpreting the Evidence of Family Influence on Child Development", available at http://athens.src.uchicago.edu.

Christopher, B. and Stern, N. 1978. "Productivity, wages and nutrition: part I: the theory." *Journal of Development Economics* 5 (4): 331 – 362.

Cunha, F. and Heckman, J. J. 2010. "Investing in our young people." *NBER Working Paper* No. 16201.

Cunha, F. et al. 2006. "Interpreting the evidence on life cycle skill formation." *Handbook of the Economics of Education* 1: 697 – 812.

Dahl, G. B. and Lochner, L. J. 2005. "The impact of family income on child achievement." *NBER Working Paper* No. 11279.

Deissinger, Thomas. 2015. "The German dual vocational education and training system as 'good practice'?" *Local Economy* 30 (5): 557 – 567.

Deleuze, G. 1992. "Postscript on societies of control. " *October* 59: 3 – 7.

Destgov Website. 1992. *Australian National Training Authority Act* 1992, available at http://www. dest. gov. au/sectors/training_skills/publications_resources/ profiles/anta/profile/anta_act_1992_amendment_act_203. htm.

Dugger, Roy. 1965. "The Vocational Education Act of 1963. " *The Bulletin of the National Association of Secondary School Principals* 49 (301): 15 – 23.

Duncan, G. J. and Brooks-Gunn, J. 1997. "Income effects across the life span. " in G. J. Duncan and J. Brooks-Gunn (eds), *Consequences of Growing up Poor*, Russell Sage Foundation.

Erlandsen, S. and Enymoen, E. 2008. "Consumption and population age structure. " *Journal of Population Economics* 21 (3): 505 – 520.

European Commission. 2012. "Rethinking Education: Investing in Skills for Better Socio-economic Outcomes. Strasbourg. " available at http://eur-lex. europa. eu/legalcontent/EN/TXT/? qid = 1389776578033 anduri = CELEX: 52012 DC0669.

Feurzeig, Wallace. 1979. "Programmer job training for the disadvantaged. " *Journal of Educational Technology Systems* 7 (3): 257 – 265.

Foucault, M. 1975. *Discipline and punish: The birth of the prison.* New York: Vintage.

Gaolathe, B. 2002. *Budget Speech 2002.* Government Printer, Gaborone, p. 28.

García-Gómez, P. , Jones, A. J. , Rice, N. 2010. "Health effects on labor market exits and entries. " *Labor Economics* 17 (1): 62 – 76.

GED Website. 2018. GED TESTING SERVICE, https://ged. com/.

GED Website. 2018. Graduates Stories, https://ged. com/graduatestories/timothy/.

Grossman, M. 1972. "On the concept of health capital and the demand for health. " *Journal of Political Economics* 80 (2): 223 – 55.

Grossman, M. 2000. "The human capital model", in: *Handbook of Health Economics*, Part A: 347 – 408.

Hanushek, E. A. 2011. "Developing a skills-based agenda for 'new human capital' research", available at http://papers. ssrn. com.

Harbison, E. 1973, *Human Resources as the Wealth of Nations.* Oxford: Oxford University Press.

Heckman J. , Larenas, M. I. and Urzua, S. 2004. "Accounting for the effect of schooling and abilities in the analysis of racial and ethnic disparities in achievement test scores", available at http:// jenni. uchicago. edu.

Heckman, J. J. , Stixrud, J. and Urzua, S. 2006. "The effects of cognitive and noncognitive abilities on labor mark outcomes and social behavior", *Journal of Labor Economics* 24: 441 – 482.

Hega, G. M. and Hokenmaier, K. G. 2002. "The welfare state and education: A comparison of social and educational policy in advanced industrial societies. " *Germany Policy Studies* 2 (1).

Heinz, Walter, R. , Udo Kelle, Andreas Witzel, and Jens Zinn. 1998. "Vocational training and career development in Germany: Results from a longitudinal study. " *International Journal of Behavioral Development* 22 (1): 77 – 101.

Herrnstein, R. and Charles, M. 1994. *The Bell Curve: Intelligence and Class Structure in American Life.* New York: Free Press.

Heyes, Jason. 2009. "Recruiting and organising migrant workers through education and 8training: a comparison of Community and the GMB. " *Industrial Relations Journal* 40 (3): 182 – 197.

Hirche, Walter. 2012. "Involving the young: The German approach to vocational education. " *Journal of Education for Sustainable Development* 6 (1): 115 – 120.

Holmes, D. , O'Byrne, P. 2006. "The art of public health nursing: Using confession technè in the sexual health domain. " *Journal of Advanced Nursing* 56 (4): 1 – 8.

Ibarrara, N. , Pablo, Jochen Kluve, Laura Ripani and David Rosas Shady. 2018. "Experimental evidence on the long-term effects of a youth training program. " *ILR Review* 9 Apr, 1 – 38.

In Texas, Questions About Prosecuting Truancy, available at https://www. npr. org/sections/ed/2015/04/27/400099544/in-texas-questions-about-prosecuting-truancy.

Jarvis, Peter. 2004. "Lifelong learning and active citizenship in a global society: An analysis of European Union Lifelong Learning Policy. " *Journal of Adult and Continuing Education* 10 (1): 3 – 18.

Jellema, A. 2000, "Trends in basic education", in R. Randel, T. German and D. Ewing (eds) *The Reality of Aid* 2000. London: Earthscan, pp. 27 – 36.

Lange and Thomas. 1993. "Waking up to reality: The labor market in Eastern Germany. " *Journal of European Industrial Training* 17.

Langmead, Ross. 1980. "An educational programme for unemployed youth. " *Journal of Christian Education* 23 (1): 31 – 42.

Lucas, R. 1988. "On the mechanics of economic development. " *Journal of Monetary Economics* 22 (1): 3 – 42.

Lucas, R. E. 1988. "On the mechanics of economic development. " *Journal of Monetary Economics* 22: 3 – 42.

Magnani, Natalia. 2015. "Adult vocational training for migrants in North-East Italy. " *International Migration* 53 (3): 150 – 167.

Martin, P. , and Sunley, P. 1998. "Slow convergence? The new endogenous growth theory and regional development. ", *Economic Geography* 74 (3): 201 – 27.

Mc Donald, T. , Kennedy, S. 2004. "Insights into the health immigrant effect: health status and health service use of immigrants to Canada. " *Social Science &Medicine* 59 (8).

Michael, B. Katz. 2010. "Public Education as Welfare. " *Dissent* 57 (3).

Midgley, J. 1995. *Social Development: The Developmental Perspective in Social Welfare*. London: Sage.

Mincer, J. 1989. "Human capital responses to technological change. " NBER

Working paper.

Morris, P. , Duncan, G. J. and Kauffman, E. C. 2005. "Child well-being in an Era of welfare reform", *Developmental Psychology* 41 (6): 919 – 932.

Mutula, Stephen M. , Chedza Molefe and Shadrack Rathapo. 2004. "Information for the vocational education and training sector in Botswana. " *Information Development* 20 (1): 51 – 60.

Nistor, Adela. 2009. "Assessing the effectiveness of human capital investments on the regional unemployment rate in the United States: 1990 and 2000. " *International Regional Science Review* 32 (1): 65 – 91.

O'Byrne, Patrick. 2012. "Population health and social governance: Analyzing the mainstream incorporation of ethnography. " *Qualitative Health Research* 22 (6): 859 – 867.

O'Connor, T. G. et al. 2000. "Attachment disorder behavior following early severe deprivation", *Journal of the American Academy of Child and Adolescent Psychiatry* 39 (6): 703 – 712.

Palloni, A. and Arias, E. 2003. *The Hispanic Paradox of Adult Mortality*, Revisited, Center for Demography Working Paper, Madison: University of Wisconsin Press.

Pilar, G. , Andrew M. , Rice N. 2010. "Health effection labor market exits and entries. " *Labor Economics* (1).

Raggatt, P. 1988. "Quality control in the dual system of West Germany. " *Oxford Review of Education* 14: 163 – 186.

Republic of Botswana. 1998. *Vocational Training*, *Act No. 22 of 1998*. Gaborone, Government Printer.

Romer, P. M. 1986. "Increasing returns and long-run growth. " *Journal of Political Economy* 94.

Romer, P. M. 1990. "Endogenous technological change. " *Journal of Political Economy* 98: 71 – 102.

Rose, N. 1999. *Powers of Freedom: Reframing Political Thought*. Cambridge: Cambridge University Press.

Rose, N. 1999. Powers of Freedom: Reframing Political Thought. Cambridge: Cambridge University Press.

Ryan, Robin. 2011. "How VET Responds: A Historical Policy Approach." *NCVER*, February.

Schultz, T. P. 2003. "Human capital, schooling and health." *Economics and Human Biology* 1 (2): 207 – 221.

Schultz, T. W. 1961. "Investment in human capital." *American Economic Review* 51 (1): 1 – 17.

Sicular, Terry, Ximing Yue, Björn Gustafsson and Shi Li. 2007. "The Urban-Rural Income Gap and Inequality in China." *Review of Income and Wealth* 53 (1): 93 – 124.

Smith, Andy and Brief, R. I. 2009. "Gets federal grant to help unemployed." *McClatchy-Tribune Business News* (3): 63 – 65.

Stretton, Alan. 1984. "The short-term impact on participants of youth employment and training programs." *Journal of Industrial Relations* 26 (1): 76 – 90.

Taylor-Gooby, Peter, Charlotte Hastie and Catherine Bromley. 2003. "Querulous citizens: Welfare knowledge and the limits to welfare reform". *Social Policy and Administration* 37 (1): 1 – 20.

The Parents Zone Website. 2010. Parents To Be Punished For Kids Playing Truant, Drinking, available at http://www. theparentszone. com/behavior-problems/parents-to-be-punished-for-kids-playing-truant-drinking/.

Today Website. 2018. Virginia country's "signing day" celebrates seniors heading to jobs, not college, available at https://www. today. com/parents/signing-day-heralds-teens-going-jobs-not-college – t127184.

Tong, Y. , Piotrowski, M. 2012. "Migration and health selectivity in the context of internal migration in China population." *Research and Policy Review* 31 (2).

UNESCO, 2000, "181 governments adopt framework for action at the World Education Forum." *Press Release*, 28 April.

US Fed. 2010. *Life after Unemployment*, *Training Program to Help Build New Lives.* Washington D. C. : US Fed News Service, including US State News. Feb. , pp. 28 – 29.

Wieland, Clemens. 2015. "Germany's dual vocational-training system: Possibilities for and limitations to transferability. " *Local Economy* 30 (5): 577 – 583.

附录一　访谈提纲

农民工教育培训状况访谈提纲

尊敬的……（视具体情况称呼），

　　您好，我们正在就农民工教育培训状况对您进行访谈调查。目的是了解您在农民工教育培训方面的一些做法等基本信息。想问您几个问题，此次访谈只需要几分钟时间，不记名，您的回答仅用于研究，我们将采取严格的保密措施，不向任何机构和个人提供调查所得的资料，因此不会对您造成任何影响。非常感谢您的大力合作。

　　《新生代农民工教育培训机制研究》课题组，2012 年 6 月

---

　　1. 现在有人说，农民工是城市新兴产业工人，是城市工人阶级的主要组成部分。请问您对农民工的看法是怎样的？

　　2. 您认为我国农民工的受教育水平怎么样？怎么样解决农民工的教育水平问题？有没有必要培训？

　　3. 对与老板和用工单位签订劳动合同有什么看法？

　　4. 在农民工的就业技能培训方面，您认为该由哪些人或部门来负责农民工的技能培训？培训费用由谁提供？

　　5. 您对农民工的教育、养老、医疗、住房、子女受教育等福利待遇方面有什么建议和看法？

　　6. 您如何看待现阶段我国政府对农民工实施的一些社会政策？

7. 您认为市场培训费用如何？

8. 您觉得农民工培训的时间安排怎么样？

9. 您是否知道我国有专门的农民工培训法律和政策？您希望通过什么方式了解这些信息？

附录二　访谈个案编码

编码	被访谈对象的简要信息			
	被调查者姓	性别	年龄与职业身份	学历
1GC01	李	男	52，江西上饶 H 乡 SL 村干部	初中
1XC01	金	男	34，湖南邵阳 Z 乡 HI 村干部	高中
1HC01	袁	女	45，上海某区财政局职员	大专
1QC01	胡	男	35，贵阳环保部门干部	研究生
1SC01	王	女	37，南京某区县发改委	中专
2HC02	陈	男	48，上海私企老板	初中
2SC02	兰	女	53，南京某企业员工	高中
3GYC01	姚	女	46，广州某街道社区干部兼成校管理者	高中
3GYC02	丁	男	50，广州某街道干部	大专
4BJC01	李	女	32，北京某家政中心劳务工	高中
4XC02	皮	女	30，长沙服装厂民工	小学
4GC02	褚	男	20，南昌某建筑工地民工	小学
4HC03	李	女	23，上海某化工厂民工	高中
4GYC03	谭	男	30，广州服装厂民工	初中
4TJC01	慕	男	18，天津某仪器厂民工	初中
4XC03	边	女	25，长沙某建筑工地民工	小学
4GC03	苏	男	28，南昌建筑工地民工	小学
4HC04	方	男	32，上海机械制造厂民工	高中
4GC04	童	男	16，南昌某机械厂民工	初中
4XC04	铁	男	17，长沙制药厂民工	高中
4QC02	罗	女	18，贵阳某文化传媒公司民工	高中
4SC03	郭	男	19，南京某机轮厂民工	小学

续表

编码	被访谈对象的简要信息			
	被调查者姓	性别	年龄与职业身份	学历
4GC05	唐	男	22，南昌某汽车厂民工	小学
4CYC01	瞿	女	16，重庆某船务公司民工	小学
4CYC02	吴	男	19，重庆船务公司民工	初中
4QC02	苟	男	26，贵阳某区政府临时工民工	高中
4CYC01	鄢	男	30，重庆某机械厂民工	中专
5HC04	羌	女	31，上海某家政公司民工	中专
5SC03	赵	女	22，南京某培训学校民工	高中
6HC05	孙	男	40，上海某境外慈善组织负责人	研究生

备注：

（1）所在单位或职业身份数字代码。

1—政府部门工作人员（含村、镇干部与领导），2—企业管理者或企业员工，3—街道或社区工作人员，4—农民工，5—培训学校，6—社会组织。被访谈的农民工均为22岁到32岁的农民工。老生代农民工不在访谈之列。

（2）省会城市名用该省名简称的汉字声母代替。如两省会城市声母相同，则在其前面加上该省全称的第一个汉字的声母。如，京和津的声母都是J，为了区别，分别是：BJ，TJ；渝和粤的声母均为Y，则区别为：CY，GY。具体代码如下：

北京：京—BJ，天津：津—TJ，上海：沪—H，重庆：渝—CY，广州：粤—GY，南京：苏—S，长沙：湘—X，南昌：赣—G，贵阳：黔—Q。

（3）第二个字母C为Case缩写，后面的数字如01、02为个案编号，每个城市按照从1到100的顺序编号。比如，1JC01——北京，第一位被调查者，政府部门工作人员。

附录三　调查问卷

省/市01　　区/县02　　街/乡镇03　　居委会/村04　　编号05 06 07

农民工教育培训调查问卷

居民/村民朋友，

　　您好，我们正在进行一项关于新生代农民工教育培训的调查。调查的目的是了解我国新生代务工人员就业、收入、就业前/后以及失业后接受的培训等方面的基本情况和感受，以便客观地评估外出务工人员就业与教育培训的整体情况，并向政府提供改进相关政策的意见。我们是按照非随机的方法，邀请您参与本次调查。

　　此问卷不记名，您在问卷中所填写的答案无对错好坏之分，您个人的回答仅用于研究，我们将采取严格的保密措施，不向任何机构和个人提供调查所得的资料。因此参与此次调查不会对您造成任何影响，请您按个人实际情况填写问卷。我们非常感谢您的大力合作。

　　　　《新生代农民工教育培训机制研究》课题调查组，2012年6月

请如实回答以下问题，并在合适的选项序号处画"√"，或者在"_____"处填写答案

一　个人和家庭基本情况

1. （1）性别：①男，②女；（2）年龄_____岁；　　　　　　　08 09

　　（3）民族：①汉；②蒙；③满；④壮；⑤回；⑥维；⑦藏；⑧朝鲜；

　　　　⑨其他_____　　　　　　　　　　　　　　　　　　　　　10

（4）宗教信仰：①佛教；②基督；③天主；④伊斯兰；⑤道教；

　　　⑥其他_____；⑦无　　　　　　　　　　　　　　　11

（5）政治面貌：①党员；②团员；③群众或无党派；

　　　④民主党派_____　　　　　　　　　　　　　　　12

2. 婚姻状况：①未婚；②已婚；③离婚；④同居；

　　　　　　⑤丧偶；⑥其他_____　　　　　　　　　13

3.（1）本人所受正规教育_____年，（2）文化程度：　　14 15

　　①文盲；②小学；③初中；④高中；⑤中专；⑥大专；⑦本科；

　　⑧硕士及以上；⑨其他

4. 身体状况：①很好；②比较好；③不太好；④很不好；⑤说不清　　16

二　就业及收入状况

1. 您进城工作几年了？①1 年以下；②1～3 年；③3～5 年；④5 年以上　　17

2. 目前您所从事的是哪个行业？　　　　　　　　　　　　　　18

　　①建筑施工；②电子电器；③制衣制鞋；④住宿餐饮；⑤商业服务；

　　⑥其他

3. 您的单位性质：　　　　　　　　　　　　　　　　　　　19

　　①国有企业；②外资企业；③私营企业；④乡镇企业；⑤个体；

　　⑥机关事业单位；⑦其他

4. 您找工作时，是否与用工单位签订劳动合同：

　　①已签订；②未签订；③说不清　　　　　　　　　　　　20

5. 您目前的工作是否稳定：　　　　　　　　　　　　　　　21

　　①很稳定；②较稳定；③一般；④不太稳定；⑤很不稳定；⑥说不清

6. ①您过去 5 年中共换过____次就业单位，②共有约____月没有工作的

　　时间　　　　　　　　　　　　　　　　　　　　　22 23

7. 您目前工作的收入是多少？　　　　　　　　　　　　　　24

　　①800 元及以下；②801～1200 元；③1201～1600 元；④1601～2000 元；

　　⑤2001～2400 元；⑥2401 元及以上；⑦其他

8. 您对自己的收入状况满意程度如何：　　　　　　　　　　　25

　　①很满意；②比较满意；③一般；④不太满意；⑤很不满意；⑥说不清

9. 您现在的工作对人身是否安全：　　　　　　　　　　　　26

　　①很不安全；②不太安全；③一般；④比较安全；⑤很安全；⑥说不清

10. 您现在的工作对身体健康有没有危害：　　　　　　　　　　　　　<u>27</u>

　　①有很大的危害；②有较大的危害；③一般；④危害很小；

　　⑤没有危害；⑥说不清

11. 从总体上看，您对目前的工作是否满意：　　　　　　　　　　　　<u>28</u>

　　①很满意；②比较满意；③一般；④不太满意；⑤很不满意；

　　⑥说不清

12. 您是否容易找到一份比现在更好的工作：　　　　　　　　　　　　<u>29</u>

　　①很容易；②比较容易；③一般；④不太容易；⑤很不容易；

　　⑥说不清

三　就业培训状况

1. 您找工作以前有没有参加过技能培训学习班？　　　　　　　　　　<u>30</u>

　　①有；②没有（跳至第 13 题）

2. 哪个为你们开办的技能培训学习班？　　　　　　　　　　　　　　<u>32</u>

　　①自己户口所在地政府；②工作单位所在地政府；③村集体；

　　④工作单位；⑤社会机构；⑥其他

3. 哪个出钱让你们参加技能培训学习班？　　　　　　　　　　　　　<u>33</u>

　　①自己户口所在地政府；②工作单位所在地政府；③村集体；

　　④工作单位；⑤社会机构；⑥自己

4. 您参加过培训的形式是：　　　　　　　　　　　　　　　　　　　<u>34</u>

　　①师傅带徒弟的一对一培训方式；

　　②专业老师面对面课堂授课；

　　③专业老师或者有经验的人实际操作演习；

　　④多媒体授课比如：电视、电脑等；

　　⑤其他

5. 您所参加过的培训内容主要是哪些方面？（最多选 3 项）　　<u>35</u> <u>36</u> <u>37</u>

　　①建筑类；②电子电工类；③计算机类；④餐饮旅游类；

　　⑤农林类；⑥机械类；⑦交通运输类；⑧服装加工类；

　　⑨服务类；⑩其他

6. 您认为您参加培训班学习的时间如何？　　　　　　　　　　　　　<u>38</u>

① 太长；②太短；③刚刚好

7. 您培训的地点在哪里？   39

   ①在专业的学校；②在工作单位里；③其他_____

8. 您是如何获得关于培训的相关信息？   40

   ①所在工作单位通知；②身边亲友告知；

   ③政府发布信息；④通过电视、网络等媒体获知；⑤其他

9. 培训机构或者是工作单位在培训后对您的回访次数？   41

   ①没有；②一次；③多次

10. 培训完后，有相关的证书发给您吗？   42

   ①没有；②有

11. 经过培训，您的收入是否增加了？   43

   ①是；②否

12. 经过培训，您的就业去向是？   44

   ①重返企业工作；②到城市自谋职业；

   ③在当地就业或创业；④在农村搞种植

13. 您对下面看法的态度如何？

序号	看法	①非常同意	②比较同意	③不确定	④比较不同意	⑤非常不同意	
（1）	参加培训后仍然找到适合自己的岗位						45
（2）	当前的培训市场太混乱						46
（3）	当前的培训机构的培训内容设置不合理						47
（4）	当前大多培训机构的收费不合理（免费除外）						48
（5）	当前市场上的培训只是流于形式，无实质内容						49
（6）	培训是一种教育投资，将来可以得到回报						50
（7）	一想到培训就让您产生焦虑的感觉						51
（8）	您很乐意参加培训						52
（9）	您不知道如何在工作之余安排参加培训的时间						53
（10）	平时工作累，没有精力，静不下心去参加培训						54
（11）	您觉得培训效果很好						55

14. 您出来打工的目的是：（可多选）   56 57 58

　　①挣钱；②学点技术；③见见世面；④看着别人出来跟着出来了；

　　⑤其他   59 60

15. 您觉得市场对农民工有怎样的要求？（可多选）   61 62 63

　　①要有一定的专业技能；②能说会道；③吃苦耐劳；④长相要好；

　　⑤其他   64 65

16. 您曾经或者现在有没有想去学点技术？   66

　　①非常想，但是不知道学什么好；②想法很强烈，会努力去实现；

　　③曾经想过，现在已实现了；④曾经想过但现在已没想法了；

　　⑤从来就没有想过

17. 您为什么会参加培训？   67

　　①是政府强制的；②用人单位规定的；③对找工作有用；

　　④跟着大家一起参加；⑤纯属个人爱好；⑥其他

18. 您认为大家不参加就业培训的原因：（可多选）   68 69 70

　　①培训费太贵了；②培训时间太长了，没有时间去培训；   71 72 73

　　③去培训可能会被骗；④去培训学不到什么东西；   74

　　⑤自己现在的技能已经够了；⑥不知道到哪里进行培训；⑦其他

19. 您会选择以下哪种培训方式？

　　①放下工作脱产培训；②边工作边培训   75

20. 您想参加培训的类型是：

　　①学历教育（中等职业学校）；②技能培训；③其他   76

21. 您想参加的技能培训内容是？（可多选）   77 78 79

　　①建筑类；②电子电工类；③计算机类；④餐饮旅游类；   80 81 82

　　⑤农林类；⑥机械类；⑦交通运输类；⑧服装加工类；   83 84 85

　　⑨服务类；⑩其他   86

22. 除相关技能培训外，您还想参加哪些方面的内容？   87

　　①法律知识；②安全知识；③城市生活知识；④管理知识

23. 您认为最佳的培训持续时间是多久？   88

　　①一周以内；②一周到一个月；③ 一个月到三个月；

　　④三个月至半年；⑤半年以上

24. 您喜欢接受以下哪种授课形式：   89

　　①师傅带徒弟的一对一培训方式；②老师面对面课堂授课；

　　③看老师或者有经验的人实际操作；④用电视、电脑等授课；⑤其他

25. 您希望通过何种方式获取关于培训的相关信息？   90

　　①所在工作单位通知；②身边亲友告知；③政府发布信息

　　④通过电视、网络等媒体获知；⑤其他

26. 如果培训质量不佳，您会：

　　①向有关部门反映；②向培训机构反映；③忍气吞声；④其他   91

27. 您认为以下哪些因素对您是否参加培训学习班有影响？（可以多选，并

　　用阿拉伯数字 1、2、3……表示影响的大小顺序）

影响因素	是否有影响及次序	
培训费用的多少		92
培训时间的长短		93
培训地点的远近		94
培训形式		95
培训内容		96
自己的兴趣、爱好		97
找工作的需要		98
家人或上司的压力		99
个人的意志力		100
其他		101

28. 您认为技能培训学习班的钱应该是由哪个出？（可多选）   102 103 104

　　①户口所在地政府；②工作单位所在地政府；③村集体；   105 106 107

　　④用人单位；⑤社会机构；⑥自己

29. 您找到工作以后有没有参加过技能培训学习班？   108

　　①参加过；②没有参加

30. 您认为农民工有没有必要接受就业培训？   109

　　①很有必要；②没必要

31. 您对于开展农民工就业培训有什么建议？

_____

_____

附录四　国家有关农民工教育、培训的
法律政策汇编

1. 国家教育委员会，1988，《关于印发有关"燎原计划"两个文件的通知》（教成字〔1988〕007 号）。

2. 共青团中央、公安部、司法部、劳动部、建设部、国家计划生育委员会、国家工商行政管理局、中央社会治安综合治理委员会办公室，1997，《关于实施社区"千校百万"外来务工青年培训计划的意见》（中青联发〔1997〕17 号）。

3. 劳动部，1997，《关于贯彻〈关于实施社区"千校百万"外来务工青年培训计划的意见〉的通知》（劳部发〔1997〕200 号）。

4. 教育部，2001，《教育部关于中等职业学校面向农村进城务工人员开展职业教育与培训的通知》（教职成〔2001〕7 号）。

5. 农业部，2001，《全国农业和农村经济发展第十个五年计划（2001—2005 年）》。

6. 国务院，2003，《国务院办公厅关于做好农民进城务工就业管理和服务工作的通知》（国办发〔2003〕1 号）。

7. 国务院，2003，《国务院办公厅转发农业部等部门 2003—2010 年全国农民工培训规划的通知》（国办发〔2003〕79 号）。

8. 教育部，2004，《2003—2007 年教育振兴行动计划》（教办〔2004〕4 号）

9. 教育部，2004，《教育部关于印发〈农村劳动力转移培训计划〉的通知》（教职成〔2004〕1 号）。

10. 农业部、财政部、劳动和社会保障部、教育部、科技部、建设部，

2004，《关于组织实施农村劳动力转移培训阳光工程的通知》（农科教发〔2004〕4 号）。

11. 国务院，2005，《国务院关于大力发展职业教育的决定》（国发〔2005〕35 号）。

12. 国务院，2005，《国务院关于进一步加强就业再就业工作的通知》（国发〔2005〕36 号）。

13. 劳动和社会保障部，2005，《关于进一步做好职业培训工作的意见》（劳社部发〔2005〕28 号）。

14. 国务院，2005，《中共中央国务院关于推进社会主义新农村建设的若干意见》（中发〔2006〕1 号）。

15. 国务院，2006，《国务院关于解决农民工问题的若干意见》（国发〔2006〕5 号）。

16. 农业部、中国科协会等部门，2006，《农民科学素质行动实施工作方案》（全科组办发〔2006〕6 号）。

17. 劳动和社会保障部，2006，《关于印发农村劳动力技能就业计划的通知》（劳社部发〔2006〕18 号）。

18. 农业部、中国科协、中组部、中宣部、教育部等 17 部门，2007，《农民科学素质教育大纲》。

19. 国务院扶贫办，2007，《关于在贫困地区实施"雨露计划"的意见》《贫困青壮年劳动力转移培训工作实施指导意见》（国开办发〔2007〕15 号）。

20. 国务院办公厅，2008，《关于切实做好当前农民工工作的通知》（国办发〔2008〕130 号）。

21. 国务院，2009，《关于做好当前经济形势下就业工作的通知》（国发〔2009〕4 号）。

22. 人社部、财政部，2009，《关于进一步规范农村劳动者转移就业技能培训工作的通知》（人社部发〔2009〕48 号）。

23. 国务院办公厅，2010，《国务院办公厅关于进一步做好农民工培训工作的指导意见》（国办发〔2010〕11 号）。

24. 中共中央、国务院，2018，《乡村振兴战略规划（2018 - 2022 年）》。

25．中共中央、国务院，2017，《新时期产业工人队伍建设改革方案》。

26．中共中央办公厅、国务院办公厅，2018，《关于提高技术工人待遇的意见》。

27．人力资源和社会保障部，2019，《新生代农民工职业技能提升计划（2019—2022 年）》（人社部发〔2019〕5 号）。

28．国务院，2019，《国务院关于印发国家职业教育改革实施方案的通知》（国发〔2019〕4 号）。

29．教育部、财政部，2019，《关于实施中国特色高水平高职学校和专业建设计划的意见》（教职成〔2019〕5 号）。

专家推荐意见

    农民工是我国经济社会发展中不可替代的重要力量，已经成为我国产业工人的重要组成部分，是我国制造业、建筑业和第三产业的主力军。新生代农民工成为农民工主体和我国制造业劳动力的主体，他们的人力资本低下、技能短缺已经成为阻碍他们发展、市民化进程和我国产业升级的重大制约因素。

    近年来，上述问题已经引起包括社会学在内的社会科学研究者的重视，并出版和发表了相关的研究著作和论文。《新生代农民工的教育培训——人力资本发展与政策体系建构》一书，即银平均主持的国家社会科学基金课题——"新生代农民工教育培训机制研究"项目的最终成果。本书基于大量的文献和实证调查资料，分析了当前我国新生代农民工教育培训的现状、培训成就、存在的问题及其原因，从人力资本理论、发展型社会政策理论以及社会治理理论视角，探讨了建构新生代农民工教育培训政策的必要性和重要意义。作者提出，加大对包括新生代农民工在内的现有和潜在劳动人口的人力资本投资，提升新生代人力资本，是我国解决高技能人才短缺的战略举措。在此基础上，作者就如何建构新生代农民工教育培训政策体系和服务网络提出了对策建议，使得本书具有一定的政策借鉴意义和实际参考价值。本研究成果反映出作者踏实、严谨的治学态度，是一本可供社会科学界从事相关研究、学习的工作者参考的读物。

中国社会学会副会长

国务院社会学学科评议组成员

教育部长江学者特聘教授

南京大学人文社会科学资深教授、博士生导师

周晓虹

2019 年 8 月 31 日

近年来，民工荒问题愈演愈烈，在凸显我国熟练技工严重短缺问题的同时，也折射出新生代农民工人力资本及综合技能的不足。由此，建构新生代农民工教育培训政策体系，以提升新生代农民工综合技能便具有重要意义。本书作者基于翔实的实证研究，分析了新生代农民工教育培训的现状、成就、问题及其成因，并试图探讨新生代农民工教育培训政策体系的建构路径，具有较强的政策价值，亦具有一定学术意义，值得社会各界关注和阅读。

中国社会学会副会长

教育部长江学者特聘教授

教育部社会学教指委副主任委员

吉林大学哲学社会学院教授、博士生导师

2019 年 8 月 19 日

一个社会的良性发展必然是以人为核心主体、以人为根本目的的。中国社会科学研究对农民工问题的关注正是这一发展伦理的重要现实体现。农民工是我国制造业、建筑业和第三产业的主力军，是我国经济社会发展不可或缺的重要力量。随着社会的变迁，农民工群体的内部构成出现了代际更替，这一群体面临的主要现实困境也从基础性的生存权问题演变为更高层次的发展权问题，后者对于农民工乃至整个劳动力阶层和社会整体的持续发展具有至关重要的决定性影响。这一转型背景使该著作在当下农民工问题的讨论当中具有格外重要的现实意义和理论价值。本书对新生代农民工人力资本与教育福利问题的研究与分析令人更加确信，只有将人的发展需求带入社会政策和社会治理的关怀之中，才能真正实现包容、共享和可持续的社会经济发展。

教育部"新世纪优秀人才支持计划"入选者

教育部社会学教指委委员

中国农业大学人文与发展学院教授、博士生导师

2019 年 7 月 24 日

新生代农民工作为当下农民工的主体是我国劳动力可持续发展的重要基础。这一代农民工受教育程度不够、培训欠缺和人力资本不足等对我国产业结构转型升级带来了很大的挑战。因此，研究新生代农民工教育培训具有重要的意义。此书作者基于翔实的文献资料和实际调查资料，研究了新生代农民工的教育培训现状、职业培训成就与经验，剖析了存在的问题和原因，在此基础上，作者提出了建构新生代农民工教育培训政策体系的路径，具有重要的资政价值，也具有一定的认识价值和理论价值。

教育部"新世纪优秀人才支持计划"入选者
国务院城镇居民基本医疗保险试点评估专家组成员
中国人民大学教授、博士生导师

2019 年 6 月 24 日

农民工是我国城镇化发展中的不可忽视的重要力量，他们为我国经济社会发展做出了巨大贡献。目前，他们融入不了城市的尴尬，既有传统制度上的原因，更为关键的是，农民工缺乏融入性教育，且在继续教育（培训）中被边缘化。而农民工教育是实现我国城市化的重中之重。本书作者研究了新生代农民工教育培训现状、问题和成因，基于对大量文献和实际调查资料的分析，从农民工教育培训立法、建立专门国家机构或部门、实施国家职业培训标准和职业准入制度、建立跨部门跨机构的合作机制、强化新生代农民工的专业服务体系、完善普通教育和职业教育培训的衔接机制、重新定位新生代农民工教育培训政策目标、创新培训内容和培训手段、建设城乡一体化社会保障体系等方面提出了对策建议，具有重要的参考价值和现实政策意义。该书是一本对农民工问题感兴趣的读者以及实际工作部门工作者值得一读的参考读物。

中国社会学学会理事

广东省社会学学会常务理事

广州大学教授、博士生导师

2019 年 7 月 2 日

后　记

　　本书是由笔者主持的国家社会科学基金项目"新生代农民工教育培训机制研究"结题报告转换而来的。该项目从 2012 年 5 月立项到 2018 年结题，前后经历 6 年多的时间才完成。其间，笔者分别于 2012 年 2 月至 8 月、2016 年 9 月至 2017 年 9 月赴美国加州州立大学富勒顿分校（California State University，Fullerton）、美国宾夕法尼亚大学社会工作学院（School of Social Policy & Policy，SP2，University of Pennsylvania）访学，收集了美国等国际学术界有关乡—城移民、国际移民以及低收入者、失业者等弱势群体的教育培训研究成果。该书比较详尽地分析了我国新生代农民工教育培训现状、问题、成因及对策，将地方性知识与国际经验有机结合起来。在某种程度上，本书体现出一定时代性、前沿性和国际性。

　　本书从选题、调研、资料分析、报告撰写以及著作出版，凝结诸多学者、老师、学生以及家人的心血。可以说，本书的出版是集体劳动、协作努力的结果。在此，一一致谢！

　　首先，要感谢南开大学关信平教授的指导和支持。在选题论证之初，关教授的点拨使本书文本增色不少。尽管关教授工作繁忙，但在我的研究过程中，他总是在百忙之中抽出时间对我提出的问题给予指导，提出修改和完善建议。关教授的中肯意见对于课题组顺利完成研究起到了非常重要的指引作用。这次成书之时，应笔者请求，关教授欣然应允为本书作序，这既是对本项研究的支持和肯定，也是对本人巨大的鼓舞和支持。在此，谨向关教授表达最诚挚的谢意！

　　其次，要感谢我所在单位江西财经大学以及人文学院对本著作出版的支持。尤其要感谢人文学院尹忠海院长、杨尚勇书记、陈家琪主任、蒋国河副院长、唐斌博士以及社会学系师生给予的大力支持和帮助。感谢学院在项目结题期间给予的关照，也感谢社会学系同仁们的担待，同时非常感谢蔡前副处长、朱彬钰博士在定量研究和分析方面给予的帮助和慷慨支持，还要感谢江西财经大学以及人文学院给予的出版资助。

再次，感谢共青团广东省委员会权益与社会工作部谭杰部长的大力支持。感谢他提供的"广东省新生代产业工人圆梦计划"相关资料，感谢广东省民政厅慈善与社会工作处李卫湘主任对课题调查的支持，感谢广州市星空社会工作服务中心督导项目负责人、行政主任马就武的帮助，感谢其他各省市调查点的部门负责人给予的调查支持。同时，要感谢我所指导的本科生、研究生。他们在项目调研、资料收集、数据库建立、书稿校对等方面承担了部分工作，分别是研究生李宗霖、李婉、张芯木、耿鸽、况文静、陈秋钰、郭寒玉、赵哲、张重阳以及本科生刘玉伟、黄心语等同学，对于他们付出的努力和支持在此一并表示由衷的谢意。

然后，感谢我的夫人黄文琳女士、爱女倩倩的理解和全力支持。由于忙于教学与研究以及系里的公共服务工作，我在家庭责任承担方面难以两全。多亏夫人的理解、支持和担待，夫人对家事的精心打理为我提供了干净、整洁、舒适的生活环境和温暖的港湾。爱女的勤奋努力和自立，给了我极大的支持和鼓励。二十多年来，夫人和爱女带给了我无限欢乐，她们的爱和付出是我顺利完成本项研究的重要保证。谨以此书献给她们。

最后，本书能够出版，应感谢社会科学文献出版社群学出版分社谢蕊芬社长及编辑们所做的大量工作。本书的出版同样得益于他们辛苦的工作和付出。

特别值得一提的是，美国加州的塞普拉斯学院、富勒顿学院以及宾夕法尼亚州的费城社区学院等社区学院的工作人员在我访学期调研中给予了热情接待和大力支持，在此对他们表达深深的谢意。

本书的出版，标志着该项目研究暂时告一段落。新生代农民工及其相关问题的研究，仍然是当下以及未来一段时期内需要加以关注的社会课题。我将以此书出版为基础，继续跟踪和深入研究新生代农民工问题，为我国城乡一体化、农民和农民工市民化以及我国"制造业强国"战略的实施进行不断的学术探索和努力。

　　书中疏漏之处在所难免，文责自负。恳请各位专家学者、政府部门工作人员以及所有关注农民工教育培训事业的读者朋友们多提宝贵的指导意见。

江西财经大学 MSW 教育中心硕导组长、

江西财经大学女性文化研究所所长

银平均

2019 年 3 月于江西财经大学蛟桥园南区专家楼

图书在版编目（CIP）数据

新生代农民工的教育培训：人力资本发展与政策体
系建构 / 银平均著. -- 北京：社会科学文献出版社，
2019.11
　　ISBN 978 - 7 - 5201 - 5604 - 2

　　Ⅰ.①新…　Ⅱ.①银…　Ⅲ.①民工 - 职业教育 - 研究
- 中国　Ⅳ.①D422.63

　　中国版本图书馆 CIP 数据核字（2019）第 210524 号

新生代农民工的教育培训：人力资本发展与政策体系建构

著　　者 / 银平均

出 版 人 / 谢寿光
责任编辑 / 易　卉
文稿编辑 / 朱子晔

出　　版 / 社会科学文献出版社·群学出版分社（010）59366453
　　　　　地址：北京市北三环中路甲 29 号院华龙大厦　邮编：100029
　　　　　网址：www.ssap.com.cn
发　　行 / 市场营销中心（010）59367081　59367083
印　　装 / 三河市龙林印务有限公司

规　　格 / 开　本：787mm × 1092mm　1/16
　　　　　印　张：22.75　字　数：361 千字
版　　次 / 2019 年 11 月第 1 版　2019 年 11 月第 1 次印刷
书　　号 / ISBN 978 - 7 - 5201 - 5604 - 2
定　　价 / 98.00 元

本书如有印装质量问题，请与读者服务中心（010 - 59367028）联系